《长江师范学院学报》史料整理与分析

（1985—2020）

王志标　著

科学技术文献出版社

·北京·

图书在版编目（CIP）数据

《长江师范学院学报》史料整理与分析：1985—2020 / 王志标著. —北京：科学技术文献出版社，2021.11
ISBN 978-7-5189-8709-2

Ⅰ.①长… Ⅱ.①王… Ⅲ.①长江师范学院—学报—史料—1985—2020 Ⅳ.①C55

中国版本图书馆CIP数据核字（2021）第258058号

《长江师范学院学报》史料整理与分析（1985—2020）

策划编辑：张 丹　责任编辑：张 丹　邱晓春　责任校对：王瑞瑞　责任出版：张志平

出 版 者	科学技术文献出版社
地　　址	北京市复兴路15号　邮编 100038
编 务 部	（010）58882938，58882087（传真）
发 行 部	（010）58882868，58882870（传真）
邮 购 部	（010）58882873
官方网址	www.stdp.com.cn
发 行 者	科学技术文献出版社发行　全国各地新华书店经销
印 刷 者	北京厚诚则铭印刷科技有限公司
版　　次	2021年11月第1版　2021年11月第1次印刷
开　　本	710×1000　1/16
字　　数	455千
印　　张	28
书　　号	ISBN 978-7-5189-8709-2
定　　价	108.00元

版权所有　违法必究

购买本社图书，凡字迹不清、缺页、倒页、脱页者，本社发行部负责调换

序 一

何云峰

（上海师范大学知识与价值科学研究所所长、教授、
博士生导师，《高等学校文科学术文摘》主编）

    王志标教授撰写的《〈长江师范学院学报〉史料整理与分析（1985—2020）》是一本比较独特的著作。书中既有对《长江师范学院学报》史料进行的详细整理与分析，又有作者的办刊思想。全书的史料非常翔实，读后能够全面了解《长江师范学院学报》的来龙去脉和期刊传统的历史演变，对学报同仁很有启发，并有样板意义。我本人对他的许多办刊思想十分赞同。

    学报或者学校主办的学术期刊是大学的重要门面。正如王志标教授书中所述："对于一所大学而言，不能没有一份像样的期刊。期刊是大学这棵大树上结出的诸多硕果之一。但是，这颗硕果又有着其独特性。与大学培养的学生不同，学报的产品是各种学术成果，它为本校师生，也为全国具有相似研究兴趣的师生提供了一个发表平台。"实际上，我们经常可以看到一种现象，有的学校很普通，但它所办的学术期刊却被学界所熟知和认可。这是因为，这些学校为学界提供了很好的学术平台。因此，学术期刊成了这些学校的重要门面。对于一所大学来说，要全面提升质量的确需要长期努力并依赖许多条件，才有可能成功。而把其所属

的某个方面（如学报）优先办好，进而再对其他方面各个击破，却是一种很好的内涵发展路径选择。优先办好学术期刊，让门面立起来，对于大学来说有事半功倍的效果。

学报或学校主办的学术期刊有助于凝练大学的特色。《长江师范学院学报》长期致力于"将学报办成一个特色型期刊"。虽然刊物"不同时期所侧重的特色有所不同"，但始终保持特色却是一件不容易的事情。我们发现，学报的特色往往跟学校的特色有很多的关联，甚至会带动学校的特色走向，促使学校的特色更加鲜明。《长江师范学院学报》把自己的特色跟学校的特色很好地融合了起来，二者相互促进，成为刊物长期生存和发展的重要动力。正如作者强调的："普通高校学报只有以建设'特色栏目'为追求，通过开设有特色、有实力的专栏，增强吸引力和凝聚力，形成学报独特的风格，才能在强手如林的学术期刊竞争中崭露头角。"可见，学报的特色跟学校的特色是互相促进的关系，彼此不可分割。作者在书中对《长江师范学院学报》如何坚持自己的特色，并且跟学校的特色保持良性互动的传统做了很好的总结和全面的回顾。这对于今后继续办好学报，无疑具有长期的启示意义。一般来说，学术期刊形成特色跟主编的办刊思路和学术理念有着密切的关系。正因为如此，每个学校在选择学报主编的时候都会十分慎重。通常的情形是，如果主编是人文学科出身，则期刊会凸显人文方面的特色；如果主编是社会科学学科出身，则期刊会凸显社会科学方面的特色。于是，学术期刊的特色形成既跟学校特色关联度很高，也跟主编的学科方向和办刊偏好有着高度的联系。作者在书中对此做了很好的分析，作者认为："主编对于一个期刊的发展方向具有举足轻重的影响，所以主编风格就意味着期刊的风格。主编的学科背景则会影响其学术风格。"显然，作者在看到学报特色与学校特色之间密切关联的同时，也清楚地看到了主编与学术期刊特色定位之间的必然联系。

学报或学校主办的学术期刊也有助于学科和专业的内涵提升。学校的学术期刊在很大程度上要依赖于本校的学科和专业优势。对于学校来说，学校的特色往往是其优势和强势学科。因此，围绕学校的特色通常会有更多的优秀作者聚集，这就能对期刊稿件的质量起到很好的保障作用。在学术期刊越来越走向全国性学术平台的大趋势下，学校的特色学科有助于学报通过校内的作者去联系全国的相关专家，从而更好地提升学报这一学术平台的质量。正如作者所说，《长江师范学院学报》长期把文学、历史和教育作为发文的重点。这在一定程度上反映了长江师范学院的优势学科也在这些方面。近年来，随着不少优秀的博士和教授的加盟，长江师范学院经济学科与管理学科实力逐渐增强，《长江师范学院学报》在这两个学科的刊文也逐渐增多。这种情况跟所有的师范类大学十分类似。事实上，一所大学如果能够办好一个学术刊物，那必定要有相应的学术实力和底气。在过分重视核心刊物的时代，普通刊物的生存面临着很多困难。于是，依托学校的强势和优势学科，无疑是最好的办刊选择。

学报或学校主办的学术期刊还有助于提高人才培养质量。作者在书中特别提到习近平总书记给《文史哲》编辑部全体编辑人员的回信精神，回信提出："高品质的学术期刊"要"支持优秀学术人才成长"。作者深刻地认识到"这是给学校的学术期刊提出了要主动承担培养人才任务的要求"。我个人觉得，这种认识非常重要。大学的第一中心任务始终是培养人才。学报或学校主办的学术期刊理所当然也要为这个中心任务做点什么。大学的人才培养责任不仅限于促进学生成长成才，而且包括对年轻教师、青年学术人才的培养。优秀学生的培养离不开优秀教师，而优秀教师的成长需要学校各个方面共同发力，包括学校的学术期刊要参与到教师的学术和科研能力提升中去。学术期刊和青年学术人才是相依相随的关系。青年学术人才正是在期刊编辑的帮助下逐渐成长起来的。世界上没有也不可能有天然的学术高手。当然，学术期刊也应该为培养学生做一些贡献。期刊可以为相关专业的学生提供实习岗位，可以在学生中间招聘编辑助理等。学生可以通过这样的期刊编辑实践，学到许多东西，尤其是编辑一丝不苟的精神、对人类知识的敬畏精神、兢兢业业的职业精神等，都会对学生有很好的教育示范作用。大学应该充分利用编辑的这些专业性极强的劳动精神去浸润年轻的学生。

总之，在读了王志标教授的书稿之后，对其许多观点表示深深的赞同。当然，我觉得这部书稿也存在一些可以进一步探讨的问题，可以在今后的研究中加以厘清。例如，学术期刊编辑的使命问题及相应的管理问题，书中并没有涉及。我的期待是，学术期刊界要有知识论的共识，要把学术期刊编辑及相应的管理放在人类知识增长的高度去思考。学术期刊编辑的使命是由学术期刊本身所决定的。学术期刊被认为是以促进人类知识增长为使命的，实际上我们现在的学术期刊跟其他期刊没有被真正地区别开来对待。期刊有很多种：有新闻类的期刊，有宣传类的期刊，有普及、科普的期刊，有时尚杂志……学术期刊跟这些期刊是不一样的。由于学术期刊本身有它的特殊性，因此对学术期刊及其编辑的管理应该是不一样的，管理方法、管理手段、管理理念、管理模式、管理机制等的安排都应该是不一样的。而现在我们并没有进行这样的区分，对于学术期刊的管理，跟普通期刊的管理是同一个模式。例如，我们学术期刊的队伍，都是被作为出版、新闻人才来管理的，也就是我们的学术编辑都相当于新闻工作者了，学校内部基本上都是将他们按照教辅人员对待的。我觉得这样的定位实际上是看低了学术期刊及其编辑的使命。学术期刊是一种特殊的出版物，它肩负的使命是促进人类知识的增长，属于知识传播的特殊环节。因此，行政部门对学术期刊及其编辑要有特殊的管理措施，学校对待编辑也要有独特的重视态度。通过这样的区别对待，才能很好地彰显学术期刊编辑的独特价值。当然，这仅仅是我个人作为读者的一孔之见。不过，很希望主编们去进行相关的研究和探讨。

以上是我抢先拜读这部书稿之后的几点感受，趁其出版印刷之际简单表达出来，是为序。

2021 年 11 月 29 日于上海齐润斋

序 二

王建平

（《华南师范大学学报》编辑部主任、总编辑，华南师范大学教师
教育学部/政治与公共管理学院教授、博士生导师，
全国高校文科学报研究会副理事长）

2021年11月，收到志标主编发来的《〈长江师范学院学报〉史料整理与分析（1985—2020）》一书的电子版，并嘱我为此书撰写序言。我知道这是志标主编对我的信任与抬举，却也给了我一个向兄弟学校和志标主编学习办刊经验难得的机会。虽然是电子版阅读，感受不到纸质书稿沉甸甸的分量，但是面对着电脑屏幕，沉浸在这本即将面世之作的阅读之中，仍能感受到书稿的厚重，感受到志标主编在疫情期间为这本书稿所倾注的心血。在新时代中国哲学、社会科学繁荣与发展的大背景下，学术期刊特别是高等学校学报迎来了难得的机遇，同时也面临着巨大的挑战。想到《长江师范学院学报》编辑部全体同仁为此所展开的一系列创新之举，想到他们求真务实、潜心静修的匠人精神，赞叹之余更是敬佩有加！

我国的每一所高校都至少有一份属于自己的学报，因此，学报也成为我国学术期刊阵营中一道特殊的风景线。之所以说它特殊，是因为我国的高等学校学报自从创立之初就被赋予了特殊的功能。教育部1998年发布的《高等学校学报管理办法》第二条明

确规定:"高等学校学报是高等学校主办的、以反映本校科研和教学成果为主的学术理论刊物,是开展国内外学术交流的重要园地。"因此,高等学校学报的两大基本功能是"反映本校科研和教学成果为主"及"开展国内外学术交流"。学报的这两大功能,也正是学报的初心和使命。《长江师范学院学报》创刊伊始,发刊词的第一条即是"立足本校,为师生提供学术研究、学术交流的园地"。从志标主编对其学报历年刊文的作者单位统计来看,在多数出版年度,本校师生的文章占据了学报全年发文量的30%~40%。这样的发文比例是合适的,既充分体现了学报的办刊宗旨,又充分发挥了学报的两大功能。近年来,受核心期刊评价的影响,国内学术期刊特别是哲学、社会科学类学术期刊的竞争日趋激烈,一些高等学校学报在核心期刊评价的裹挟之下,为了挤进核心期刊,甚至明确规定不发或限制刊发本校师生的稿件,或者明确规定不发或限制刊发教学研究类的稿件。这样的结果有违学报的办刊初衷,导致高等学校学报正在逐渐偏离其初心和使命。因此,《长江师范学院学报》的办刊定位始终是准确的,思路是明确的,值得国内其他高等学校学报学习借鉴。

当然,作为学术期刊,高等学校学报的生存之道是不断提高办刊质量。学报办刊质量提升不上去,自然也就不能更好地服务学校的教学和科研。当前,我国高等学校学报质量良莠不齐,且有两极分化的趋势。究其原因,与学报所依托学校的办学层次和所能提供的办刊资源密切相关。正如志标主编在该书第一章中所指出的,学报与大学之间既是一种"共生"关系,又是一种"共荣"关系。一些"双一流"高等学校的学报,依托学校高水平学科的优势和其他丰富的办刊资源,质量在稳步提升;多数非"双一流"高等学校（特别是地方院校）的学报，办刊资源受到了极大的限制。如何进一步提升学报的办刊质量，成为困扰编辑部同仁的最大难题。让人欣慰的是，我们广大的学报界同仁并没有畏难而退。该书所记录的《长江师范学院学报》编辑部办刊的探索和所取得的成就，就是一个很好的例证。

近年来，在全国高等学校文科学报研究会的指导下，学报界对如何办好高等学校（特别是地方院校）的学报进行了多次研讨和交流，并达成了基本的共识。这个基本的共识就是：地方院校要办出高水平的学术期刊，必须走特色化的道路。《长江师范学院学报》的历届主编和编辑对此有着深刻的认识，并进行了积极的探索。志标主编在该书第三章中深刻地认识到："普通高校学报只有以建设'特色栏目'为追求，通过开设有特色、有实力的专栏，增强吸引力和凝聚力，形成学报独特的风格，才能在强手如林的学术期刊竞争中崭露头角。"翻阅该书，能够深切地感受到，无论是《长江师范学院学报》还是其前身《涪陵师范学院学报》，始终把打造有地域文化特色的专栏、彰显"地缘优势"作为提升学报质量和影响力的重要抓手。"西南民族文化研究""巴渝文化研究""中国土司文化研究""重庆文学史"一直是其常设的特色栏目，钱理群、王子今等知名学者纷纷在这些栏目中发表文章，在学界产生了良好的反响。

这本著作是志标主编为长江师范学院建校90周年而撰写的，但作者并没有走其他学报以汇编出版学报历年发表的优秀文章作为纪念的常路，而是从"史料整理与分析"的视角，对学报逾36年的发展历程进行了全景式的梳理与研究。其中，既有对学报自创刊以来的刊名、栏目、内容、封面设计、历年荣誉等基本信息的详细介绍，也有对学报刊文量、发文作者（包括作者机构、地域和职称等）、文章被引与下载、二次文献转载的统计分析与研究，并对历任主编对学报发展的贡献做了公允的评价，彰显了该书是"著"而不是"编"的学术价值。该著作的另一个独特价值是汇编了《长江师范学院学报》编辑部全部的制度文件，包括投稿要求、审编校规范、经费管理、绩效分配等。这些制度文件，既是对学报编辑部规范化管理的展示，也为其他编辑部提供了学习借鉴的范本，更为后人研究我国高等学校学报贡献了宝贵的资料。

阅读志标主编的这本著作，就如坐在他的对面，听他讲述其编辑部的故事。虽然故事中没有生动的情节和华丽的辞藻，但却令人感动。好的故事总是会让人唏嘘感慨，既感慨于《长江师范学院学报》作为一个地方普通院校学报的办刊之不易，更感慨于其编辑部历任主编和全体编辑始终如一的坚守和倾心的付出。

真心希望在若干年后还能再次听到志标主编续讲其编辑部的新故事。我相信他能讲得更好，因为新故事一定会更精彩，也更动人！

2021 年 11 月 20 日

目 录

第一篇 办刊历史篇

第一章 学报的诞生 ··················· 3
 一、创刊 ······················· 3
 二、刊号及刊名 ···················· 6
 三、特刊、专刊、增刊及版本 ·············· 8
 四、期数与页码 ···················· 8
 五、栏目 ······················· 9
 六、内容 ······················· 10
 七、封面设计 ····················· 12

第二章 学报历任主编、副主编及其对于学报发展的贡献 ····· 16
 一、不同时期的主编、副主编及其简介 ·········· 16
 二、不同时期主编、副主编对于学报发展的贡献 ······ 24

第三章 不同时期的学报发展思路 ············· 34
 一、"文理兼收，服务教学"的探索阶段（1985—1998 年） ···· 34
 二、转变为文科学报，逐步以"文学"为主体内容
  （1999—2011 年） ·················· 36
 三、彰显地缘优势，以"民族学""历史学"见长
  （2012—2018 年） ·················· 42
 四、优化栏目设置，内容更加契合社会发展现实（2018 年至今） ··· 45

第四章 不同时期的学报栏目及其刊文分析 ········· 48
 一、偶设栏目时期（1985—1996 年） ··········· 48
 二、以文学栏目为主时期（1997—2011 年） ········ 49
 三、以民族、历史栏目为特色的时期（2012—2018 年） ···· 124
 四、平衡发展和动态调整时期（2018 年至今） ······· 176

第二篇　办刊数据篇

第五章　学报刊文作者分析 …………………………………… 191
　一、不同年份刊文数量 ……………………………………… 191
　二、1999—2020年刊文作者机构和地域分布 …………… 193
　三、1999—2020年刊文作者职称分布 …………………… 271

第六章　学报刊文复印转载情况 ……………………………… 275
　一、人大复印资料复印转载情况 …………………………… 275
　二、《新华文摘》复印转载情况 …………………………… 282
　三、《高等学校文科学术文摘》复印转载情况 …………… 283

第七章　学报刊文引用情况 …………………………………… 285
　一、引用次数10次及以上的论文 ………………………… 285
　二、分年度总被引用次数 …………………………………… 309

第八章　学报刊文下载情况 …………………………………… 313
　一、下载1000次及以上的论文 …………………………… 313
　二、下载500~999次的论文 ……………………………… 326

第九章　学报历年获奖和荣誉情况 …………………………… 352
　一、2002年获奖和荣誉情况 ……………………………… 352
　二、2004年获奖和荣誉情况 ……………………………… 352
　三、2005年获奖和荣誉情况 ……………………………… 352
　四、2007年获奖和荣誉情况 ……………………………… 353
　五、2009年获奖和荣誉情况 ……………………………… 353
　六、2010年获奖和荣誉情况 ……………………………… 353
　七、2013年获奖和荣誉情况 ……………………………… 353
　八、2014年获奖和荣誉情况 ……………………………… 354
　九、2015年获奖和荣誉情况 ……………………………… 356
　十、2016年获奖和荣誉情况 ……………………………… 356
　十一、2017年获奖和荣誉情况 …………………………… 357
　十二、2019年获奖和荣誉情况 …………………………… 357
　十三、2020年获奖和荣誉情况 …………………………… 358

第三篇 刊物制度篇

第十章 学报投稿要求 ·········· 361
 一、栏目 ·········· 361
 二、题名 ·········· 361
 三、作者 ·········· 362
 四、摘要 ·········· 363
 五、关键词 ·········· 363
 六、中图分类号 ·········· 364
 七、文献标志码 ·········· 364
 八、收稿日期与修回日期 ·········· 365
 九、基金项目 ·········· 365
 十、正文 ·········· 365
 十一、致谢 ·········· 366
 十二、注释 ·········· 366
 十三、引用 ·········· 367
 十四、参考文献 ·········· 367
 十五、图 ·········· 371
 十六、表格 ·········· 372
 十七、公式 ·········· 373
 十八、数字 ·········· 373
 十九、版权转让协议 ·········· 374
 二十、利益冲突与个人贡献 ·········· 375
 二十一、投稿方式 ·········· 376
 二十二、审稿流程 ·········· 376
 二十三、投稿准备 ·········· 376
 二十四、投稿至发表前的联系 ·········· 376

第十一章 学报审稿、组稿、编稿制度 ·········· 378
 一、稿件管理流程 ·········· 378
 二、稿件管理中的分工 ·········· 379
 三、稿件管理中的时间节点 ·········· 380
 四、补充说明 ·········· 381

第十二章　学报校稿制度……………………………………………… 382
第十三章　学报经费支出管理制度…………………………………… 385
　　一、经费支出原则………………………………………………… 385
　　二、经费支出范围………………………………………………… 385
　　三、稿酬…………………………………………………………… 386
　　四、组稿费………………………………………………………… 386
　　五、审稿费………………………………………………………… 386
　　六、编校与审读费………………………………………………… 387
　　七、其他费用……………………………………………………… 387
　　八、报销程序……………………………………………………… 388
　　九、附则…………………………………………………………… 388
第十四章　学报绩效二次分配制度…………………………………… 389
　　一、基本原则……………………………………………………… 389
　　二、学报编辑部职责及其绩效考核指标………………………… 390
　　三、学报编辑部工作质量及其绩效核算………………………… 394
　　四、学报编辑部工作数量及其绩效核算………………………… 397
　　五、学报编辑部工作时间及其绩效核算………………………… 399
　　六、其他条款……………………………………………………… 399

第四篇　办刊对话篇

第十五章　向其他编辑部"问道"…………………………………… 403
　　一、主动"求诊"………………………………………………… 403
　　二、接受上门"传道"…………………………………………… 407
　　三、在会议中交流………………………………………………… 409
第十六章　向学科专家求教…………………………………………… 412
　　一、向校外专家求教……………………………………………… 412
　　二、向校内专家求教……………………………………………… 414
第十七章　与作者和读者交流交心…………………………………… 421
　　一、与作者交流交心……………………………………………… 421
　　二、与读者交流交心……………………………………………… 423
后记……………………………………………………………………… 426

第一篇
办刊历史篇

第一章 学报的诞生

在诞生这个语境里，包括两层含义：一是指学报有名之始端，应追溯到其前身《涪陵师专学报》在 1985 年的创办，这是从无到有的大事，在长江师范学院发展史上也是值得记载的一个重要事件；二是学报为官方所认可从而拥有正式刊号之开始，这标志着学报由学校走向全国，从而突破了空间对于学报发展的局限性，赢得了成长空间。所以，本章重点回顾学报从创刊到拥有刊号的一段历史，兼及在这段时间学报的办刊特点。

一、创刊

对于一所大学而言，不能没有一份像样的期刊。期刊是大学这棵大树上结出的诸多硕果之一。但是，这颗硕果又有着其独特性。与大学培养的学生不同，学报的产品是各种学术成果，它为本校师生，也为全国具有相似研究兴趣的师生提供了一个发表平台。一般而言，学生只是在其就读的那些年里隶属于学校，但是学报自创办后就将一直隶属于大学，随着大学的隶属关系改变而改变，所以学报与大学之间是一种共生关系。不仅如此，好的大学为期刊的成长提供了强有力的支持，会使期刊由小到大、由弱到强；而好的期刊也为大学增色许多，成为大学的诸多门脸之一。所以，学报与大学之间也具有一种共荣关系。

正是因为学报与大学之间所具有的密切关系，决定了一所成长型大学需要有学术期刊的支持。因此，需要在合适的时机创办或承办一份期刊。这样的期刊因为落在大学里，俗称其为学报。而事实上，学报并非大学的报纸，每所大学都有其单独的报纸，如长江师范学院的院报称为《长江师范学院报》，它与《长江师范学院学报》仅一字之差。但是，大学的报纸传播受众有限，多数仅局限于在校内传播，很少能够传播到校外，更不要说在全国传播了。而期刊的传播范围则要广泛得多，原因在于，期刊所发表的论文较之报纸有更深度的分析，所发表论文水平越高，传播力越强，持久力也越强。好的论文在发表几十年后仍会有人下载,有人引用。所以,期刊的生命力更为持久,对于大学的传播效应更为显著。

20世纪80年代,改革春风吹拂华夏大地,种种新生事物破土而出,大学精神风貌焕然一新。在此背景下,原涪陵师范高等专科学校(简称"涪陵师专")的主要领导夏仕连书记、曾祥骏校长决定创建一份学报,将它的名字定为《涪陵师专学报》。《涪陵师专学报》于1985年正式创刊,创刊号封面如图1-1所示。曾祥骏校长亲自担任主编,杨圭言任副主编。编委有王汉崇、刘应秀、刘祚彦、许力心、张谦、张攀学、吕德超、余抗生、郝开科、陶敏川、赖先沄、廖实中、戴永熙。由于杨圭言同时担任教务处处长,编辑部设在原涪陵师范高等专科学校教务处师资教研科。

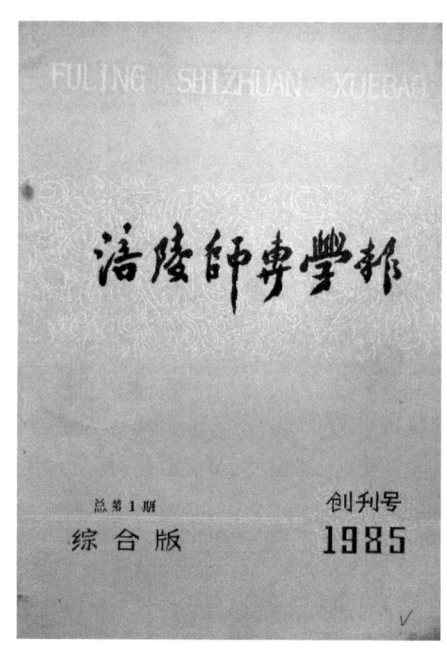

图1-1 《长江师范学院学报》前身《涪陵师专学报》创刊号封面

在《涪陵师专学报》发刊词中提到了办刊目标和局限性。办刊目标包括4个方面:第一,"立足本校,为师生提供学术研究、学术交流的园地"。学术研究当然是学术期刊的第一职责,所以发刊词首提学术发表职责是必要的。由于期刊处于初创阶段,所以将发表论文的对象定位为本校师生,这在当时也是必要的,办刊者首要的是确保"碗里有饭",如果"碗里没饭",

那么办刊就难以为继。第二,"检阅我校教学和科研成果,使教学相长,以促进学校发展"。在此谈到了期刊发表的内容和与学校的关系。期刊发表的内容在当时包括了教学和科研成果,时至今日,这两方面的成果仍然构成《长江师范学院学报》的主体,只是由以教学成果为主转向以科研成果为主,这是因为经过长期发展,《长江师范学院学报》的作者队伍已经得到了极大优化。第三,"力求办得生动活泼,办出特色"。发刊词的这个定位是针对期刊类型设定的,具体而言,就是要将学报办成一个特色型期刊。应该说,在此后学报持续不断的发展过程中,是坚持了这一办刊思路的。区别仅仅在于,不同时期所侧重的特色有所不同。第四,"披沙拣金,发现人才,培养人才"。学术期刊对于论文的发表过程涉及审稿和反馈,无论审稿专家的专业意见还是期刊编辑部的形式意见,对于作者的成长都是至关重要的。不少知名专家在其成长过程中都或多或少得到过学术期刊的助力,甚至在某种意义上可以说是学术期刊将其从芸芸众生中筛选出来,从而使他们发现了自己,走上了学术道路。所以,学术期刊的人才筛选和人才培养功能正越来越受到重视。2021年5月9日,习近平总书记在给《文史哲》编辑部全体编辑人员的回信中提出:"高品质的学术期刊"要"支持优秀学术人才成长"①。2021年5月18日,中共中央宣传部、教育部、科技部等联合印发的《关于推动学术期刊繁荣发展的意见》里明确,要"注重培养青年作者,扩大作者的单位和地区覆盖面"。② 所以,综合上述方面来看,发刊词对于学报的定位是合理的且具有前瞻性的。

在当时,学报初创,面临的局限有3个方面:第一,学报是一个内部刊物。内部刊物决定了它的影响力较小,仅局限于学校,最多辐射到涪陵地区。第二,学报运行尚不规范。由于学报处于初创阶段,所以是一个不定期刊物。在内容方面,比较杂,也比较浅,有些不属于论文。在规范方面,仅有作者,缺乏对作者单位、职称、学历、籍贯等必要信息的介绍,也没有统一的写作体例,这种情况一直持续到1999年才结束。第三,学报稿源较为匮乏。在初创阶段,作者基本上都是校内作者,极为缺乏外稿。

在创刊号中,提出主要刊发4类稿件:第一,哲学社会科学和自然科学

---

① 习近平给《文史哲》编辑部全体编辑人员的回信[EB/OL].(2021-05-10)[2021-09-01]. https://baijiahao.baidu.com/s?id=1699359051880760595&wfr=spider&for=pc.
② 中共中央宣传部 教育部 科技部印发《关于推动学术期刊繁荣发展的意见》的通知[EB/OL].(2021-06-23)[2021-09-01]. http://www.nppa.gov.cn/nppa/contents/312/76209.shtml.

的学术研究论文及评介、赏析文章；第二，研究师专、中学教材教法的经验及理论文章；第三，探讨、反映师专、中学教学改革的论文及其他文章；第四，教学、科研随笔、札记等。实际刊发21篇文章（含诗歌、算例、译注），刊文仅有作者名字，无作者其他信息。刊文学科以文科为主，兼及理工科（有5篇，占刊文量的近1/4）。讨论教学的文章有9篇，占将近一半；文学8篇；语言学1篇；哲学1篇；诗歌1篇。由此可见，创刊号大部分文章都是围绕教学和文学展开的，这在很长时间内成为《长江师范学院学报》的办刊特色。

二、刊号及刊名

对于任何有抱负的期刊而言，发展为正式出版的期刊都是其奋斗目标。但是，这个转变过程并不是一帆风顺的，而是历经了较长时间的曲折。1985—1999年，经过了内部刊物—省（直辖市）新闻出版部门内部准印—刊号这样一个曲折历程。1985—1988年，《涪陵师专学报》一直是内部刊物；1989年有了四川省的内部报刊准印证，批准号为"川内字第14—006号"；1995年，准印证变更为"川内字14—012"；1996年，第1期和第3期准印证变更为"川内字第14—004号"，第2期准印证仍为"川内字14—012"；1997年第1期刊号为"CHNZ14—004"，第2期至第4期为"CHNZ14—012"；1998年刊号变更为"渝内字第3—016号"；1999年刊号为"国内统一刊号CN51-1553/G4"，第4期又变更为"国内统一刊号CN50-5033/C"，从第3期开始增加了一个国际刊号"国际标准刊号ISSN1008-9594"；2004年，刊号发生变化，国内刊号变更为"国内统一刊号CN50-1146/Z"，国际刊号变更为"国际标准刊号ISSN1672-366X"①；2009年，国内、国际刊号再次发生变更，国内刊号变更为"国内统一连续出版物号CN50-1195/Z"，国际刊号变更为"国际标准连续出版物号ISSN1674-3652"，这2个刊号一直沿用至今。

刊名变迁情况相对简单。2001年，涪陵师专与涪陵教育学院合并后升级为本科院校涪陵师范学院，当年第4期由《涪陵师专学报》更名为《涪陵师范学院学报》；2006年，涪陵师范学院更名为长江师范学院，从2007

---

① 2002—2003年学报档案遗失，无法确知刊号变更准确时间。

年第 4 期开始《涪陵师范学院学报》更名为《长江师范学院学报》,《长江师范学院学报》的名称一直沿用至今。

1988 年之前,我国报刊出版管理工作由各省、自治区、直辖市宣传部等部门管理,对刊号未做统一规定。四川省采用的是将报刊合并编号,因此当时使用的是四川省内部报刊准印证。1996 年,《中共中央办公厅、国务院办公厅关于加强新闻出版广播电视业管理的通知》(中办厅字〔1996〕37 号)精神指出,在全国范围内开展了报刊业治理工作。在这个文件中提出:"将现有的部分内部报刊,改成在本系统、本单位指导工作,交流信息的内部资料,不再列入报刊系列,不在社会上改造,并不得盈利,不得刊登广告。现有质量高、社会效益好的内部报刊,经审查,可批准一部分改为国内改造或省内改造的报刊。"① 1998 年 3 月 18 日,新闻出版署下发《关于建立高校学报类期刊刊号系列的通知》(新出期〔1998〕109 号)。在这个文件中规定:"高等专科学校已有正式学报的,不再将其他内部学报转为正式学报;没有正式学报的,原则上可将其中一种内部学报转为正式综合性学报。"② 该规定为《涪陵师专学报》转为正式综合性学报提供了机会。同时,在 1998 年的这个文件里还规定了高校内部学报转为正式学报的条件:一是学校创办 10 年(含 10 年)以上;二是内部学报经过了省级新闻出版管理部门审批创办 5 年(含 5 年)以上;三是学报由校领导或学科带头人担任主编或编委会主任,学报编辑部由两名以上专职高级职称人员组成;四是学报刊登的稿件中 2/3 以上是本校学术、科研论文或信息;五是学报名称应冠以学校全称。③ 对照这些条件,《涪陵师专学报》恰好都满足,因此得以顺利转为正式学报。1999 年 3 月 17 日,新闻出版署下发《关于期刊核验及重新登记的通知》(新出报刊〔1999〕242 号),该文件规定重庆市期刊的国内统一刊号编法为"CN50 - XXXX/YY"。④ 在这个文件的附件中还明确了不同期刊类型的英文符号,如 C 为社会科学总论,G4 为教育,Z 为综合性期刊⑤。从刊号变更史可以看出,1999 年《涪陵师专学报》最开始的刊号设计为教育

---

① 中共中央办公厅、国务院办公厅关于加强新闻出版广播电视业管理的通知[EB/OL]. (1996-12-14)(2021-09-01). https://www.66law.cn/tiaoli/132003.aspx.

② 关于建立高校学报类期刊刊号系列的通知[EB/OL]. (2014-03-19)[2021-09-01]. http://www.hdxb.hqu.edu.cn/docs/zcfg/details.aspx?documentid=212.

③ 同②。

④ 参考:http://www.law-lib.com/law/law_view.asp?id=69090.

⑤ 包括文科和理科的大综合期刊。

类，但是在当年第 4 期就转为了社会科学总论类；到了 2004 年（也可能是 2001 年），《涪陵师范学院学报》刊号又转为文理综合类。这反映了办刊思路的转变，从专业类期刊转变为社科综合类期刊，再进一步转变为文理综合类期刊，一步步朝着大综合的方向发展。

三、特刊、专刊、增刊及版本

1985 年第 1 期为综合版，第 2 期为学校体育专号；1986 年的两期均为综合版；1987 年第 1 期为综合版，第 2 期为文科版，首次举办文科版，这实际上是人文社科综合版；1988—1990 年为综合版；1991 年改为哲学社会科学版；1992 年第 1 期为自然科学版，第 2 期为哲学社会科学版，在这一年采取了将文理科分版办刊的思路；1993 年第 1 期和第 2 期为哲学社会科学版，第 3 期为音乐教改专号；1994 年第 1 期为哲学社会科学版，第 2 期为自然科学版；1995 年第 1 期为哲学社会科学版；1996 年第 1 期为美术论文专辑，第 2 期和第 3 期为综合版，第 4 期为社会科学版；1997 年第 1 期、第 2 期、第 4 期为社会科学版，第 3 期为自然科学版；1998 年第 1—3 期为社会科学版，第 4 期为自然科学版；1999 年第 1 期为社会科学版，其他期未标注版本。1999 年第 2 期开始，学报名称未再添加版本，之后除了变更刊名之外，一直保持到现在。

四、期数与页码

1985 年共出版两期，第 1 期 84 页，第 2 期 64 页；1986 年共出版两期，第 1 期 148 页，第 2 期 136 页；1987 年共出版两期，第 1 期 162 页，第 2 期 144 页；1988 年共出版一期，为 1—2 期合期，共 156 页；1989 年共出版一期，为 1—2 期合期，共 152 页；1990 年共出版两期，第 1 期和第 2 期均为 120 页；1991 年共出版两期，第 1 期 80 页，第 2 期 102 页；1992 年共出版两期，第 1 期 124 页，第 2 期 104 页；1993 年共出版 3 期，第 1 期 112 页，第 2 期 116 页，第 3 期 92 页；1994 年共出版两期，第 1 期 112 页，第 2 期 126 页；1995 年因档案缺失现仅存第 1 期，67 页[①]；1996 年共出版四期，第

---

① 最后一页排在了封三位置。

1期92页，第2期88页，第3期80页，第4期106页；1997年共出版四期，第1期96页，第2期98页，第3期128页，第4期98页；1998年共出版四期，稳定在96页，第4期后面多4页（为当年总目录）；1999年共出版四期，第1—2期96页，第3—4期100页。

由此可见，从创刊之后到1994年（也可能是1995年），学报的期数一直为两期（1993年多出版了一期专题）；1996年后就稳定在四期。页码一直处于变动之中，1998年开始相对稳定，多数期保持在96页；但是，从1999年第3期开始，页码为100页。

五、栏目

1985—1990年绝大多数时间未设置栏目。1985年第2期设置了"中学体育教材设计""教法篇""管理论""心理训练""竞技运动技术分析""体育教师的修养"等栏目。1986—1990年未设置栏目。1991年第1期设置了"庆祝中国共产党建党七十周年"的栏目。1992年未设置栏目。1993年第2期推出了"隆重纪念毛泽东诞辰100周年"的栏目。1994—1996年未设置栏目。从1997年开始常规化建设栏目。1997年，第1期栏目包括"女性文学研究""高校精神文明建设""国际学术交流""巴陵历史文化研究"；第2期栏目包括"赵世炎研究""乌江文化与乌江文学研究""高校精神文明建设""大学生论坛"；第3期无栏目；第4期栏目包括"学习与实践""素质教育研究""巴渝文化研究""语言文学"。1998年，第1期栏目包括"学习与实践""巴渝文化研究""语言文学""编辑与出版""中学教育研究""论文摘编"；第2期栏目包括"学习与实践""三峡文化研究""法学研究""语言文学""教育教学研究""论点重刊"；第3期栏目包括"赵世炎研究""学习与实践""语言文学""三峡文化研究""论点重刊""区内文讯""书讯"；第4期无栏目。1999年，第1期栏目包括"热烈庆祝涪陵师专学报申办正式期刊成功""重庆文学史""隆重纪念涪陵师专学报创刊十五周年""三峡文化研究""当代学术思潮""论点摘刊""短讯"；第2期栏目包括"热烈庆祝涪陵师专学报公开发行""二十世纪中国文学""重庆文学史""傅天琳研究""三峡文化研究""重庆区域经济"；第3期栏目包括"纪念五四运动八十周年""二十世纪中国文学""重庆文学史""艺术理论与实践""自然科学研究"；第4期栏目包括"二十世纪中国文学""重庆文学史""研究生论坛""当代学术思潮""重庆区域经济"。

由此可见，早期的大多数时间都是没有栏目的，仅在个别年份推出了纪念专栏，1997年后栏目建设进入常规化时代并且逐渐规范。有的栏目在短期内保持了稳定性；有的栏目则仍处于调整之中。20世纪90年代，"学习与实践""三峡文化研究""重庆文学史""语言文学"等栏目都曾经在一定时期连续开设。

六、内容

关于创刊号的内容已在前面进行了论述。1985年第2期共13篇，内容以体育教学为主（9篇），其他有体育教育2篇、体育管理2篇。1986年第1期共28篇，其中文学9篇、语言学2篇、历史学2篇、经济学1篇、哲学1篇、数学6篇、物理学3篇、化学1篇、生物学1篇、翻译学1篇、艺术学1篇。1986年第2期共22篇，其中文学7篇、语言学1篇、心理学2篇、教育学1篇、数学5篇、化学2篇、物理学2篇、体育学1篇、艺术学1篇。1987年第1期共31篇，其中文学9篇、语言学3篇、历史学1篇、文化学1篇、教学4篇、心理学1篇、哲学1篇、数学4篇、物理学5篇、生物学1篇、体育学1篇。1987年第2期共30篇，其中文学13篇、心理学1篇、语言学3篇、教学3篇、经济学3篇、心理学2篇、教育学5篇。1988年共32篇，其中文学6篇、教学2篇、语言学2篇、历史学2篇、经济学1篇、哲学2篇、教育学2篇、数学6篇、物理学3篇、化学2篇、生物学2篇、艺术学2篇。1989年共28篇，其中文学9篇、语言学3篇、教学2篇、心理学1篇、教育学2篇、历史学2篇、数学5篇、计算机2篇、化学1篇、生物学1篇。1990年第1期共25篇，其中文学7篇、语言学2篇、历史学3篇、政治学1篇、教学2篇、教育学3篇、数学5篇、化学1篇、生物学1篇。1990年第2期共22篇，其中文学5篇、经济学1篇、语言学2篇、教育学4篇、图书馆1篇、物理学3篇、数学5篇、化学1篇。1991年第1期共14篇，其中政治学3篇、文学3篇、语言学3篇、教学1篇、宗教学1篇、教育学2篇、艺术学1篇。1991年第2期共17篇，其中哲学1篇、政治学2篇、教育学1篇、经济学1篇、历史学1篇、文学7篇、宗教学1篇、语言学1篇、艺术学2篇。1992年第1期共25篇，其中数学7篇、物理学6篇、教学1篇、历史学1篇、化学5篇、生物学3篇、体育学

2篇。1992年第2期共24篇，其中教育学7篇、哲学1篇、经济学3篇、历史学2篇、文学4篇、艺术学2篇、语言学3篇、美学2篇。1993年第1期共24篇，其中马克思主义1篇、哲学1篇、经济学1篇、历史学1篇、文学7篇、语言学5篇、教育学4篇、管理学3篇、档案学1篇。1993年第2期共23篇，其中文学4篇、文化4篇、教育学2篇、管理学1篇、语言学3篇、教学3篇、历史学2篇、翻译学1篇、艺术学1篇、图书馆学2篇。在1993年第2期最后，还统计汇总了自学报创刊以来的各学科目录。1993年第3期共21篇，前面有题词和序，最后还有关于涪陵师专音乐专业的介绍。1994年第1期共25篇，其中经济学5篇、政治学2篇、哲学2篇、教育学4篇、教学4篇、文学5篇、艺术学1篇、历史学1篇、生态学1篇。1994年第2期共24篇，其中数学8篇、物理学6篇、化学4篇、生物学5篇、计算机1篇。1995年第1期共19篇，其中教育学6篇、文学3篇、教学5篇、艺术学2篇、历史学2篇、文化学1篇。1996年第1期共24篇，除教育3篇、思想政治教育2篇外，均为美术学论文。1996年第2期共23篇，其中心理学2篇、经济学2篇、语言学2篇、文学1篇、历史学2篇、翻译学1篇、计算机2篇、数学3篇、物理学3篇、化学1篇、生物学2篇、体育学1篇、医学1篇。1996年第3期共18篇，其中教育学4篇、政治学2篇、社会学1篇、经济学2篇、宗教学1篇、语言学1篇、翻译学1篇、历史学2篇、图书馆学1篇、数学1篇、教学1篇、生物学1篇。1996年第4期共26篇，其中教育学5篇、政治学5篇、经济学2篇、文学3篇、语言学1篇、翻译学1篇、教学4篇、美学1篇、体育学1篇、图书馆学3篇。1997年第1期共13篇，文学4篇、教育学3篇、经济学1篇、哲学1篇、历史学1篇、翻译学2篇、政治学1篇。1997年第2期共19篇，历史学1篇、文学9篇、语言学2篇、翻译学2篇、哲学2篇、教育学3篇。1997年第3期共21篇，其中数学6篇、物理学5篇、计算机3篇、化学3篇、教育学2篇、生物学2篇。1997年第4期共16篇，其中经济学1篇、哲学3篇、马克思主义1篇、教育学3篇、文学4篇、语言学1篇、法学1篇、人才学1篇。1998年第1期共19篇，其中马克思主义3篇、哲学2篇、文化学1篇、美学1篇、文学3篇、翻译学2篇、编辑学1篇、教育学3篇、教学1篇、档案学1篇、图书馆学1篇。1998年第2期共19篇，其中论点摘要2篇，其他论文中文化学2篇、政治学2篇、哲学1篇、经济学1篇、法学2篇、文学2篇、翻译学1篇、语言学1篇、教育学3篇、教学1

《长江师范学院学报》史料整理与分析（1985—2020）

篇、体育学 1 篇。1998 年第 3 期共 19 篇论文，资讯 3 篇，在论文中有 2 篇为论点类的摘要，其他论文中历史学 1 篇、马克思主义 3 篇、政治学 1 篇、文学 3 篇、语言学 1 篇、翻译学 1 篇、文化学 2 篇、教育学 3 篇、图书馆学 2 篇。1998 年第 4 期共 23 篇，其中数学 8 篇、物理学 4 篇、化学 3 篇、计算机 2 篇、教学 3 篇、教育学 2 篇、体育学 1 篇。1999 年第 1 期共 16 篇论文、4 篇信息、1 篇摘编、1 篇短讯，在论文中文学 12 篇、文化学 1 篇、经济学 1 篇、教育学 2 篇。1999 年第 2 期共 25 篇论文、信息 1 篇、学科介绍 1 篇、诗歌 1 篇，在论文中文学 17 篇、文化学 2 篇、管理学 1 篇、哲学 4 篇、教育学 1 篇。1999 年第 3 期共有论文 25 篇、书评 2 篇、信息 1 篇，在论文中文学 6 篇、艺术 2 篇、语言学 2 篇、教学 1 篇、档案学 1 篇、数学 5 篇、物理学 2 篇、化学 3 篇、生物学 3 篇。1999 年第 4 期共有论文 19 篇、笔谈 1 组 4 篇、论点选粹 2 篇、年鉴 1 篇，在论文中文学 11 篇、经济学 2 篇、哲学 1 篇、教育学 3 篇、体育学 1 篇、教学 1 篇。

由此可见，自创刊到正式获得刊号的 15 年里，学报内容上的特点是：第一，学科具有相对稳定性，并且与学校当时设置的学科紧密相关；第二，总体而论，文学、教育学发表文章较多，语言学、翻译学都属于常设栏目，政治学、马克思主义、经管学科、哲学也有一定的发文量；第三，已经有意识地组织专辑，如 1985 年第 2 期的体育专辑、1996 年第 1 期的美术专辑；第四，由早期的文理混合到文理分家，再到逐步减少理科发文量，向文科学报过渡；第五，内容逐步活跃和丰富，形式逐渐多样；第六，开始了创建名栏的实际行动。

七、封面设计

创刊号的封面设计一直沿用到 1988 年。1989 年封面设计变更，如图 1-2 所示。变更后，一直沿用到 1996 年第 3 期。1996 年第 4 期封面设计变更，如图 1-3 所示，但是仅使用了一期。1997 年封面设计再次调整，如图 1-4 所示，这次沿用到 1998 年。1999 年封面设计又发生变化，如图 1-5 所示，这次沿用到 2001 年（或 2002 年、2003 年）[①]。2004 年封面设计再次变更，如图 1-6 所示。

---

① 2002 年和 2003 年学报期刊档案遗失。

第一章 学报的诞生

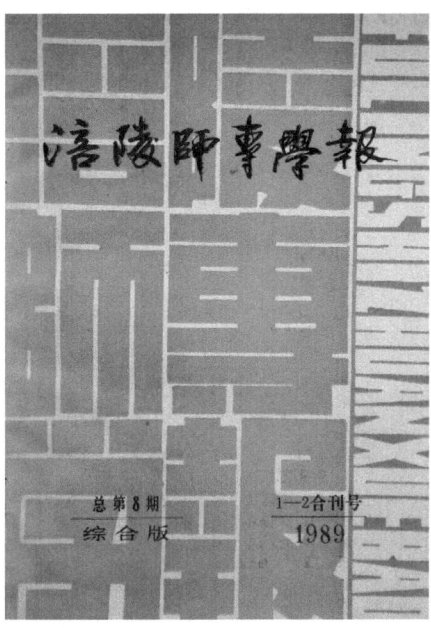

图 1-2　1989 年封面

图 1-3　1996 年第 4 期封面

《长江师范学院学报》史料整理与分析（1985—2020）

图 1-4　1997 年第 1 期封面

图 1-5　1999 年第 1 期封面

第一章 学报的诞生

图1-6 2004年第1期封面

第二章 学报历任主编、副主编及其对于学报发展的贡献

在学报36年的发展历程中,各个时期的主编、副主编对于学报办刊进行了宝贵的经验探索,使得学报由内刊发展为正式出版物,再打造出一些品牌栏目,在区域甚至国内具有了一定的影响力。总结这些主编情况及其对于学报发展的贡献对于学报进一步理清管理体制、构建适宜发展思路都具有重要的意义。

一、不同时期的主编、副主编及其简介

(一)首任主编、副主编

1985年,创刊号首任主编曾祥骏、副主编杨圭言。曾祥骏时为原涪陵师范高等专科学校(现长江师范学院)校长,任职校长时间为1982年11月—1986年2月;杨圭言时为教务处处长。

曾祥骏,男,重庆南川人,历任原涪陵师范高等专科学校中文系教师、副校长、校长,后调入渝州大学(现重庆工商大学)任职。

杨圭言笔名苏南、任南,男,1945年3月生于江苏无锡,教授。早年毕业于徐州师范大学中文系。历任原涪陵师范高等专科学校中文系主任、教务处长、党委书记,原四川美术学院党委书记、代院长,中国人才研究会艺术家学报委员会委员。现任重庆市老年书画研究会副会长,重庆市现代禅画院顾问。自小酷爱书法艺术,致力于书法创作、教学及书法理论研究数十年。书法理论著作有《书法艺术散论》等多种。擅长行书,字形融篆、隶、行、草于一炉,笔力遒劲,笔势沉稳,底蕴深厚。其作品多次在国内外书法大赛中获奖。①

---

① 胡婷,游宇.杨圭言:翰墨70年[J].今日重庆,2019(9):96–101.

(二) 第二任主编及其副主编

1986 年第 1 期，主编仍为曾祥骏，副主编变更为杨圭言、吕德超。吕德超时为原涪陵师范高等专科学校校长，任职校长时间为 1986 年 2 月—1992 年 10 月。

1986 年第 2 期开始，杨圭言任第二任主编，副主编变更为郝开科、戴永熙。杨圭言 1990 年 8 月—1995 年 12 月任原涪陵师范高等专科学校党委书记。郝开科为原涪陵师范高等专科学校化学系教授。1992 年第 1 期，副主编为郝开科、黄贵。黄贵时为原涪陵师范高等专科学校副校长。黄贵，男，重庆酉阳人，曾任原涪陵师范高等专科学校英语系主任、党支部书记、副校长、校长、党委书记。

1993 年第 1 期，副主编变更为黄贵。黄贵时为原涪陵师范高等专科学校校长。

1993 年第 2 期，副主编变更为黄贵、孙义云。孙义云时为原涪陵师范高等专科学校副校长。

孙义云，男，1946 年 3 月 15 日生，四川成都人，中共党员，副教授，现为西南大学育才学院常务副院长。1967 年毕业于西南师范学院政治教育系。1968—1971 年在彭水县保家农场劳动锻炼；1972—1980 年在彭水县黄家坝中学任教（1978 年任教导主任）；1980—1983 年在彭水县高谷中学任校长；1983—1984 年在彭水县师范学校任副校长；1985—2001 年在涪陵师范高等专科学校先后任政史系副主任（党支部书记）、教务处副处长、宣传部部长、党政办公室主任、副校长；2001 年，涪陵师专升级为涪陵师范学院（2006 年更名为长江师范学院）后任副院级调研员。先后参编西南地区《政治经济学概论》教材，四川省电大《政治经济学辅导材料》，并在西南财经大学的《财经科学》《四川师范大学学报》《涪陵师专学报》等刊物发表学术论文 10 余篇。[①]

(三) 第三任主编及其副主编

1996 年第 1 期，主编变更为黄贵，副主编变更为简大权、孙义云。黄

---

① 详见 http://www.swuyc.edu.cn/swuyc/Index.do? method = getArticlePaging&typeId = 2497C44F_F59E_48FB_A221_B9B8A409E814&typePinYin = xueyuanjianjie。

贵时为原涪陵师范高等专科学校党委书记；简大权时为原涪陵师范高等专科学校校长；孙义云时为原涪陵师范高等专科学校副校长。

简大权，1944年11月生，中共党员，大学文化，原涪陵师范高等专科学校校长，副教授，中国数学学会会员，四川省高等教育学会理事，四川省概率统计学会常务理事。自1978年10月以来，他先后承担"集合论""逻辑代数""计算机基础""数学史与方法论""概率论与数理统计"等课程的教学及辅导，从事教育测量、教育统计及中学数学教法等的研究。共发表论文20余篇，参编教材、专著两部。1989年8月被四川省人民政府授予"四川省优秀教师"称号；1994年8月被四川省教委评为四川省普通高等学校优秀教学管理干部，同年12月获曾宪梓教育基金奖三等奖；1995年被涪陵市（现涪陵区）评为中青年科技拔尖人才，享受政府特殊津贴，1997年获四川省第三届普通高等学校优秀教学成果奖一等奖。①

1996年第4期，主编为黄贵，执行主编为冉易光。在学报发展史上，首次设立了执行主编的岗位，冉易光系专职执行主编，也是在学报任职较长的主编之一。

冉易光，男，1947年生，土家族，重庆酉阳人，中共党员，教授。笔名易光。1968—1978年在重庆酉阳务农；1977年以初中学历参加高考；1978年4月入读涪陵师范高等专科学校中文系，1981年1月毕业，留校任教；历任中文系教师、教研室主任、学报执行主编。重庆市作家协会全委会委员，文学评论委员会副主任；重庆市现当代文学学会理事；中国作家协会会员。1980年开始发表作品，著有文学评论集《固守与叛离》《阳光的垄断》，小说散文集《人迹》，小说《麒麟》《乌江故事》等，发表论文50余篇。《固守与叛离》获1999年重庆市第一届社会科学优秀成果奖三等奖、2001年重庆市文艺评论奖，《阳光的垄断》2005年获重庆市文学奖。1999年起在《涪陵师范学院学报》开辟《重庆文学史》专栏，全面开展对重庆文学的研究。②

（四）第四任主编及其执行主编

2004年第2期，学报主编变更为王久渊，执行主编为冉易光。王久渊

---

① 详见http://www.worldexperts.org/web/J/J9-2728.htm.
② 详见http://ren.bytravel.cn/history/4/ranyiguang.html.

时任涪陵师范学院党委书记。

王久渊，男，1946年7月生，四川西充县人，中共党员，教授，国务院政府特殊津贴专家。1965年9月—1970年8月，北京对外贸易学院意大利语专业学习；1970年9月—1971年2月，任四川省石柱县悦来小学教师；1971年2月—1978年2月，任四川省石柱县悦来中学教师、教导主任；1978年2月—1983年10月，任四川省石柱西沱中学副校长，其间1983年9月—1984年1月在四川省教育学院学习；1983年10月—1985年11月，任四川省石柱县人民政府副县长；1985年12月至1991年10月，历任涪陵师范高等专科学校宣传部部长、党委委员、学生办主任、纪委副书记、学生处处长（其间：1988年2月—1989年2月，在上海师范大学思想政治教育研究生课程班学习）；1991年10月—2001年9月，任涪陵师范高等专科学校党委副书记、党委委员，兼任纪委书记、工会主席；2001年9月—2003年12月，任涪陵师范学院党委副书记、党委委员；2003年12月—2006年12月，任涪陵师范学院党委书记；2006年12月—2008年11月，任长江师范学院党委书记；2011年5月—2019年7月，任重庆经贸职业学院党委书记、院长。现任重庆经贸职业学院名誉院长。曾编写《教师道德》《国情教程》《德育理论与实践》《创造美好大学生活》《政治学概论》等著作。《强化新生教育的措施与实践》获1997年四川省第三届普通高等学校优秀教学成果奖二等奖。《道德问题的经济学分析》获2007年重庆市社会科学优秀成果奖三等奖。

（五）第五任主编

2010年第1期，主编变更为戴伟，未设副主编或执行主编岗位。戴伟时任长江师范学院党委书记。

戴伟，男，1950年5月生，重庆江津人，中共党员，教授，国务院政府特殊津贴专家；四川外语学院兼职教授，硕士生导师；教育部本科教学工作水平评估专家；重庆市社科联委员；重庆市高校职称评审委员会汉语言文学学科组成员，重庆市高校职称评审委员会委员；重庆市语言学会副会长，重庆市评论家协会副主席；全国高师教育管理专业委员会副秘书长。1970年7月，下乡到原江津县柏林区双凤公社插队劳动；1973年起，相继担任民办小学、民办中学教师；1978年2月—1982年1月，在西南师范学院（现西南大学）中文系学习；1982年1月—1985年3月，任重庆师专中文系教师；1985年3月—1994年11月，历任重庆师专中文系主任助理、中文系副主任、中文系主任并代理系党委总支书记、教务处处长等职务；1994年11月—2001年9月任重庆师专副校长，1999年7月起兼任重庆师专党委副书记；2001年9月—2003年12月，任渝西学院副院长；2003年12月—2007年1月任涪陵师范学院院长；2007年1月—2008年11月任长江师范学院院长；2008年11月起任中共长江师范学院委员会书记；2012年2月任重庆科创职业学院校长。1983年以来，陆续发表《论汉语入声》《入声从韵类到调类的发展过程》等专业论文40多篇，其中，被人大复印资料全文转载3篇，有1篇获重庆市新闻出版局优秀期刊论文三等奖。1992年，由东方出版社（人民出版社副社）出版专著《中国婚姻性爱史稿》，《中国社会科学》1994年2期发表了该书书评；主编和参编各类教材7种，其中《古代汉语》再版多次。主持国家级科研项目《乌江流域非物质文化遗产保护和抢救》。1994年，获重庆市人民政府颁发的哲学、社会科学优秀科研成果奖三等奖。1994年，被评为重庆师专学科带头人，获国家教委评定的曾宪梓教育基金会教师奖三等奖。1997年，获教育部评选的曾宪梓教育基金会教师奖二等奖。1997年，获四川省人民政府颁发的教学成果奖二等奖。1998年，获国务院颁发的享受政府特殊津贴专家称号。2000年，被评为重庆市先进工作者。

（六）第六任主编及其副主编

2011年第4期、第5期档案遗失，2011年第6期主编变更为蔡其勇，所以无法确认其任职主编的确切时间。2011年第6期副主编变更为曾超。

蔡其勇，男，1965年生，四川武胜人，中共党员，教育学博士、教授，博士生导师。先后毕业于四川师范大学化学专业，西南师范大学（现西南大学）教育管理专业，西南大学课程与教学论专业，曾留学于英国剑桥大学。重庆市学术技术带头人，重庆市高等学校优秀中青年骨干教师，优秀中青年骨干教师资助计划获得者。入选教育部中小学校长国家级培训和重庆市社会科学专家，教育部"校长国培计划""农助工程项目"首席专家。曾任重庆教育学院院长助理、生化系主任兼书记、教育系主任，长江师范学院党委常委、副院长，东北师范大学校长助理（挂职）。现任重庆市教育科学研究院党委副书记、院长。主要从事课程与教学论和教师教育研究工作。近年来，主持完成了多项中小学骨干教师及校长国家级、市级培训方案的研制和

第二章 学报历任主编、副主编及其对于学报发展的贡献

培训任务的实施,多次参加教育部主持的中小学骨干教师培训(研修)方案审定会。先后主持全国"十二五"教育规划教育部重点课题1项,主持教育部"春晖计划"项目1项、重庆市高等学校优秀人才资助计划项目1项、重庆市教育科学规划重点课题1项,主持重庆市教委教育教学改革实验区项目1项、教学改革项目1项,主持完成重庆市科委课题1项、市教委课题2项。在《教育研究》《课程·教材·教法》《中国教育学刊》等刊物上公开发表学术论文50篇。主编、参编著作13部。有2项成果荣获重庆市人民政府社会科学优秀成果奖三等奖,1项成果荣获重庆市人民政府高等教育教学成果奖三等奖,3项成果分别荣获重庆市基础教育优秀成果奖一、二、三等奖。

曾超,男,土家族,1966年3月生,重庆黔江人,中共党员,博士,教授,重庆民族研究院专职研究员,重庆市优秀中青年骨干教师,涪陵区首届科技拔尖人才。中南民族大学、贵州民族大学、吉首大学兼职硕士生导师。研究方向为民族文化、历史文化、地方文化。1984—1988年,就读于西南民族学院(现西南民族大学),获历史学学士学位;1988—1991年,就读于四川师范大学,获中国古代史硕士学位;2001—2002年,中央民族大学访问学者;2002—2005年,就读于中央民族大学,获专门史博士学位。历任涪陵师专政史系副主任、涪陵市(现涪陵区)政协委员、涪陵区政协委员、涪陵师范学院历史文化学系主任、长江师范学院宣传统战部部长、学报编辑部执行主编。曾挂职华东师范大学校长助理。创建历史旅游文化学系,创办历史学本科专业、旅游管理本科专业,主持历史旅游文化学系本科教学水平评估。曾任重庆市高级职称评定委员会委员、学校学术委员会委员、学校职称评定委员会委员,曾任《中国古代史》校级重点建设学科负责人。主持国家社科基金冷门绝学项目"白鹤梁题刻题名人群体研究"1项、国家民委"渝东南民族地区生态文明建设历史、现状与对策研究"等项目;在《贵州民族研究》《青海民族研究》《中南民族大学学报》等发表文章100多篇;出版《巴人尚武精神研究》《枳巴文化研究》等专著十余部。《巴人尚武精神研究》获涪陵区哲学社会科学优秀成果奖一等奖,其他获奖30余项。主持"历史教育教学网络资源的开发与利用研究历史教育教学网络资源的开发与利用研究"等教研教改项目;《利用地方文化资源强化校本课程建设》获2009年重庆市教学成果奖三等奖。创办《三峡生态环境监测》新刊,曾主持《长江师范学院学报》"中国土司文化研究"栏目,打造有"中国土司文化研究""西南民族文化研究""武陵论坛"等重庆市名

栏。兼任国家社科基金项目通讯评审专家、重庆市古籍保护专家委员会委员、炎黄文化研究会土司专业委员会理事、中国西南民族研究会常务理事、涪陵区历史学会副会长，曾任重庆市历史学会副会长、重庆地方史研究会副会长、重庆地理学会历史地理专业委员会常务理事、重庆市高校学报研究会常务理事、重庆市高校统战理论研究会理事、涪陵区社会科学界联合会常务理事、涪陵区邓小平理论研究会秘书长、重庆市社科专家库成员、重庆师范大学三峡文化研究院研究员、重庆三峡学院三峡文化研究院研究员、四川省巴中市巴文化研究院研究员、涪陵区社科智库专家等。

（七）第七任主编及其执行主编（副主编）

2012年第3期，主编变更为张明富，副主编为曾超。张明富时任长江师范学院副院长。

张明富，男，四川通江人，1964年生，历史学博士，教授，博士生导师，重庆市中国古代史学科带头人。历任西南大学历史文化学院院长，长江师范学院党委常委、副院长。现为西南大学历史文化学院、民族学院教授、博士生导师。在《历史研究》《民族研究》《文献》《史学月刊》《史学集刊》《中国社会经济史研究》等学术刊物发表论文60余篇，多篇论文被《新华文摘》和人大复印资料《明清史》《经济史》全文转载；主持国家社科基金重大招标项目"明清商人传记资料整理与研究"，国家社科基金项目"天潢贵胄的心智结构：明代宗室群体心态、文化素养及价值观研究"，教育部人文社会科学规划项目"清代富察氏家族研究"，重庆市社会科学研究规划项目"明清社会经商潮研究""清乾隆时期的中越关系研究"，教育部教改项目"历史学教育专业培养目标、规格和课程方案的研究与实践"等；出版学术专著2部，主编、参编学术著作《实业兴邦》等3部；《明清商人文化研究》（专著）获重庆市社会科学研究优秀成果奖二等奖，《试论明代宗学设置的原因》（论文）获重庆市社会科学研究优秀成果奖二等奖、教育部高校人文社会科学研究优秀成果奖三等奖，《乾隆末安南国王阮光平入华朝觐假冒说考》获重庆市社会科学研究优秀成果奖二等奖，《明实录类纂·司法监察卷》（资料书）获四川省哲学社会科学优秀成果奖三等奖。①

2018年第4期，曾超不再担任副主编，《三峡生态环境监测》执行主编

---

① 详见http：//his.swu.edu.cn/s/his/js/20140313/4447373.html。

第二章　学报历任主编、副主编及其对于学报发展的贡献

于海洪兼任学报编辑部执行主编（副主编）。

于海洪，男，吉林德惠人，1962年4月生，《三峡生态环境监测》执行主编，编审，教授，硕士生导师。1982年7月东北林学院采运专业毕业，获工学学士。曾任涪陵师范学院STS研究中心主任，长江师范学院教师教育学院院长，长江师范学院教务处处长、学报编辑部执行主编，第一届中共长江师范学院委员会纪委委员，第二届中共长江师范学院委员会委员。系中国科普作家协会会员（P02-yhh1980），重庆市政协特聘委员（TPWY4106），国家科技进步奖评审专家，国家教学成果奖评审专家，重庆市哲学社会科学专家库专家，重庆市教师教育专家库专家，三峡之光访问学者导师。主要从事STS与教师教育、农村基础教育研究工作。近年来主持、主研国家社科基金、教育部、重庆市社科规划办、重庆市教育科学规划办、重庆市教委等课题15项，获得教育部、重庆市人民政府社会科学成果奖、重庆市人民政府教学成果奖9项。出版专著16部，在《中国教育学刊》《大学教育科学》等杂志上发表论文58篇。

2020年第4期，于海洪不再兼任学报编辑部执行主编，王志标任学报编辑部执行主编（副主编）。

王志标，男，河南汝州人，1980年1月生，博士，教授，河南大学产业经济学、统计学硕士生导师，金融专业硕士生导师，重庆三峡学院旅游管理专业硕士生导师。重庆市高校中青年骨干教师，河南省优秀硕士学位论文指导教师，涪陵区优秀智库专家，长江师范学院科研创新先进个人。中共党员，编辑部党支部副书记，学报编辑部副主编（主持工作）。中国投入产出学会理事，中国服务贸易协会专家委员会委员，河南省文化产业专家委员会委员（首批），重庆市高校期刊研究会理事，重庆市市场监督管理学会理事。教育部学位与研究生教育通讯评审专家，中国人民银行命题专家，河南省委宣传部、河南省文化和旅游厅文化产业项目评审专家，河南省工业和信息化委员会项目评审专家，河南省委宣传部智库咨询专家，重庆市科技局项目评审专家，重庆市旅游度假区专家库专家，瞭望智库首批入驻专家，"一带一路"国家前沿战略支撑平台专家库专家。人大复印资料期刊评价专家；《长江师范学院学报》《河北环境工程学院学报》《当代旅游》编委；SSCI期刊 *Tourism Analysis*：*An Interdisciplinary Journal*、*International Journal of Tourism Research*，Ei期刊《东华大学学报（英文版）》，CSSCI期刊《科技进步与对策》《财贸研究》及北大核心期刊《西部论坛》与《三峡大学学

报（人文社会科学版）》《河北环境工程学院学报》《湖北文理学院学报》《安徽工程学院学报》等期刊匿名审稿专家。主持国家社科基金一般项目 1 项，原国家旅游局重点科研项目、教育部人文社科规划项目等省部级课题 13 项，厅级重点课题、招标课题等其他课题 20 余项；主研国家级课题 4 项。出版第一作者专著 3 部、译著 4 部，主编教材 1 部。以第一作者发表论文 90 余篇，其中被 SSCI、Ei、CSSCI、CSCD 核心收录 40 篇，CSSCI 集刊 6 篇，北大核心 7 篇，《光明日报》《经济日报》等理论版 2 篇，人大全文复印 2 篇，《高等学校文科学术文摘》摘要 4 篇。主持成果获省级二等奖 1 项、三等奖 2 项，部级三等奖 1 项，厅级特等奖、一等奖 13 项，其他获奖 40 余项；主研成果获部级三等奖 1 项。曾任河南大学经济学院贸易系支部书记、统计系支部书记，河南省文化产业发展研究基地–中原文化产业创新与发展研究中心副主任，河南大学经济学院文化、社会学与经济学交叉研究科研团队首席专家，长江师范学院学报编辑部执行主编助理。曾挂职焦作市商务局，任副局长。曾在加拿大卡尔顿大学访学一年。1997 年 8 月—2002 年 7 月，就读于北京工业大学汽车与内燃机专业，获工学士学位（同时获经济学辅修专业证书）；2002 年 9 月—2004 年 7 月，就读于中国人民大学经济思想史专业，获经济学硕士学位；2004 年 9 月—2007 年 7 月，就读于中国科学院数学与系统科学研究院管理科学与工程专业，获管理学博士学位。

二、不同时期主编、副主编对于学报发展的贡献

主编是期刊发展的灵魂和核心，主编的办刊思路决定了期刊发展的方向，对于期刊具有至关重要的影响。期刊因此会深深地打上主编的烙印，注入主编的风格。

（一）曾祥骏、杨圭言、吕德超时期（1985—1986 年）

这段时期是学报初创时期。俗话说，万事开头难。在初创时期，一切都要摸着石头过河，所以必然包含着种种不完美，在发展条件上也受到较大的制约。同时，学报的创办也是填补空白的一件大事、要事，在长江师范学院办学历史上写下了浓墨重彩的一笔，解决了一个从无到有的问题，为教学和科研成果的交流和发表提供了一个平台。

曾祥骏时任校长，由校长担任学报主编，为学报的顺利发展提供了条

件，也开启了学报长期由校领导尤其是正校级领导担任主编的先河。此后的主编，杨圭言、黄贵、王久渊、戴伟都是学校党委书记，这充分表明了学校对于学报发展的重视。

在创刊时期，采取的文理兼蓄的办刊方针，也与当时全国学报的办刊思路是一致的。时至今日，仍有少数学报兼收文理科的稿子，当然此类学报数量在不断减少。

创刊的发刊词也值得称道，其中的不少思路在当下仍然是适用的。提供科研发表平台、科研为教学服务、特色化发展、推动人才成长仍是当前期刊高质量发展的关注点和着眼点。在当时情况下，能够有这样的认识是难能可贵的。

创刊时期制定的一些制度和体例被沿用了多年，可能持续到1994年或1995年。例如，目录、主要学科分布、作者标注都是如此。作者信息的缺乏对于期刊研究工作造成了一定的障碍，所以对于自创刊之后到1998年这14年的期刊研究都只能从文章本身入手。

（二）杨圭言、郝开科、戴永熙时期（1986—1992年）

在经历初创时期后，进入了一段相对稳定的时期。这段时期的贡献是：第一，主编队伍稳定，使发展思路具有连续性。第二，总体上持有文理均衡发展的思路，但是对文科也有特殊关照。1987年第2期设置了文科版，1991年的两期均为哲学社会科学版，除了这2个年份，其他年份文理论文分布相对均衡。第三，文科中保持了对于文学、语言学的持续兴趣，理科主要分布于数学、物理、化学、生物学等基础学科。因此，具有学科集中性。第四，讨论的话题广泛，不局限于地方性，经典研究占有较大比重，如对于鲁迅、茅盾等的研究。第五，1989年后引入了执行编辑，时任执行编辑为欧阳无尽。在当前，有不少期刊采取了执行编辑的轮班制度，执行编辑是解决编辑工作量不均等的一种可选制度。

（三）杨圭言、黄贵、孙义云时期（1993—1995年）

这一时期大致延续了过去的传统，但也有新的发展。第一，注释较为翔实，这表明期刊在规范性方面试图提高。第二，加入了作者单位信息，引入作者单位信息的原因可能是校外稿源增加了，1993年第2期校外作者单位有石柱师范学校、四川师范大学、中共江苏滨海县委、中华书局、丰都二中、湖南省湘西自治州政府地方志办公室、渝州大学；1994年第1期校外作者单位有益州师专学报编辑部、康定师专学报编辑部、北京西城区财政局、成都师专、陕西省社会科学院、中国科学院水利部西北水土保持研究所、涪陵市（现涪陵区）第十中学。从校外作者来源看，大多数为同行，如益州师专学报编辑部、康定师专学报编辑部、成都师专，但也有比长江师范学院办学层次更高的单位，甚至权威机构。这表明，经过八九年的办刊之后，《涪陵师专学报》已经在社会上产生了一定的影响力，吸引了部分外部稿源。第三，开始关注地方文化，融入地域特色。例如，1994年第1期马培汶所撰《巾帼英雄秦良玉及其评价》一文共11页，讨论了秦良玉故里、征战、遗踪，对其功业进行了客观评价。这篇文章的研究在今天来看也是颇有深度的，对于地方文化的传播和深入研究具有启示意义。第四，开始发表采用一定研究方法的论文。例如，1994年第1期刘邦凡《我区农村中学英语教育教学实际的初步调查》一文就运用了实地调查和初步统计的方法。

（四）黄贵、简大权、孙义云时期（1996年）

这是一个相对短暂的时期，从1996年第1期到1996年第3期。相比上一时期，仅引入了一位新的副主编——简大权，所以学报基本保持稳定。在第1期做了一个美术论文专辑。在20多年以前，能够有意识地组织专辑还是难能可贵的。在2021年6月发布的《关于推动学术期刊繁荣发展的意见》中提出，要"加强编辑策划，围绕重大主题打造重大专栏、组织专题专刊"①。所以，专辑策划是具有前瞻性的。这一时期也发表了个别质量较高的学术论文。例如，1996年第2期唐尚朴《进一步正确认识和处理"部分先富"与共同富裕的关系》一文与当前社会普遍关注的共同富裕问题有很大关系，并且提出了正确的见解。唐尚朴论证共同富裕的基本思想包括：贫穷不是社会主义，社会主义要实现富裕；少数人富，大多数穷也不是社会主义；共同富裕不是平均主义，而要坚持贯彻按劳分配原则；共同富裕不等于同时同步富裕，允许一部分人、一部分地区先富起来。

（五）黄贵、冉易光时期（1996—2004年）

1996年第4期，冉易光开始进入学报编辑部任职，职务名称由副主编

---

① 中共中央宣传部 教育部 科技部印发《关于推动学术期刊繁荣发展的意见》的通知[EB/OL].（2021-06-23）[2021-09-04].http://www.nppa.gov.cn/nppa/contents/312/76209.shtml.

调整为执行主编。冉易光是学报编辑部任职时间最久的执行主编（副主编），先后任职时间长达13年有余，对于学报风格产生了较大的影响，以致不少作者对于学报的印象还停留在冉易光在编辑部工作的时期。该时期的主要贡献是：第一，在期刊规范化方面向前迈出了一大步。一是刊期相对稳定，1996—2001年刊期稳定在四期，2002—2004年刊期稳定在六期，其中2003年探索出版了一期增刊。二是从1997年开始在社科版常态化设置栏目，且在部分栏目方面保持稳定性。三是作者信息逐步健全、完善。四是引入了责任编辑制度，在文章后面署名责任编辑。第二，特色栏目建设取得了一定的成效，在社会上产生了一定反响。对巴渝文化、乌江文化、三峡文化进行了持续讨论，对赵世炎进行了较为深入的研究，对文学尤其重庆文学史的研究形成了学报的特色。2002年12月28日，"重庆文学史"栏目在重庆市第三届期刊好作品评选中被重庆市期刊协会、重庆市新闻出版局评为好栏目。第三，在持续不断的努力下，《涪陵师专学报》1999年终于获得了国内外统一刊号，刊号从1999年到2009年又几度变更，终于稳定。可以说，正式刊号的获得是这一时期对于学报发展的一个重大贡献。第四，刊文类型多样化。除了研究论文之外，组织了笔谈、对于作家的专题讨论，并且刊发信息类文章，使办刊风格比较活泼。目前，不少期刊还很重视笔谈栏目，以群策群力，发挥较多专家对于同一问题的集中智慧功能。第五，学报向文科期刊转变趋势日益明显。刊发的理工科论文数量越来越少，大多数文章都是文科的，这为学报办成文科学报奠定了基础。可见，《长江师范学院学报》向文科期刊的转变不是一蹴而就的，而是经过了一个缓慢调整的过程。第六，提出了明确的办刊定位。在1999年第1期，提出了"学术个性、地缘优势、前卫姿态"的办刊定位，此后这一定位延续多年，直至2018年第3期。

（六）王久渊、冉易光时期（2004—2009年）

这一时期更换了主编，执行主编仍为冉易光，办刊风格没有太大变化。这一时期的贡献是：第一，期刊更加规范。这突出表现在参考文献方面，参考文献按照国标进行著录。作者信息也更加完善，包括姓名、出生年、性别、职称、单位、研究方向等。第二，完成了向文科期刊的彻底转型。从2006年开始，发表的文章均为文科文章，未再刊发理工科文章。第三，引入了栏目主持人。这是期刊制度的一项重要变革，在此后很多年成为学报的一项重要制度，并且持续至今。第四，完成了向现代期刊的彻底转变。由部分设置栏目到所有文章都归入栏目之中;现代期刊的所有文章类型也都可在学报找到;期刊的条目、封面、目录、摘要、关键词、正文等都极为规范。第五,在特色栏目建设方面取得了新成绩。2004年7月31日,"21世纪文论"栏目在第四届重庆市期刊好作品评选中获得重庆市新闻出版局、重庆市期刊协会优秀栏目奖;2005年10月27日,"21世纪文论"栏目在第五届重庆市期刊好作品评选中获得重庆市新闻出版局、重庆市期刊协会优秀栏目奖;2007年1月11日,"21世纪文论"栏目在第六届重庆市期刊好作品评选中获得重庆市新闻出版局、重庆市期刊协会优秀栏目奖。

(七)戴伟时期(2010—2011年)

戴伟任学报主编时期,学报上未出现执行主编或副主编的名字。根据当事人的回忆,袁联波曾被任命为副主编,但是未过多久,他就调离长江师范学院,到成都大学任教,现为成都大学文学与新闻传播学院教授。冉建红作为学报编辑部办公室主任实际负责了编辑部工作。在袁联波之后,杨季冬曾短暂负责学报编辑部工作,杨季冬后任重庆三峡学院副院长,现已退休。因此,这一时期是编辑部管理层较不稳定的时期,但是时间也较短暂,只有一年多的时间。从办刊情况看,基本延续了之前的办刊风格。在栏目设置方面,文学版图仍较大,开设了"影视研究""西南民族文化研究"等新栏目,在封二、封三开办学术随笔版块,在2010年第5期开设了"研究综述"栏目。2010年10月27日,"重庆文学史"栏目被全国高等学校文科学报研究会评为特色栏目。栏目设置方面对于不同学科都有所涉及,铺设的面上较前为宽。与前面相比,标题设立和命名方面更为规范,突出了研究论文特征。在研究方法方面,个别论文开始使用现代研究范式,如2010年第2期刘廷华《合同法的经济分析》运用了博弈论方法,2010年第5期张明兰《叶芝诗歌生态观解读》运用生态批评理论对于叶芝的诗歌进行了解读。

(八)蔡其勇、曾超时期(2011—2012年)

从学报发展史审视,这一时期是一个过渡时期,时间更为短暂。从2011年开始重点打造"西南民族文化研究"栏目。对于期刊做出了调整刊期的尝试,从双月刊改为月刊,但是由于编辑部人力的局限性,从2013年又改回了双月刊。从这一时期开始,学报的政治地位略有下滑,由党委书记亲自兼任主编改为由主管副校长兼任主编。

第二章 学报历任主编、副主编及其对于学报发展的贡献

（九）张明富、曾超时期（2012—2018年）

这一时期是一个不断摸索、开放发展、影响力提升的时期。分管学报工作的张明富副校长兼任学报主编。2012年探索分人文社会科学和教育科学办刊，但是从2013年又调整回原办刊模式。这一时期的贡献是：第一，在特色栏目建设方面取得了较大成效。除了原开设的"西南民族文化研究"之外，还开设了"武陵论坛""乐舞艺术研究"等特色栏目。2015年7月11日，中国炎黄文化研究会土司文化专业委员会授予《长江师范学院学报》"中国土司文化研究"制定栏目证书；2017年12月，"中国土司文化研究""西南民族文化研究"在第十七届重庆市期刊好作品评选中获重庆市期刊协会优秀栏目奖。《高等学校文科学术文摘》2015年第4期对《长江师范学院学报》"武陵论坛"栏目进行了介绍。《高等学校文科学术文摘》2017年第5期对《长江师范学院学报》"西南民族文化研究"栏目进行了介绍。第二，开始注重质量建设。对《长江师范学院学报》刊发文章进行审读，聘请李胜、杨雅丽、王文平等为审读专家，着力提升编校质量。邀请重庆市期刊协会副会长、西南政法大学学报编辑部办公室主任、资深专家林士平，《改革》杂志社资深专家杨秀杰等校外专家为学报进行审读。加强与二级教学和科研单位的合作，如与经济与工商管理学院合作开辟"武陵论坛"栏目，与教育科学学院合作开辟"巴渝教育探索"栏目，与音乐学院合作开辟"乐舞艺术研究"栏目，与土司团队合作将"中国土司文化研究"栏目作为重庆市重点学科民族学共建栏目，与中共重庆市委党校黔江分校共建"武陵论坛"栏目。第三，采取措施提升期刊影响力。一是加强与外部沟通联系。2012年9月，张明富副院长带队到重庆市新闻出版局，与李炳仁处长进行办刊交流与沟通；10月，张明富副院长带队到北京，先后拜会了人大书报资料中心、中国社会科学杂志社、《新华文摘》等单位，寻求提升学报影响因子的路径，复印转载增加。人大复印资料《历史学文摘》2017年第2期转摘了蒋威论文《略论清代塾师的觅馆与荐馆》；《高等学校文科学术文摘》2017年第3期摘要了李学嘉、邹伟华、邹芙都的论文《论习近平的文物保护与利用思想》；《高等学校文科学术文摘》2017年第5期摘要了岳精柱论文《"家国同构"下家规家训与"圣谕"的相互表达》；《高等学校文科学术文摘》2017年第5期对《长江师范学院学报》"西南民族文化研究"专栏进行了介绍；人大复印资料《文化研究》2017年第12期对黄江

华《白鹤梁景观文化成因探源》做了论点摘编。二是加强约稿制度,确立部分特约作者名单,加强了与部分专家的联系。三是加强校际合作。分别与《吉首大学学报》《四川理工学院学报》《湖北民族学院学报》《重庆师范大学学报》《重庆三峡学院学报》等单位加强了联系和合作。四是积极参加学术会议。例如,2015年4月参加了西南民族大学举办的第八届中国民族研究西南论坛;2015年5月,参加了重庆彭水举办的蚩尤文化学术研讨会;2015年7月,参加了遵义师范学院举办的中国土司制度与土司文化国际学术研讨会。第三,加强了档案管理。2012年以来,学报编辑的期刊保存相对完整;存留了《长江师范学院2012年〈长江师范学院学报〉编委会会议资料》《2015〈长江师范学院学报〉编委会会议资料》《〈长江师范学院学报〉〈三峡生态环境监测〉运行工作报告》等宝贵的总结资料。这些资料为一窥当年学报运行和管理的细节提供了扎实的素材和见证。第四,制定了一些规章制度。相继制定了学报的组约稿制度、三审制度、加强考勤的若干规定、学报编辑部关于提高编校质量的若干规定等。这些规章制度在学报的规范化运行方面进行了可贵的探索。

(十)张明富、于海洪时期(2018—2020年)

2018年换届,曾超不再担任执行主编。《三峡生态环境监测》执行主编于海洪兼任学报执行主编。另外,增设执行主编助理岗位,引入王志标、王小恒任执行主编助理。王志标时为长江师范学院武陵山区特色资源开发与利用研究中心教授、专职研究员;王小恒时为长江师范学院文学院副教授。这一时期是曲折前进、艰难探索的一个时期。主要贡献是:第一,加大了质量管理力度。一是采取了层层施压的办法,强化了压力传导机制。学校与学报编辑部签订了目标责任书,约定了学报办刊目标;学报编辑部又与执行主编助理、办公室主任、编辑签订了目标责任书。二是明确分工。于海洪全面主持学报工作;由王志标负责学报质量管理,并落实具体措施;由王小恒负责党务工作,2019年后改由王志标负责;由赵庆来负责办公室。2019年后由王志标负责学报日常管理工作。三是引入审读专家,将三审三校制改进为三审四校制,即由编辑部人员进行三校,然后由审读专家审读,审读后复校。经过改进后,学报编校质量逐年提升,由2018年的万分之2.04下降到2019年的万分之1.8,再下降为2020年的万分之0.94。四是不断改进作者队伍。加大了约稿力度并规范审稿,使得学报作者中教授和博士占比提升,市外作者、校外作者占比提高、作者分布广泛性加强，期刊内容质量明显提升。第二，加强制度建设。相继制定了《〈长江师范学院学报〉审稿、编稿、组稿管理办法》《〈长江师范学院学报〉经费支出管理办法》《〈长江师范学院学报〉稿件审签单》《学报编辑部绩效二次分配方案（讨论稿）》《版权转让协议》等。第三，加强外部联系和交流。加强与重庆市新闻出版局的联系；主动拜访《新华文摘》《高等学校文科学术文摘》、人大复印资料等复印转载机构，邀请人大复印资料党委书记、主任武宝瑞，副总编辑李军林，《云南民族大学学报（哲学社会科学版）》副主编王东昕等到长江师范学院传授经验；先后到《重庆理工大学学报（社会科学）》《重庆三峡学院学报》《重庆高教研究》等编辑部学习。第四，学报影响力有所提升。2019年学报人大复印资料全文复印1篇，《高等学校文科学术文摘》摘要1篇，人大复印资料长摘要3篇。《中国古代、近代文学研究》2019年第6期全文复印王小恒《从厉鹗著述看浙派诗人群体的"尚宋"特征》，《高等学校文科学术文摘》2019年第6期摘要王志标《文化制造业"工匠精神"的内核与形成机制》，人大复印资料《文化创意产业》2019年第3期摘编蒋柯可、熊正贤《文旅类特色小镇同质化问题与差异化策略研究——以四川安仁古镇和洛带古镇为例》，人大复印资料《文化创意产业》2019年第4期摘编郑芳、屠志芬《乡村文化产业发展：困境、契机与模式探索》，人大复印资料《文化研究》摘编黄颖、毛长义《非物质文化遗产旅游线路设计——以渝东南为例》。

（十一）张明富、王志标时期（2020年至今）

2020年7月，王志标任学报编辑部副主编（主持工作），于海洪不再兼任学报编辑部执行主编。目前取得的工作成绩包括：第一，学报质量进一步提升。一是多管齐下提升编校质量。在过去与西南大学韩云波编审合作基础上，同时加强了与重庆大学合作；学报副主编亲自做编校，负责终校工作；完善编校工作的细节，加强了过程管理。2020年在重庆市质检抽查中，学报编校差错率在办刊史上首次达到万分之一以内，达到了万分之0.94。二是抓栏目建设。先后建设了"文化与旅游产业研究""国家治理体系与治理能力现代化专题""知识共享研究专题""思想政治教育研究专题""乡村振兴实践研究专题""认罪认罚制度研究专题""教育评价研究专题"等更为专业化的专题，实现选题在专业领域的集聚。三是推动内容规范化。加强了对作者论文规范性的检查，注意对引用、参考文献、参考资料的核实；指导作者论文写作体例，确保写作符合学术论文要求。四是在2020年12月9日召开了质量提升研讨会。在该次研讨会上邀请了重庆高校期刊研究会副理事长、西南政法大学期刊评价中心主任林士平，《重庆高教研究》执行副主编蔡宗模教授等到长江师范学院进行指导，涪陵区社科联党组书记、主席何侍昌出席并发表讲话，长江师范学院宣传部、文科学院、文科科研机构负责人20余人参加讨论，贡献学报质量提升智慧方案。第二，学报影响力回升。中国知网发布的2020年版综合影响因子为0.186，高于2018年的0.179、2019年的0.060；2020年版复合影响因子为0.333，高于2018年的0.309、2019年的0.173。从中国知网的数据看，《长江师范学院学报》2020年为Q3区，2019年为Q4区，2018年为Q3区。来自全国985大学的稿件增多，如2021年第2期发表了北京大学博士研究生王敬的论文《陇西李宝家族、尔朱荣与高欢时代的政治——以李彧之死为线索》，2020年第6期发表了中国人民大学博士研究生时嘉艺的论文《从"铜出丹阳"到"会稽作镜"——汉代铸镜中心的分布与变迁》，2020年第5期发表了浙江大学崔浩教授和硕士研究生杨晓彤的合著论文《基层社会治理多主体协同共治的理论依归与现实基础》，2021年第3期发表了复旦大学中国语言文学系党委书记、副教授李钧的论文《自我意识与观念性的逻辑形式——解读黑格尔〈逻辑学〉中"一"的出现》，2021年第4期发表了南开大学博士研究生宋扬的论文《抗疫中人类命运共同体理念的践行逻辑探究》。2020年《长江师范学院学报》被CSSCI、CSCD核心期刊引用首次达到15条，年度总被引频次首次突破1000条，达到了1102条。2021年9月1日，《长江师范学院学报》成为2018—2019年度中国人文社会科学引文数据库收录期刊。第三，复印转载进一步提高。2020年全年全文和摘要复印转载8篇，较2019年增加2篇。它们分别是：人大复印资料《中国现代、当代文学研究》2020年第1期全文复印2019年第4期《试论汪曾祺的上海书写及其情感转变》，《文学研究文摘》2020年第4期长文转摘2020年第5期李安竹《先秦文论"象"范畴演进的三种路径》，《文化研究》2020年第7期长文摘要2020年第3期叶翔宇《中国侠文化研究2019年年度报告》，《文化研究》2020年第8期长文摘要2020年第3期李佳黛《基于观众体验视角的博物馆发展探讨》，《文化创意产业》2020年第4期长文摘要2020年第2期黄玲、冯维波《景观基因理论视角下川盐古道上盐业古镇发展研究：以重庆段为例》，《文化创意产业》2020年第6期长文摘要2020年第4期杨智雄、舒乙《西南少数民族芦笙制作技艺民间传授探析》；《高等学校文科学术文摘》2020年第3期卡片转载2020年第1期陆少秀《政府补助、高管薪酬与企业绩效》，2020年第4期卡片转载2020年第3期李佳黛《基于观众体验视角的博物馆发展探讨》。此外，权威网站国研网全文转载2020年第5期李有文《"互联网＋"文化产业模式创新研究综述——基于产业链、供应链和价值链的视角》；2021年《新华文摘》第3期摘要李然、王春阳《社区参与视角下世界文化遗产地社区发展研究——以湖南永顺老司城村为例》，摘要题目为《社区参与是保持中国土司遗产内生动力的基础》，人大复印资料《文化创意产业》2021年第1期全文复印李然、王春阳《社区参与视角下世界文化遗产地社区发展研究——以湖南永顺老司城村为例》，人大复印资料《文化创意产业》2021年第2期全文复印李有文《"互联网＋"文化产业模式创新研究综述基于产业链、供应链和价值链的视角》。第四，加强编辑部治理现代化。一是进一步制定规章制度。陆续制定了《〈长江师范学院学报〉投稿模板》《〈长江师范学院学报〉校对注意事项》等细则。二是加强档案管理。明确存档对象，加强了对档案的检查，确保编辑部档案完整性。三是加强财务管理。对经费支出事项进行梳理和削减，加强对发票的审查，确保发票与支出事项的匹配性。第五，加强编辑队伍建设。一是注重对编辑能力的培训，通过内部培训和外部学习提高编辑的校对能力和策划能力；二是打造研究型编辑部，指导编辑撰写并发表高质量编辑出版论文；三是引入博士、副教授等高学历高职称人才作为兼职编辑，扩大编辑队伍。

第三章　不同时期的学报发展思路

学报创刊于1985年。在学报发展史上，学报名称历经了《涪陵师专学报》—《涪陵师范学院学报》—《长江师范学院学报》的变化；在发行上历经了内部交流资料—内部期刊准印证—取得出版号公开发行这样一个历程；在刊期上历经了半年刊—季刊—双月刊—月刊—双月刊的转变；由于不同时期主编和编辑的变化和精心运作，在内容上大致历经了"广采博纳，兼容百家"（1985—1998年）—广采兼容中以"文学"为主体（1999—2011年）—彰显"地缘优势"，以"民族学""历史学"见长（2012—2018年）—优化设置，内容更契合社会发展现实（2018—）等阶段。经过36年的耕耘，学报发展逐步由广博走向精细，由精细走向精致，由普通走向特色，由粗放走向规范。1985年至今，学报历任主编有曾祥骏、杨圭言、黄贵、简大权、王久渊、戴伟、蔡其勇、张明富，执行主编（或副主编）有杨圭言、吕德超、郝开科、戴永熙、黄贵、孙义云、简大权、冉易光、袁联波、杨季冬、曾超、于海洪、王志标。袁联波和杨季冬任期较短，都仅有几个月，未在学报编辑部留下相关档案，期刊上也没有相关署名。

一、"文理兼收，服务教学"① 的探索阶段（1985—1998年）

《涪陵师专学报》创刊于1985年，创办之初《涪陵师专学报》只是一份供内部交流的学术刊物，后来才有四川省新闻出版局编辑出版内部学报的批文，但《涪陵师专学报》从一开始就有了较为准确的定位，那就是为学校发展开辟一个做学问、搞科研的平台，以达到教学相长的目的。1998年

---

① 原本采用的是"广采博纳，兼容百家"。根据长江师范学院原副校长傅显捷教授的建议，修改为现有评论。傅显捷教授认为，《涪陵师专学报》在内刊时期没有太多经验，主要是服务于学校教育教学，为师生提供一个讨论的平台。在内刊时期的稿源主要来自学校内部，而在当时学校以人文社会科学为主，兼有数理化的师范学科，这决定了《涪陵师专学报》的学科分布。

《涪陵师专学报》被国家新闻出版署批准为公开发行刊物,10多年来,《涪陵师专学报》作为师范院校的内部刊物在栏目与内容安排方面采取"文理兼收,服务教学"的办刊策略,在探索中求发展。作为内部出版物的《涪陵师专学报》共编辑出版了38期,栏目设置有"巴渝文化研究""三峡文化研究""语言文学""教育教学研究""中学教学研究""素质教育研究""编辑与出版""法学研究""自然科学研究"等,内容涉及文理多学科领域。但"自然科学研究"栏目主要设置在1996年之前,之后由于编辑多为文科学术背景,在文章的选择上也逐步趋向于文科,如在1997—1998年的《涪陵师专学报》封面上都注有"社会科学版"字样(图3-1)。总体来说,《涪陵师专学报》在办刊之初内容上采取了"文理兼收,服务教学"的办刊策略。原因在于,当时仅仅是一个内部刊物缺乏经验,所以不得不在实践中进行摸索。但是,这种办刊策略在一定程度上促进了校内外的学术交流。受此办刊策略影响,当时的内容繁杂,没有形成特色栏目,精品力作不多,版式也不规范。但是,偶尔也有知名作者的稿件,刊文内容上"文学""教育"占比逐步增加。自1997年第1期至1998第3期,《涪陵师专学报》发表的主题有近40个,分布于20个学科领域,其中"文学"和"教育"位

图3-1 《涪陵师专学报》1998年第3期封面

居前列。此时，虽然内容繁杂，但"文学"逐步占据刊文主体部分的趋势逐步显露。此段时期，担任主编的有曾祥骏、杨圭言、黄贵、简大权；副主编有杨圭言、吕德超、郝开科、戴永熙、黄贵、孙义云、简大权、冉易光；编辑有欧阳无尽、章异才、高月、李永明等。

二、转变为文科学报，逐步以"文学"为主体内容（1999—2011年）

（一）《涪陵师专学报》正式公开发行后（1999—2001年）

1998年是学报发展史上的转折点。学报从一个内部资料起步，经过十多年的耕耘，终于在1998年9月被国家新闻出版总署批准为正式出版物，刊号为CN 50-5033/C，ISSN 1008-9594。学报公开发行了，这是学校大力支持学报发展和学报同仁多年艰苦奋斗取得的丰硕成果，更是学报发展史上具有里程碑意义的大事件，也预示着学报开始进入了更高、更规范的学术交流平台；这是学报二度创业的标志性起点。作家曦震专门为《涪陵师专学报》的公开发行作词祝贺①。曦震，原名陈曦震，男，汉族，1943年生，重庆渝中人，中共党员，涪陵区文化局创作室副主任，一级编剧，中国戏剧家协会会员，中华诗词学会会员，重庆市音乐家协会会员，重庆市戏剧家协会理事，重庆市诗词学会理事，其代表作有小歌剧《一斤白菜钱》、童话歌舞剧《猴猴与桃桃》、诗《献给马致远的花环》、小说《拳经》、评论《瓜棚豆架雨如丝——鬼戏浅说》、散文《水色山光画亦诗》、杂文《海谈"王甲甲"》、纪实文学《郭俊卿——独一无二的女特等战斗英雄》、歌词《一样的心情》、民间文学《女儿丘和围腰坟》、榜书《察时录事不以外次》，著作有《白鹤梁诗萃——鹤风鱼韵》《中国长江水下博物馆——白鹤梁题刻》，歌剧《指路碑》获文化部孔雀奖银奖，诗《山韵》获四川省优秀文学作品奖，曲艺《移民新区喜事多》获重庆市文艺专项奖。曦震的这首词立意高远，用典恰当，对于编辑出版的描写引人入胜。在这首词里，他描述了编辑工作的艰辛、编辑出版的内容和编辑传播的效果。编辑工作字字句句饱含艰辛，是用杜鹃之血凝结而成的，是用那肝脑涂写而成的；编辑出版的内容跨度很

---

① 曦震.西江月·贺《涪陵师专学报》公开发行［J］.涪陵师专学报，1999，15（2）：42.

大，古今中外、山川大河、各个领域都在出版的范围内，那些令人振奋的人物、事件和话语都在编辑之后一一得到展现；编辑出版的文字散发着如兰花般的馥郁之香，令无数学子痴迷，编辑出版结出的果实各色各样，如碧茸、如青莲、如红杏。《涪陵师专学报》自1999年第1期正式公开发行，为16开本，季刊。从2001年第3期开始刊文量逐步增加，页码由原来的96页增加到128页。①

西江月·贺《涪陵师专学报》公开发行

曦 震

字句鹃血凝就，芸笺肝脑涂成。如兰香气学子吟，碧茸青莲红杏。
跨世跨峙跨灶，快语快事快人。析古鉴今吐生平，一笔千金不更。

正式公开出版的《涪陵师专学报》基本沿袭了作为内刊的栏目设置风格，文学类栏目，如"重庆文学""巴渝文学""21世纪文学"等基本上是每期的常设栏目。首先是文学类文章，该类文章占刊文的1/3左右。公开发行后的学报加入了中国知网数据库，根据中国知网的统计，《在涪陵师专学报》的429篇刊文中，"中国文学"类论文占141篇，其中不乏秦弓（4篇）、孔庆东（3篇）、李怡（3篇）、张荣翼（4篇）、蒋登科（2篇）等知名学者的署名论文。其次是教育类的文章，如"基础教育""素质教育""教学研究"等栏目文章。因为《涪陵师专学报》毕竟是师范院校主办的刊物，教育是学校的主体学科，本学校教师是投稿的主要作者群体，所以教育教学类的文章是学报最稳定的一个栏目。

此段时期曾担任主编的有黄贵、简大权，副主编为冉易光，编辑有高月、莫远明、邱明淑等。

（二）更名《涪陵师范学院学报》后（2001—2006年）

2001年时逢涪陵师范高等专科学校升格为涪陵师范学院，从2001年第4期开始，《涪陵师专学报》更名为《涪陵师范学院学报》（出版物号

---

① 涪陵师范学院学报编辑部．涪陵师范学院学报二十年（1985—2005）[J]．涪陵师范学院学报，2005，21（6）：173-174．

CN 50-1146/Z，ISSN 1008-9594），仍为季刊，2002年由季刊改为双月刊。

《涪陵师范学院学报》沿袭了《涪陵师专学报》的办刊风格，"文学"领域的文章居多，但为了体现办刊特色，也对传统版面和栏目进行了改革，继承或开设了"重庆文学史""巴渝文化研究""21世纪文论""中国文学"等比较稳定的"文学"特色栏目，可参见2002年第1期（图3-2）、第2期（图3-3）的栏目设置。因此，"文学"仍是《涪陵师范学院学报》的主体内容。

特色栏目设置是使期刊拥有较高学术关注度和较强学术生长力的重要方式，以特色栏目为起点向外辐射、扩大期刊的知名度和影响力，正是期刊品牌塑造和影响力提升的基本策略。《涪陵师范学院学报》的"重庆文学史""巴渝文化研究""21世纪文论""中国文学"等特色栏目的持续设置及所开展创造性、前瞻性学术研究，形成了期刊鲜明的个性特色，也吸引了知名作者的投稿，如钱理群2001—2004年在《涪陵师范学院学报》刊发了4篇力作（《文学本体与本性的召唤》，2001年第4期；《以"立人"为中心——鲁迅思想与文学的逻辑起点（上）》，2003年第1期；《以"立人"为中心——鲁迅思想与文学的逻辑起点（下）》，2003年第2期；《读什么，怎么读：引导中学生"读点鲁迅"的一个设想——〈中学生鲁迅读本〉编辑手记》，2004年第3期）。孔庆东2003—2004年在《涪陵师范学院学报》刊文3篇（《中国科幻小说概说》，2003年第3期；《试论叶小凤的小说创作》，2003年第6期；《关于现代文学的概念》，2004年第6期）。另外，李良品、杨四平、冉庄等知名学者的刊文也大大提升了学报的档次和影响力。

经过多年的努力，学报已成为展示学校教学科研成果、提升学校形象的重要窗口，成为培养学术新人的重要阵地和进行学术交流的重要平台。同时，学报确立了"学术个性、地缘优势、前卫姿态"的办刊方针，已逐渐形成自己的办刊风格与特色。学报的刊文既要呈现出学术的专长，又要体现出期刊地处西南、地处重庆、地处巴蜀之地、地处乌江流域等地域特色，从而形成期刊发展的错位竞争优势。总之，"重庆文学史""巴渝文化研究""21世纪文论"等特色栏目的重点打造，知名学者的供稿，名家力作的宣传效应带来了良性发展的连锁反应，文章下载量增多，刊文被人大复印资料大量复印（根据人大复印资料的统计，2002—2006年共有30篇文章被人大复印资料全文或短文转摘，内容涉及文学、教育、政治、法学、历史等，但以文学和教育居多)①,从而使学报有了小小的名声,造就了学报一时的辉煌。

期间担任《涪陵师范学院学报》主编的有黄贵、王久渊,执行主编为冉易光,编辑有章异才、高月、莫远明、邱明淑、黄志洪、黄江华、李伟等。

(三) 更名《长江师范学院学报》后 (2007—2011 年)

2006 年 9 月,经教育部批准,涪陵师范学院更名为长江师范学院,从 2007 年第 4 期开始,《涪陵师范学院学报》更名为《长江师范学院学报》。

《长江师范学院学报》一开始沿用了《涪陵师范学院学报》的出版物号 (CN 50-1146/Z,ISSN1674-366X),为文理综合版;从 2009 年第 1 期开始,启用了新的出版物号 (CN 50-1195/Z,ISSN1674-3652),为文理综合版。《长江师范学院学报》虽然是文理综合版,但主要刊发人文社会科学方面的文章。在"学术个性、地缘优势、前卫姿态"办刊方针的引领下,由于受不同执行主编(副主编)的喜好和编辑人员专业的影响,在栏目设置方面进行了一些调整,但文学的主导地位一直在延续。

2007—2011 年,虽然《长江师范学院学报》在栏目设置上覆盖了文学、民族文化、教育、语言、法律等诸多学科流域,但还是沿袭以往的偏重文学的风格。例如,在 2007 年学校更名时期,《涪陵师范学院学报》发出一份告作者、读者书,明确在栏目设置上"21 世纪文论""21 世纪中国文学研究""重庆文学史"等仍是学报的特色栏目。而从 2007 年 6 期的栏目设置也可以看出,文学仍然占据学报版面的半壁江山。

值得注意的是,学报为体现办刊宗旨中的"地缘优势",开设了"重庆区域经济""西南民族文化研究"等地域性栏目,尤其是"西南民族文化研究"内容涉及西南地区的民族学、历史学、民俗学、人类学等诸多领域,目的是吸引学者从各学科视角关注西南民族文化,并将其打造为体现区域特点的期刊特色栏目。自 2008 年开始,依托长江师范学院在民族学科研究的优势,"西南民族文化研究"作为一个特色栏目被很好地传承下来,直至 2018 年。

---

① http://www.rdfybk.com/home/allsearch?s0=6&s1=%E6%B6%AA%E9%99%B5%E5%B8%88%E8%8C%83%E5%AD%A6%E6%8A%A5&s9=%E5%8E%9F%E6%96%87%E5%87%BA%E5%A4%84JHJanchorList.

图 3-2 《涪陵师范学院学报》2002 年第 1 期部分栏目

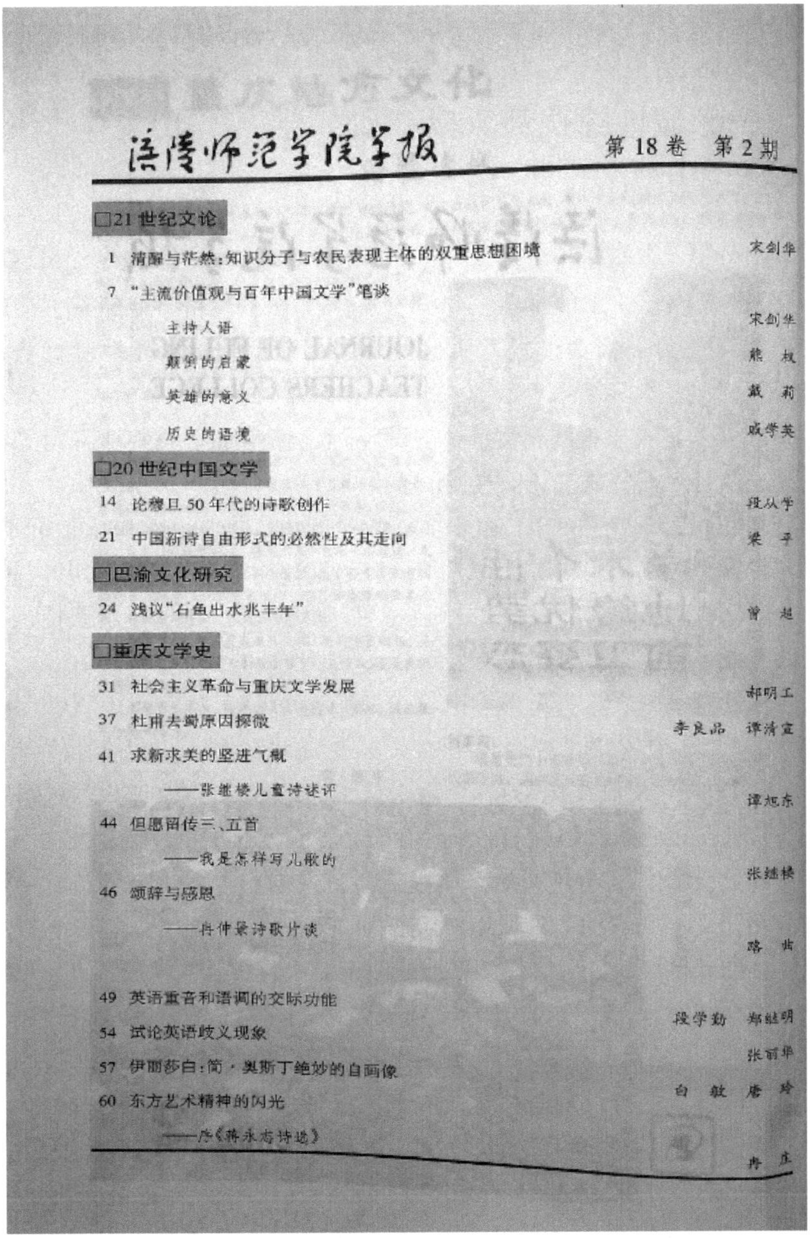

第三章 不同时期的学报发展思路

涪陵师范学院学报 第18卷 第2期

□21世纪文论
1　清醒与茫然：知识分子与农民表现主体的双重思想困境　　宋剑华
7　"主流价值观与百年中国文学"笔谈　　宋剑华
　　主持人语　　宋剑华
　　颠倒的启蒙　　熊权
　　英雄的意义　　戴莉
　　历史的语境　　戚学英

□20世纪中国文学
14　论穆旦50年代的诗歌创作　　段从学
21　中国新诗自由形式的必然性及其走向　　梁子

□巴渝文化研究
24　浅议"石鱼出水兆丰年"　　曾超

□重庆文学史
31　社会主义革命与重庆文学发展　　郝明工
37　杜甫去蜀原因探微　　李良品　谭清宣
41　求新求美的坚进气概
　　——张继楼儿童诗述评　　谭旭东
44　但愿留传三、五首
　　——我是怎样写儿歌的　　张继楼
46　颂辞与感恩
　　——舟伸景诗歌片读　　路由

49　英语重音和语调的交际功能　　段学勤　郑继明
54　试论英语歧义现象　　张丽华
57　伊丽莎白：简·奥斯丁绝妙的自画像　　白敏　唐玲
60　东方艺术精神的闪光
　　——序《蒋永舟诗选》　　冉庄

图3-3　《涪陵师范学院学报》2002年第2期部分栏目

期间，担任学报主编的有王久渊、戴伟、蔡其勇，执行主编有冉易光、袁联波、杨季冬，编辑人员有杨爱平、冉建红、黄江华、黄志洪、李伟等。

三、彰显地缘优势，以"民族学""历史学"见长（2012—2018年）

主编对于一个期刊的发展方向具有举足轻重的影响，所以主编风格就意味着期刊的风格。主编的学科背景则会影响其学术风格。伴随着主编的更换，2011年开始学报在出版方面也做出了相应变化，彰显地缘优势，以"民族学""历史学"见长。

2012年为扩大学报的刊文量，《长江师范学院学报》在原来双月刊的基础上改成单月刊，分成"人文社会科学"和"教育科学"两大版本。但采用单月刊办刊仅坚持了一年，由于文章数量的大大增加和编辑人员的不足，在一定程度上造成了刊文质量的下降，于是2013年便恢复为双月刊。

普通高校学报只有以建设"特色栏目"为追求，通过开设有特色、有实力的专栏，增强吸引力和凝聚力，形成学报独特的风格，才能在强手如林的学术期刊竞争中崭露头角。无论《涪陵师范学院学报》还是《长江师范学院学报》，都注重特色栏目的开办。如在《涪陵师范学院学报》期间，"21世纪文论""巴渝文化研究""重庆文学史"成为学报的常设特色栏目，钱理群、孔庆东、宋剑华等知名学者纷纷在学报发表文章，栏目在文学界产生了良好的反响。2012年开始，学报在栏目及内容方面进行变革，一是降低文学在刊文中的占比，只保留"文学研究"一个栏目；二是着手打造有地域特色的特色栏目，以体现学报地处西南、武陵山脉的地域特点，彰显地缘优势的办刊宗旨。2012—2018年，《长江师范学院学报》将"西南民族文化研究""中国土司文化研究""武陵论坛"等设置为特色栏目，这些栏目都是学报的常规栏目，每期都有，文章占据了所刊文章的2/3，以2015年第4期为例，"西南民族文化研究""中国土司文化研究""武陵论坛""历史研究"几乎占据了一半（图3-4）。其中"西南民族文化研究"直到2018年一直没有间断，期间共发表文章120余篇，此栏目被重庆市期刊协会两次评为"优秀栏目"。在2014年开设"中国土司文化研究"，该栏目一直持续到2018年，刊发了65篇文章，被重庆市期刊协会评为"优秀栏目"和中华炎黄文化研究会土司文化专业委员会评定为"指定栏目"（2015

第三章 不同时期的学报发展思路

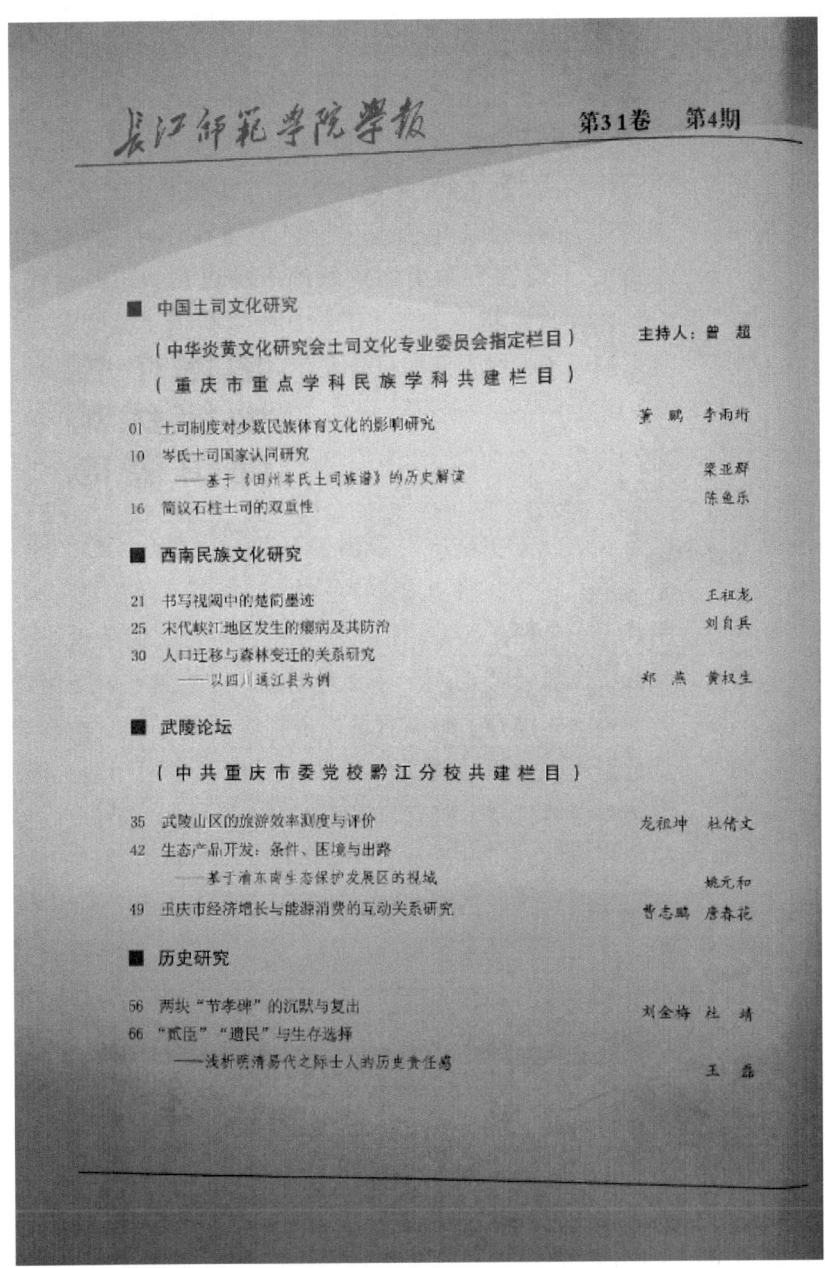

图 3-4 2015 年第 4 期部分栏目

年),这些栏目及部分文章都在《高等学校文科学术文摘》中被"专栏"介绍,有很好的社会反响。除了这些特色栏目外,学报还开设有文学、教育学、法学、语言学等学科栏目,但"西南民族文化研究""中国土司文化研究""武陵论坛"及"历史研究"所刊发论文多为历史类,栏目设置上也有交叉或重复现象,这样学报的整体风格体现出以"历史学"见长的特点,此类文章几乎占据了刊文的一半,但由于"历史学"学科与现实社会的衔接性不强,不少文章的下载次数与引用次数都不是很高,在期刊评价将"下载"与"引用"作为重要指标的当下,这无疑也拉低了学报的影响因子。为了提升学报影响因子,编辑部加强与人大复印资料、《高等学校文科学术文摘》《新华文摘》的联系和对接,做好文章推荐工作;同时,加大对作者的后期影响奖励力度,从而使学报的影响因子逐步提升,2017年达到一个新的高度①。

为提升学报的影响力,学报实施"走出去"的开放办刊策略。主要措施包括:一是和相关单位联合办刊,共建特色栏目,如与武陵山资源利用与开发研究中心、中共重庆市黔江区委党校等联办特色栏目"武陵论坛",与重庆民族研究院联办特色栏目"西南民族文化研究""中国土司文化研究"等,这样不仅扩大了稿源,提升了用稿质量,也相应提升了学报的影响力。二是积极加入文献数据库,提高传播力。学报先后加入中国知网、维普资讯、万方数据、中国终身教育学术研究数据库、中文科技期刊数据库、超星数据库、中邮阅读网等数据库,以及时快捷地传播文献,提升知识产品的传播力。三是加强与相关期刊,如西南大学期刊社、重庆理工大学出版社、重庆文理学院期刊社、重庆三峡学院学报编辑部、湖北民族学院学报编辑部、重庆科技学院学报编辑部等的交流学习,取长补短,不断提高。

由于学报办刊经费的不足,学报多年来靠收取版面费来弥补,致使许多优质稿源流失。学报自2014年起取消版面费,以质取稿。2014年学校党委为提升学报质量,逐年加大了对学报的投入,学报开始以质取稿,全面取消版面费等一切费用,并采取发放稿酬、奖励后期影响等激励举措。这些举措在一定程度上激发了优秀作者投稿的积极性,学报的用稿质量得以大大提升。此种举措也一直延续下来,在读者中为学报积累了良好的口碑。

---

① 当年发布的实际上是统计年为2016年的影响因子,统计的是2014—2015年刊文在2016年的影响力。

在此期间，为应对信息化、现代化办公的需要，学报开始注重信息化建设，建设自己的网站，开始实施网上投稿和网上审稿等信息化办公，但是并没有能够持续坚持。同时，购买"黑马"等校对软件，结合审读提升编辑和校对质量。在此基础上学报注重制度建设，制定了岗位责任制度、编辑质量管理制度、编辑质量管理与责任差错认定办法、专家审稿制度、三审三校制度等，逐步使学报工作走上制度化、规范化的轨道。

虽然学报为文理综合版，却一直都致力于哲学社会科学领域，在当前的期刊评价中难以不占优势，所以学报一直不能进入核心期刊方阵。但是，进入核心期刊一直都是学校党委和学报编辑部的目标追求。因此，为改变在期刊评价中的被动地位，学校党委和学报编辑部着手学报的改版工作，即改变学报名称，使其真正融入哲学社会科学之列。2015年便开始着手改版工作，但由于名称的难以敲定和改版工作的复杂性，学报的更名改版工作一直没有得到有效推进。

此段时间，担任学报主编的有蔡其勇、张明富，执行主编为曾超，编辑有杨爱平、黄江华、赵庆来、黄志洪。

四、优化栏目设置，内容更加契合社会发展现实（2018年至今）

2018年，伴随着学报编辑部人员的更换，编辑部从提升学报影响因子与提高学报出版的社会效益的视角出发，对学报的栏目及内容进行优化，消解学报刊文中"历史"痕迹过重、文章内容与社会发展关联性不高所导致的学报引用下载不高的问题，提升学报出版内容与社会发展现实的契合度。

2018年年中开始，学报在栏目设置上进行大刀阔斧的改革，大大消减了历史学、民族学领域的文章，增添"文化与旅游产业研究""经济与管理研究""国家治理体系与治理能力现代化专题""法学研究"等与社会发展现实密切相关的栏目。刊文注重关注和解决经济发展、社会治理、法制建设、教育民生等现实问题，出题出版既紧扣时代脉搏，又贴近民众需求。学报出版呈现更加"接地气"的景象。

学报在一般化的栏目设置上还开设了一些专题栏目，如资源管理研究专题、知识共享研究专题、思想政治教育研究专题、思想政治教育课程研究专题、乡村振兴实践研究专题、国家治理体系和治理能力现代化专题、认罪认罚制度研究专题、教育评价研究专题等，以加强刊文研究问题的针对性。而"西南民族文化研究"作为一个非常设的特色栏目得以保留。

为提高刊文质量，提升学报的影响因子，2018年起学报在控制刊文篇数的同时，进一步对文稿选用进行改革，在保证学术质量的前提下要求文章正文字数不少于一万字，且条理清晰、文字通顺、论证有力、逻辑严谨、引证规范，目的是切实提升刊文质量，为学报学术质量与学术影响力升级打下基础。

为规范管理，落实责任主体，奖励先进，鞭策后进，2018年6月，长江师范学院通过了《期刊编辑部组稿费、稿酬及转引奖励暂行办法专题会议纪要》（暂行办法）的校长办公会纪要，对编辑部组稿费、稿酬及转引都做出了详细规定。此办法的出台极大地规范了学报的稿酬管理，激发了作者、编辑传播学术的主动性和积极性，为学报影响力的提升提供了有力的政策支持，在学报发展上具有里程碑的意义。

学报积极探索转版，力求实现突破性发展。由于学报的批号是文理综合版，而刊发的文章基本都是哲学社会科学方面的，这给学报的精细化发展和进入期刊评价数据库带来了很大的障碍。自2015年起，学报便思考更名和转成哲学社会科学版的工作，以期通过转版改名以更明确的定位吸引高质量作者，做精做细，做出精品，做出品牌。由于更名转版工作比较复杂，截至目前此项工作仍在有序开展之中。

不断提升编辑团队的能力和素质。新时期学报发展面临着严峻的挑战，对编辑的能力和素质提出了新的更高的要求，要求编辑以市场为基础、以读者为导向、以服务为重点，适应从以编辑为主导的内容出版到以用户需求为驱动的内容服务的转变。编辑人员能否适应新要求的关键是苦练内功，提升自身的知识、技能、意识、思想、观念、态度等内在素养。学报在全面提升政治素养、文化素养、专业素养、创新素养等方面着力，严格按照国家对出版编辑人员业务学习的学时要求，积极组织编辑参加编辑业务培训和学术交流活动，确保编辑始终坚持正确的出版导向，坚守自己的文化责任，与时俱进地快速更新知识结构，学习现代化编辑技能，将自己锻造成一专多能型人才。

为提升学报的传播力与影响力，2019年开始，学报强化了网站建设、信息化办公、文章转载转引等工作，取得了明显的效果。尤其是刊文的转载转引在经历了2017—2018年的低迷后，2019年之后学报在人大复印资料、

《高等学校文科学术文摘》等知名二次转载文摘的转载数都达到了历史最好水平。

  加强数字化出版。近年来数字化出版逐渐成为出版领域的重心，印刷版的网络化只是传统纸质媒体的网络化拓展，在期刊编辑、运营与管理及出版方式上并无创新，因此，也并不是真正意义上的数字化。数字化出版是一种全新的出版形式，2019年开始《长江师范学院学报》便尝试数字化出版，相继创建微博、微信公众号，以此推送文章，拓宽学报的传播领域。

  此阶段学报主编为张明富，于海洪2018—2020年担任执行主编，现任副主编为王志标，编辑有赵庆来、王小恒、黄志洪等。

第四章 不同时期的学报栏目及其刊文分析

栏目是学报的骨架,不同的栏目设置决定了学报的来稿和选稿方向,进而对于学报复印转载、引用、下载等影响力指标产生影响。因此,在一定意义上,栏目设置决定了学报的生死存亡。学报从一开始没有栏目到设置部分栏目,再到将所有文章栏目化,再到发展出品牌栏目,这反映出在栏目设置方面的演进路径,对于后续办刊的栏目设置提供了宝贵参考。

一、偶设栏目时期(1985—1996 年)

(一)专辑栏目

1985 年 5 月,《涪陵师专学报》出版了"学校体育专号",这一期实为专辑。在专辑中提出学校体育要"面向现代化,面向世界,面向未来",体育研究需要考虑体育模式、体育原理、体育方法等。该期栏目包括"中学体育教材设计""教法篇""管理论""心理训练""竞技运动技术分析""体育教师的修养"等。

"中学体育教材设计"包括 2 篇论文,题目分别为《中学生身体基本姿态练习操——春天的操练》(作者:李文川、曹芊、王秀丽、周明、吴昌华、许力心)、《金佛棍:〔附〕棍对棍六式》(作者:陈昌伦)。"教法篇"包括 2 篇论文,题目分别为《浅谈示范》(作者:周洁)、《示范·示错——体育课的重要教法》(作者:许力心)。"管理论"包括两篇论文,题目分别为《学校体育管理刍议》(作者:许力心)、《努力提高中学校长的体育管理能力》(作者:许力心)。"心理训练"包括 2 篇论文,题目分别为《身体锻炼与学生的意志力发展》(作者:许力心)、《平衡木赛前心理训练及其调整》(作者:曾芊)。"竞技运动技术分析"包括 2 篇论文,题目分别为《浅谈男子竞技体操运动员的基本姿态训练》(作者:李文川)、《篮球传球动作结构的理论分析》(作者:周洁)。"体育教师的修养"只有一篇论文,即许力心的《刍议体育教师的能力》。在这个专辑中,许力心独著7篇、参著1篇,是发表论文最多的作者,其次是李文川和周洁(各有第一作者论文2篇)。在当时情况下,期刊尚处于创始期,用稿尚不严谨,所以会出现同期发表同一作者2篇及以上论文的情况。从内容看,涉及了体育教材、体育教学、体育管理、体育心理、运动理论和体育教育等领域,较为聚焦。

(二) 纪念性专栏

1991年第1期设置了"庆祝中国共产党建党七十周年"栏目,该栏目包括3篇论文,题目分别为《党的领导是社会主义事业的根本保证》(作者:杨圭言)、《中国共产党的诞生是中国近现代历史筛选的结果》(作者:戴永熙、李知明)、《从社会学角度看坚持党的领导的必要性》(作者:马传松、朱桥)。内容涉及建党史和坚持党的领导的重要性。

1993年第2期设置了"隆重纪念毛泽东诞辰100周年"栏目,该栏目包括4篇论文,题目分别为《革命襟怀 生死恋情——毛主席词〈贺新郎〉和〈蝶恋花·答李淑一〉赏析》(作者:杨圭言)、《毛泽东与中国传统文化》(作者:马培汶)、《毛泽东与传统》(作者:曾超)、《中国文化史上的两座高峰——鲁迅和毛泽东》(作者:宋光成)。内容涉及毛泽东诗词、毛泽东和传统文化的关系、毛泽东在文化史上的地位等方面。

二、以文学栏目为主时期(1997—2011年)

1997年后,学报开始常态化开设栏目。从1997到2011年,一个突出的特征是,栏目以文学类为主,文学成为学报的特色栏目,也是主打栏目,占学报发文量的比重较大。但是,这个过程也是逐渐演进的,在开始阶段文学类栏目占有突出地位,但是并未成为主导性栏目;但是自1999年开始,文学类栏目主导了学报内容。

(一) 1997年的栏目及其刊文

从1997年第1期开启了学报在真正意义上创设栏目的先河。1997年第1期栏目包括"女性文学研究""高校精神文明建设""国际学术交流""巴陵历史文化研究"。"女性文学研究"包括2篇论文,即易光的《女性书写与叙事文学》和任苋的《寻找"自己的天空"——〈暗示〉读解》;"高校精神文明建设"包括2篇论文,即傅显捷的《高校德育队伍素质再探索——德育理论素养剖析》、彭寿清的《高校学生"双休日"现状及其对策》;"国际学术交流"栏目包括3篇论文,即由赵洪尹和曹顺发翻译的Pete Hessler所著的《狄更斯小说与社会改革》、马传松的《论"经济人"假设的合理性及其意义》、吴从众的《影响真理战胜谬误的因素》。"巴陵历史文化研究"栏目仅有1篇论文,即曾超的《简论巴人的部落兵制》。在第1期的栏目中,特色栏目是"女性文学研究"和"巴陵历史文化研究","巴陵历史文化研究"栏目也表明了对于涪陵师专地处巴国故都涪陵的地域性关照。但是,"巴陵历史文化研究"仅有1篇论文。

1997年第2期设置了4个栏目,它们分别是"赵世炎研究""乌江文化与乌江文学研究""高校精神文明建设""大学生论坛"。"赵世炎研究"发表1篇论文,即《赵世炎的心路历程》(作者:曾超)。"乌江文化与乌江文学研究"发表2篇论文,即《固守与叛离——乌江文学与乌江作家群》(作者:易光)、《乌江文学论纲》(作者:刘有法)。"高校精神文明建设"发表3篇论文,即《加强青少年科学的理想信念教育》(作者:蒋世明)、《师范教育与环境教育》(作者:杨季冬)、《正确处理高校文化素质教育的几个关系》(作者:李斌)。《大学生论坛》发表了4篇论文,并在前面设了主持人语。在主持人语里明确,后面4篇文章是对知名女作家方方小说《暗示》的系列评论。这4篇文章分别是《痛苦的抉择》(作者:尹宜春)、《夏娃的困惑》(作者:丰隆)、《爱情在女人眼里的分量》(作者:邬玲)、《女人究竟需要什么》(作者:冉明仙)。在这4个栏目里,前面2个都是特色栏目,都显示了对于涪陵师专地处重庆、地处涪陵的地域性关照,但是"乌江文化与乌江文学研究"的地域性关照更为明显。而"大学生论坛"则表明了学术期刊对于青年人的提携,使学术期刊发挥了促进青年人才成长的平台作用,其发表论文的最后一位作者冉明仙现为长江师范学院传媒学院教授、副院长。

1997年第4期设置了4个栏目,它们分别是"学习与实践""素质教育研究""巴渝文化研究""语言文学"等栏目。"学习与实践"研究栏目发表5篇论文,即《走出公有制的认识误区》(作者:孙义云)、《实践理性与唯物辩证法的有机统一:初级阶段基本纲领的哲学分析》(作者:吴从众)、《"科学技术是第一生产力"新解》(作者:王维、马传松)、《建设有中国特色的社会主义理论是马克思主义与当代中国实际相结合的最新成果》(作者：何先刚）、《精神变物质——黔江精神的价值探讨》（作者：谢再明）。"素质教育研究"栏目发表 2 篇论文，即《论中学班团工作机制》（作者：傅显捷）、《语文教师必须具备人文素质》（作者：罗亚辉）。"巴渝文化研究"栏目发表 1 篇论文，即《论巴人的白虎武神崇拜》（作者：曾超）。"语言文学研究"栏目发表 5 篇论文，即《再论二十世纪中国文学的近代性——兼答朱寿桐、龙泉明、刘锋杰先生》（作者：宋剑华）、《〈画梦录〉的启示》（作者：韦济木）、《紫色——"艾青的忧郁"的色彩外现》（作者：李金荣）、《明代五人小品文概说》（作者：胥洪泉）、《论英语中的意义被动式》（作者：杨全红、李晓葵）。从第 4 期栏目可以看出，哲学类文章占比较大，特色栏目是"巴渝文化研究"。不难发现，"巴渝文化研究"极有可能脱胎于"巴渝历史文化研究"，是对后者的命名改进。在"语言文学"栏目里，其中有 4 篇都属于文学类文章。

总之，1997 年开始了栏目设置的探索，但是在栏目选择和命名方面尚有较大的不确定性。全年共设置栏目 11 个，坚持延续 2 期的栏目有"高校精神文明建设""巴渝文化研究"（可以将其视为对"巴渝历史文化研究"的改进，2 期的作者均为曾超）。在每期里，尚有一些文章未被归入栏目。

（二）1998 年的栏目及其刊文

1998 年第 1 期设置的栏目有"学习与实践""巴渝文化研究""语言文学""编辑与出版""中学教育研究"等。"学习与实践"栏目包括 5 篇论文，即《建设有中国特色社会主义文化——加强主体文化建设，引导亚文化健康发展》（作者：傅显捷）、《浅谈社会意识反作用的复杂性》（作者：吴从众）、《论共产党员实现共产主义远大理想的途径》（作者：李家发、李勇）、《浅析特色理论内容所包含的哲学思想》（作者：杨双）、《儒家道德思想与社会主义道德》（作者：秦大铧）。"巴渝文化研究"栏目发表 1 篇论文，即《论巴渝文化》（作者：马培汶）。"语言文学"栏目发表 5 篇论文，即《美的生成与艺术创造》（作者：秦阳间）、《桃花源的悲剧特色》（作者：陈劲）、《试析叛逆女性崔莺莺和林黛玉的爱情观》（作者：王茂英）、《论等值翻译的原则》（作者：皮方於）、《英汉翻译中词的正确理解与词义选择》（作者：何远秀）。"编辑与出版"栏目发表 1 篇论文，即《科技期刊编辑的人文素质》（作者：任玉）。"中学教育研究"发表 3 篇论文，即《艺术教育中的素质教育》（作者：董毅）、《语文教学应走向多元化》（作者：

陈炜)、《基础教育要肩负起培养元学习能力的使命》（作者：雷其坤）。"学习与实践""巴渝文化研究""语言文学"等3个栏目都是在1997年就设立的，"编辑与出版""中学教育研究"则是新设栏目。总体来看，该期文章以哲学类（5篇）、教育教学类（4篇）、文学类（3篇）为主。

1998年第2期栏目有"学习与实践""三峡文化研究""法学研究""语言文学""教育教学研究""论点重刊"。"学习与实践"包括5篇论文，即《文化环境、文化势源与文化建设》（作者：傅显捷）、《试论邓小平的"中国国际化"学说》（作者：曾超）、《干部要有良好的作风》（作者：王久渊）、《科学技术是第一生产力》（作者：王骁勇）、《三峡工程移民心态调查与分析》（作者：马传松、莫远明、罗敏、朱捷）。"三峡文化研究"包括1篇论文，即《三峡人食物获取中的精灵世界》（作者：杨爱平）。"法学研究"包括2篇论文，即《试论法律理性的发展与市场经济理性法制的建设》（作者：王英、辜明安）、《物权新论》（作者：邵兴全）。"语言文学"包括4篇论文，即《兰斯顿·休斯：黑皮肤的桂冠诗人》（作者：李雪顺）、《浅谈诗歌写作的语言》（作者：邬玲）、《谈广告用语的翻译》（作者：曹顺发）、《大学英语教学中被忽视的语法结构——双谓语》（作者：曾文武）。"教育教学研究"包括5篇论文，即《论京师大学堂与晚清教育改革》（作者：张昌志）、《教师素养与素质教育》（作者：刘邦凡）、《千言万语不及一张图——形象直观学英语介词》（作者：田小康）、《提高学生宿舍管理水平 关键在于加强思想教育》（作者：李雪梅）、《刍议中学生足球战术训练》（作者：卜刚）。在该期新设特色栏目"三峡文化研究"，第一次出现"法学研究""教育教学研究"栏目。"论点重刊"栏目类似于当前一些期刊推出的"论点摘编"栏目，主要是复印转载类期刊的栏目。该期文学类论文有2篇、文化类论文有2篇。

1998年第3期栏目有"赵世炎研究""学习与实践""语言文学""三峡文化研究""论点重刊""区内文讯""书讯"。"赵世炎研究"栏目包括1篇论文，即《赵世炎的奋斗观初探》（作者：曾超）。"学习与实践"栏目包括4篇论文，即《三个检验标准的科学统一》（作者：蒋世明）、《坚持党的宗旨必须搞清三个理论问题》（作者：谢欣）、《学习邓小平教育思想 深化教育改革》（作者：陈明勇、李知明）、《刘少奇干部教育思想探析》（作者：王守炳）。"语言文学"栏目包括5篇论文，即《诗性写作：叙事的窘迫和对叙事传统的叛离》（作者：易光）、《执著，让你表演悲剧——读张欣的中篇小说〈此情不再〉》（作者：尹宜春）、《沈家园里更伤情——〈齐东野语·放翁钟情前室〉塑造的另一种文人形象》（作者：冉红音）、《论单句与复句的划界》（作者：陈祖荣）、《英语移位现象汉译等值处理》（作者：皮方於）。"三峡文化研究"栏目包括2篇论文，即《三峡人的收获收藏及其风俗》（作者：湛玉书）、《三峡人的食品制作》（作者：韦济木）。"区内文讯""书讯"都属于资讯类栏目。从学科分布来看，教育类论文有5篇（另有两篇未被归入栏目），文学类栏目有3篇，属于发文数量相对较多的学科。

总之，1998年在栏目设置方面渐趋稳定，但仍在探索设置新栏目。全年共设置栏目12个，坚持3期的有"学习与实践""语言文学"，坚持2期的有"三峡文化研究""论点重刊"，"巴渝文化研究""赵世炎研究"虽然仅有1期，但是是对1997年设置栏目的延续。而"编辑与出版""中学教育研究""教育教学研究""法学研究"都仅有1期。与1997年相比，栏目设置稳定性增强，栏目与内容的匹配度提高，栏目多样性增加。

（三）1999年的栏目及其刊文

1999年，学报由内部刊物变为公开出版物，在栏目设置方面调整幅度较大，这主要表现为文学版块的极大增强，显示出了学报管理层创建特色栏目的决心。

1999年第1期栏目有"重庆文学史""隆重纪念涪陵师专学报创刊十五周年""三峡文化研究""当代学术思潮""论点摘刊""短讯"。"重庆文学史"发表8篇论文、1篇主持人语、3篇资料汇编，发表的论文有《重庆文学史：一种可能性描述》（作者：易光）、《邹容及其〈革命军〉》（作者：傅德岷、文成英）、《巴渝文化与诗人傅天琳》（作者：李怡）、《孤独的突围者——朱亚宁小说析论》（作者：李勇）、《文化·写作·人群——浅析朱亚宁小说》（作者：李天丁）、《创作独白·不可能不写》（作者：朱亚宁）、《朱亚宁小传》（作者：韦济木）、《经典文论·文学史》（作者：兹·托多罗夫）。"隆重纪念涪陵师专学报创刊十五周年"栏目发表论文4篇，即《论纵横家的衰落》（作者：熊宪光）、《论李白出生传说的渊源——兼及释老出生传说的相互影响》（作者：胥洪泉）、《千江有水千江月——从苏轼诗中对水的描写透示东坡人格》（作者：冉红音）、《古籍中的子路形象及其文化意蕴》（作者：何仟年）。"三峡文化研究"栏目发表1篇论文，即《"巴"

义新说》（作者：曾超）。"当代学术思潮"发表1篇论文，即《非均衡经济理论文献综述》（作者：雷勇）。从这一期数据来看，文学类论文有11篇，占绝对多数。在该期新开辟了"重庆文学史""隆重纪念涪陵师专学报创刊十五周年""当代学术思潮"3个栏目，"论点摘刊"是1998年设立的"论点重刊"栏目的再表达，"短讯"栏目是对1998年资讯类栏目的延续。此后，"重庆文学史"及其他文学栏目就构成学报的主体框架，塑造了学报的对外形象。

1999年第2期栏目有"二十世纪中国文学""重庆文学史""傅天琳研究""三峡文化研究""重庆区域经济"等。"二十世纪中国文学"发表了1篇论文，即《抗战时期的侦探滑稽等小说》（作者：孔庆东）。"重庆文学史"栏目发表了3篇论文、1组笔谈，论文有《重庆地域文化与重庆文学》（作者：李敬敏）、《论沙鸥的爱情诗》（作者：戴少瑶）、《一曲回报故土的恋歌——读王群生〈红了樱桃，绿了芭蕉〉》（作者：冉庄），笔谈名称为"'重庆与中国文学'名家笔谈"，涵盖《地域文学史的难题》（作者：吴福辉）、《重庆抗战文学研究要有个性》（作者：秦弓）、《重庆有文学史吗》（作者：蔡震）、《不如改称"巴渝文学史"》（作者：熊宪光）、《雾中的激情》（作者：李继凯）、《文化取向与空间定位》（作者：谭桂林）等6篇。"傅天琳研究"栏目发表了论文2篇、经验谈2篇、作家资料1篇，论文有《蓝天一条波音鱼——傅天琳诗歌印象》（作者：毛翰）、《朴实的芬芳——傅天琳创作扫描》（作者：余薇野），经验谈有《果树的方式以及水的方向》（作者：傅天琳）、《路的结束，方是人的诞生——关于〈结束与诞生〉的对话》（作者：傅天琳、李元胜）。"三峡文化研究"栏目包括2篇论文，即《三峡文化与重庆文化发展战略的几个问题》（作者：张荣翼）、《长江·三峡·库区——文化的追寻与沉思》（作者：郝明工）。"重庆区域经济"栏目包括1篇论文，即《关键·根本·重点——运用辩证唯物主义的方法论认识黔江开发区的二度创业》（作者：屈银安）。在该期新设置了"二十世纪中国文学""傅天琳研究""重庆区域经济"等栏目，其中，也可以把"傅天琳研究"栏目及"'重庆与中国文学'名家笔谈"都视为"重庆文学史"的子栏目。从1999年第1期可能已经形成了这样的栏目建构方式，只是未设子栏目，但是对于朱亚宁及其创作的讨论与"傅天琳研究"完全是一个模板。这一期实际发表的文学类论文有8篇（另有2篇未被归入栏目）、笔谈1组，仍占据大部分版面。在重视特色栏目的同时，有7篇论文未被设置栏目，且其中有2篇文学类论文，这是比较遗憾的。

1999年第3期栏目有"纪念五四运动八十周年""二十世纪中国文学""重庆文学史""艺术理论与实践""自然科学研究""学术动态"。"纪念五四运动八十周年"栏目包括1篇论文，即《"五四"新文化运动与中国的文艺复兴》（作者：宋剑华）。"二十世纪中国文学"栏目有1篇论文，即《对于现代文明的厌倦——论张爱玲的〈倾城之恋〉》（作者：蓝棣之）。"重庆文学史"栏目包括论文3篇、书评2篇，论文有《重庆文学的已然存在》（作者：傅德岷）、《世纪末的西西弗斯神话——重庆诗歌漫论》（作者：聂作平）、《唐宋两代黔南诗词浅析》（作者：高月），书评有《民族文学的硕果——序〈重庆市少数民族文学优秀作品选〉》（作者：滕久明）、《民族特色与艺术多元——跋〈重庆市少数民族文学优秀作品选〉》。"艺术理论与实践"包括4篇论文，即《对艺术的新理解——从总体角度看艺术》（作者：蒲卫平）、《对当代写实油画的冷思考》（作者：杨贤艺）、《浅谈中西文化障碍在英语写作中的理解与克服》（作者：黄绚）、《试析福克纳〈喧哗与骚动〉的文体风格》（作者：何加红）。"学术动态"发布了重庆市第一次社会科学优秀成果奖获奖信息。因《长江师范学院学报》现在已转为人文社科期刊，所以略去"自然科学研究"栏目的内容。这一期文学类文章实际上有7篇，仍占该期的多数篇幅，但是"重庆文学史"栏目内容有所缩减。

1999年第4期栏目有"二十世纪中国文学""重庆文学史""余德庄研究""研究生论坛""当代学术思潮""重庆区域经济""论点选萃"。"二十世纪中国文学"栏目有3篇论文，即《文学革命：进化文学史观》（作者：旷新年）、《历史母题的悖论式解构——新历史主义小说泛论》（作者：陈松青）、《余光中诗歌创作技巧的传统因子分析》（作者：蒋玉斌）。"重庆文学史"有2篇论文、1组笔谈，论文包括《重庆文学、地域文学与文学史》（作者：李怡）、《20世纪中国文学版图中的重庆文学》（作者：周晓风），笔谈包括《反思的诗神 文化的交响——重庆与40年代中国文学的现代化进展》（作者：黄曼君）、《重庆之于20世纪中国文学》（作者：孔范今）、《旧形式的复活——从一个角度谈抗战时期的重庆文学》（作者：刘纳）、《曾经是三大文化中心之一——重庆与20世纪中国文学》（作者：江锡铨）等4篇。"余德庄研究"包括论文1篇、经验谈2篇、作家资料1篇，论文为《现实主义的丰硕果实——余德庄文学创作评述》（作者：万龙生），经验谈包括《"圆梦"的路》（作者：余德庄）、《躬耕笺稿 甘苦自知——〈海噬〉

和〈世纪情结〉创作小记》（作者：余德庄）。"研究生论坛"包括论文 3 篇，即《书录中的明代小说观新变与定位》（作者：陈燕）、《论夏衍剧作中力的作用及其开放状态》（作者：袁联波）、《知识经济与科技创新》（作者：黄常忠、蒲丽华）。"当代学术思潮"有论文 1 篇，即《科学精神研究综述》（作者：赵澜波）。"重庆区域经济"有论文 1 篇，即《论建立渝东区域经济的涪陵发展极》（作者：曾伟）。"论点选萃"沿袭自此前的"论点重刊""论点摘刊"栏目，只是将名称做了修改。"研究生论坛"则与 1997 年第 2 期推出的"大学生论坛"有颇多相似之处，目的都在于提携新人。从该期刊数据看，主要沿袭过去的办刊栏目；"二十世纪中国文学"栏目有所加强，从 1 篇增加到 3 篇；重庆文学史栏目与 2019 年第 1 期、第 2 期较为相似；"余德庄研究"可以被视为"重庆文学史"的一个子栏目；文学类文章加起来有 15 篇，占该期的大半篇幅；"当代学术思潮""重庆区域经济"这 2 个栏目始终不温不火，保持 1 篇论文的容量。

总之，1999 年的栏目设置开始了较大程度的变革，突出了特色化和地方化。"二十世纪中国文学""重庆文学史"都属于特色栏目，"三峡文化研究""重庆区域经济"则属于地域栏目。在当年，坚持 4 期的栏目是"重庆文学史"，坚持 3 期的栏目有"二十世纪中国文学"，坚持 2 期的栏目有"三峡文化研究""重庆区域经济""论点摘刊"（或称为"论点选萃"），"隆重纪念涪陵师专学报创刊十五周年""纪念五四运动八十周年""艺术理论与实践""自然科学研究""研究生论坛"和子栏目"傅天琳研究""余德庄研究"等都仅举办 1 期。栏目命名处于不断优化之中。例如，"论点选萃"栏目脱胎于"论点摘刊"，而后者又脱胎于"论点重刊"。再如，"三峡文化研究"也有"巴渝文化研究"的影子。而 1998 年设置的栏目"编辑与出版""中学教育研究""教育教学研究""法学研究"未在 1999 年出现。从刊文来看，主要特征是：第一，文学色彩较为浓厚，地域性凸显；第二，互动性较强，作家本人也参与了对于专题栏目的建设；第三，把刊物作为了宣传阵地，推介了 2 期论点；第四，注重信息交换，发布短讯、学术动态、书评等。

（四）2000 年的栏目及其刊文

2000 年第 1 期的栏目包括"二十世纪中国文学""重庆文学史""黄济人研究""当代学术思潮""重庆学术界""简讯"。"二十世纪中国文学"

包括2篇论文,即《国统区的通俗小说》(作者:孔庆东)、《从〈边城〉看沈从文的人生理想》(作者:常彬)。"重庆文学史"包括3篇论文,即《重庆文学史研究的意义》(作者:张荣翼)、《重庆少数民族文学论》(作者:彭斯远)、《论何其芳〈画梦录〉的主体意识》(作者:傅德岷、何仁海)。"黄济人研究"包括2篇论文和1篇作家资料,论文有《黄济人论——从〈将军决战岂止在战场〉和〈崩溃〉谈起》(作者:孙自筠)、《我不敢画出自己的眼睛》(作者:黄济人)。"当代学术思潮"包括2篇论文,即《世纪末的思考——谈20世纪西方文学思潮研究》(作者:龚翰熊)、《文艺与商品经济》(作者:张荣翼)。"重庆学术界"包括1篇论文,即《纵横交织的论证体系——评〈纵横家研究〉》(作者:王广福)。这一期的栏目多延续了1999年的新设栏目,同时也设置了一个新栏目,即"重庆学术界"。"重庆文学史"栏目的构架与1999年一样,套了一个子栏目——"黄济人研究"。该期文学类文章有10篇(含未进入栏目的论文1篇),仍占多数篇幅。"当代学术思潮"栏目有所加强,从1篇增加到了2篇。

2000年第2期的栏目包括"二十世纪中国文学""重庆文学史""李钢研究""教育科学研究""语言文学研究""重庆学术界""自然科学研究"。"二十世纪中国文学"有2篇论文,即《基督精神与曹禺戏剧的博爱意识》(作者:宋剑华)、《张恨水的"国难小说"》(作者:秦弓)。"重庆文学史"栏目有1篇论文,即《立足地域文化 发展特色文体——关于重庆文学发展的几点思考》(作者:蒋登科、李晓玲)。"李钢研究"栏目有2篇论文,即《屏息的刹那:诗歌开始说话——对李钢诗歌的阅读和解析》(作者:何房子)、《诗笔为文花亦香——李钢散文漫议》(作者:万龙生)。"教育科学研究"栏目包括4篇论文,即《关于艰苦奋斗教育的思考》(作者:王久渊)、《归因理论及其在教育上的应用》(作者:廖全明)、《关于幼儿师资培养现状的调查和分析》(作者:孟国荣)、《期望效应与儿童家庭教育》(作者:卢秀琼)。"语言文学研究"栏目包括3篇论文,即《从大众传播角度重新审视诗歌的社会功能》(作者:毛翰)、《生的困惑——〈水浒传〉的新启示》(作者:康莉蓉)、《汉英"介词短语"句法功能比较》(作者:黄东梅)。"重庆学术界"包括1篇论文,即《西方现代文论研究的新成果——〈西方现代文论与哲学〉评介》(作者:张德明)。"自然科学研究"栏目从略。这一期新设置了"教育科学研究""语言文学研究"栏目,但是,这2个栏目本质上是对过去所设置的"教育教学研究""语言文学"栏目的优化或调整。"重庆文学史"及其子栏目"李钢研究"总体刊文数量下降，但是，文学类文章合计9篇，在数量上仍占多数。与过去的栏目设置相比，该期的一个进步是，所有文章都被归入栏目中。

2000年第3期的栏目包括"二十世纪中国文学""重庆文学史""冉庄研究""重庆学术界""学术动态"。"二十世纪中国文学"栏目包括2篇论文，即《世界华文文学研究的拓展——走向21世纪的世界华文文学研究》（作者：古远清）、《生机与危机并存的散文——新中国27年（1949—1976）散文发展论略》（作者：王晓初）。"重庆文学史"栏目包括1组笔谈，即《文学传统与当代重庆文学》（作者：王群生）、《回忆与升华》（作者：野谷）、《诗城朝圣》（作者：梁上泉）、《他乡阅迟暮　不敢废诗篇》（作者：胡焕章）、《杜甫夔州行止浅索》（作者：陈淑宽）、《〈登高〉辨析》（作者：余敬之）、《从文学史和文化史角度观照杜甫》（作者：卢季野）、《从重庆文学史角度研究杜甫》（作者：易光）和1篇书评《怀念远山——读熊建成〈激荡的大宁河〉》（作者：李卉）。"冉庄研究"栏目包括2篇论文、1篇作者资料，论文有《冉庄诗歌品质散论》（作者：聂作平）、《爱与美的吟唱——冉庄诗歌的诗情诗意透视》（作者：苏光文）。"重庆学术界"包括2篇论文，即《走出大同的梦境——评刘明华先生〈大同梦〉》（作者：尹富）、《关于当前学术评估的几种倾向》（作者：熊宪光）。在这一期未设立新栏目，重庆文学史栏目仅有笔谈和书评，但所占篇幅增长；"重庆学术界"栏目有所增强，从1篇增加到2篇。文学类文章17篇，占大多数。该期又有不少论文未被纳入栏目。

2000年第4期栏目包括"西部开发与高等教育""哲学研究""二十世纪中国文学""重庆文学史""重庆学术界""自然科学研究""重点系科建设"。"西部开发与高等教育"栏目包括2篇论文，即《西部开发与高校布局结构调整》（作者：简大权）、《西部大开发中的高校人才培养》（作者：胡朗）。"哲学研究"栏目包括1篇论文，即《社会时空的辩证特性》（作者：吴从众）。"二十世纪中国文学"栏目包括3篇论文，即《论李劼人的三部曲》（作者：秦弓）、《何来诗歌品质探秘》（作者：聂作平）、《救赎与幻灭——论曹禺前期戏剧创作的精神指向》（作者：戴莉）。"重庆文学史"栏目仅设子栏目"莫怀戚研究"，包括评论3篇、作者感悟1篇，评论分别为《社会心理的探索者——莫怀戚小说解读》（作者：白烨）、《读莫怀戚》（作者：李敬敏）、《莫怀戚：一个成功者与失败者》（作者：张育仁）。"重庆学术界"栏目包括 5 篇论文,即《个体心灵撞击时代的声音——评李怡〈七月派作家评传〉》(作者:任小娟)、《君特·格拉斯:用良心创作》(作者:李雪顺)、《美学和艺术在对话时代》(作者:刘能强)、《论柳宗元的山水游记散文》(作者:李川明)、《略论苗族民间歌曲的艺术特点》(作者:刘向阳)。"自然科学研究"栏目从略。"重点系科建设"栏目在封二、封三介绍了乌江作家群和中文系师资队伍。相对于 2000 年第 3 期,"重庆文学史"栏目进一步缩减,"重庆学术界"栏目则得到扩张,新设"西部开发与高等教育""哲学研究"栏目。在该期,文学类文章 10 篇,教育类文章有 8 篇,两者合计占了绝大多数版面。

总之,2000 年的栏目设置以继承性发展为主,开设的新栏目有"西部开发与高等教育""哲学研究""重庆学术界",但是仅有"重庆学术界"属于常设栏目。坚持 4 期的栏目有"二十世纪中国文学""重庆文学史""重庆学术界",坚持 2 期的栏目有"自然科学研究",其他栏目仅坚持了 1 期。从全年来看,文学类文章占据绝大多数的版面,且延续了 1999 年的办刊思路,但是活跃度略有下降。

(五) 2001 年的栏目及其刊文

2001 年第 1 期栏目包括"西部开发与高等教育""西部开发与文化建设""20 世纪中国文学""重庆学术界""重庆文学史""语言与文学""自然科学研究""巴渝文化名人"。"西部开发与高等教育"栏目包括 1 篇论文,即《西部大开发与高等教育区域化》(作者:黄贵)。"西部开发与文化建设"栏目包括 2 篇论文,即《试论涪陵现象》(作者:马传松、朱挢)、《三峡库区农村移民社区文化建设现状与对策》(作者:傅显捷)。"20 世纪中国文学"栏目包括 2 篇论文,即《重读海子》(作者:杨四平)、《鲁迅〈野草〉的人生哲学》(作者:傅德岷)。"重庆学术界"栏目包括 2 篇论文,即《文学阅读与历史维度》(作者:张荣翼)、《理论世界的探索者——记重庆师范学院中文系教授张荣翼》(作者:黄曌、刘江华)。"重庆文学史"栏目包括 2 篇论文,即《20 世纪重庆文学运动与早期现代化——文学运动形态特征试析》(作者:郝明工)、《存在智慧与精神诗歌——论刘苏诗歌的意义》(作者:李淼)。"语言与文学"栏目包括 2 篇论文,即《形近字简化分化过程的探讨》(作者:郑继娥)、《杨诚斋诗内容特色探论》(作者:李胜)。"自然科学研究"栏目从略。"巴渝文化名人"栏目包括 1 篇论文，即《破山流寓石柱事略》（作者：马培汶）。在这一期里，新开设"西部开发与文化建设""语言与文学""巴渝文化名人"等栏目。"西部开发与文化建设"栏目与早先已开辟的"西部开发与高等教育"栏目共同构成了西部大开发系列栏目，这反映出当时西部大开发政策的深刻影响，说明学报已开始关注政策现实维度。"语言与文学"应该源自过去的"语言文学""语言文学研究"栏目，是对栏目名称的再次调整。"巴渝文化名人"则与早先开辟的"巴渝文化研究"有共通之处，属于"巴渝文化研究"的更细分领域。在这一期，"重庆文学史"栏目进一步缩减，仅剩余2篇论文，文学类文章合计有6篇，发文数量有所下降。

2001年第2期栏目包括"20世纪中国文学""重庆文学史""当代学术思潮""巴渝文化名人"。"20世纪中国文学"栏目包括2篇论文，即《北村与基督教文化》（作者：王本朝）、《生命力的升华与美的和谐——〈迟桂花〉的传统文化阐释》（作者：胡希东）。"重庆文学史"栏目下设了一个"梁上泉研究"子栏目和1篇论文，论文题目为《转型者勇敢的足迹——读欧阳斌〈斑马线上的舞蹈〉印象》（作者：柏铭久），子栏目包括2篇论文和1篇作者资料，论文有《梁上泉音乐文学创作的民间影响》（作者：赵心宪）、《梁上泉：成功与缺失》（作者：彭斯远）。"当代学术思潮"栏目包括2篇论文，即《后现代语境中的中国文艺问题反思》（作者：王岳川）、《融入大众——大众文学繁荣的原因》（作者：吴彦彩）。"巴渝文化名人"包括1篇论文，即《卢作孚教育教学思想及其现实意义》（作者：周绍东）。这一期未新设栏目，特色栏目"重庆文学史"之下又做了一个专题"梁上泉研究"，思路与之前基本一致。该期文学类文章有8篇，比2001年第1期略有回升。

2001年第3期栏目包括"20世纪中国文学""重庆文学史""重庆学术界""语言与文学""重庆文讯"。"20世纪中国文学"栏目包括3篇论文，即《张恨水对章回体小说的继承与创新》（作者：秦弓）、《谈胡适的"自然音节"论》（作者：陈本益）、《"隐身"的诗人始终在场——论杜运燮的人物题材诗歌》（作者：蒋登科）。"重庆文学史"栏目包括2篇论文，即《重庆文学发展与中国抗日战争——陪都文学运动形态解析》（作者：郝明工）、《享受孤独和微笑——评〈当代重庆作家作品选·万龙生卷〉》（作者：张德明）。"重庆学术界"栏目包括《我的学术道路》（作者：李怡）、《李怡：方法与精神》（作者：段从学）等2篇论文及1篇作者简历。"语言与文学"栏目包括2篇论文,即《通俗小说的概念误区》(作者:孔庆东)、《试论认识灵感本质的第三条途径》(作者:汪代明)。"重庆文讯"栏目为资讯类栏目。在这一期,未新设栏目,"重庆文学史"栏目缩减为2篇论文,文学类文章有8篇。

2001年第4期栏目包括"热烈庆祝涪陵师范学院成立""政治学·文学社会学""21世纪文论""20世纪中国文学""巴渝文化研究""流行文化研究""重庆文学史""重庆学术界""经济研究""重庆少数民族研究""地方名胜"。"热烈庆祝涪陵师范学院成立"栏目包括1篇论文,即《梦想与跨越》(作者:黄贵)。"政治学·文学社会学"栏目包括2篇论文,即《扩大党的社会基础 巩固党的执政地位》(作者:张世俊)、《新时期文艺政策的历史性转变》(作者:周晓风)。"21世纪文论"栏目包括2篇论文,即《文学本体与本性的召唤》(作者:钱理群)、《中国现代文学史研究与21世纪中国文论建设的若干问题》(作者:李怡、曾利君、任小娟、李本东、邹琰、范庆伟、胡昌平、陈刚)。"20世纪中国文学"栏目包括3篇论文,即《"西部热"中的散文姿态》(作者:杨爱平)、《20世纪:中国诗歌传统的二度背离及其上升》(作者:梁平)、《绚丽于苍凉之中——〈金锁记〉艺术价值探微》(作者:邹菡)。"巴渝文化研究"栏目包括1篇论文,即《涪州文化的渊源、特点与历史地位》(作者:李胜、张勤)。"流行文化研究"栏目包括1篇论文,即《网络原创文学的流行文化特质》(作者:周芳)。"重庆文学史"栏目包括2篇论文,即《重庆传说时代文学初探》(作者:马培汶)、《乡情下的地域书写——易光小说的地域文化表征》(作者:白海浴)。"重庆学术界"栏目包括1篇论文,即《中国文学与基督教关系研究的新收获——评王本朝〈20世纪中国文学与基督教文化〉》(作者:巫小黎)。"经济研究"栏目包括2篇论文,即《试论贫困地区农民收入较快增长的制约因素及对策》(作者:左良凯)、《在梯度推移中实现后发优势——再论大城市带动大农村发展的实现形式》(作者:曾伟)。"重庆少数民族研究"栏目包括4篇论文,即《黔江方言初探》(作者:汪增阳)、《渝东南少数民族诗词的发展》(作者:冉景福)、《略论杜甫的"戏"字诗》(作者:李良品)、《建安游宴诗略论》(作者:李金荣)。"地方名胜"由蒲国树介绍了涪陵北岩名胜点易洞。这一期的栏目新设了"热烈庆祝涪陵师范学院成立""政治学·文学社会学""21世纪文论""流行文化研究""经济研究""重庆少数民族研究""地方名胜"等栏目,其中"流行文化研究"则关注了当时日益发展的网络文学,"重庆少数民族研究"成为学报后来民族学栏目发展的一个开端。"巴渝文化研究"栏目在经历多期的沉寂后又回归学报栏目群。该期文艺学文章有3篇,文学文章有9篇(含未进入栏目的2篇外国文学论文),因此大文学版块仍占较高权重,只是"重庆文学史"栏目弱化了。

总之,2001年的栏目建设在稳定中孕育变革。其发展演变体现在4个方面:第一,开始密切关注现实。例如,"西部开发与高等教育""西部开发与文化建设"反映了对于国家西部大开发政策的关切,而"流行文化研究"则反映了对于新兴起的网络文学的关切。第二,重视地域文化、历史、经济等。以"重庆"开头的栏目有"重庆文学史""重庆学术界""重庆少数民族研究""重庆文讯",以"巴渝"开头的栏目有"巴渝文化研究""巴渝文化名人"。第三,特色栏目"重庆文学史"表现出了弱化的势头。有3期的"重庆文学史"栏目仅有2篇论文。第四,栏目保持了一定的稳定性。坚持4期的栏目有"20世纪中国文学""重庆文学史",坚持3期的栏目有"重庆学术界",坚持2期的栏目有"巴渝文化名人""语言与文学"。

(六)2002年的栏目及其刊文

2002年第1期栏目包括"21世纪文论""20世纪中国文学""巴渝文化研究""重庆文学史""重庆区域经济""重庆少数民族研究",其中"重庆文学史"栏目含"余德庄长篇小说创作研究"专题及其他论文。"21世纪文论"栏目包括3篇论文,即《少数民族大众文学的可能性》(作者:黄薇)、《论从西方"即物主义"到中国"新即物主义"的变迁——里尔克与李魁贤之比较》(作者:杨四平)、《〈田野的风〉与〈毁灭〉〈铁流〉的艺术比较》(作者:王智慧)。"20世纪中国文学"栏目包括2篇论文,即《鲁迅、郭沫若历史题材作品创作观之比较——纪念鲁迅先生诞辰120周年》(作者:袁联波)、《新时期冯至诗歌研究综述》(作者:罗绂文)。"巴渝文化研究"栏目包括2篇论文,即《文化产业:建设巴渝文化和发展重庆经济的一条重要思路》(作者:代迅)、《试论巴人名称的由来》(作者:黄秀陵)。"余德庄长篇小说创作研究"专题包括3篇评论,即《秋兰为佩 芳泽杂糅——余德庄长篇小说创作论》(作者:易光)、《"世俗"生存的长久体验与关怀——评余德庄长篇新作〈太阳雨〉》(作者:张德明)、《好雨知时节——喜读余德庄长篇新作〈太阳雨〉》(作者:万龙生)。"重庆文

第四章　不同时期的学报栏目及其刊文分析

学史"栏目其他论文有7篇,即《校园菁菁　情思悠悠——冬婴校园诗赏析》(作者:熊辉)、《误读的阐释》(作者:肖锋)、《由"大众"定义谈大众对大众文化的消费心理》(作者:曾珠)、《瞿秋白和多余人》(作者:余抗生)、《论曹植对中国诗歌的三大贡献》(作者:傅正义)、《坠落的金箭——解读〈洛丽塔〉的三个关键词》(作者:张亚军)、《从牧歌到悲剧——简论哈代小说主题的嬗变》(作者:丁世忠)。"重庆区域经济"栏目包括3篇论文,即《对重庆市私营经济发展环境问题的调查与思考》(作者:谢欣)、《三峡库区移民就业总需求与现实容量分析——以原万州移民开发区为例》(作者:三峡库区经济开发政策研究课题组)、《教育产业论的经济学分析》(作者:重庆市教育产业发展对策研究课题组)。"重庆少数民族研究"栏目有1篇论文,即《土家族承嗣与称谓习俗的演变》(作者:彭林绪)。这一期新设"余德庄长篇小说创作研究"栏目,但是也可以将其视为对1999年第4期"余德庄研究"栏目的继承与深化。从栏目编排上,明显按照地域范围由大到小布局。文学类论文合计14篇,占绝大多数篇幅,其中"重庆文学史"栏目的发文量有所回升。

2002年第2期栏目包括"21世纪文论""20世纪中国文学""巴渝文化研究""重庆文学史""重庆少数民族研究""重庆区域经济""学术短论"。"21世纪文论"栏目包括1篇论文和1组笔谈,论文题目为《清醒与茫然:知识分子与农民表现主体的双重思想困境》(作者:宋剑华),笔谈题目为"主流价值观与百年中国文学",包括3篇文章,即《颠倒的启蒙》(作者:熊权)、《英雄的意义》(作者:戴莉)、《历史的语境》(作者:戚学英)。"20世纪中国文学"包括2篇论文,即《论穆旦50年代的诗歌创作》(作者:段从学)、《中国新诗自由形式的必然性及其走向》(作者:梁平)。"巴渝文化研究"栏目包括1篇论文,即《浅议"石鱼出水兆丰年"》(作者:曾超)。"重庆文学史"栏目包括5篇论文,即《社会主义革命与重庆文学发展》(作者:郝明工)、《杜甫去蜀原因探微》(作者:李良品、谭清宣)、《求新求美的坚进气概——张继楼儿童诗述评》(作者:谭旭东)、《但愿留传三、五首——我是怎样写儿歌的》(作者:张继楼)、《颂辞与感恩——冉仲景诗歌片谈》(作者:路曲)。"重庆少数民族研究"栏目包括1篇论文,即《渝东南土家族探源》(作者:汪增阳)。"重庆区域经济"包括2篇论文,即《西部开发中重庆第三产业发展新思路》(作者:陈龙)、《乌江流域的经济状况和发展前景》(作者:张万兵、何奕、唐亮)。"学术短论"有一篇论文，即《中小学音乐教学的组织工作》（作者：刘建欧）。这一期栏目与前面保持一致，仅新设立了"学术短论"。"重庆文学史"栏目仍为该期主打栏目。文学类文章共13篇，占据多数篇幅。

2002年第3期栏目包括"改革与发展""21世纪文论""20世纪中国文学""重庆文学史""重庆学术界""重庆区域经济"。"改革与发展"栏目包括2篇论文，即《解放思想　转变观念　为建设合格的本科院校而努力》（作者：詹培民）、《实施品牌战略　繁荣学术事业——〈涪陵师范学院学报〉发展战略研讨会述评》（作者：梁鸿）。"21世纪文论"栏目包括2篇论文，即《全球化语境下中国文学的策略》（作者：李晓峰）、《全球化语境下文学发展的理性：二月河给予我们的启示》（作者：刘克）。"20世纪中国文学"栏目包括2篇论文，即《郭沫若的感情生活与泛神论思想》（作者：陈璐）、《"糊涂"与"朦胧"——新诗现代品质的二度萌发》（作者：黎明）。"重庆文学史"栏目包括一个子栏目"冉冉研究"，有评论2篇、创作经验1篇，评论题目为《朝向自身的世界——冉冉诗歌创作论》（作者：易光）、《大地与内心的歌者——对冉冉诗歌的一种释读》（作者：邹郎），创作经验题目为《对镜写作》（作者：冉冉）。"重庆学术界"栏目包括一个子栏目"重庆学人"，内含3篇文章，即《平凡·执着·开拓——李敬敏学术研究述评》（作者：王开国）、《阅读李敬敏》（作者：彭斯远）、《简历·著述辑要》（作者：李敬敏）。"重庆区域经济"栏目包括1篇论文，即《论大力发展涪陵私营企业》（作者：苏健健）。这一期新设栏目"改革与发展"，其他栏目从前。"重庆学术界"栏目首次设立"重庆学人"子栏目，对重庆市有一定知名度的学者进行推介。"重庆文学史"栏目在该期有2篇论文，缩减较多。文学类文章合计10篇，占主要地位。

2002年第4期栏目包括"21世纪文论""20世纪中国文学""重庆文学史""巴渝文化研究""重庆区域经济""西部开发与学术研究""学术短论"。"21世纪文论"栏目包括3篇论文，即《无神的庙宇——后现代文化语境中的上海文学》（作者：陈恭）、《深呼吸：巴渝文化与文学的现代理想》（作者：吕进、梁笑梅）、《女性小说文本叙事话语的对话性》（作者：安成蓉）。"20世纪中国文学"包括2篇论文，即《艾青的诗艺创造性》（作者：王劲松）、《为右翼文运鞠躬尽瘁的王平陵——从南京到重庆的文艺斗士》（作者：古远清）。"重庆文学史"栏目包括4篇论文，即《城市改革时期重庆文学运动形态试探》（作者：郝明工）、《从刘忠华笔下看重庆》

(作者：彭斯远)、《恢宏细腻 广博精深——读刘忠华〈点击重庆〉》(作者：冉庄)、《热土纪事——评刘忠华〈点击重庆〉〈走近重庆〉》(作者：杨耀健)。"巴渝文化研究"栏目包括3篇论文,即《涪州学校教育与人才培养》(作者：李良品)、《汉末魏晋挽歌及其流变论——兼谈挽歌的产生》(作者：李金荣)、《论刘禹锡〈竹枝词〉的起源和发展》(作者：高月)。"重庆区域经济"栏目包括2篇论文,即《重庆小城镇发展研究》(作者：刘瑜)、《重庆旅游形象暨主题口号》(作者：王毅)。"西部开发与学术研究"栏目包括1篇会议综述,即《建构西部文化 弘扬西部精神——"西部审美精神与文化建设"学术研讨会综述》(作者：杨欣、丁世忠)。"学术短论"栏目有4篇,从略。在这一期新设"西部开发与学术研究"栏目,该栏目与此前的"学术动态""重庆文讯"等栏目一脉相承。"重庆文学史"栏目有4篇论文,较第3期有所回升。文学类文章有9篇,占主要地位。

2002年第5期栏目包括"21世纪文论""重庆文学史""重庆区域经济""自然科学研究""学术短论"。"21世纪文论"包括2篇论文,即《中国古典文论的终结和现代文论的兴起》(作者：朱丕智)、《规训的权力与全景敞视主义——论福柯的〈规训与惩罚〉》(作者：邹菡)。"重庆文学史"栏目包括3篇论文,即《优秀诗人的奠基石——读徐国志诗集〈蓝色诱惑〉》(作者：万龙生)、《走向现代与回归传统——徐国志新诗创作得失谈》(作者：彭斯远)、《一棵苦楝树上的爱情果——评诗人徐国志的爱情诗》(作者：周邦宁)。"重庆区域经济"栏目包括1篇论文,即《三大经济圈的战略构想——重庆发展进入新阶段的标志》(作者：彭寿清、李川明)。"自然科学研究"和"学术短论"栏目从略。这一期文学类文章仅有5篇,有所下降;经济类论文有6篇,数量明显增多;特色栏目"重庆文学史"发文数量也有所减少;"自然科学研究"栏目发文数量占主要地位。

2002年第6期栏目包括"21世纪文论""重庆文学史""重庆少数民族研究""重庆区域经济""学术短论""重庆地方文化名胜"。"21世纪文论"包括4篇论文,即《和解：主义与日子,理想与现实——中国女权主义文学的生态及出路》(作者：代绪宇、王珂)、《中国现代文学史分期的政治学与文学》(作者：旷新年)、《英雄情结与儿女情结——通俗文学的美学特征与社会阅读心理》(作者：艾嘉)、《汉语文学精神当自检与再构》(作者：栗原小荻)。"重庆文学史"栏目包括1篇论文,即《沙鸥诗论意象观念的形成及其"规定性界说"》（作者：赵心宪）和1个子栏目"吴传之《泣红传》研讨会论文小辑"，子栏目又含3篇论文，它们分别是《记忆保持与记忆剥离——读〈泣红传〉》（作者：易光）、《任是无情也动人——评〈泣红传〉》（作者：杨耀健）、《击赏〈泣红传〉》（作者：邓毅）。"重庆少数民族研究"栏目包括1篇论文，即《重庆土家族巫文化初探》（作者：汪增阳）。"重庆区域经济"栏目包括1篇论文，即《重庆市城镇化进程问题探讨》（作者：江燕玲）。"学术短论"栏目从略。"重庆地方文化名胜"栏目源自此前设置的"地方名胜"栏目，将地域由涪陵扩展至重庆，该期介绍了龚滩古镇。从栏目看，与此前一脉相承，"21世纪文论""重庆文学史"这2个栏目都较第5期有所加强，"重庆少数民族研究""重庆区域经济"这2个栏目始终不温不火。文学类文章合计12篇，占绝对多数；教育类论文9篇，发文量排在第二位；经济类文章合计5篇，发文量排在第三位。

总之，2002年的栏目比较稳定，主要体现为文学版块、重庆版块两大版块。坚持6期的栏目有"21世纪文论""重庆文学史""重庆区域经济"，经济类栏目重要性开始凸显，但是发文量仍偏少；坚持4期的栏目有"20世纪中国文学""学术短论"；坚持3期的栏目有"巴渝文化研究""重庆少数民族研究"。

（七）2003年的栏目及其刊文

2003年第1期的栏目包括"21世纪文论""20世纪中国文学""重庆学人""学术动态""'2002年世界易经大会'特辑""巴渝文化研究""学术短论"。"21世纪文论"栏目包括2篇论文，即《以"立人"为中心——鲁迅思想与文学的逻辑起点（上）》（作者：钱理群）、《区域文化与区域文学辨析》（作者：郝明工）。"20世纪中国文学"包括2篇论文，即《徐志摩的诗：诗化生活的分行抒写》（作者：杨四平）、《孤独者的形象及其文化价值——走进鲁迅小说的孤独者形象世界》（作者：陈进东）。"重庆学人"栏目包括2篇论文和1篇个人简介，论文为《吕进的中国现代诗学体系》（作者：蒋登科）、《诗歌重建的标尺——评吕进〈对话与重建〉》（作者：登科）。"学术动态"栏目包括1篇会议综述。"'2002年世界易经大会'特辑"栏目包括5篇论文，即《2002年世界易经大会主旨报告》（作者：李书有）、《从思维方法学看易经文化在21世纪的贡献》（作者：赵玲玲）、《程颐易学在中国易学发展史上的地位》(作者：蔡方鹿)、《〈伊川易传〉在程颐思想中的地位》(作者：李书有、伍玲玲)、《涪陵易学初探》(作者：吴朝弟)。"巴渝文化研究"栏目包括2篇论文，即《"白虎为害""夷人射虎"新议》(作者：曾超)、《酉阳后溪龚氏坊小考》(作者：彭福荣)。"学术短论"从略。这一期首次刊载了学术研讨会的系列论文。特色栏目"重庆文学史"出现了断期。

2003年第2期的栏目包括"21世纪文论""20世纪中国文学""重庆文学史""巴渝文化研究""学术短论"。"21世纪文论"栏目包括《以"立人"为中心——鲁迅思想与文学的逻辑起点（下）》(作者：钱理群) 1篇论文。"20世纪中国文学"包括6篇论文，即《〈红旗谱〉：现代革命语境中的复仇模式变革》(作者：邹菌)、《在绝境中突进——〈财主底儿女们〉与〈白痴〉人物比较》(作者：高阿蕊、张武军)、《温香满怀 浓艳多姿——论张爱玲的"恋衣情结"及其创作表现》(作者：张江元)、《为尘沙打磨的灵魂——余华〈活着〉的生命意识》(作者：邱明淑)、《绛色的沉哀——戴望舒前期诗歌的情思特质》(作者：曹丙燕)、《单恋者·寻梦者·乐园鸟——析〈望舒草〉的抒情意象》(作者：李公文)。"重庆文学史"栏目包括2篇论文和1个子栏目"冉庄文集序言小辑"，论文分别为《论吴芳吉的现代格律诗》(作者：李坤栋)、《梁实秋与重庆文学》(作者：《重庆文学史》课题组)，子栏目"冉庄文集序言小辑"包括3篇文章，它们分别是《序〈冉庄文集〉》(作者：吉狄马加)、《冉庄的散文》(作者：黄济人)、《冉庄的〈诗文论谈〉》(作者：余德庄)。"巴渝文化研究"栏目包括1篇论文，即《川江号子的形成、内容与文化精神》(作者：李良品)。"学术短论"从略。这一期的"20世纪中国文学"栏目有所加强。文学类文章合计15篇，再次达到一个高峰；历史类论文有5篇，得到加强。

2003年第3期的栏目包括"21世纪文论""王雨研究""重庆学人""学术短论"。"21世纪文论"栏目包括2篇论文，即《论二月河清帝小说的狂欢化叙事对于文学发展的意义》(作者：刘克)、《对历史的解构与重铸——论新历史主义的理论特征及对中国二十世纪后期文学产生的影响》(作者：邱艳)。"王雨研究"栏目包括4篇论文，即《双马并驱的王雨》(作者：林亚光)、《忠于生活 高于生活——评王雨的创作》(作者：杨耀健)、《〈飞越太平洋〉读后》(作者：雷达)、《王雨和他的〈飞越太平洋〉》(作者：李敬敏)。"重庆学人"栏目包括3篇文章和1篇个人简历，文章分别为《文学话语的突围：王本朝的学术研究》（作者：吴高余、贺燕）、《二十世纪中国文学中的基督教文化意义——评〈二十世纪中国文学与基督教文化〉》（作者：张桃洲）、《意义与限度——评王本朝先生著〈中国现代文学制度研究〉》（作者：张文民、方长安）。"学术短论"栏目从略。这一期新增"王雨研究"栏目，总体上栏目建设有些弱化，未出现特色栏目"重庆文学史"。文学类文章有14篇，仍处于绝对多数的地位。

2003年第4期的栏目包括"20世纪中国文学""重庆文学史""巴渝文化研究"。"20世纪中国文学"栏目有4篇论文，即《一个观念的奇迹——论胡适历史进化的文学观》（作者：郭建玲）、《朱湘悲剧与作品内涵的同一和背离》（作者：付用现）、《倾斜的结构——"革命+恋爱"小说结构分析》（作者：胡昌平）、《论鲁迅小说讽刺艺术的美学体系及审美形态》（作者：张正武）。"重庆文学史"栏目有6篇论文，即《带着民族特色走向世界的何其芳》（作者：陶德宗）、《那年那月 其事其人——读许大立的报告文学集〈美丽的飞翔〉》（作者：万龙生）、《许大立散文漫议》（作者：彭斯远）、《大气磅礴 深情缠绵——评许大立的影视文学创作》（作者：郭久麟）、《〈原罪〉与突围》（作者：芇夫）、《廖亦武论》（作者：段从学）。"巴渝文化研究"栏目包括3篇论文，即《试论涪陵北岩在宋代易理学史上的历史地位》（作者：马培汶）、《浅谈长江三峡地区民间音乐遗产的抢救和保护》（作者：王刚福）、《长江经济走廊的梯度开发及战略思考》（作者：兰大国、孙特生）。这一期栏目数量减少到3个，每个栏目的文章篇数则有一定规模。文学类文章有15篇，占有主导地位；教育类8篇，也占有较多篇幅。

2003年第5期的论文包括"20世纪中国文学""重庆学界研究论文小辑""自然科学研究"。"20世纪中国文学"包括2篇论文，即《中国大陆当代文学运动的历史命名——从社会主义革命时期文学到后新时期文学》（作者：郝明工）、《现代格律诗与外国诗歌汉译》（作者：万龙生）。"重庆学界研究论文小辑"包括3篇论文，即《台湾文学研究的新收获——序〈百年中华文学中的台港文学〉》（作者：吕进）、《邓小平文艺理论研究的系统深化——〈邓小平理论与新时期文艺政策〉刍议》（作者：赵心宪）、《艰苦探索 锐意求新——评〈中国新诗发展史〉》（作者：孟显智）。"自然科学研究"栏目从略。该期与上一期一样，都只有3个栏目，新设"重庆学界研究论文小辑"栏目；文学类文章有7篇。

2003年第6期的栏目包括"西部文学论坛""20世纪中国文学""重庆文学史""重庆少数民族研究""重庆区域经济"。"西部文学论坛"栏目有2篇论文，即《新时期文学思潮中的西部文字》（作者：王本朝）、《20世纪90年代以来西部文学的实绩和发展动向》（作者：黄伟林）。"20世纪中国文学"栏目包括3篇论文，即《试论叶小凤的小说创作》（作者：孔庆东）、《在两种文明的冲击间——论新时期散文的重建》（作者：韦济木）、《陈毅元帅战争诗词简论》（作者：郑家治）。"重庆文学史"栏目包括4篇论文，即《对于当代重庆文学的一点思考》（作者：余德庄）、《三峡人的三峡情结——评向求纬的叙事长诗〈喊峡谣〉》（作者：向黎明）、《苦难也是美丽的——评曼子的散文集〈苦楝子花儿〉》（作者：杜伟）、《站在边缘的思索——读岛子著〈后现代主义艺术系谱〉》（作者：张荣翼）。"重庆少数民族研究"栏目包括2篇论文，即《乌江下游民族地区清代书院的管理》（作者："渝东南少数民族地区教育发展史研究"课题组）、《浅析土家摆手舞的民族特色》（作者：邹明星）。"重庆区域经济"包括3篇论文，即《重庆库区移民城镇化进程的经济对策研究》（作者：莫远明）、《渝东南少数民族地区旅游功能定位与旅游资源开发探讨》（作者：王山河、陈永、马传松）、《不平衡增长战略及涪陵区工业发展研究》（作者：唐爱群、吴刚）。这一期恢复到传统特色栏目，并新建"西部文学论坛"栏目。文学类文章15篇，占主体地位。

总之，2003年栏目设置总体上保持稳定，多为继承性栏目，主要体现为文学版块、重庆版块两大版块，尤其前者比重较大。全年未有坚持6期的栏目；坚持5期的栏目有"20世纪中国文学"；坚持3期的栏目有"重庆文学史""21世纪文论""巴渝文化研究""学术短论"；坚持2期的栏目有"重庆学人"。

（八）2004年的栏目及其刊文

2004年第1期栏目包括"20世纪中国文学""重庆文学史""巴渝文化研究"等。"20世纪中国文学"有3篇论文，即《论沈从文的文学创造观》（作者：彭秀海、张永璟）、《左翼文学与北平文学的交汇点——论吴组缃早期小说的艺术风格》（作者：郁勤）、《多元与缺失——新时期文学思潮研究扫描》（作者：杜伟）。"重庆文学史"栏目有5篇论文，即《论重庆文学的主体意识》（作者：周晓风）、《巴金与重庆》（作者：魏洪丘）、《西部文化开发与重庆文学》(作者:冉庄)、《吕进诗学体系中的成名作——重读〈新诗的创作与鉴赏〉》(作者:颜同林)、《九叶诗派艺术研究的拓展——读蒋登科〈九叶诗派的合璧艺术〉》(作者:熊辉)。"巴渝文化研究"栏目有2篇论文,即《试论巴人对乌江流域的开发》(作者:曾超)、《秦汉时期巴郡的政治和经济》(作者:罗君)。这一期栏目主要为传统特色栏目,文学类文章有17篇,达到历史新高。

2004年第2期栏目包括"21世纪文论""重庆文学史""20世纪中国文学""三峡生态"。"21世纪文论"包括5篇论文,即《关于国外马克思主义文论研究的思考》(作者:吴元迈)、《探究马克思——马列文论学习札记》(作者:李思孝)、《论技术理性批判精神的当代意义》(作者:马驰)、《论争、共识与创获——全国马克思主义文论学会第二十届年会综述》(作者:张益萍)、《生机与魅力》(作者:阿让)。"重庆文学史"栏目包括2篇论文,即《巴渝诗鸟瞰》(作者:熊宪光、王广福)、《英美学者眼中的重庆诗人与诗歌》(作者:蒋登科)。"20世纪中国文学"栏目包括4篇论文,即《20世纪下半叶儿童文学交流综论》(作者:王泉根)、《生成的镜像:港剧与大陆观众》(作者:张荣翼、张卓群)、《变革时代个体生命的迷失——重读丁玲的小说〈韦护〉》(作者:宋利敏)、《平凡的巨人 非常的寄寓——浅谈鲁迅小说中的人物类型》(作者:陈兰)。"巴渝文化研究"栏目包括2篇论文,即《渝东南山歌民间美学思想初探》(作者:李伟)、《三峡文明中民族融合趋势简析》(作者:刘容)。"三峡生态"栏目包括2篇论文,即《三峡库区生态痕迹与环境生物圈设计》(作者:邢立刚、黎于碧)、《三峡库区退耕还林必须坚持的原则》(作者:范云峰)。这一期的栏目主要为传统特色栏目,新设了"三峡生态"栏目,由此可见,三峡生态问题在较早的时候就已进入学报视野。文学类文章有9篇,文论类文章有4篇,两者合计13篇,占该期主体地位。

2004年第3期栏目包括"21世纪文论""20世纪中国文学""重庆少数民族研究"。"21世纪文论"有2篇论文,即《读什么,怎么读:引导中学生"读点鲁迅"的一个设想——〈中学生鲁迅读本〉编辑手记》(作者:钱理群)、《从社会性的谴责批评到文学性的审美鉴赏——论海派文学研究的视角转移》(作者:杨迎平)。"20世纪中国文学"栏目包括4篇论文,即《梁小斌论》(作者:杨四平)、《生活、口语与调笑:流沙河诗歌的区域化精神品质》(作者:胡安定)、《精神关照和叙述自觉——刁斗〈回家〉

及其他》（作者：张德明）、《积跬步以至千里——评〈中国现代文学发展演变史1898—1989〉》（作者：周海波、曾妍）。"重庆少数民族研究"栏目包括1篇论文，即《城市化进程中的重庆回族土家族》（作者：彭林绪、孔刚）。这一期栏目有所收缩，这些栏目发表论文数量也明显下降。文学类文章有12篇，仍占主体地位，其他文章分布较散。

2004年第4期栏目包括"21世纪文论""重庆文学史""三峡生态"等。"21世纪文论"栏目有4篇论文，即《"五四"时期的安徒生童话翻译》（作者：秦弓）、《谁是先锋——试论"先锋"概念的变化》（作者：冉红音）、《人的哲学："抗战"时期越薪的小说视角》（作者：邹菡）、《边缘姿态的写作——析萧红的香港时期文学创作》（作者：陈进东）。"重庆文学史"栏目包括3篇论文，即《欧阳平的重庆书写》（作者：张家恕）、《〈我的"自白书"〉作者考》（作者：张中宇）、《杜荀鹤诗歌创作的语言特色》（作者：罗琴）。"三峡生态"有2篇论文，即《三峡文物世纪大抢救》（作者：马培汶）、《千古绝唱——白鹤梁》（作者：李世权）。这一期未新设栏目，文学类文章有13篇，仍占主体地位。

2004年第5期未设栏目。

2004年第6期栏目包括"21世纪文论""20世纪中国文学""重庆文学史"。"21世纪文论"栏目包括3篇论文，即《关于现代文学的概念》（作者：孔庆东）、《论毛泽东诗语中的情爱美学》（作者：张育仁）、《90年代的台湾文学生产》（作者：古远清）。"20世纪中国文学"栏目包括《精神散文：必然走向中的多元格局》（作者：杨爱平）、《新诗流变文化动力的成功探索——〈大西南文化与新时期诗歌〉的理论视角与运用》（作者：赵心宪）、《20世纪末的浪漫骑士——王小波杂文精神论》（作者：韦济木）。"重庆文学史"栏目包括4篇论文，即《蒙和平散文散论》（作者：曹廷华）、《崇高悲壮的战歌——读刘忠华的〈春悸〉》（作者：刘扬烈）、《立体的战争书写——读刘忠华抒情长诗〈春悸〉》（作者：彭斯远）。这一期主要刊载传统特色栏目文章；文学类文章合计12篇，占主体地位。

2004年栏目设置有收缩趋势，尤其在开始常态化设置栏目后的第8年这种趋势的出现是值得深思的，反映出过于倚重某一学科、倚重地域性文章具有一定的弊端。全年坚持4期的栏目有"20世纪中国文学""重庆文学史""21世纪文论"；坚持2期的栏目有"三峡生态"。

（九）2005 年的栏目及其刊文

2005 年第 1 期的栏目包括"21 世纪文论""20 世纪中国文学""重庆文学史""学术动态""巴渝文化研究"。"21 世纪文论"栏目包括 3 篇论文，即《中西悲剧的差异——兼评姚一苇与黄克剑的中西悲剧观》（作者：熊元义、李国春）、《关于现代白话文体的知识考据》（作者：曹尔云）、《诗歌本位与道德直觉——新时期以来诗歌考察之一》（作者：梁平）。"20 世纪中国文学"栏目包括 3 篇论文，即《当代儿童小说发展述论》（作者：谭旭东）、《人性的颂歌——从精神分析学说论沈从文小说》（作者：李荣远）、《从"参差的对照"看张爱玲小说的俗与雅》（作者：刘志华）。"重庆文学史"栏目包括 2 篇论文，即《试论陪都重庆现代诗歌发展的多样化》（作者：郝明工）、《重读〈寄语中国艺术人〉》（作者：王学振）。"学术动态"栏目包括 1 篇会议综述，即《倡导中国新诗的二次革命，推动华文诗歌的全球整合——首届"华文诗学名家国际论坛"综述》（作者：蒋登科、任毅）。"巴渝文化研究"栏目包括论文 2 篇，即《北宋理学家程颐在重庆的讲学活动》（作者：吴洪成）、《此土他邦头头合辙 寒岩幽谷面面回春——兰溪道隆的东游传道及其对日本文化之影响》（作者：李胜）。该期栏目设置从前，文学类文章有 9 篇，文化类文章有 8 篇，文学、文化类文章占学报刊文的主体地位。与过去相比，文学类文章收缩，文化类文章增加。

2005 年第 2 期的栏目包括"21 世纪文论""20 世纪中国文学"。"21 世纪文论"栏目有 2 篇论文，即《2004 年中国现代文学研究扫描》（作者：秦弓）、《论新诗的时间意识》（作者：程振明）。"20 世纪中国文学"栏目有 8 篇论文，即《在冬天的旷野唱出自我之歌——论穆旦晚年的诗歌创作》（作者：段从学）、《略谈对卞之琳诗歌小说化的理解》（作者：孙倩）、《略论我国现代文学书目体系的建立》（作者：邓毅）、《金瓶梅红楼细节描写比较》（作者：蓉生）、《基督教话语下的个体言说——史铁生与刘小枫之比较》（作者：陈志平）、《〈活着〉与〈人的命运〉苦难意识比较》（作者：徐康）、《中外诗学的多层次对话——王国维比较诗学话语方式之分析》（作者：向天渊）、《诗笔言禅心——浅谈佛禅思想对废名诗歌创作的影响》（作者：张鑫）。该期栏目收缩幅度较大，仅有 2 个；文学类文章有 14 篇，占主体地位，其他学科文章较为分散。

2005 年第 3 期的栏目包括"21 世纪文论""20 世纪中国文学""重庆

文学史""巴渝文化研究"。"21世纪文论"栏目包括4篇论文,即《巴赫金的对话艺术思维及其意义》(作者:权绘锦)、《简单的丰富:数字"一"与中国的美学精神》(作者:杨亭)、《从"文本批评"到"文化批评"》(作者:李纯仪)、《论女性文学中"母亲神话"的颠覆与解构》(作者:林进桃)。"20世纪中国文学"栏目包括3篇论文,即《论莫言的感觉与魔幻》(作者:曾利君)、《个人镜像里的局促处境——"个人化写作"现象透视》(作者:赵黎刚)、《新诗的语言建设——兼论20世纪90年代中国的新诗创作》(作者:刘丽娜)。"重庆文学史"栏目包括3篇论文,即《重庆文学特质的重新发现》(作者:梁光焰)、《四个角度的完美结合——评〈20世纪重庆新诗发展史〉》(作者:郭芙秀)、《族群张扬与文学张扬——〈重庆少数民族作家丛书〉出版》(作者:阿让)。"巴渝文化研究"栏目包括3篇论文,即《时代的反映与"失真的镜子"——四十年代大后方重庆报纸电影广告的抗战诉求分析》(作者:崔丽)、《秦始皇筑怀清台的另一种解读》(作者:周晏)、《简论巴渝舞曲的音乐美学特质》(作者:易小燕)。该期栏目恢复性增长到4个,发表文学类文章10篇、文化类文章7篇,这与2005年第1期持平。

2005年第4期栏目包括"21世纪文论""20世纪中国文学""重庆文事"。"21世纪文论"栏目包括5篇论文,即《诗学正义——中西诗学命名问题思考》(作者:赵新林)、《裂变与整合:在新文学与俗文学之间》(作者:张磊)、《意识形态的三个研究维度及其时代定位》(作者:张九海)、《逆境中创新精神的坚守——卢卡奇、胡风比较研究》(作者:刘艳坤、任平)、《飞入寻常百姓家——浅谈网络诗歌中诗人身份的变化》(作者:田莎)。"20世纪中国文学"栏目包括6篇论文,即《从杂志〈七月〉〈希望〉看胡风》(作者:蔡天星、杨鼎川)、《日本茶道与郭沫若早期诗歌》(作者:靳明全)、《重建历史叙事:从复杂到"纯粹"——以〈青春之歌〉〈红岩〉为例》(作者:胡军)、《论张爱玲的人生哲学在其小说中的投射——兼谈〈同学少年都不贱〉的生命体验》(作者:胡言会)、《说不尽的"祠堂"——综观20世纪乡土文学看取"祠堂"视角的整体变迁轨迹》(作者:陈欢)、《论中国现代文学的初期都市诗》(作者:池洪涛)。"重庆文事"为资讯类栏目。刨除"重庆文事"栏目不算,该期刊栏目也仅有2个;文学类文章有14篇,占主体地位。

2005年第5期未设栏目。

《长江师范学院学报》史料整理与分析（1985—2020）

2005年第6期栏目包括"高校发展战略研究""21世纪文论""国际抗战文学研究""古典文学研究""和谐社会研究""政治经济研究""哲学""巴渝文化研究""教育教学研究""企业管理""纪念《涪陵师范学院学报》创刊20周年"。"高校发展战略研究"栏目包括1篇论文，即《育人为本 办学为民 凝炼特色 协调发展——涪陵师范学院树立和落实科学教育发展观的认识与实践》（作者：王久渊、戴伟、彭寿清、马传松、王茂良）。"21世纪文论"栏目包括5篇论文，即《论"张爱玲现象"的现代文学史意义》（作者：宋剑华）、《前期创造社与日本唯美主义文学思潮》（作者：方长安、李樵）、《北岛论》（作者：杨四平）、《论闻一多思想的现代性构建及其表述》（作者：朱华阳）、《新历史主义与新时期影视的流变》（作者：曾耀农）。"国际抗战文学研究"栏目包括4篇论文，即《抗战文化、抗战文学与郭沫若研究》（作者：李怡）、《重庆抗战时期文学的文学史意义》（作者：易光）、《简论抗战时期重庆小说的史诗建构》（作者：郝明工）、《从"文以载道"看抗战文学》（作者：瞿毅）。"古典文学研究"包括5篇论文，即《〈三国演义〉思想内涵三辨》（作者：沈伯俊）、《欲望的游戏与狂欢——猪八戒滑稽新论》（作者：陈文钢）、《宋诗与类书之关系》（作者：慈波）、《黄庭坚诗歌在清代的传播》（作者：邱美琼）、《曾季貍〈艇斋诗话〉与江西诗学》（作者：胡建次）。"和谐社会研究"栏目有2篇论文，即《关于和谐社会"不是什么"的断想》（作者：马传松）、《社会主义和谐社会的道德人格支撑》（作者：何小勇）。"政治经济研究"栏目包括2篇论文，即《"以人为本"的思想与新时期思想政治工作研究论纲》（作者：孟东方、朱勋春、柯艳霞、黄意武）、《从辛亥到抗战——陈独秀社会经济思想的演变》（作者：邓文金）。"哲学"栏目包括2篇论文，即《论哲学的个性与马克思哲学》（作者：杨楹）、《自然器物化——主导思维范式之流弊所在》（作者：王焱）。"巴渝文化研究"栏目包括3篇论文，即《巴渝文化名人研究的学术思考》（作者：赵心宪）、《巴枳文化研究综述》（作者：曾超）、《酉阳土司文化遗产保护与开发论证》（作者：东人达）。"教育教学研究"栏目包括2篇论文，即《对话教学的内涵和特点》（作者：张增田）、《蔡元培论美育的作用和意义》（作者：张正江）。"企业管理"栏目包括3篇论文，即《基于复杂性科学的企业创新机理研究》（作者：王学军、饶扬德）、《企业文化与技术创新》（作者：杨清明、王待遂）、《现代公司运行中的文化差异管理》（作者：王玫）。"纪念《涪陵师范学院学报》

创刊 20 周年"栏目包括 1 篇文章,即《涪陵师范学院学报二十年(1985—2005)》(作者:《涪陵师范学院学报》编辑部)。这一期的栏目有一个根本性的调整,就是把所有文章都划分到某个栏目之下。也就是从这一期开始,学报栏目设置才真正完成,虽然部分栏目的命名不尽科学、不尽合理,但是这一期的改革仍然在学报发展史中占有重要地位,是革命性的。从载文情况看,文学类论文有 14 篇,涉及 3 个栏目,仍占主要篇幅;经济管理类论文有 5 篇,涉及 2 个栏目,重要性开始凸显。

总之,2005 年是栏目变动较大的一年,其特征是稳定中推动变革。栏目变革受到时代发展、稿源等多方面的影响,学报栏目的发展向着专业化与特色化并重的方向前进。坚持 5 期的栏目有"21 世纪文论";坚持 4 期的栏目有"20 世纪中国文学";坚持 3 期的栏目有"巴渝文化研究";坚持 2 期的栏目有"重庆文学史"。特色栏目"重庆文学史"地位弱化,但是文学类栏目篇幅仍较大。

(十) 2006 年的栏目及其刊文

2006 年第 1 期栏目有"21 世纪文论""20 世纪中国文学""古典文学""文化哲学研究""外国文学""行政管理""教育学""语言学""英语教学"。"21 世纪文论"栏目包括 4 篇论文,即《物质世界·精神世界·话语世界——人与世界关系的精神自白》(作者:王富仁)、《抗战文学对正面战场的正面表现》(作者:秦弓)、《论海德格尔的存在论美学在西方美学史上的地位》(作者:肖明华、陶水平)、《媒体文化的清醒剂:否定性美学》(作者:吕正兵)。"20 世纪中国文学"栏目包括 4 篇论文,即《现代性视阈中的二十世纪初浪漫主义思潮》(作者:郑建强)、《传统的投影 现代的写生——试探郁达夫小说与明清性爱小说的性别意识》(作者:隋爱国)、《先知的守望——由〈圣经〉观照老舍作品》(作者:杨姿)、《老舍小说与中国现代"革命"文学》(作者:马海)。"古典文学"栏目包括 6 篇论文,即《〈莺莺传〉研究百年回顾》(作者:胥洪泉)、《论宋代农村词创作心态之转变》(作者:尚继武)、《修真求道 否弃凡俗人生——论道教思想对〈镜花缘〉的影响》(作者:马济萍)、《以接受美学看〈古诗十九首〉中的意境》(作者:马凌云)、《论庾信的自卑与超越》(作者:周晓英)、《从人与自然的关系看晚唐五代词的意境生成与流变》(作者:张吉琳)。"文化哲学研究"栏目包括 4 篇论文,即《现代和谐思维三论》(作者:吴从众)、

《长江师范学院学报》史料整理与分析（1985—2020）

《通向自由之路——弗洛姆自由思想解读》（作者：刘国华、廖明）、《逻辑原子主义哲学产生的动因》（作者：田华银）、《浅析民族精神》（作者：吴荣先）。"外国文学"栏目包括3篇论文，即《试论中西方文化视野下科学精神的养成》（作者：杨欣、于海洪）、《康拉德的东方叙事——评析小说〈阿尔迈耶的愚蠢〉和〈吉姆姥爷〉的殖民特性》（作者：黄绚）、《颜色如花命如叶——浅析〈源氏物语〉中的女性悲剧》（作者：丁燕）。"行政管理"栏目包括2篇论文，即《体制改革与人的重塑》（作者：罗谟鸿）、《论新重庆服务型政府建设》（作者：肖陆军）。"教育学"包括6篇论文，即《沟通法则在学校思想政治教育中的贯穿与运用》（作者：张世友）、《我国心理健康教育师资培养的模式及存在的问题》（作者：廖全明、张莉）、《教育价值的回归——从功利到人性完善》（作者：张忻、杜学元）、《试析我国高等教育发展过度假象的成因及对策》（作者：易莉、耿德英）、《高等教育大众化进程中的教育质量问题探析》（作者：杨芳）、《教师文化反思》（作者：杨晓英）。"语言学"栏目包括4篇论文，即《性别差异与话语策略：会话中的间接性、打岔、衔接》（作者：张荣建、曾文武）、《异化译法与克服跨文化交际障碍》（作者：杨剑英）、《语义羡余与义素的衍化》（作者：李明龙、毛远明）、《论索绪尔语言符号任意性原则的适用范围》（作者：谢翠平）。"英语教学"栏目包括2篇论文，即《当代阅读理论与大学英语阅读教学》（作者：唐玉柱）、《英语教学中文化背景知识输入的思考》（作者：蒋美红）。从该期刊数据来看，共有9个栏目；文学类文章最多、栏目最多，文章有17篇，栏目有4个；其次是教育教学类，文章有8篇，栏目有2个。新设"文化哲学研究""外国文学""行政管理""教育学""语言学""英语教学"等栏目。"文化哲学研究"是在过去设立的"哲学研究"栏目下的细化；"外国文学"和"语言学"都脱胎于"语言文学""语言文学研究"栏目，是从后两者分离出来的栏目，反映了学科分工细化的趋势，因此外国文学和语言学文章由糅合在一个栏目到各自独立布局；"教育学"则是对过去设置的教育类栏目的一个整合；"英语教学"是在教学类栏目下的一个细分栏目。

2006年第2期的栏目包括"21世纪文论""'抗战与重庆文化发展'笔谈""重庆文学史""语言·文字""现代法学""现代化与社会转型""文艺美学""古典文学""教育学""西南民族文化研究""女性文学""伦理学""教材史研究"。"21世纪文论"栏目包括6篇论文，即《文学体制与当代作家的思想改造》(作者:王本朝)、《萨义德后殖民的文艺学方法论意义》(作者:寇国庆)、《普列汉诺夫与中国现代文艺思潮——艺术起源说及其影响》(作者:彭丽鸿)、《〈苦闷的象征〉与中国新文学作家的创作》(作者:罗伟文)、《超常组配:文学的语用策略》(作者:魏旭)、《野草的发展历程和精神特征》(作者:王学东)。"'抗战与重庆文化发展'笔谈"栏目包括6篇论文,即《抗战:中国文化的资源与重庆文化的资源》(作者:李怡)、《抗战文学中的重庆主题》(作者:李蕾)、《重庆的崛起与重庆现代文学发展浅论》(作者:张耀谋)、《沙汀与重庆抗战文学中客观主义倾向问题》(作者:郭屈)、《〈沙磁文化〉的政治文化研究》(作者:陈菊)、《〈戏剧岗位〉:战时文化武器》(作者:付海鸿)。"重庆文学史"栏目包括1篇论文,即《强化意识形态与反殖民主义文化侵略》(作者:冯清贵、梁建华)。"语言·文字"栏目包括4篇论文,即《汉魏六朝碑刻异体字研究》(作者:毛远明)、《英语表量形式分析》(作者:张磊、李明)、《英语"花园路径句"探究》(作者:张殿恩)、《英语倒装句的认知及其会话含义分析》(作者:刘先清、范金艳)。"现代法学"栏目包括2篇论文,即《法律利益的界分及其冲突处理》(作者:解志勇、于鹏)、《论我国公民迁徙自由权的宪法保障》(作者:胡建华)。"现代化与社会转型"栏目包括3篇论文,即《试论现代化与和谐社会之内在关联》(作者:陈东辉、杨绍安)、《从"以人为本"看发展》(作者:喻文德)、《对社会转型时期"黄金版图书"现象的思考》(作者:李全喜)。"文艺美学"栏目包括3篇论文,即《异域之美的接受者——论田汉与谷崎润一郎的关系》(作者:张能泉)、《文学价值的生成和提升》(作者:罗玉红、钟春林)、《论毛泽东诗词审美情感的矛盾建构》(作者:周甲辰)。"古典文学"栏目包括3篇论文,即《杜甫草堂期与夔州期写景诗风格之演变》(作者:刘红红)、《昧死以进谏——论刘向编撰〈说苑〉的心态及其成因》(作者:高月)、《论桃花的双重文化意蕴》(作者:汪浩)。"教育学"栏目包括8篇论文,即《建设性后现代主义对我国教育思想的启迪》(作者:伍家文)、《浅探经济界教育诉求的表达——兼谈日本经验对我国的启示》(作者:江净帆、卢德生)、《试论班杜拉社会学习论的学习自控观》(作者:张荣伟、张灵聪)、《对话与理解——从后现代视角解读师生关系》(作者:徐莉炜)、《文化视角下师生关系新解构》(作者:刘东霞)、《〈礼记〉的德论及其现代意义》(作者:海克军、黄维元)、《学校多元文化教育背景下的教师个性反思》(作者:智洁)、《家庭教育与学校教育的合作》(作者：张涛)。"西南民族文化研究"栏目包括2篇论文，即《酉阳历史之考证》(作者：邹明星)、《试析中国历史上民族关系的融合与发展》(作者：傅淑华)。"女性文学"栏目包括3篇论文，即《身体的诉说——论女性作家的"身体写作"》(作者：张建秒)、《女性意识探微——从王安忆〈我爱比尔〉〈小城之恋〉说起》(作者：马璐璐、高原)、《女性文学与精神书写》(作者：况军)。"伦理学"栏目包括2篇论文，即《当代中国社会转型与伦理关系变迁》(作者：甄晓英)、《群体伦理向类伦理和个体伦理发展》(作者：王建锋、赵静波)。"教材史研究"栏目包括1篇论文，即《论中学政治观教材的百年嬗变及其现代反思》(作者：李俊)。该期共有13个栏目，文学类栏目居多，有6个；新设"'抗战与重庆文化发展'笔谈""语言·文字""现代法学""现代化与社会转型""文艺美学""西南民族文化研究""女性文学""伦理学""教材史研究"等栏目。

2006年第3期的栏目包括"21世纪文论""区域经济""古代文论""社会学""教育学""20世纪中国文学""美学""政治理论""翻译与语言文化""文革文学研究"。"21世纪文论"栏目包括5篇论文，即《抗战：郭沫若的不归路》(作者：蔡震)、《艾青：为理想而痛苦》(作者：杨四平)、《论胡适自由主义思想及其当代意义》(作者：纪光欣、王永敬)、《试论解构主义的"解构"之维》(作者：李盛龙、吴小叶)、《柏拉图"哲学王"思想探究——对于"哲学王"思想批评的回应》(作者：王庆杰)。"区域经济"栏目包括5篇论文，即《重庆直辖后产业结构现状及调整对策研究》(作者：陆远权、钟兰祥)、《三峡库区旅游业与区域经济发展的互动关系研究》(作者：麻红晓、罗仕伟)、《重庆市发展循环经济的对策研究》(作者：钟玉锋、张明举、周海军)、《怀旧文化与重庆古镇旅游的发展》(作者：刘婧、张培)、《重庆市宗教旅游开发模式及发展战略措施》(作者：叶昌建)。"古代文论"栏目包括4篇论文，即《论人物品评与魏晋六朝文学批评》(作者：邓心强)、《吟咏情性——钟嵘诗歌本质论在〈诗品〉中的地位和作用》(作者：储晓亮)、《中国古代诗论中的"情感中心说"探析》(作者：黄俊)、《船山诗学话语中的"意境"论》(作者：徐大威)。"社会学"栏目包括3篇论文，即《城乡宴席上的社会》(作者：王云秋)、《农民工市民化与和谐社会的构建》(作者：田姝婷、杨绍安)、《中国社会学实证主义的早期引入》(作者：武少娟)。"教育学"栏目包括6篇论文，即《"三助"与研究生德育工作的创新》(作者:李达丽)、《论基础教育学校场域中的文化屏障》(作者:欧小军、阳德华)、《行动研究在农村教师专业发展中的作用》(作者:周进军)、《文化变迁视野中的教育管理体制》(作者:陈沛照)、《论新升格本科院校学生科研能力的现状及对策》(作者:冉汇真、余文模)、《构建学生审美心理结构 培养学生美感能力——谈语文教学中的美育问题》(作者:游泽生)。"20世纪中国文学"栏目包括5篇论文,即《相知而不相随——张爱玲与胡兰成的情感悲欢》(作者:杨迎平)、《六十年代初期〈创业史〉研究综述》(作者:张军)、《五四文学革命精神的疏离者——从老舍三十年代小说的女性形象分析其男权意识》(作者:李霞)、《周作人和他所介绍的西方——从周作人早期著作中的外国人名谈起》(作者:刘洋)、《对当前"先锋口语诗"的反思》(作者:任玉强)。"美学"栏目包括3篇论文,即《消费时代的困境及审美状况》(作者:任亚荣)、《美学本体、美育和审美信心》(作者:杨晓峰)、《异域的牡丹——对意象派和中国古典诗词的简单比较》(作者:袁飞舟)。"政治理论"包括3篇论文,即《论邓小平"一国两制"构想对历史的借鉴与超越》(作者:祝国超)、《宪法精神与提高执政能力建设研究——以构建和谐社会为中心》(作者:林金贵)、《社会主义认识的新视野——读〈"三个代表"与社会主义本质〉》(作者:王久渊)。"翻译与语言文化"栏目包括5篇论文,即《英语成语的理解与汉译技巧探讨》(作者:何远秀)、《中国传统译论的传统文化烙印》(作者:任运忠)、《浅谈诗歌翻译——评文楚安教授的〈绿色的瓦伦丁布鲁斯〉之译本》(作者:罗惠)、《文化差异与文化导入》(作者:罗耀慧)、《日语拟声词拟态词的形态学特征》(作者:吴丹)。该期包括10个栏目,文学类栏目最多,有4个;新设"社会学""美学""政治理论""翻译与语言文化"4个栏目,社会学学科在此前设过"政治学·文学社会学"栏目(仅出版1期),上一期设立的"文艺美学"在这一期被改为"美学",后面的2个栏目都是全新的,但是在过去曾发表过不少相关论文。从栏目数量看,较上一期收缩,但是高于第1期。

2006年第4期的栏目包括"21世纪文论""西南历史文化""语言·文字""哲学·社会学""20世纪中国文学""外国文学""教育学""企业管理""文艺学""文革文学研究"。"21世纪文论"栏目包括4篇论文,即《关于文艺研究中的三个问题》(作者:张荣翼)、《"谈型"与"信型"——现代汉语诗学的两种文本形态》(作者:向天渊)、《禁锢与失落——论汉代女性地位变化》(作者:杨宗红)、《传统文化余荫下的现代性追求——小议周作人文艺思想的整体面貌》(作者:陈平)。"西南历史文化"栏目6篇论文,即《乌江丹砂开发史考》(作者:曾超)、《乌江烈女岩题刻考读》(作者:周晏)、《涪陵历代方志举要》(作者:李胜)、《涪陵北岩寺"钩深堂"考》(作者:李金荣)、《土家族民族文字的创制及其思考》(作者:谭志满)、《略论西周赎刑》(作者:江涛)。"语言·文字"栏目包括4篇论文,即《略述清以前的汉语虚词研究》(作者:张鹏丽)、《佛经词语研究现状综述》(作者:江傲霜)、《释"搜牢"——兼释"牢盆"与"共牢而食"》(作者:杨雅丽、李侠)、《内隐记忆与概念驱动对二语阅读的促进作用》(作者:谢荣贵)。"哲学·社会学"栏目包括3篇论文,即《认识自我》(作者:田方林、王建国)、《分化、交融与整合:论韦伯的理性化思想》(作者:李南海)、《马克思主义生态观及其当代发展》(作者:叶春涛、卢继富)。"20世纪中国文学"栏目包括6篇论文,即《近十年沈从文〈边城〉研究述评》(作者:温泉)、《试论沈从文诗论的艺术个性与艺术建构》(作者:李芳)、《"英雄"的解构与重构——兼论当代军旅作家石钟山的"父亲系列小说"》(作者:苏美妮)、《论当下语境中道德化叙事的意义——以山东作家的创作为例》(作者:杨荣)、《浪荡飘零——穆时英的现实与精神画像》(作者:郭亮亮、段鸣鸣)、《论解放区小说人性层面的审美意蕴》(作者:谢丽)。"外国文学"栏目包括4篇论文,即《瑞普·范·温克尔:酗酒的守护天使》(作者:李雪顺)、《〈悲悼〉的海岛形象分析》(作者:康建兵)、《劳伦斯的生命哲学与文艺观》(作者:周仁成)、《从〈天网恢恢〉看列夫·托尔斯泰的"勿以暴力抗恶"思想》(作者:黄江华)。"教育学"栏目包括3篇论文,即《三峡文化课程开发理论与实践初探》(作者:吴卫华、李卫红)、《论我国社会转型期高校校园文化德育功能的实现》(作者:王瑞娜)、《异化爱情心理形成的文化根源》(作者:王琪、陈明霞、苏艳梅)。"企业管理"栏目包括2篇论文,即《试论SA8000与中国的对策》(作者:高璐)、《信息经济时代现代企业知识型员工的管理》(作者:罗朝秀)。"文艺学"栏目包括2篇论文,即《审美功利主义的现代性反思》(作者:徐向阳)、《审美主体的发展对艺术叙事模式的影响》(作者:王丽娜)。该期共有10个栏目,文学类栏目最多,有5个;新设"西南历史文化""语言·文字""哲学·社会学""文艺学"等栏目,"西南历史文化"栏目是对"巴渝历史文化研究"栏目的拓展,"语言·文字"栏目与过去曾设立的"语言文学"栏目极其相似,"哲学·社会学"则是一个混合了两个学科的栏目,"文艺学"栏目的 2 篇文章都是美学方面的,但是没有沿用"美学"栏目。

2006 年第 5 期栏目包括"21 世纪文论""冉仲景诗歌研究""文化研究""教育""古典文学研究""生态·德育""老舍研究""艺术"。"21 世纪文论"包括 6 篇论文,即《试论汉语文学及其三大构成》(作者:郝明工)、《论消费文化背景下文学研究的与时俱进》(作者:包莉秋)、《"沉默鲁迅"(1909—1917)思想建构的一份补证——对〈怀旧〉及鲁迅相关日记的细读性分析》(作者:彭小燕)、《王安忆乡村书写论》(作者:李海燕)、《科学化批评理论的建构与政治性批评话语的实践——论建国前周扬的文学批评》(作者:胡志明)、《论西方十九世纪现实主义小说的诗意性与哲理性》(作者:马岩)。"冉仲景诗歌研究"包括 5 篇论文,即《印度诗学视野中的冉仲景诗歌》(作者:尹锡南)、《所谓迟到》(作者:梅绍静)、《我幸福得问心有愧——浅评土家族诗人冉仲景诗集〈从朗诵到吹奏〉》(作者:杨犁民)、《我朗格恁个向时呢——〈土家舞曲〉创作笔记》(作者:冉仲景)、《地域声音与开放情怀——与诗人冉仲景的对话》(作者:冉仲景、李伟)。"文化研究"栏目包括 6 篇论文,即《试论明清之际传教士对中国妇女生活的影响》(作者:田苗)、《略论农村文化形成过程中的主要文化资源》(作者:韩美群)、《质疑"真实的语境"》(作者:苏勇)、《身体话语背后的文化症状》(作者:张建英)、《武陵土家族村落饮食居住文化变迁——以百顺村为例》(作者:许传静)、《重庆红色旅游资源分析及开发研究》(作者:王嘉、崔明月)。"教育"栏目包括 4 篇论文,即《耗散结构理论在高校教育管理中的运用》(作者:彭规荣)、《略论清代少数民族地区的社会教育》(作者:高丽萍)、《设立"教师教育"专业初探》(作者:于海洪、雷继红)、《论成人教育在构建和谐社会中的作用》(作者:李川明)。"古典文学研究"栏目包括 4 篇论文,即《〈古文辞类纂〉系列选本及其文学史意义》(作者:慈波)、《读〈四库提要〉札记——〈六一词〉版本比较所得》(作者:解旬灵)、《儒家理想的幻灭——从〈桃花扇〉结局看孔尚任的缺乏性创作动机》(作者:张唯)、《明清小说的创作心态研究》(作者:杜玉富)。"生态·德育"栏目包括 6 篇论文,即《和谐社会与大学生生态意识的培养》(作者:张永红、刘文良)、《知识经济时代中国传统道德价值观对大学生心理的负面影响》(作者:易崇英)、《大学生党员践行"先

《长江师范学院学报》史料整理与分析（1985—2020）

进文化"的不足与原因分析》（作者：陈桂淑）、《论毛泽东"人定胜天"的环境思想》（作者：吴绮雯）、《马克思主义生态美学初探》（作者：黄曼红）、《生态视野中的神话》（作者：邱健）。"老舍研究"栏目包括3篇论文，即《新时期老舍研究述评》（作者：刘方）、《试论老舍的浪漫抒情体小说》（作者：何云贵）、《老舍与重庆》（作者：魏洪丘）。"艺术"栏目包括3篇论文，即《浅议中国近代音乐教育思想》（作者：肖罡）、《浅谈传统线描与装饰线描的异同》（作者：罗小波）、《浅谈翻译的程序》（作者：王华）。该期共有8个栏目，文学类栏目最多，有4个；新设"冉仲景诗歌研究""文化研究""教育""生态·德育""老舍研究""艺术"等栏目。在新设栏目中，"冉仲景诗歌研究"是全新栏目，在2002年第2期曾刊发过一篇讨论冉仲景诗歌的论文；"文化研究"栏目有其渊源，此前开设过"巴渝文化研究""三峡文化研究"等栏目；"教育"栏目源自"教育研究""素质教育研究"等栏目；"生态·德育"是一个学科混合型栏目；"老舍研究"是针对文艺界名人开设的栏目；"艺术"栏目源自早期开设的"乐舞艺术研究"栏目等。从新设立栏目的命名看，是从特色型栏目向一般性栏目扩大，命名不太确切，例如"教育"栏目本应设为"教育研究"栏目。这种向着一般化栏目的回归在前后几期里都是比较少见的。

2006年第6期栏目包括"高校发展战略研究""21世纪文论""现代诗学研究""社会学研究""李亚伟诗歌研究""教育""外国文学""西南民族文化研究"。"高校发展战略研究"栏目有1篇论文，即《育人为本 办学为民 质量为先 协调发展——对我校办学理念的几点思考》（作者：王久渊）。"21世纪文论"栏目有4篇论文，即《论童年的历史建构与价值确立》（作者：谭旭东）、《后现代戏剧美学表征》（作者：袁联波）、《泛政治语境下的另类言说——论"百花小说"的反讽艺术》（作者：赵晓芳）、《言说者的形象》（作者：邵金峰）。"现代诗学研究"栏目有4篇论文，即《焦虑与突围——新诗在电子传媒时代如何生存》（作者：周维东）、《象征言说的公共化与私人性》（作者：梁平）、《试论诗歌语言的变异性》（作者：蒋德均）、《摩罗派诗人于赓虞论》（作者：冉庄）。"社会学研究"栏目包括3篇论文，即《论我国行政执法中的"补锅匠现象"及其治理》（作者：马传松）、《中国知识分子的历史角色》（作者：江涛）、《当代中国农民政治参与失序论》（作者：王爱国）。"李亚伟诗歌研究"包括8篇论文，即《重庆诗人李亚伟》（作者：易光）、《处子·莽汉·玩儿命诗学——重读李亚伟》

(作者：李震)、《传统、暴力与古典：李亚伟诗歌抒情的核心》（作者：楚歌)、《写诗的豪猪》（作者：何立伟)、《不是豪猪非莽汉》（作者：翟永明)、《人民的诗人李亚伟》（作者：何小竹)、《第四届华语文学传媒盛典"年度诗人"李亚伟》、《新时期重庆文学理论与批评概说》（作者：朱丕智)。"教育"栏目包括6篇论文，即《继汉开唐：魏晋南北朝时期的教育简述》（作者：陆正林)、《论大学生思想政治教育工作的创新与和谐社会的构建》（作者：高青兰、杨绍安)、《基于现代信息技术的大学英语互动教学模式思考》（作者：艾治琼、张爱琳)、《浅谈学生的学习自我效能感及其培养》（作者：罗书伟、杨楠)、《汉语文化教学在北美高校》（作者：黄东梅)、《声乐表演艺术中的想象力及其培养》（作者：孙凯、罗卉)。"外国文学"栏目包括3篇论文，即《论二十世纪前期英美小说表现的疏离感——以〈太阳照样升起〉、〈圣马〉和〈罪恶的躯体〉为例》（作者：胥维维)、《中国与希腊神话异同性探析》（作者：李燕)、《浅谈普通师范院校中文系的外国文学教学》（作者：丁世忠)。"西南民族文化研究"栏目包括3篇论文，即《渝东南民族地区旅游业加速发展的思考》（作者：毛长义、艾南山、张述林)、《彝族祖先崇拜刍议》（作者：朱安义)、《从清朝鄂西土家文人竹枝词看土家族婚俗》（作者：彭恩、吴建勤)。该期仍有8个栏目，文学类栏目居多，有4个；新设栏目"现代诗学研究""社会学研究""李亚伟诗歌研究"等，其中"社会学研究"是对过去所设"社会学"栏目的改进。

总之，在2006年，过去所办的一些特色栏目，如"20世纪中国文学""重庆文学史"所占比重下降较大，新设栏目增多且处于不断变迁之中。坚持6期的栏目仅有"21世纪文论"；坚持4期的栏目有"教育学"（如将"教育"算在内，该栏目有6期)；坚持3期的栏目"20世纪中国文学"；坚持2期的栏目有"外国文学""古典文学""语言·文字""西南民族文化研究"等。由常设栏目看，教育学栏目地位提升，文学类栏目仍占主要地位，尤其"21世纪文论"成为长盛不衰的栏目。

(十一) 2007年的栏目及其刊文

2007年第1期栏目包括"21世纪中国文学研究""虹影研究专辑""政治学""民间文化""明清小说研究""法学""文学·传播""语言学"。"21世纪中国文学研究"栏目3篇论文，即《文化、文学和多元社会》（作者：易晖、黄平、姚洋、韩毓海)、《中国当下文艺经典的历史价值与消费取向》（作者：秦勇）、《史天雄：圣子式的英雄——柳建伟的〈英雄时代〉人物丛论之一》（作者：廖四平）。"虹影研究专辑"栏目包括11篇文章，即《中国式的后现代小说——评虹影的新作〈阿难〉》（作者：乐黛云）、《如何走出"双重真空"》（作者：赵毅衡）、《"行者"虹影追阿难——评〈阿难〉》（作者：李敬泽）、《文学的人性与先锋以后——对〈阿难〉及其阅读的阅读》（作者：唐小林）、《梦游者的肉身》（作者：车前子）、《无法穿越的"现代性"之坝》（作者：陈晓明）、《追寻着历史的身影》（作者：解玺璋）、《猜一猜，孔雀为什么呼喊》（作者：张颐武）、《一本好看的书》（作者：止庵）、《从"身份困顿"到"灵魂回归"——试论虹影小说〈饥饿的女儿〉》（作者：严光德）、《我听见美在呼救》（作者：虹影）。"政治学"栏目包括3篇论文，即《激励法则在学校思想政治教育中的贯穿与运用》（作者：张世友）、《马克思考察西欧社会现代转型的双重维度及其现实意义》（作者：席成孝）、《论陈云"以人为本"发展观及其实践意义》。"民间文化"栏目包括《民间文学的立体结构》（作者：段宝林）、《口传—仪式叙事中的民间历史记忆——以广西和里三王宫庙会为个案》（作者：杨丹妮）、《韩国非物质文化遗产保护制度对我国的启示——以端午祭申遗成功为视点》（作者：杨琳曦）。"明清小说研究"栏目包括3篇论文，即《〈封神演义〉儒家革命思想新探》（作者：李建武、尹桂香）、《论〈水浒〉叙事结构中"忠"的多元性》（作者：王宪昭）、《同而不同——论鲁迅对〈儒林外史〉讽刺艺术的借鉴与超越》（作者：李秋菊）。"法学"栏目包括4篇论文，即《阳光下的政府——政府信息公开的法理思考》（作者：赵永行、赵勇）、《论我国民事诉讼改革的价值取向》（作者：赵一）、《外国刑法中的没收财产刑》（作者：万志鹏）、《对大陆法系主要国家和地区动产抵押立法的考察》（作者：方金华、林旭霞）。"文学·传播"栏目包括《生态文学：和谐社会健康发展的"催化剂"》（作者：刘文良、张永红）、《反拨·坚守·超越——〈希望〉书评解析》（作者：张玲丽）、《后现代消费社会身体的转向与去向》（作者：张建）、《张爱玲小说中的服饰与人物》（作者：赵琴玉）、《关于鲁迅与现代评论派论争的评价的综述》（作者：晏洁、龙峰）。"语言学"栏目包括5篇论文，即《"词汇化动词+NP"的新语法现象分析》（作者：向亮）、《人体动作隐喻的模式及认知图式分析》（作者：李文莉）、《试论新时期现代汉语中的旧词新义》（作者：熊可嘉）、《从歧义分化看汉语析句方法的拓展演变》（作者：郭明元）、《浅析日语和汉语中的缩略语》（作者：徐琦）。该期共有 9 个栏目，文学类栏目占多数，有 5 个；新设"虹影研究专辑""政治学""民间文化""明清小说研究""法学""文学·传播"等栏目。"政治学"栏目源于"政治学·文学社会学"栏目，"法学"栏目源于"法学研究栏目"。

2007 年第 2 期的栏目包括"21 世纪文论""鲁迅遗产与当代青年世界（笔谈）""重庆文学史""阿蛮小说研究专辑""社会学""教育""法学""哲学""传播学""心理学""外国文学"等。"21 世纪文论"栏目包括 4 篇论文，即《评胡适与南社的白话诗词之争》（作者：汪梦川）、《伊格尔顿的意识形态理论——兼论其对中国当代文论的启示》（作者：王天保）、《雅俗文学"错位"的当下沉思》（作者：谭丽珍）、《感伤主义与中国小说叙事形式的嬗变》（作者：胡俊飞）。"鲁迅遗产与当代青年世界（笔谈）"栏目包括 7 篇论文，即《当代青年的世界中的鲁迅》（作者：李怡）、《鲁迅魔眼中的幻象囚徒》（作者：肖伟胜）、《信仰危机时代鲁迅作品对于青年成长的意义》（作者：邬冬梅）、《"直面人生"，呼唤"白心"》（作者：曾小红）、《当代研究鲁迅的意义》（作者：张玫）、《小议鲁迅当代价值与现实意义》（作者：韩丹）、《批判的意义》（作者：高冰锋）。"重庆文学史"栏目包括 1 篇论文，即《陪都重庆小说叙事的审美特征试析》（作者：郝明工）。"阿蛮小说研究专辑"栏目包括 4 篇论文，即《阿蛮的〈依仁巷〉与现阶段重庆文学》（作者：周晓风）、《兼有两种文化品格的〈依仁巷〉》（作者：牛玉秋）、《神的启示与手的解放》（作者：老谭）、《刻意打造的"墓碑"——读阿蛮〈依仁巷〉随想》（作者：余见）。"社会学"栏目包括 4 篇论文，即《西方政治转型理论及其影响评析》（作者：靳继东）、《话语权的分解与重组——农民工双重边缘化下的行为变迁研究》（作者：马小华）、《19 世纪末 20 世纪初东南地区精英阶层社会心态探析》（作者：周学文）、《谨小慎微与胆大妄为：高压政策下的文人行为——翁纂四库提要稿〈蕿川集〉之存废问题探微》（作者：黄博）。"教育"栏目包括 6 篇论文，即《论思想政治教育评价的绝对性与相对性》（作者：张良庆）、《"并喻文化"与新型教师角色的建构》（作者：黄华珍、吴晓蓉、潘发光）、《高校教学管理中的几种不良倾向及矫正》（作者：许英）、《加快西部教育发展的有效途径探析》（作者：王建平）、《边疆少数民族地区教育现状分析——以云南省金平苗族瑶族傣族自治县为例》（作者：贺良林、段鹏）、《人文主义视野下的大学文化》（作者：付桂玲）。"法学"栏目包 4 篇论文，即《剖析与建构：我国行政决策咨询制度法治化之思考》（作者：吴卫军、熊志）、《浅论中国民法文化的传统虚位与现代定位》（作者：冉旻、何芃）、《南京国民政府时期律师制度述略》（作者：芮强）、《共同抵押制度中对物上保证人的救济之道》（作者：刘兰兰）。"哲学"栏目包括3篇论文《论思维方式的差异性及与思维个性的关系》（作者：陶伟文）、《谈"道义论"与"功利主义"内在统一性》（作者：史育华）、《生活"时尚"的哲学思考》（作者：石红英）。"传播学"栏目包括3篇论文，即《新中国红色放映员的身份确立与想象》（作者：刘广宇）、《电子媒介时代阅读困境的批判性解读》（作者：常凌翀）、《论路易斯·爱尔文·戴伊的媒介伦理观——翻译〈媒介传播伦理〉札记》（作者：顾承卫）。"心理学"栏目包括2篇论文，即《对中国人人格结构模型研究的评价与反思》（作者：廖全明）、《传统游戏与儿童心理发展》（作者：张晓梅）。"外国文学"栏目包括4篇论文，即《论19世纪英国浪漫主义诗歌的情感主义》（作者：张碧、邢昭）、《现代社会里的异化人——论舍伍德·安德森的〈鸡蛋〉》（作者：刘颖）、《理想与现实的冲突——从〈复活〉析托尔斯泰的宗教思想》（作者：秦英）、《〈德伯家的苔丝〉与〈圣经〉的明分与暗合》（作者：朱利娜）。该期共有12个栏目，文学类栏目占多数，有6个；新设"鲁迅遗产与当代青年世界（笔谈）""阿蛮小说研究专辑""传播学""心理学"等栏目，前两者的设立与时任主编的旨趣有关，有两个栏目的设立是水到渠成的，此前一直有关于传播学、心理学的相关研究。

2007年第3期的栏目包括"21世纪文论""西南民族文化研究""古代文学""区域经济""语言学""社会学""外国文学""女性文学研究""教育学"。"21世纪文论"栏目包括7篇栏目，即《80年代文学：新时期文学的逻辑起点》（作者：曹万生、王方）、《深入和成熟：20世纪30年代中国新诗理论批评》（作者：杨四平）、《巴赫金"躯体理论"初探》（作者：周泉根、秦勇）、《〈艳阳天〉：历史"当下"的主体性文学想象》（作者：王兴）、《论食指诗歌的古典情怀及当下意义》（作者：尹耀飞）、《略论当代语境中的西藏文学景观》（作者：刘晓飞、何志钧）、《消费时代文学经典的命运》（作者：郭仙）。"西南民族文化研究"栏目包括4篇论文，即《近年来中国西南民族关系史研究的回顾和展望》（作者：李银兵）、《重庆民间祭祀的精神内核及其对未来的意义》（作者：王倩予）、《湘西阳戏的源起及音乐特征》（作者：熊晓辉）、《从佛教文化看傣族剪纸艺术》（作者：

马莉萍)。"古代文学"栏目包括5篇论文,即《李颀音乐诗论析》(作者:罗琴)、《试论明末〈诗经〉评点中的以诗评〈诗〉》(作者:张洪海)、《〈文选·与嵇茂齐书〉考》(作者:丁红旗)、《转益多师 不主一家——苏轼诗歌的艺术风格及艺术渊源》(作者:张成恩)、《刘姥姥:〈红楼梦〉中的独特视角》(作者:肖玲玲)。"区域经济"栏目包括3篇论文,即《邓小平市场经济理论的延伸——中国社会主义市场体系理论与问题研究》(作者:李小红)、《行政区经济向经济区经济的转化:一个博弈分析》(作者:兰海霞)、《理性看待工业品价格涨幅的"高进低出"现象——以重庆工业品价格涨幅为例》(作者:李艳)。"语言学"栏目包括5篇论文,即《英语语言测试的批判理论分析》(作者:张荣建、曾文武)、《汉语言规范用语的危机——"新洋泾浜"现象的文化透视》(作者:何加红)、《萨丕尔—沃尔夫假说理论观照下的英语学习》(作者:张海霞)、《从"意义"角度论证"副+名"现象的合理性》(作者:吕玲娜、王桂花)、《两种典型的交际活动与交际能力培养》(作者:罗永勤)。"社会学"栏目包括2篇论文,即《中国佛学伦理和谐之维与和谐社会初探》(作者:杨伟波、周玉锋)、《计算机网络贩毒的现状、发展趋势和预防对策》(作者:罗丽琳)。"外国文学"栏目包括3篇论文,即《〈红字〉重负下的文化冲突》(作者:杨欣)、《加里·斯奈德生态整体论思想探析》(作者:李显文)、《自由的文学与直觉的艺术——论川端康成与"意识流"的不解之缘》(作者:吴小华、刘利)。"女性文学研究"栏目包括2篇论文,即《女性的另一种声音——论铁凝的"超女性意识观"》(作者:张芙蓉)、《潜沉在海底的水族——从梅娘小说看沦陷区的女性写作》(作者:陈洪英)。"教育学"栏目包括5篇论文,即《电子游戏与素质教育》(作者:汪代明、胡瑞琴)、《高师公共心理学课程与教学改革——基于后现代知识型的视角》(作者:卢秀琼)、《高师公共心理学教学改革的构想》(作者:康钊)、《教师教育分层培训模式初探》(作者:申卫)、《反思与英语教学》(作者:焦锋)。该期共有9个栏目,文学类栏目最多,有4个;未开设新栏目,仅将"教育"栏目改为"教育学"栏目。

2007年第4期栏目包括"高教战略研究""鲁迅研究""20世纪中国文学""社会学""语言学""文艺理论""女性文学研究""法律与经济""政治与管理""德育与学生工作""期刊·编辑"。"高教战略研究"栏目包括4篇论文,即《提高教学质量与加强师德建设》(作者:王久渊)、《部属师范大学师范生免费教育的喜与忧》（作者：彭寿清）、《我国西部高校发展面临的困境及对策思考》（作者：解志勇、曾永辉）、《高校改革的内部突破口：构建中国模式教授委员会制度》（作者：王凌峰）。"鲁迅研究"栏目包括2篇论文，即《2005年鲁迅研究综述》（作者：崔云伟、刘增人）、《〈补天〉：创作与毁灭的文化批判总论》（作者：杨永明）。"20世纪中国文学"栏目包括4篇论文，即《从鲁迅方向到赵树理方向——对解放区文艺思想发展轮廓的一种描述》（作者：吕东亮）、《"文坛外高手"缘何不寂寞——王小波网络传播现象探析》（作者：王强）、《规训与惩罚——从巴金的创作看20世纪中国文学与政治的关系》（作者：魏巍）、《论重归理性的九十年代报告文学》（作者：杨贤美）。"社会学"栏目包括2篇论文，即《实证主义在社会学中的发展脉络》（作者：刘群）、《论人与自然的价值博弈》（作者：蒋福明、刘爱国）。"语言学"栏目包括3篇论文，即《网络语言变异现象及动因考察》（作者：林纲）、《中国英语学习动机研究现状与前瞻》（作者：卢润、司联合）、《大学英语教学中培养学生自主学习的问题》（作者：梁爽）。"文艺理论"栏目包括3篇论文，即《审美内视与空间弥合——从文艺心理学角度解剖意境的本质》（作者：刘海）、《论文学现代性的获得》（作者：王燕）、《解构时间的艺术语言》（作者：魏旭）。"女性文学研究"栏目包括3篇论文，即《"红颜祸水"的文学艺术表现——以〈国语〉骊姬为例》（作者：董淑朵）、《论中国古典美学中"美人"的审美意蕴》（作者：高明月）、《论新时期女作家的爱情理想》（作者：孟显智）。"法律与经济"栏目包括3篇论文，即《宪法环境保护制度概念探析》（作者：胡建华）、《论信息自决权的制度规范功能及其权利体系》（作者：徐超华）、《对完善我国政策性农业保险制度的思考》（作者：谢蕊莲）。"政治与管理"栏目包括3篇论文，即《非制度化生存在和谐社会建设中的负面效应及综合治理分析》（作者：孟宪平）、《从人的差异探析共同富裕的内涵及实现——兼论差异与公平的关系》（作者：彭东琳）、《论基层公务员行政执行力建设的策略》（作者：柴罗明）。"德育与学生工作"栏目包括6篇论文，即《新时期高校德育的审美化问题研究》（作者：李祖平）、《社会工作专业手法与高校学生工作创新》（作者：徐小平）、《大学生理想教育创新性案例库研究》（作者：廖明）、《大学生志愿者行动存在的问题及应对思路》（作者：王泓）、《地方高师院校就业指导针对性探析》（作者：王茂良）、《大学人文精神构建一议》（作者：朱渝成）。"期刊·编辑"栏目包括2篇论文,即《学术期刊属性刍议——以高校社科学报为例》(作者:黄江华)、《浅论出版社编辑部门的组织管理》(作者:别必亮)。该期刊共有 11 个栏目,文学类栏目最多,有 4 个;新设栏目较多,有"高教战略研究""鲁迅研究""文艺理论""法律与经济""政治与管理""德育与学生工作""期刊·编辑"。

2007 年第 5 期栏目包括"21 世纪文论""20 世纪中国文学""西南民族文化研究""重庆文学史""外国文学""教育学""语言学""社会学""思想政治教育""历史"。"21 世纪文论"栏目包括《被束缚的想象力——重新审视五四小说创作的历史局限性》(作者:宋剑华、唐东堰)、《乖谬的道德本体论——辜鸿铭道德人文观的解析》(作者:朱寿桐)、《鲁迅的杂文与杂学》(作者:赵献涛)、《网络世界中个人表达的时代意义》(作者:唐云)。"20 世纪中国文学"栏目包括 4 篇论文,即《宗派主义:左翼"潜在"影子在当代文学(1949—1966)中》(作者:袁洪权)、《新诗流派生成动力的生态阐释——略论〈七月诗派研究〉的学术策略》(作者:赵心宪)、《建构知识分子的主体独立性——周作人论知识分子与大众的关系》(作者:许冰杨)等。"西南民族文化研究"栏目包括 4 篇论文,即《石砫马氏土司文学述论》(作者:彭福荣、冉建红)、《从"西兰卡普"看土家族人服饰审美观——巴人服饰文化探索》(作者:黎亚梅)、《操化:土家族摆手舞的现代变异》(作者:刘彦、全露)、《酉阳阳戏的内涵、现状与保护》(作者:杨瑜)。"重庆文学史"栏目包括 4 篇论文,即《在辽河的涛声里倾听历史的风声——柏铭久长诗〈大辽河〉及短诗近作研究》(作者:马知遥)、《朝向故乡的行旅——柏铭久近期诗歌创作论析》(作者:李卉)、《纵横的诗 如梦的境——感受柏铭久的诗》(作者:向黎明)、《铆住三峡,见证三峡,再铸三峡诗歌辉煌》(作者:柏铭久)。"外国文学"栏目包括 3 篇论文,即《试论福楼拜的女性意识》(作者:丁世忠)、《童话之幻·童话之善·童话之美——从〈我们的祖先〉看卡尔维诺小说的童话追求》(作者:杨晓莲、张秀娟)、《〈弗兰肯斯坦〉的恐惧心理解读》(作者:陈秋伶)。"教育学"栏目包括 4 篇论文,即《文学本位、历史逻辑与人生关怀——中国现当代文学教学的问题及对策》(作者:杨四平)、《语文情感教育与现代信息技术整合》(作者:薛晓嫘、刘小秋)、《案例教学在语文课程与教学论教学中的应用》(作者:李侠)、《重庆市青少年声乐教学现状调查与对策研究》(作者:董毅)。"语言学"栏目包括 5 篇论文,即《左向移位结构及其语篇功能》（作者：程爱群）、《图式理论对新闻英语翻译的启示》（作者：杨春红）、《从原语到译语：论翻译主体的确立》（作者：张桥）、《从指称关系看语用学和系统功能语言学互补的可能性》（作者：赖红玲、王电建）、《释"鬧"》（作者：曾晓梅）。"社会学"栏目包括3篇论文，即《论转型期中国法治伦理及其完善》（作者：阮李全、唐小龙）、《构建社会监督的有效机制：以民制权的现实选择》（作者：桂秋英）、《欠发达地区新农村建设的主体缺失问题探讨》（作者：张继兰）。"思想政治教育"栏目包括4篇论文，即《大学生创新能力培养途径探讨》（作者：付启敏）、《当前高校学风建设中存在的问题及对策探讨》（作者：吴明永）、《升本院校贫困生心理健康问题及对策研究》（作者：廖全明）、《思想品德课教学中渗透心理健康教育刍议》（作者：冯源、简福平）。"历史"栏目包括2篇论文，即《试析灾异谴告在宋代的政治功能》（作者：杨晓红）、《简论抗日战争对重庆人文精神的影响》（作者：彭星霖、潘洵）。该期共有10个栏目，文学类栏目最多，有4个；新设"思想政治教育""历史"栏目。

2007年第6期栏目包括"川渝文化合作论坛""21世纪文论""地域文化与文学""政治学""20世纪中国文学""语言学""旅游文化""古代文学""法学"等。"川渝文化合作论坛"栏目包括7篇文章，即《同源同根话文化　共建共享谋发展　川渝文化合作宣言》（作者：重庆市文学艺术界联合会，四川省文学艺术界联合会）、《巴蜀文化共同体的形成与发展》（作者：谭继和）、《发展川渝文化产业刍议》（作者：何开四）、《异质互补：川渝文化合作的逻辑起点》（作者：易光）、《巴蜀文化流变论》（作者：郝明工）、《开放的川渝——地域意义生发下"川渝文化合作"的一个维度》（作者：邓伟）、《新时期川渝电视文化的合作交流》（作者：黄洁）。"21世纪文论"栏目包括3篇论文，即《论胡适在〈新青年〉的戏剧改良理论》（作者：杨迎平）、《香港娱乐电影的后现代主义体验》（作者：涂鸿、刘世强）、《中西之辩：从整合到嬗变——兼论〈基督教文化与中国小说的叙事新质〉》（作者：龙其林）。"地域文化与文学"栏目包括3篇论文，即《丰子恺与重庆》（作者：魏洪丘）、《"写作的自觉"与"自觉的写作"——对90年代以来重庆青年诗人诗歌写作的一种阅读》（作者：秦敬）、《独立写作与诗性判断——李元胜诗歌简论》（作者：梁平）。"政治学"栏目包括4篇论文，即《价值干预与网络心理咨询》（作者：张永红）、《科学发展观的经济学解读》（作者：林新波）、《构建社会主义和谐社会研究述评》（作者：刘华清)、《中性新闻与新闻的中性化》(作者：孔祥忠)。"20世纪中国文学"栏目包括4篇论文，即《90年代以来鲁迅〈祝福〉研究述评》(作者：李艳菊)、《余华先锋小说的象征意象与组合方式》(作者：马晶)、《郁达夫现象与时代症候》(作者：尹海燕)、《时间人文化的意义——论沈从文、汪曾祺小说中节日等独特时刻的运用艺术》(作者：肖太云)。"语言学"栏目包括4篇论文，即《词义与概念之间的关系问题研究述评》(作者：湛玉书)、《汉语危机的生态思考》(作者：单辉)、《模因论：重新反思英语教学》(作者：杨建道)、《日汉道歉用语异同浅析》(作者：徐灿)。"旅游文化"栏目包括3篇论文，即《明代西南地区文人旅游前的准备、心态和习俗》(作者：张勇)、《古镇旅游开发对当地居民的影响——洛带个案调查研究》(作者：郭一丹)、《构建生态型农村小城镇：旅游地区农村现代化的必由之路——以张家界为例》(作者：宋政友)。"古代文学"栏目包括3篇论文，即《潘金莲比较研究述评》(作者：陈颖)、《焦虑的期待——白居易忠州诗词及心态探析》(作者：高月)、《孙悟空形象意义解读》(作者：陈冬玲、周洁)。"法学"栏目包括3篇论文，即《遭遇冲突的国家法与民间法——一起水事官司的法社会学考察》(作者：杨俊凯、邓慧)、《刑事附带精神损害赔偿初探》(作者：胡江)、《试论我国宪法司法化》(作者：林慧)。该期共有10个栏目；文学类栏目最多，有4个半；文化类栏目居次，有2个半；新设"川渝文化合作论坛""地域文化与文学""旅游文化"等栏目，新设栏目均与"文化"有关。

总之，2007年的栏目稳定中有调整，调整方向主要是文化领域。全年坚持5期的栏目有"语言学"；坚持4期的栏目有"21世纪文论""社会学"；坚持3期的栏目有"法学""外国文学"；坚持2期的栏目有"重庆文学史""女性文学研究""政治学""西南民族文化研究""古代文学""教育学"。由栏目设置情况来看，语言学成为当年稿源比较旺盛的一个学科，社会学、法学成为新成长的稿源方向，同时在探索发展文化类特色栏目。

(十二) 2008年的栏目及其刊文

2008年第1期的栏目有"21世纪文论""重庆文学史""视觉文化研究专题""政治学""西南民族文化研究""女性文学研究""英语语言学""20世纪中国文学""教育学""经济学"。"21世纪文论"包括5篇论文，即《消费主义/生产主义、文化主义/自然主义——论"文化研究"的四个基本维度》（作者：刘方喜）、《神性写作与日常写作：不同审美观照下的文学实践》（作者：荆亚平）、《激进还是保守：重评"五四"》（作者：李永东）、《文学－文化研究的转向问题与文化寻根思潮》（作者：方艳）、《现代性怨（恨）羡的嬗递——20世纪中国留学生文学的主情主义》（作者：廖斌）。"重庆文学史"栏目包括3篇论文，即《"全球化"语境与地域文学史建构——"重庆文学史"建构中需要厘清的一个问题》（作者：周维东、邱秋）、《欣欣向荣　方兴未艾——直辖以来重庆的比较文学研究》（作者：向天渊）、《试论构建陪都文学主流化的两难维度》（作者：王利彬）。"视觉文化研究专题"栏目包括4篇论文，即《视觉文化的研究方法概述》（作者：党西民）、《中国视觉修辞研究的进路》（作者：刘晓燕）、《由叙事到景观——略论视觉文化在电影中的具象表现》（作者：耿成雄）、《姜文电影的叙事结构与艺术创新——以〈太阳照常升起〉为例》（作者：石萍）。"政治学"栏目包括3篇论文，即《论中国传统思想中的尊严观念》（作者：韩德强）、《政治文明视野下的善治》（作者：宋慧勇、赵永行）、《论乌江流域少数民族地区民族法制建设的现状与对策》（作者：余文模）。"西南民族文化研究"栏目包括2篇论文，即《巴人乐器文化及其意蕴》（作者：曾超）、《试论土家织锦的继承与创新》（作者：冉红芳）。"女性文学研究"栏目包括4篇论文，即《女性书写中"男性"角色的转换与象征——女性主体意识的发展与困境》（作者：周艳秋、梁鸿）、《爱情的琥珀：情爱的生灵——〈荆棘鸟〉中梅吉与拉尔夫的性爱》（作者：陈达）、《身体与女性文学》（作者：刘丹）、《寻找失去的女性自我——用精神分析女权主义理论解读〈觉醒〉》（作者：陈燕）。"英语语言学"栏目包括3篇论文，即《英语书面语篇中表音法的历时与功能分析》（作者：张荣建、曾文武）、《大学生语言自主学习的心理因素分析》（作者：喻贤莉）、《依、意、艺——也谈翻译标准》（作者：靳丽娜）。"20世纪中国文学"栏目包括6篇论文，即《陆承伟：撒旦式的"英雄"——柳建伟的〈英雄时代〉人物论丛之二》（作者：廖四平）、《论铁凝小说中的儿童视角》（作者：王莹莹、张小刚）、《沉默的言说与无名的心绪——略论李瑛诗歌中石头和乌两个主体意象》（作者：颜同林）、《民间小戏里的大狂欢——试从民俗学角度解读〈檀香刑〉》（作者：刘云艳）、《论李涵秋社会言情小说对近代狭邪小说的突破与超越》（作者：刘明坤、罗钊）、《文学的"头发情结"》（作者：刘俊娜）。"教育学"栏目包括3篇论文，即《论生态文明视野下的科学教育》（作者：

于海洪)、《西部地区大学生择业意向和择业影响因素调查——以甘肃为例》（作者：徐敬建)、《试论现代大学学术精神的定位前提》（作者：苟国旗)。"经济学"栏目包括2篇论文，即《经济发展方式转变与产业结构调整取向——经济发展理论的扬弃与分析模型再造》（作者：崔巍)、《论政府公共财政政策能力建设》（作者：杨丹)。该期共有10个栏目；文学类栏目最多，有4个；文化类栏目居次，有2个；新设"视觉文化研究专题""英语语言学""经济学"等3个栏目。

2008年第2期的栏目有"21世纪文论""戏剧研究专题""政治学""教育学""法学""20世纪中国文学""语言学""外国文学"等。"21世纪文论"栏目包括4篇论文，即《二元思维的隐与现——新时期以来诗歌思维方式之考察》（作者：梁平)、《文艺斗争：在政治与文学之间——"十七年文学批评"关键词研究》（作者：刘志华)、《左翼小说与新感觉派小说对上海的不同阐释》（作者：杨迎平)、《大众文化研究视野下的文化霸权》（作者：刘亚斌、郭赫男)。"戏剧研究专题"栏目包括3篇论文，即《洪深与中国现代戏剧导演制的建立》（作者：黄世智)、《直面人生与诗性诉求——曹禺话剧女性观的成因及特点探微》（作者：杨智)、《论李渔戏剧舞台艺术理论的美学追求》（作者：王晗)。"政治学"栏目包括5篇论文，即《邓小平社会控制思想论略》（作者：马传松、朱挢)、《思想政治教育价值论研究综述》（作者：赵自力)、《近年来关于马克思主义中国化基本经验研究综述》（作者：康月磊)、《新时期领导者道德重塑的行政伦理思考》（作者：翁灿铭)、《论大学生党员教育内容的系统性和针对性》（作者：何莲)。"教育学"栏目包括4篇论文，即《贵州省民族学校教育发展模式探微》（作者：袁利平)、《师范实习生教学监控特点及其对职前教师教育的启示》（作者：卢秀琼、卢孟春、方平)、《从后现代教育管理视角看我国教育管理的发展方向》（作者：禹露)、《法律专业课双语教学探析》（作者：张永毅)。"法学"栏目包括4篇论文，即《宪法诉讼的宪政价值初探》（作者：伊士国、吴丹)、《论法官自由裁量权与民事诉讼的关系》（作者：李长春、张其军)、《关于步升诉百度网络侵权案的几点法律思考》（作者：冉文佳)、《见义勇为行为的义利冲突及调适刍议》（作者：蒋茂林)。"20世纪中国文学"栏目包括5篇论文，即《饱满的生命激情 深邃的文化内涵——论周涛散文中的生命意识》（作者：陈静)、《"俞平伯〈红楼梦〉研究"批判中的周扬》（作者：臧晓冉)、《存在与流变——从理想人物看老舍的精英意识》（作者：杨英伟）、《论林徽因的小说理论与创作》（作者：刘娜）、《"天人合一"文化精神的回归——解读张炜》（作者：王艳玲）。"语言学"栏目包括5篇论文，即《从民间文学看关中方言的民俗文化积淀》（作者：杨雅丽）、《论关联理论和图示理论对阅读理解的解释力》（作者：胡平）、《语言习得中体假设研究述评》（作者：李双）、《语言文化与外语教学》（作者：李丽琴）、《旅游英语中的语用失误分析及其教学对策》（作者：张海霞）。"外国文学"栏目包括2篇论文，即《挣扎的声音——伊芙琳·刘短篇小说〈碎玻璃〉的叙述方位分析》（作者：魏全凤）、《莎士比亚文艺美学思想与柏拉图——"举镜子反映自然"说再辩》（作者：周仁成）。这一期共有9个栏目；文学类栏目最多，有4个；新设"戏剧研究专题"栏目。

2008年第3期的栏目有"21世纪文论""重返十七年文学""法学""西南民族文化研究""思想政治教育研究""晚明文学研究""20世纪中国文学""社会学""历史学""语言学"等。"21世纪文论"栏目共有5篇论文，即《流动的现代性理论与中国现代文学研究的新视野》（作者：罗义华）、《文艺学学科重建语境中的文化研究》（作者：刘亚斌）、《文论教材建设中的本质主义与反本质主义——关于中国高校文学理论教材改革与建设的思考之一》（作者：单小曦）、《从〈联合早报〉办报理念看新加坡传媒与政府的关系》（作者：郭赫男、颜春龙）、《赛博空间的道德刍议》（作者：胡言会）。"重返十七年文学"栏目包括4篇论文，即《乡村的革命和爱情——〈创业史〉的阅读与收藏》（作者：易光）、《神圣·阈限·展演——十七年小说中的仪式化过程解读》（作者：李建宗）、《赞扬与批判：现代性的选择和失落——重读萧也牧〈我们夫妇之间〉》（作者：鲍兆飞）、《出版一本什么样的〈创业史〉》（作者：伯牛）。"法学"栏目包括4篇论文，即《中国传统不动产买卖契约的生效及其获得途径——以清代田宅买卖契约为中心》（作者：刘高勇）、《论知晓权与隐私权的平衡》（作者：王怀勇）、《庞德社会学法理学对我国法律哲学的建构和发展的意义——以特定时空下的文明为视角》（作者：江剑峰、吴安新）、《论律师在侦查阶段的诉讼地位"虚化"问题》（作者：汪乾友）。"西南民族文化研究"栏目包括5篇论文，即《清代及民国时期乌江水道盐运研究》（作者：李良品、吴冬梅）、《历史时期土家族地区土司的社会控制》（作者：莫代山）、《贵州屯堡人与周边少数民族的关系初探》（作者：刘亚）、《唐宋时期的巴渝文化高潮及其当前意义——以杜甫等唐宋文学大家的三峡书写为例》(作者:陶德宗)、《清代乌江流域女性诗歌创作述论》(作者:漆娟)。"思想政治教育研究"栏目包括 2 篇论文,即《国外有关青少年问题行为成因的研究概述》(作者:张珊明)、《大众传媒对青少年思想政治教育的影响及对策思考》(作者:刘继花)。"晚明文学研究"栏目包括 3 篇论文,即《晚明"狂禅"考》(作者:张永刚)、《从小品文看晚明文人心态》(作者:孔德明、邱渊)、《试论集句诗与集曲》(作者:张小燕)。"20 世纪中国文学"栏目包括 4 篇论文,即《陆小艺:一个另类的"女权主义者"——柳建伟〈英雄时代〉人物丛论之三》(作者:廖四平)、《论〈太阳照在桑干河上〉的时间境域与"土改"想象》(作者:吴翔宇)、《专业批判家与网络文学批评》(作者:李永艳)、《先在意向与莫言儿童叙事》(作者:郑小娜)。"社会学"栏目包括 2 篇论文,即《从伦理感性到工具理性:现代性视阈中的农忙互惠行为分析》(作者:李南海)、《农民工市民化中的廉租房建设探讨》(作者:刘艳文)。"历史学"栏目包括 2 篇论文,即《3 世纪危机时罗马军队对国家政治的影响》(作者:胡小溪)、《从乞援到争援再到要援——抗战时期蒋介石美援外交思想探析》(作者:高小亮)。"语言学"栏目包括 2 篇论文,即《中动结构的定义、分类及特征》(作者:戴婷婷)、《中动结构的中英语言特征及其对翻译的影响》(作者:石小亚)。这一期共有 10 个栏目;文学类栏目最多,有 4 个;新设"重返十七年文学""历史学"等栏目。

2008 年第 4 期的栏目有"文艺学""历史""管理·经济""外国文学""20 世纪中国文学""语言学""政治学""教育学"等。"文艺学"栏目包括 3 篇论文,即《历史风尚与人文价值之辨——〈文心雕龙·体性〉再解读》(作者:罗成)、《再释刘勰〈文心雕龙·体性〉中的"公干气褊"》(作者:孔德明)、《蠡谈评点》(作者:孙武军)。"历史"栏目包括 5 篇论文,即《中国自然生态思想及相关制度的演变与发展——原始社会至隋唐时期》(作者:张立鑫)、《近十余年南越国历史研究综述》(作者:成国雄)、《唐末五代分裂割据下的统一趋势》(作者:高学钦)、《田舜年的历史思想探因》(作者:左传)、《欧阳修民本思想研究》(作者:倪德茂)。"管理·经济"栏目包括 4 篇论文,即《基于概念交互关系原理的组织知识形成过程表述》(作者:龙飞、戴昌钧)、《中国人民银行历次加息与利率的"价值回归"》(作者:李亨)、《创新渝东南民族地区农村经济发展模式面临的问题及对策》（作者：唐爱群、姚茂华）、《武陵山区农业产业化模式的经济学分析及现实选择——以重庆石柱县辣椒产业为例》（作者：熊正贤）。"外国文学"栏目包括5篇论文，即《生命似轻尘　死去也徒然——从〈人生的枷锁〉看毛姆的生命观》（作者：李雪顺）、《〈无名的裘德〉的生态伦理意识》（作者：丁世忠）、《苔丝形象的存在主义解读》（作者：朱颂）、《〈圣灰星期三〉中的原型意象解读》（作者：刘会、何江胜）、《为女性独立悲叹——评多丽丝·莱辛的小说〈青草在歌唱〉》（作者：龙丹）。"20世纪中国文学"栏目包括3篇论文，即《后朦胧诗与后现代主义》（作者：陈连锦）、《20世纪20年代乡土小说中的都市意识》（作者：余海霞）、《无根时代的"根性写作"——冬婴诗歌简论》（作者：秦敬）。"语言学"栏目包括5篇论文，即《戏剧对白翻译中的形似与神似——〈卖花女〉剧本对白翻译述评》（作者：何远秀、陈秀南）、《建构主义视野下大学英语评价策略的构建》（作者：黄斌、毛梅娜）、《从顺应理论角度探析外交语言活动中的语用模糊现象》（作者：秦小锋）、《侗族语言使用的现状与发展趋势》（作者：许杨阳）、《论游戏性在当代艺术中的合理性》（作者：刘婷婷、张琳）。"政治学"栏目包括7篇论文，即《思想政治教育接受过程机制研究》（作者：刘巧丽、李敏）、《高校教师在健康休闲文化建设中的重要作用》（作者：吴光清）、《新时期大学生政治社会化的对策研究》（作者：蔡芹）、《大学生负诚信心理分析对诚信教育的启示》（作者：夏春雨、杨小明）、《试论和谐社会视野下的企业社会责任》（作者：霍秀荣）、《生命伦理难题及对策》（作者：许明惠、李昌满）、《日本老龄化及其对家庭养老功能的影响》（作者：李鹏军）。"教育学"栏目包括8篇论文，即《"一半"与"另一半"相生——教学中的知识生成机制浅析》（作者：吴小叶）、《校园文化与大学生心理健康》（作者：杨楠、陈旭）、《浅析高校少数民族学生的特点及教育管理》（作者：邱有华）、《高职教育高素质技能型人才培养模式研究与实践》（作者：张承凤）、《高职"校企合作"人才培养的教学模式比较研究》（作者：胡昌荣）、《新课程标准下的高中英语写作教学训练》（作者：廖容）、《重庆市农村中小学教师培训的问题与对策研究》（作者：张奇）、《论高校图书馆的隐性教育》（作者：杜琳）。这一期共有8个栏目，栏目数量有所减少；文学类栏目有3个，相比上一期减少1个栏目；新设"管理·经济"栏目。

2008年第5期栏目有"21世纪文论""'文学史与道德史'笔谈""西

第四章　不同时期的学报栏目及其刊文分析

南民族文化研究""政治学""古代文学""中国法律史""思想政治教育"等。"21世纪文论"栏目包括5篇论文，即《九十年代反思录（上）》（作者：韩毓海）、《由Aesthetic到Productive：美学范式的后现代转换》（作者：刘方喜）、《腰间挂着诗篇的豪猪——李亚伟访谈录》（作者：马铃薯兄弟）、《〈脂粉市场〉（1933年）：谢绝深度，保持平面——1930年代中国新市民电影解读之一》（作者：袁庆丰）、《论左翼文艺运动的斗争性批评模式》（作者：魏洪丘）。"'文学史与道德史'笔谈"栏目包括5篇论文，即《文学史与道德史的互动：一个亟待突破的课题——主持人语》（作者：张光芒）、《道德感的缺席与身体美学的泛化——以〈檀香刑〉〈兄弟〉为例》（作者：马航飞）、《现代女作家的"反家庭叙事"及其道德选择》（作者：佘卉）、《〈啼笑因缘〉的道德叙事》（作者：徐仲佳）、《在历史与道德的张力中——对于沈从文小说的一种阐释》（作者：张剑）。"西南民族文化研究"栏目包括6篇论文，即《旅游与民俗文化的再建构——以龙胜大寨红瑶村为例》（作者：秦红增、胡宝华）、《农民工"回流"对输出地区的影响研究——对重庆市黔江区新华乡和太极乡利益相关者的深度访谈》（作者：王山河）、《土家族的研究与发展》（作者：周兴茂）、《西南地区民间生态知识与森林知识》（作者：黄柏权）、《张问陶与涪陵的因缘际会》（作者：李胜）、《巴人占卜的选材及其特点述论》（作者：曾超）。"政治学"栏目包括3篇论文，即《民生视角中的人本实践偏差及矫正思路》（作者：孟宪平）、《人类和平与制度调适》（作者：龙耀、罗柳宁）、《社会冲突与制度调适》（作者：龙四古）。"古代文学"栏目包括5篇论文，即《南社史词探微》（作者：汪梦川）、《徐霞客"刻意远游"论》（作者：滕新才）、《清代毗陵张氏家族的母教与女学》（作者：黄晓丹）、《清壮顿挫　能动摇人心——小山词艺术特色新解》（作者：唐红卫）、《传奇〈双星图〉中蚩尤形象之分析》（作者：颜建真）。"中国法律史"栏目包括3篇论文，即《明代对邪教的法律惩治》（作者：周向阳）、《论清代不动产买卖契约的国家法律规制》（作者：刘高勇）、《晚清民初民商事习惯调查叙评》（作者：张松）。"思想政治教育"栏目包括2篇论文，即《思想政治教育视阈中的大学课桌文化及其矫正》（作者：张世友）、《和谐社会视域下大学生素质拓展的研究与实践》（作者：李倩、申海龙）。这一期共有7个栏目，比上一期减少1个栏目；文学类栏目有3个，与上一期持平；新设"'文学史与道德史'笔谈""中国法律史"，这2个栏目都属于历史学栏目，且具有交叉学科性质。

《长江师范学院学报》史料整理与分析（1985—2020）

2008年第6期栏目有"21世纪文论""政治学""西南民族文化研究""女性文学""法学""思想政治教育""语言学""心理学""历史""重庆文学史"等。"21世纪文论"栏目有4篇论文，即《九十年代反思录（下）》（作者：韩毓海）、《"蓝星"诗人群》（作者：古远清）、《现代性、知识分子与文学制度》（作者：张兴成）、《驳杂与悖离：中西"疯癫"文化义涵的衍变》（作者：胡俊飞）。"政治学"栏目包括4篇论文，即《论我国行政管理中的"斯诺克现象"》（作者：马传松）、《现有"国家结构形式理论"的盲点及其探微》（作者：黄金华、潘华凌）、《试论邓小平发展思想的特色》（作者：毛玉楠）、《试论构建社会主义和谐社会的关键——以坚持"五个统一"的思想为视角》（作者：孙宏健）。"西南民族文化研究"栏目包括3篇论文，即《族群偏见与消极认同——以潭溪社区为例》（作者：陈心林）、《渝东南民族地区农村旅游产业开发研究》（作者：谢秀军）、《三峡宗教文化及其旅游开发》（作者：王美）。"女性文学"栏目包括5篇论文，即《三个女人的女性主义叙述——一份女性主义的反思文稿》（作者：魏巍）、《新时期女性文学：多层女性主义的实践》（作者：阮素丹）、《走出可怕的梦魇——池莉小说的母亲形象解读》（作者：左玲丽）、《解读张洁小说〈无字〉中吴为的悲剧命运根源》（作者：吴晓蓉）、《从西方文化视角看霍桑小说中的知识分子形象》（作者：阳根华）。"法学"栏目包括3篇论文，即《论高校法治文化建设存在的主要问题及对策》（作者：胡建华）、《夫妻同居权略论》（作者：田建强）、《哈耶克宪政思想新探——以自由与秩序相融合为价值取向》（作者：文培阳）。"思想政治教育"栏目包括4篇论文，即《中国历史上的思想解放及其启示》（作者：王久渊）、《略论大学生思想政治教育中文化载体建设》（作者：文军）、《略论高职旅游酒店管理专业学生价值观的差异性》（作者：辛仕梅、代刃）、《取名习俗与80后女大学生名字特色研究》（作者：黄晓林）。"语言学"栏目包括5篇论文，即《论大学英语听力教学中的元认知训练》（作者：危冠）、《音标教学与英语词汇自主学习能力培养》（作者：张勇）、《论英语广告文体的词汇特征与修辞风格》（作者：董曼霞）、《教育生态学视野中的大学英语多媒体课堂》（作者：盛仁泽）、《应用写作的多样化教学方法刍议》（作者：刘利）。"心理学"栏目包括4篇论文，即《进化心理学评析》（作者：商卫星）、《我国中小学心理健康教育体系的研究现状及存在的问题》（作者：廖全明）、《西部地区中小学教师职业倦怠与自我效能感的关系研究》（作者：郑红渠）、

《渝东南地区中学生心理健康状况调查》（作者：周静、王佳权）。"历史"栏目包括4篇论文，即《川西盆地与中国文明的起源》（作者：蒲卫平、石蓉）、《从凡尔赛—华盛顿体系的内在矛盾看二战起源》（作者：赖凡）、《明清时期塾师和东家的关系与交往初探》（作者：蒋威）、《〈老子〉贵柔与求"强"思想的定量分析》（作者：代强）。"重庆文学史"栏目没有论文，仅有一篇年鉴。这一期栏目共有10个，相比前两期有所增加；文学类栏目有3个，其中"重庆文学史"栏目无论文，实际上是虚置的；该期无新设栏目。

总之，2008年的栏目稳定中有调整，调整方向是文化和历史领域。全年坚持5期的栏目有"21世纪文论""政治学"；坚持4期的栏目有"西南民族文化研究""20世纪中国文学""语言学"；坚持3期的栏目有"教育学""法学"；坚持2期的栏目有"外国文学""历史"（如果考虑还有一期的栏目名称为"历史学"，那么实际为3期）、"思想政治教育"。由栏目设置情况来看，除了文学类栏目之外，政治学成为当年稿源比较旺盛的一个学科，语言学优势得以维持，民族文化研究成为新成长的一个学科。

（十三）2009年的栏目及其刊文

2009年第1期的栏目包括"21世纪文论""西南民族文化研究""大学生生存路径研究""冬婴诗歌创作研究""社会学""思想政治教育""20世纪中国文学""古代文学""历史"等。"21世纪文论"栏目包括2篇论文，即《"国学热"的冷思考——基于中西传统文化差异的视角》（作者：戴伟）、《从科学论到修辞论——伊格尔顿马克思主义批评观的发展过程》（作者：王天保）。"西南民族文化研究"栏目包括3篇论文，即《北宋夔州路的民族关系及民族地区的发展》（作者：袁鑫）、《土家族毛古斯舞的保护与研究》（作者：熊晓辉）、《生育信仰和土家族巫文化》（作者：崔冯）。"大学生生存路径研究"栏目包括2篇论文，即《大学生生存路径：夹杂在传统文化与现实之间》（作者：李娟、龙耀）、《大学生社会保障：游离在城市和农村之外》（作者：龙四古、李天一）。"冬婴诗歌创作研究"栏目包括6篇论文，即《精神自传：低处的风声——论冬婴的诗歌创作》（作者：易光）、《冬婴的物质困境与诗意追求》（作者：熊辉）、《冬婴诗歌创作的向度及意义》（作者：张江元）、《宗教般静穆 超然的表情——评冬婴〈低处的风声〉》（作者：王文平）、《执著于传统乡土诗学的慧眼——评冬婴诗集

〈低处的风声〉》（作者：张羽华）、《诗歌写作的还原性》（作者：冬婴）。"社会学"栏目包括3篇论文，即《"特区试验法"与有中国特色社会主义理论》（作者：赵文秀、周庆行）、《国家助学贷款政策实施中的大学生诚信机制构建研究》（作者：刘雪明、贾永梅）、《行政听证笔录效力的再判定——兼析〈重庆市行政程序条例（草案）〉》（建议稿）第71条（作者：阮李全、冯子轩）。"思想政治教育"栏目包括3篇论文，即《当代大学生党员政治心理的优化途径分析》（作者：李奋生、王文文）、《新时期高校青年教师师德师风建设机制探析》（作者：傅之平、吴明永）、《论高校思想政治理论课教学中的人文关怀》（作者：孙迪亮）。"20世纪中国文学"栏目包括5篇论文，即《转型期农民、土地的深层隐喻——以贾平凹小说〈秦腔〉中夏天义为例》（作者：张继红、薛世昌）、《论〈英雄时代〉——"茅盾文学奖"丛论之一》（作者：廖四平）、《现代中国儿童文学中的红色少年形象》（作者：李蓉梅）、《试论中国现代诗歌的现实处境》（作者：陈国宇）、《"红色娘子军"创作论争及其反思》（作者：罗长青）。"古代文学"栏目包括3篇论文，即《明清长篇家庭小说的悲剧主题》（作者：成海霞）、《杜甫战事诗的题材价值》（作者：周鸿彦）、《论李颀诗歌的语言特色和艺术风格》（作者：罗琴）。"历史"栏目包括4篇论文，即《清代甘肃的驿传制度》（作者：张涛）、《清代福州慈善事业试论》（作者：徐文彬）、《明代北方王门之洛阳王学综述》（作者：郯旭东）、《论五四转型时期婚姻观念和习俗的演进》（作者：杨晓红）。这一期共有9个栏目；文学类栏目最多，有4个；新设"大学生生存路径研究""冬婴诗歌创作研究"两个栏目。

2009年第2期栏目有"21世纪文论""'中国现代文学研究·新关键词'专栏""文艺学""语言学""政治学""重庆文学史""外国文学""教育学""学术随笔"等。"21世纪文论"栏目包括4篇论文，即《"关系"的"关系"：哲学新建构刍论》（作者：刘方喜）、《传统性资源的影像开发和知识分子对旧市民电影情趣的分享——以民新影片公司1927年出品的影片〈西厢记〉为例》（作者：袁庆丰）、《晋察冀诗歌与中国现代诗歌传统的建构》（作者：丛鑫）、《二十年代乡土小说中的乡土情结与都市意识》（作者：余海霞）。"'中国现代文学研究·新关键词'专栏"栏目包括6篇论文，即《中国现代文学研究："新关键词"的发现及其意义——主持人语》（作者：张光芒）、《娜拉的出走》（作者：徐仲佳）、《"人性"与

"阶级性"》（作者：张剑）、《欲望叙事》（作者：马航飞、狄燕）、《世纪末思潮》（作者：刘绪才）、《日常生活叙事》（作者：王健）。"文艺学"栏目包括3篇论文，即《20世纪西方文论"主体性"探讨》（作者：李烨鑫）、《中国十七年电影英雄人物形象的符号学意义——以电影〈红色娘子军〉等为例》（作者：胡牧）、《试论大众文化的消费与生产——从朗加纳斯的崇高谈起》（作者：秦桂平）。"语言学"栏目包括4篇论文，即《汉语中道歉频次的性别差异研究》（作者：姚春林）、《论英语性别语言语内与语际的操纵》（作者：吴碧宇）、《试论意识形态对翻译的操纵——以中共十七大报告英译稿为例》（作者：马昱娇、陈智尧）、《论因特网在西班牙语学习中的运用》（作者：冯净）。"政治学"栏目包括7篇论文，即《流行文化影响下青少年主体性人格的道德后果》（作者：刘怀光、李琳）、《论邓小平民本思想的特征》（作者：赖燕）、《政党执政下的中国宪政诉求》（作者：李乾宝）、《我国政府新闻发言人制度本土化的若干思考》（作者：朱米娜）、《协商政治：和谐社会建设中民主模式的再探索》（作者：郭秀敏）、《我国公民参与公共政策探微》（作者：李功林、余洋）、《会计诚信刍议》（作者：周超）。"重庆文学史"栏目包括3篇论文，即《从都市言情到都市情色的叙事嬗变——莫怀戚中篇小说片论》（作者：郝明工）、《论巴渝格律诗人邹绛》（作者：刘静）、《重庆本土长篇小说〈水龙〉的魅力透视——兼谈其创作之得失》（作者：邓心强）。"外国文学"栏目包括3篇论文，即《宗教与世俗之间——〈天路历程〉价值地位初探》（作者：吴文南）、《"母性神话"从何处倒塌——中西古典文学中的"恶母"形象比较》（作者：刘婧）、《爱米丽形象改变的寓意分析》（作者：陈秋伶、范华泉）。"教育学"栏目包括6篇论文，即《"灌输论"学术论争及评述》（作者：申海龙）、《地方高校"通识教育"与课程整合》（作者：于海洪）、《论高校辅导员心理健康及自我调适》（作者：张瑜玲）、《中日英语教育比较研究》（作者：王鹂、王扬）、《小学教师工作倦怠状况及应对策略》（作者：王一竹）、《班主任专业化发展的路径选择》（作者：杨莉）。"学术随笔"栏目包括2篇文章，即《文学的生存之道》（作者：阿让）、《享受现世与敬畏历史》（作者：易木瓜）。这一期共有9个栏目，与上一期持平；文学类栏目最多，有6个；新设"'中国现代文学研究·新关键词'专栏""学术随笔"两个栏目。

2009年第3期的栏目有"21世纪文论""'中国现代文学研究·新关键词'专栏""数据库营销与传媒发展""古代文学""西南民族文化研究"

"英语语言学""政治学""区域经济""法学""教育学""学术随笔"等。"21世纪文论"栏目包括3篇论文，即《论战时新闻学的核心理念及新闻武器论的特殊意义》（作者：张育仁）、《文学是语文教学的主体——论王富仁的教育思想》（作者：廖四平）、《空间转向与新马克思主义都市研究》（作者：杨有庆）。"'中国现代文学研究·新关键词'专栏"栏目包括6篇论文，即《现代性、近代性》（作者：邱焕星）、《文革"显流文学""潜流文学"》（作者：武善增）、《"大我""小我"》（作者：郭剑敏）、《想象的共同体》（作者：童娣、汤海艳）、《底层叙事》（作者：张晓娟）、《想象现代性》（作者：徐先智）。"数据库营销与传媒发展"栏目包括3篇论文，即《报业集团数据库营销思路分析》（作者：张春林）、《我国传媒的数据库营销状况分析》（作者：李红秀）、《金融危机下报业的数字化生存与数据库营销》（作者：王仕勇）。"古代文学"栏目包括3篇论文，即《冯镇峦族戚交游考》（作者：李胜）、《论〈聊斋志异〉的典型范式之表现》（作者：蒋玉斌）、《关于"词选"的界定》（作者：薛泉）。"西南民族文化研究"栏目包括3篇论文，即《黄庭坚谪居黔州行迹生活考述》（作者：李金荣）、《宋蒙涪州战事述论》（作者：裴一璞）、《从"巴"字看巴人的崇蛇文化》（作者：陶兰）。"英语语言学"栏目包括4篇论文，即《汉英动宾结构比较研究》（作者：张殿恩）、《谈女性主义翻译理论中"度"的问题》（作者：张建萍、赵宁）、《任务-合作模式在大学英语口语教学中的实践研究》（作者：赵俊海）、《颜色词在中英语言中的比较及对会话合作原则的启示》（作者：艾蓉）。"政治学"栏目包括2篇论文，即《政治学理论对地区主义的解释述评》（作者：宋国栋）、《生态伦理精神探微》（作者：陈子飞、王官成）。"区域经济"栏目包括2篇论文，即《山东省区域经济发展的文化因素分析》（作者：孙海燕）、《动机导向的县域劳动力转移模型研究》（作者：陈博）。"法学"栏目包括2篇论文，即《罪责刑相适应原则的应用——由许霆取款案引起的思考》（作者：周立）、《试论数人侵权与共同侵权之关系——以现行规定为立足点展开》（作者：唐潇潇）。"教育学"栏目包括7篇论文，即《试论情绪对身心健康的影响及良好情绪的培养》（作者：李佺宁）、《贵州省民族地区农村留守儿童学习状况调查分析——以黔东南苗族侗族自治州为例》（作者：吴小叶）、《困境与出路：对重庆市农村留守儿童问题的思考》（作者：王红娜）、《家庭环境对幼儿人格发展的影响研究述评》（作者：张庭辉）、《构建三位一体的高校思想政治教育环境系

第四章 不同时期的学报栏目及其刊文分析

统》(作者：李荣健)、《高等职业学校教师职业倦怠研究——以重庆市两所高职院校为例》(作者：赵亮)、《试论大学生思想政治工作中的家庭教育》(作者：黄志红)。"学术随笔"栏目包括 2 篇文章，即《人性的窥破与修复——读铁凝小说新作〈伊琳娜的礼帽〉》(作者：阿让)、《书多为奴与书多为人》(作者：易木瓜)。这一期共有 11 个栏目，相比过去增加了两个栏目；文学类栏目最多，有 3 个；新设"数据库营销与传媒发展"栏目。

2009 年第 4 期的栏目有"'中国现代文学研究·新关键词'专栏""公共管理""文艺学""古代文学""历史""语言学""外国文学""政治学""教育学""品书录""学术随笔"等。"'中国现代文学研究·新关键词'专栏"包括 6 篇论文，即《生态文化》(作者：李钧)、《新世纪文学》(作者：孙霜霜、王洪岳)、《消费文化》(作者：邵璐璐)、《都市文化》(作者：杨新刚)、《无政府主义》(作者：朱松方)。"公共管理"栏目包括 4 篇论文，即《从主体视角透视地方政府改革行为动机》(作者：邓雪琳)、《论我国非营利组织参与公共危机管理的困境与对策》(作者：彭小玲)、《论我国政府绩效评估与政绩合法性》(作者：陈洪波)、《中国非常规预算调整问题探析》(作者：冯素坤)。"文艺学"栏目包括 4 篇论文，即《论解构后的当代中国文学理论重新建构》(作者：李自雄)、《简论 1920 年代的神怪电影》(作者：欧孟宏)、《论〈高兴〉的类型化艺术特征》(作者：金宏建)、《二十世纪四十年代新文学家旧体诗复兴及其成因》(作者：曾艳)。"古代文学"栏目包括 3 篇论文，即《论南社文学之"三弊"》(作者：汪梦川)、《江总年谱及作品纪年》(作者：钟翠红)、《标举"齐风"以振世——万历前期"山左三家"诗论概观》(作者：朱凤云)。"历史"栏目包括 3 篇论文，即《明代使臣在朝鲜的政治、文化活动》(作者：曹春茹)、《非洲联盟在解决非洲地区冲突中的功效——以达尔富尔问题为例》(作者：李文俊)、《论尼赫鲁执政时期美苏对印度的争夺》(作者：奉定勇)。"语言学"栏目包括 4 篇论文，即《性别研究与语言教学的酷儿理论解释》(作者：张荣建、曾文武)、《建构现代外语教学的生态互动》(作者：杨虹)、《〈哈克贝利·芬历险记〉的两个中译本的修辞效果对比研究》(作者：宋平锋、罗国太)、《学术论文结构的体裁分析——以应用语言学为例》(作者：陈惠艳)。"外国文学"栏目包括 4 篇论文，即《生存与遗忘：加缪视野下的生活真相解析》(作者：杨龙)、《解读自杀——〈金色笔记〉中的死亡主题研究》(作者：陈萌)、《试论〈山音〉的性生殖崇拜意向》(作者：邓桂英)、《浅析〈乞力马扎罗的雪〉》(作者：吴文)。"政治学"栏目包括3篇论文，即《柳宗元"吏为民役"思想研究的拓补》(作者：黄金华)、《关于国内协商民主研究的文献综述》(作者：刘海涛、冯后礼)、《论人类社会政治治理的三个阶段》(作者：董琼华)。"教育学"栏目包括4篇论文，即《走向主体间性教育》(作者：邱德雄、姜新生)、《关于亲子关系及其对青少年心理发展影响的研究》(作者：陈静)、《重庆市农村义务教育教师队伍现状与对策研究》(作者：田伟)、《大学生学习倦怠的影响与对策》(作者：徐广荣)。"品书录"栏目包括2篇书评，即《注入创新制剂的中国古代文学文化阐释——刘明华教授等〈文化视野下的中国古代文学阐释〉评介》(作者：陈冠明、张弦)、《"中国哈代小说研究的一个新起点"——丁世忠〈哈代小说伦理思想研究〉评介》(作者：胡俊飞)。"学术随笔"栏目包括2篇文章，即《人心的勘测与呵护——读铁凝小说新作〈咳嗽天鹅〉》(作者：阿让)、《从〈决裂〉看决裂》(作者：易木瓜)。这一期共有11个栏目，与上一期持平；文学类栏目最多，有4个；新设"公共管理"栏目。

2009年第5期的栏目有"'中国现代文学研究·新关键词'专栏""古代文学""文艺学""影视传媒""教育学""政治学""语言学""经济学""外国文学""学术随笔"等。"'中国现代文学研究·新关键词'专栏"栏目包括6篇论文，即《现代传媒》(作者：张勇)、《"吃人"文化》(作者：代廷杰)、《基督教文学》(作者：王文胜)、《个人主义》(作者：李定春)、《神话叙事》(作者：吴妍)、《死亡意识》(作者：刘自然)。"古代文学"栏目包括4篇论文，即《清初〈文选〉评点著作——〈山晓阁重订文选〉述论》(作者：赵俊玲)、《〈封神演义〉的意象叙事》(作者：李建成、孟华)、《近代湖湘词人地理、阶层分析》(作者：袁志成)、《牛郎织女传说三种文本分析》(作者：邹宏伟)。"文艺学"栏目包括6篇论文，即《以人为本与当代文学的精神》(作者：刘延福)、《郁达夫文艺观的嬗变》(作者：张少美)、《穆时英研究述评》(作者：白杰)、《〈财主底儿女们〉与城市空间关系的重构》(作者：文海林)、《论海德格尔的艺术创作观》(作者：卢尔珍)、《"道"的美学意蕴论析》。"影视传媒"栏目包括2篇论文，即《"故乡"修辞的拆解与重建——由"巫山—三峡"看第六代焦虑观蜕变的可能性症候》(作者：赵勇)、《试谈时尚消费的传媒叙事》(作者：张建)。"教育学"栏目包括5篇论文，即《高师反思－自省实习指导模式的构建》（作者：卢秀琼）、《少数民族山区"陪读家庭"的社会学解读》（作者：齐泽民）、《大学生逆反心理成因探析与对策研究》（作者：粘忠友）、《高校军事理论课立体化教学模式初探》（作者：钞群英、徐水根）、《教育信息化下师范生教育技术能力培养探讨》（作者：汪志平）。"政治学"栏目包括3篇论文，即《论二十世纪初期中国赴国外学习的三大热潮及其对中国社会的影响》（作者：卢国琪）、《宋代义利思想初探》（作者：郑颖慧）、《德瓦尔论黑猩猩的政治智慧》（作者：赵芊里）。"语言学"栏目包括5篇论文，即《毛泽东诗词中互文、设问、指代的英译》（作者：张智中）、《广告英语的声音象似性及其修辞功能研究》（作者：司文会、杨颖）、《从认知语境看言语交际中谎言的生成和理解》（作者：曹悦）、《现代汉语中时间副词"马上"的演变》（作者：李顺军）、《简论汉语歧义现象》（作者：张黎）。"经济学"栏目包括2篇论文，即《重庆区县投资环境评价与外资的空间分布特征研究》（作者：熊正贤）、《问题的性质与微观经济学练习题的设计》（作者：李政军）。"外国文学"栏目包括3篇论文，即《〈百种神秘感觉〉的精神分析说》（作者：鲁娅辉）、《无限的诗意——析 T. E. 休姆〈秋〉之悖论》（作者：许梅花）、《混合合唱曲〈忆秦娥·娄山关〉解析》（作者：陆晓燕）。"学术随笔"栏目包括1篇文章，即《我与童心鲁迅》（作者：伯牛）。这一期共有10个栏目；文学类栏目最多，有4个；新设"影视传媒"栏目。

2009年第6期的栏目有"'90年代诗歌'研究专题""'中国现代文学研究·新关键词'专栏""西南民族文化研究""21世纪文论""教育·教学""政治·经济""语言·文字""作家作品研究""书评""重庆文学史""学术随笔"等。"'90年代诗歌'研究专题"栏目包括3篇论文，即《90年代中国新诗的知识谱系》（作者：杨四平）、《略论90年代先锋诗歌的文化境遇与多元流向》（作者：谭五昌）、《"90年代诗歌"：问题与遗产》（作者：荆亚平）。"'中国现代文学研究·新关键词'专栏"栏目包括5篇论文，即《网络文学》（作者：刘志权）、《纯文学》（作者：范摅骊）、《现代性爱思潮》（作者：徐仲佳）、《文化认同》（作者：周述波）、《空间性》（作者：耿雪芹）。"西南民族文化研究"栏目包括5篇论文，即《论清代土司区变动的过程、特点及原因——以土家族区域为例证》（作者：成臻铭）、《历史时期贵州集市形成路径的类型学分析》（作者：李良品）、《〈涪陵纪善录〉考》（作者：王华东）、《土家族摆手舞风格特征与成因浅析》（作者：罗岚)、《乌江流域旅游研究述评》（作者：陶少华）。"21世纪文论"栏目包括3篇论文，即《嵇康认识论中的理性因素》（作者：罗益民、宋欣蓝）、《万县案与〈怒吼吧，中国!〉意义溯源》（作者：冷川）、《后现代语境下"我"的身份之谜》（作者：曾斌、陈志华）。"教育·教学"栏目包括6篇论文，即《从"实践教学"到"全能培养"——我国新闻教育理念及传媒人才培养模式改革探微》（作者：杨清波）、《新建院校学术团队建设的问题及对策研究》（作者：刘筱）、《城乡统筹视野下城乡教育发展刍议》（作者：尚碧波）、《刍议小学生英语学习评价方式审美化》（作者：王琼、邱德雄）、《高中理科政治课教学方法刍议》（作者：邓清华）、《新教育理念下的建构主义课堂教学模式研究》（作者：窦树德）。"政治·经济"栏目包括5篇论文，即《试论科学发展观与党内民主的关系》（作者：王久渊）、《科学发展观与高校思想政治教育工作探讨》（作者：郑常鱥）、《论青年大学生的不当面子观》（作者：黄江华）、《试论"统筹国内国际两个大局"战略思想的重大意义》（作者：张林敏）、《地理标志产品的准公共产品属性及其问题分析》（作者：黄振香）。"语言·文字"栏目包括4篇论文，即《青岛市旅游景点翻译策略浅析——从变译理论角度》（作者：仇全菊）、《中西文化差异对中英文语言表达的影响》（作者：陈娜）、《〈唐代墓志汇编〉释文校正》（作者：龚隽）、《中国英语："世界英语"的一种变体?》（作者：周祥红）。"作家作品研究"栏目包括3篇论文，即《王小波小说中的"追捕/逃亡"叙事模式分析》（作者：罗长青）、《回归传统 再铸理想人格——再评张炜小说》（作者：王艳玲）、《论〈追月楼〉的戏仿叙述》（作者：李亚）。"书评"栏目包括1篇文章，即《现代中西诗学关系研究的突破与扬弃——评谭桂林的〈本土语境与西方资源〉》（作者：吴正峰）"重庆文学史"栏目包括1篇年鉴。"学术随笔"栏目包括2篇文章，即《极致之后——读东紫的中篇小说〈春茶〉》（作者：伯牛）、《苍蝇与森林——读赫塔·米勒之一》（作者：阿让）。这一期共有11个栏目；文学类栏目最多，有5个；新设"'90年代诗歌'研究专题""教育·教学""政治·经济""作家作品研究""书评"等栏目。

总之，2009年的栏目稳定中有调整。全年坚持5期的栏目有"'中国现代文学研究·新关键词'专栏""学术随笔"；坚持4期的栏目有"21世纪文论""古代文学""政治学""教育学"；坚持3期的栏目有"西南民族文化研究""文艺学""语言学""外国文学"；坚持2期的栏目有"历史"

"重庆文学史"。由栏目设置情况来看，主要保持了在文学领域的传统优势，在政治、教育领域稿源也较为丰富。

（十四）2010 年的栏目及其刊文

2010 年第 1 期的栏目有"21 世纪文论""'中国现代文学研究·新关键词'专栏""古代文学""语言学""作家作品研究""法学""心理学""政治学""历史学""教育学""学术随笔"等。"21 世纪文论"栏目包括 3 篇论文，即《"阅读记忆"能否直接作为文学创作的精神资源？》（作者：宋剑华）、《主体性的缺失与文学创作经典性的沦丧》（作者：魏巍）、《游戏精神在儿童文学中的地位及其历史境遇》（作者：翟永明）。"'中国现代文学研究·新关键词'专栏"包括 2 篇论文，即《现代文学史料学》（作者：赵普光）、《大学教育》（作者：汪成法）。"古代文学"栏目包括 4 篇论文，即《论陈代音乐类诗的新变》（作者：何水英）、《苏轼与欧阳修的师生情谊浅识》（作者：朱安义）、《论六朝离别现象与赠答诗的关系》（作者：韩蓉、韩芬）、《〈简明古汉语字典〉引〈淮南子〉指瑕》（作者：郑春怡）。"语言学"栏目包括 4 篇论文，即《认知科学中的隐喻研究》（作者：唐世民）、《筚路蓝缕开拓　著作林林启后人——读〈奥托·叶斯柏森学术人生面面观〉》（作者：张高远）、《模因学理论对少数民族语言文化传承与保护的启示》（作者：赵俊海）、《略论翻译批评的功能》（作者：李艾岭）。"作家作品研究"栏目包括 4 篇论文，即《论〈白鹿原〉——"茅盾文学奖"获奖作品丛论之二》（作者：廖四平）、《论朝鲜徐敬德的哲理诗》（作者：杨会敏）、《论穆时英小说中的舞厅意象与狂欢化》（作者：秦安国）、《浅谈〈棋王〉中的游侠精神》（作者：李蕾）。"法学"栏目包括 4 篇论文，即《法院管理模式比较——基于对英国、德国、法国的考察》（作者：梁三利、郭明）、《权利恢复的理论探究——立足宽严相济刑事政策语境的分析》（作者：马春晓）、《客观归责的"危险原则"分析》（作者：姜敏）、《试论惩防一体化在职务犯罪侦查与预防衔接中的应用与完善》（作者：高松林、崔小龙）。"心理学"栏目包括 3 篇论文，即《前瞻记忆的生成机制研究综述》（作者：陈幼贞）、《英语学习模式转型期学习者心理变化探析——以绍兴文理学院为例》（作者：吴恒贤）、《儿童归纳推理的多样性效应及其争论》（作者：吴霞）。"政治学"栏目包括 4 篇论文，即《试论王符的社会思想》（作者：吴点明）、《论马尔库塞单向度思想的实质及当代意义》（作者：张丽萍、李国军）、《科学发展观视阈中经济发展的人本诉求》（作者：赵爱平、王长海）、《论高校辅导员职业成长阶段》（作者：韩伟、刘利才）。"历史学"栏目包括2篇论文，即《"内圣外王"与王莽之成败》（作者：党会先）、《董必武的林业思想初探》（作者：吴会蓉）。"教育学"栏目包括6篇论文，即《武陵土家族地区留守儿童教育问题研究——以利川市钟鼓村为个案》（作者：许传静）、《大学英语课程改革与教师角色发展》（作者：张殿恩）、《对大学教育的现代思考：两本相关著述的阅读札记》（作者：张玲）、《语文教材功能研究概述》（作者：张静）、《学生档案功能与学生自我超越设想》（作者：严春花、龙梦晴）、《论中学音乐教学中的思想政治教育》（作者：刘星）。"学术随笔"栏目包括2篇文章，即《那年月夜：夜行的驿车》（作者：伯牛）、《向诺贝尔说再见》（作者：阿让）。这一期共有11个栏目；文学类栏目最多，有4个。

2010年第2期的栏目有"古代文学""重庆文学史""影视研究""法学""西南民族文化研究""作家作品研究""经济与管理""传统文化研究""语言学""历史学""教育学""学术随笔"等。"古代文学"栏目包括5篇论文，即《中国古代长篇小说的"口、吕、品、器"字型人物板块结构——以〈红楼梦〉〈封神演义〉〈三国演义〉〈儒林外史〉为例》（作者：李建武、孙之卓）、《〈文心雕龙·情采〉中的"情""采"关系新解》（作者：胡言会、郭梅）、《〈鸳鸯配〉与才子佳人小说的遁世情结》（作者：黎藜）、《冯梦龙〈情史〉评辑的理论内涵分析》（作者：何悦玲）、《伤心紫玉化成烟——谈贾宝玉的三次化烟》（作者：邓洪强）。"重庆文学史"栏目包括8篇论文、1篇作者简历，论文有《生命的韵致与诗歌的尊严——谭明诗集〈光芒与蝶〉阅读印象》（作者：冬婴）、《谭明诗集〈光芒与蝶〉的纯粹性》（作者：赵东）、《朝向光芒的飞翔——谭明诗集〈光芒与蝶〉漫评》（作者：秦敬）、《地域经验、诗性言说与哲悟之思——〈光芒与蝶〉中的繁复体验》（作者：李祖德）、《状如清水听箫声——谭明诗论》（作者：王文平）、《豹尾的神话——读谭明诗集〈光芒与蝶〉》（作者：陆正兰）、《随笔：诗想中的金蔷薇》（作者：谭明）、《抗战文学的重庆主题与现代文学的北京、上海主题之比较》（作者：李蕾）。"影视研究"栏目包括4篇论文，即《1980年代第五代导演的视觉革命与艺术贡献——以1987年的〈红高粱〉为例》（作者：袁庆丰）、《观念束缚下的浅尝辄止：1920年代中国电影镜头语言思辨》（作者：朱洋洋）、《浅析1920年代中国电影的民族叙事传统》（作者：吕峰）、《试论综艺节目主持人多元化的角色定位与转换——以韩国综艺节目〈两天一夜〉为例》（作者：许芫颜、杨尚鸿）。"法学"栏目包括3篇论文，即《走私、贩卖、运输、制造毒品罪的既未遂形态认定》（作者：胡江）、《合同法的经济分析》（作者：刘廷华）、《非法证据排除规则初探》（作者：钟文华）。"西南民族文化研究"栏目包括2篇论文，即《乌江流域少数民族习惯法的当代变迁——以依法治国方略为视角》（作者：杨兴坤、张晓梅）、《西南少数民族迁徙史诗述略》（作者：朱飞镝）。"作家作品研究"栏目包括4篇论文，即《〈京华烟云〉中的幽默及对林语堂幽默观的再认识》（作者：武敏）、《一曲"上达天听"的现代歌谣——对〈活着〉的"形而下"解读》（作者：李哲）、《叶公超对艾略特传统诗学观的借鉴与超越》（作者：蒋睿）、《试论汪曾祺小说〈受戒〉的和谐之美》（作者：张琛）。"经济与管理"栏目包括3篇论文，即《中小企业融资体系现状与政策构建——基于重庆融资体系的实证分析》（作者：杜茂华）、《成渝经济区地方政府合作探析》（作者：余长惠）、《城乡统筹视野下西部"丘区"土地流转分析——以四川省乐山市井研县大水湾村为例》（作者：张继兰）。"传统文化研究"栏目包括3篇论文，即《"和而不同"思想的哲学意蕴及其现代价值》（作者：瞿敬平）、《论德育的本质》（作者：杨国蓉）、《〈老子〉的道德观及其现代价值的实现》（作者：李佳漪）。"语言学"栏目包括3篇论文，即《汉语属性词的共性与个性》（作者：曹保平、冯桂华）、《从四川方言浅谈文化与语言的关系》（作者：廖可佳）、《也谈荀子语言理论的体认辩证观》（作者：马应聪）。"历史学"栏目包括2篇论文，即《从双元互动到三维结合——环境社会史兴起的理论探讨》（作者：毛利霞）、《岳珂所交方外友人考》（作者：朱寅、龚维政）。"教育学"栏目包括3篇论文，即《从吏部铨选的标准看唐人的语文修养》（作者：李虎军）、《"知书达礼"思想初探——试评〈弟子职〉教育思想》（作者：顾金玲）、《在标志设计中引入中国结元素的哲学思考》（作者：陈渝）。"学术随笔"栏目包括2篇文章，即《历史文化中女性的文学讲述》（作者：伯牛）、《张洁与方舟》（作者：伯牛）。这一期共有12个栏目；文学类栏目最多，有3个；新设"经济与管理""传统文化研究"2个栏目。

2010年第3期的栏目有"专题：教育公平与教育发展研究""21世纪文论""语言学""作家作品研究""历史""社会学""古代文学""法学""文化与艺术""思想政治教育""学术随笔"等。"专题：教育公平与教育

《长江师范学院学报》史料整理与分析（1985—2020）

发展研究"栏目包括5篇论文，即《统筹城乡教育　促进教育公平——创建城乡师资多元互动的合作机制》（作者：彭寿清）、《乌江流域民族地区教育不公平问题分析及对策》（作者：于海洪）、《民族教育功能的失调与矫正》（作者：张大友）、《论差异视域中的教育公平意蕴》（作者：冉隆锋）、《乌江流域基础教育发展问题刍议——以教育公平理念为视角》（作者：雷继红）。"21世纪文论"栏目包括3篇论文，即《文革前文学：沿着两条主轴线的发展——从宏观角度重新认识毛泽东文艺思想和十七年文学的关系》（作者：刘江）、《视点观察：当代文学六十年》（作者：陈进武、汤晨光）、《后现代主义哲学的价值观》（作者：张建、李明）。"语言学"栏目包括2篇论文，即《也谈"越A越B"——从量范畴的角度看倚变关系》（作者：赵国军）、《语义推理的影响因素分析》（作者：周江平、李吉军）。"作家作品研究"栏目包括4篇论文，即《欲望与人性的双重话语——论余华的〈兄弟〉》（作者：刘东玲）、《自由　清新　主观——冯雪峰新诗创作综论》（作者：李卫华）、《柔美与温情的完美融合——对冰心诗歌母爱主题的一种阐释》（作者：李正）、《中国现代女作家的中短篇叙事小说的红楼梦化表征》（作者：周凤莉）。"历史"栏目包括3篇论文，即《试论德川幕府时期日本与越南的朱印船贸易》（作者：尤建设）、《拜占廷与基辅罗斯的征战贸易》（作者：毛晨岚）、《关于朝鲜战争中几个问题的澄清》（作者：郭德君）。"社会学"栏目包括4篇论文，即《论和谐社会视域中合理的社会流动》（作者：马传松）、《论网络时代企业危机中领导者的管理策略误区——以三鹿事件为例》（作者：陈仁芳）、《新中国成立60年以来青年婚恋观的发展变迁》（作者：赵文芳）、《传媒低俗化的伦理反思》（作者：骆玉平）。"古代文学"栏目包括5篇论文，即《走近上元年间的杜甫——探杜诗的佛道思想》（作者：杨映红）、《〈封神演义〉的外"道"内"儒"辨正》（作者：孟华）、《〈汉书·艺文志〉"小说家"探究》（作者：王娜、李新霞）、《试论大历诗人李嘉祐对吴均何逊诗歌的继承与创新》（作者：张硕）、《史官与书信体文章的关系初探》（作者：韦丹）。"法学"栏目包括5篇论文，即《网络监督的法律特征》（作者：李乾宝）、《论我国缓刑制度的完善》（作者：石溅泉）、《〈论离婚法草案〉中的法律思想及其意义》（作者：祝爱珍）、《试论刑事被害人救助制度的构建》（作者：马学锋）、《试论隐名股东资格的认定》（作者：周婷婷）。"文化与艺术"栏目包括4篇论文，即《对"科学"的发现——胡适对清代学术史的一种解读》（作者：詹文理）、

《卢肇实学美学文风综论》（作者：吴聪）、《土家族歌舞的文化功能研究》（作者：陈海珍）、《试论中国现代艺术舞蹈的发展路向》（作者：张丹）。"思想政治教育"栏目包括2篇论文，即《大学生校园不文明行为原因及对策探析》（作者：宋正富）、《"大学生村官"的思想政治教育问题研究》（作者：牛娜、于建荣）。"学术随笔"栏目包括2篇文章，即《种瓜得豆说〈林海雪原〉（一）》和《种瓜得豆说〈林海雪原〉（二）》（作者：伯牛）。这一期共有11个栏目；文学类栏目最多，有3个；新设"专题：教育公平与教育发展研究""文化与艺术"2个栏目。

2010年第4期的栏目有"21世纪文论""文化研究""历史""思想政治教育""影视研究""政治·经济""法学""哲学""教育与教学""外国文学""档案研究""学术随笔"等。"21世纪文论"栏目包括3篇论文，即《新世纪〈寒夜〉研究十年（2000—2009）述评》（作者：康鑫）、《柔石研究述评》（作者：李岚）《经典导读：连接高师现当代文学教学与基础语文教育的桥梁》（作者：曹亚明）。"文化研究"栏目包括5篇论文，即《简析王栋的诚意观》（作者：张树俊）、《庄子尚"自然"的生态》（作者：单益强、单辉）、《古希腊人的祖先崇拜与奥运圣火的起源》（作者：周仁成）、《大众媒介语境下的非物质文化遗产传播》（作者：穆昭阳）、《〈红楼梦〉英译本的中国英语特色研究》（作者：尹新华）。"历史"栏目包括5篇论文，即《论宋代墨的商品性消费》（作者：秦开凤）、《十年来"唐宋变革"研究述评》（作者：王秦）、《藏传佛教传入蒙古族地区的过程及原因分析》（作者：伦玉敏、刘勇、王萌）、《试论清末民初贵州妇女解放运动兴起的原因》（作者：杨艳）、《浅析中世纪西欧贸易区的初步形成》（作者：刘杰）。"思想政治教育"栏目包括4篇论文，即《"博客"在高校思想政治教育中的价值及其实现》（作者：邓清华）、《网络文化对大学生思想政治教育的冲击与应对》（作者：尚碧波）、《"唱读讲传"活动融入高校思想政治理论课研究》（作者：向小川）、《浅析高校和谐校园建设环境的优化途径》（作者：周德华）。"影视研究"栏目包括2篇论文，即《新闻纪录片放映与新中国农村的社会政治运动——以重庆江津为例》（作者：陈艳艳、刘广宇）、《30年代中国电影中的上海租界》（作者：徐婷婷）。"政治·经济"栏目包括4篇论文，即《公民个体与政治共同体——公民政治主体性的三维度分析》（作者：赵斌）、《梭罗自然观视阈下科学发展观的统筹关系》（作者：高璐）、《山东省与天津滨海新区区域合作驱动力分析》（作者：孙海燕、梁帅)、《建设海峡西岸经济区的政治学意义分析》(作者:周勇)。"法学"栏目包括4篇论文,即《解读经济法国家观与行政法社会观》(作者:余春琴)、《对法条竞合的一个反思性考察——以保险诈骗罪为例》(作者:贺洪波)、《论我国公司法上的股东代表诉讼制度》(作者:夏毅)、《建立刑事被害人法律援助制度之构想》(作者:谭勇)。"哲学"栏目包括2篇论文,即《从实践角度理解马克思关于人的本质学说——以〈关于费尔巴哈的提纲〉为文本》(作者:赵杨坤)、《建国60年来〈德意志意识形态〉研究综述》(作者:吴兴德、冯颜利)。"教育与教学"栏目包括4篇论文,即《论校本课程发展的文化取向》(作者:孙曙、范蔚)、《浅析过渡语僵化与英语专业精读教学》(作者:龙娜娜)、《基础英语阅读课中词汇学习策略训练的实证研究》(作者:李燕)、《增强高校思想政治理论课教学实效的策略探析》(作者:曾咏辉)。"外国文学"栏目包括5篇论文,即《西尔维娅·普拉斯诗中的身份问题》(作者:方丽)、《〈荆棘鸟〉和〈飘〉的相似性研究》(作者:曹双萍)、《论劳伦斯戏剧的乡土特色》(作者:资云南)、《"传统女性叛逆者"光环下的几道阴影——再读〈简·爱〉》(作者:陈裕)、《探析〈白轮船〉的二元世界》(作者:吕燕清)。"档案研究"栏目包括2篇论文,即《文化传播学视野下学报档案的管理与利用》(作者:黄志洪)、《浅议二级学院图书资料室的专业化建设》(作者:张静)。"学术随笔"栏目包括2篇文章,即《旧书的历史印痕》(作者:易光)、《悼阳光书屋的倒掉》(作者:易木瓜)。这一期共有12个栏目;栏目分布比较均衡;新设"教育与教学""档案研究"等2个栏目。

2010年第5期的栏目有"21世纪文论""研究综述""古代文学""文字学""语言学""法学""政治学""思想政治教育""外国文学""教育学""现当代文学""品书录""学术随笔"等。"21世纪文论"栏目包括4篇论文,即《生态的伦理学——关于〈诗学〉和〈文心雕龙〉学术历程的思考》(作者:罗益民、罗峰)、《"样板戏"革命主题的宗教内涵》(作者:李松)、《赵树理:游走在民间与庙堂之间》(作者:甘浩)、《试论消费时代日常存在的审美重构》(作者:袁志准)。"研究综述"栏目包括3篇论文,即《建国六十年群众文化研究综述》(作者:胡守勇)、《新英雄传奇研究综述》(作者:戴莉)、《1990年以来大陆苏青研究综述》(作者:黄梅)。"古代文学"栏目包括3篇论文,即《明代中晚期小说与士人的淑世心态》(作者:蒋玉斌)、《论李易安的诗才》(作者:张成恩)、《"山左三家"公

第四章 不同时期的学报栏目及其刊文分析

鼐与于慎行、冯琦交游考》(作者：朱凤云)。"文字学"栏目包括 2 篇论文，即《论王念孙〈读书杂志〉的"义不相属"》(作者：刘精盛)、《〈朱子语类〉"诛杀"概念场研究》(作者：任科雄)。"语言学"栏目包括 3 篇论文，即《英傣语言修辞中的民族文化特征》(作者：李强)、《英语词类转换的认知机制研究》(作者：武仲波)、《英汉广告语的生态美学观照》(作者：廖东红)。"法学"栏目包括 5 篇论文，即《法律的正义和效力法则》(作者：张武举)、《论环境侵权团体诉讼制度》(作者：董帝鋆)、《论罪责刑相适应原则在刑法适用解释中的作用——以一起转化型抢劫案为视角》(作者：张健)、《浅论宽严相济的刑事政策》(作者：马德胜)、《完善我国夫妻法定共同财产制研究》(作者：徐文婧)。"政治学"栏目包括 3 篇论文，即《政党下乡过程中乡村权力主角的重构》(作者：张健)、《试论新加坡廉政建设及其对我国的现实启示》(作者：黄存金)、《和谐社会背景下未就业高校毕业生的生存权保障问题探讨》(作者：卫泳震)。"思想政治教育"栏目包括 2 篇论文，即《网络环境下思想政治教育的文化选择》(作者：谭建成)、《当前大学生婚恋观教育对策探析》(作者：沈娟)。"外国文学"栏目包括 3 篇论文，即《庞德翻译汉诗中体现的哲学阐释学思想》(作者：颜健生)、《叶芝诗歌生态观解读》(作者：张明兰)、《〈都柏林人〉的现代诠释》(作者：陈俏淳)。"教育学"栏目包括 4 篇论文，即《美国 SEI 模式下的教师角色之探析》(张雁、王颖)、《MI 理论视野下的大班精读课合作学习策略研究》(作者：刘晓晖)、《流动儿童家庭教养方式和学习适应性的相关研究》(作者：刘磊、符明弘、范志英)、《西部欠发达地区高校青年外语教师职业发展调查》(作者：原芳莲、郭晓英)。"现当代文学"栏目包括 4 篇论文，即《萌动的个性化声音——重读 1950 年代〈工人短篇小说选〉》(作者：陈伟)、《从传播方式看张爱玲 80 年代以来在大陆的大众化历程》(作者：安成蓉、刘利)、《〈妻妾成群〉：女性形象背后的历史阴影》(作者：陈晓君)、《"多头怪"形象生成的社会背景推演述》(作者：瞿宏州)。"品书录"栏目包括 2 篇文章，即《值得依赖的凭借与应该感谢的劳作——廖四平博士著〈茅盾文学奖获奖作品解析〉序》(作者：李建军)、《20 世纪重庆文学研究的拓荒之作——评周晓风著作〈20 世纪重庆文学史〉》(作者：李庆华)。"学术随笔"栏目包括 2 篇文章，即《经验中的文学史》(作者：阿让)、《〈蜗居〉：中国人的爱与痛》(作者：易木瓜)。这一期共有 13 个栏目；文学类栏目最多，有 5 个；新设"研究综述""文字学""现当代文学"等3个栏目。

2010年第6期的栏目有"21世纪文论""教育学""影视研究""古代文学""历史""语言学""法学""社会学""思想政治教育""外国文学""重庆文学史""品书录""学术随笔"等。"21世纪文论"栏目包括4篇论文，即《消费主义的后果分析》（作者：刘方喜）、《上世纪末中国新左派思潮的"新"与"左"》（作者：李国）、《论〈长恨歌〉——"茅盾文学奖"获奖作品丛论之三》（作者：廖四平）、《浅论诗歌的灵魂及身体——以语言哲学为视角》（作者：张生）。"教育学"栏目包括5篇论文，即《近代中国人格之重建——蔡元培健全人格教育思想探析》（作者：李清聚）、《伦理学专业人才培养模式及培养方案改革的研究与实践》（作者：任丑）、《我国独立学院办学模式中存在的问题与对策》（作者：邱德雄、盛正发）、《新课标下中学英语课堂互动现状调查与分析》（作者：陈达、王随红、付明霞）、《对外汉语语音教学阐微——以对韩国学生的辅音声母教学为例》（作者：黄雅婷）。"影视研究"栏目包括2篇论文，即《坚守　重构　突围——论姜文导演作品另类叙事图景的文本意义》（作者：张冀）、《论现代电视广告中的性别政治》（作者：张译丹）。"古代文学"栏目包括3篇论文，即《左思、鲍照生活环境及个性特征的对照研究》（作者：赵立学）、《盘瓠神话与〈西厢记〉叙事内容的同构性》（作者：张艳）、《两晋南朝寒士创作心理历程及艺术手法浅论》（作者：冯文娜）。"历史"栏目包括3篇论文，即《先秦时期枳地巴人军争录》（作者：曾超）、《民国时期的新疆丝织业》（作者：杨和平）、《试论徽州地域文化对戴震重知思想的影响》（作者：卞程秀）。"语言学"栏目包括4篇论文，即《土家族语言文化概论》（作者：陈廷亮、杜华）、《贵州平塘卡蒲毛南族（佯僙人）语言语音声母系统研究》（作者：周旭东、刘婷婷）、《现代汉语称谓语与中国人的原始崇拜》（作者：周延松）、《从文化视角探析商标翻译的方法》（作者：王友琴）。"法学"栏目包括5篇论文，即《交易婚初探》（作者：卢文捷）、《我国假释撤销制度存在的问题及其完善》（作者：高洁、徐滇）、《论中国传统法律的伦理特性与现代反思——以瞿同祖〈中国封建社会〉为切入点》（作者：马学锋）、《犯罪本质探析——基于"情理法"的大众视角》（作者：贺洪波）、《刑罚的震慑力与宽和力——从刑罚的目的看刑罚的确定性、及时性和严厉性的关系》（作者：田旭、胡筱琳）。"社会学"栏目包括6篇论文，即《当代中国灾害性公共危机下的应对机制构建》（作者：董强）、《试析社会学理论的多元性》(作者：李南海)、《人的全面发展与哲学的价值研究》(作者：李丹萍、汪沅)、《浅析我国村民自治中村"两委"的矛盾与冲突》(作者：康晓君)、《中国留守儿童社会支持系统研究述评》(作者：雷鹏、陈旭、关友萌)、《庄子、"天人合一"与和谐社会》(作者：王虹)。"思想政治教育"栏目包括 2 篇论文，即《高校思想政治理论课研究性学习的理性思考》(作者：谢秀军)、《大学生反思能力培养的重要性及对策分析》(作者：程锡凤)。"外国文学"栏目包括 2 篇论文，即《论奈保尔小说〈米格尔街〉描写的后殖民化家庭暴力》(作者：胥维维)、《芥川龙之介与艺术至上主义——以〈戏作三昧〉和〈地狱变〉为中心》(作者：占才成)。"重庆文学史"栏目包括 1 篇论文，即《评三峡作家对台湾文学和海外华文文学的杰出贡献》(作者：陶德宗)。品书录包括 2 篇文章，即《人道的庄严——读〈藏獒〉》(作者：孔庆东)、《执著探求 收获丰厚——序杨雅丽著〈礼记〉语言学与文化学阐释》》(作者：段国超)。"学术随笔"栏目包括 2 篇文章，即《今年诺奖说略萨》(作者：伯牛)、《端阳与屈原》(作者：阿让)。这一期共有 13 个栏目；文学类栏目最多，有 4 个。

总之，2010 年的栏目相对稳定。全年坚持 6 期的栏目有"法学""学术随笔"；坚持 5 期的栏目有"21 世纪文论""古代文学""语言学""历史"(或"历史学")；坚持 4 期的栏目有"教育学""思想政治教育"；坚持 3 期的栏目有"作家作品研究""影视研究""外国文学"；坚持 2 期的栏目有"政治学""重庆文学史""社会学"。由栏目设置情况来看，"法学"栏目稿源丰富，文学栏目地位有所下滑，但是包括"语言学""历史学"的大人文学科仍然占优势，教育类栏目重要性有所上升。

(十五) 2011 年的栏目及其刊文

2011 年第 1 期的栏目有"红色经典辨伪""西南民族文化研究""重庆文学史""影视传媒""古代文学""文化理论""政治·管理""历史""法律""作家作品研究""语言学""教育学""品书录""学术随笔"等。"红色经典辨伪"栏目包括 1 篇论文，即《罗广斌与〈红岩〉：宏大叙事背后的难言之隐》(作者：宋剑华)。"西南民族文化研究"栏目包括 3 篇论文，即《乌江流域历代移民述论》(作者：张世友)、《涪陵北岩文化发展历程、内涵及影响初探》(作者：谭清宣、叶凯)、《酉阳冉氏土司的沿革、族属与民族关系》(作者：彭福荣)。"重庆文学史"栏目包括 2 篇论文，即

《"寻父"与"弑父":虹影小说的悖论式书写及其意义》(作者:秦香丽)、《"文学的大饼"与重庆的烧饼——也读〈经典关系〉》(作者:郝明工)。"影视传媒"栏目包括3篇论文,即《在大小叙事中穿行——论当前谍战影片的文化身份认同》(作者:田文兵)、《〈我的兄弟叫顺溜〉与民族主义叙事》(作者:李文甫、魏巍)、《中国国家形象建构中的媒体传播策略》(作者:胡志龙)。"古代文学"栏目包括1篇论文,即《〈聊斋〉冯评对王评的接受与反拨》(作者:李胜)。"文化理论"栏目包括3篇论文,即《文化遗产:我们应当继承什么?——以马克思主义的眼光考察文化遗产的继承问题》(作者:刘江)、《佛教变异与禅宗的新生》(作者:郭云)、《阅读经典 提高大学生的人文素质》(作者:傅德岷)。"政治·管理"栏目包括3篇论文,即《新形势下领导干部密切联系群众问题研究——基于湛江的实证分析》(作者:郭波)、《农村基层党组织队伍建设的困境与突破——以秀山县两河村为例》(作者:汪明松)、《对高校岗位设置中"双肩挑"模式的理性思考》(作者:方华、李辉)。"历史"栏目包括3篇论文,即《论贞观时期官修史书编撰的成功经验》(作者:曾海龙)、《第二次布匿战争初期罗马军队损失人数考析》(作者:黄康)、《1938—1941年国民政府对美外交述论》(作者:张文禄)。"法律"栏目包括2篇论文,即《司法工作人员职务犯罪的特点、发案原因及预防对策研究》(作者:石溅泉)、《农村征地暴力事件的法律分析》(作者:陈敏)。"作家作品研究"栏目包括5篇论文,即《安娜的一帘幽梦——多丽丝·莱辛〈金色笔记〉梦境别裁》(作者:罗益民、吕星)、《灵魂与自我的对话——叶芝的形而上学思想研究》(作者:闫瑞娟、臧红宝)、《历史语境下的黄昏情结与沉积意识——从卞之琳〈距离的组织〉谈起》(作者:张波)、《从典故看〈和文天祥正气歌〉的主题思想——兼与〈正气歌〉作比较》(作者:张敏生)、《试论中国女性诗歌的传统与现代——从女性诗歌中的爱情与生命意识谈起》(作者:张静宇)。"语言学"栏目包括3篇论文,即《适于表情达意的变异句法结构更为规范》(作者:赵小东、熊安慧)、《词的引申义数量和语义范畴量的关系——以人体名词为例》(作者:赵倩)、《重庆涪陵话的语音系统及其特点》(作者:彭小玲)。"教育学"栏目包括8篇论文,即《实行教育惩罚的实效性与学生认同感的研究》(作者:于海洪、雷继红、汪伟)、《论我国特殊教育政策的教育公平价值取向》(作者:陈美志)、《新课程背景下公共心理学课程的教学改革与研究》(作者:郑红渠)、《网络环境对高校政治理论课教学的影响》（作者：付国辉、陈国壮、丁云举）、《教师反馈及同侪反馈应用于公共英语写作教学之行动研究》（作者：王莹）、《联想关系在对外汉语词汇教学中的运用》（作者：牟莉）、《中日高校外语教师教育比较》（作者：刘娜、王扬）、《浅析艺术歌曲的诠释与演唱》（作者：彭梅）。"品书录"栏目包括1篇文章，即《〈文化变迁与语言传承——土家族的语言人类学研究〉评述》（作者：杨洪林）"学术随笔"栏目包括1篇文章，即《乡村四月，一首诗或一篇小说》（作者：易木瓜）。这一期共有14个栏目，栏目数量较多；文学类栏目最多，有4个；新设"红色经典辨伪""文化理论""政治·管理""法律"等4个栏目。

2011年第2期的栏目有"红色经典辨伪""'打工文学'研究""西南民族文化研究""戏曲研究""语言学""古代文学""比较文学""心理学""伦理学""经济与管理""作家作品研究""教育教学""历史""学术随笔"等。"红色经典辨伪"栏目包括1篇论文，即《"传奇"革命历史的艺术典型——〈红旗谱〉历史真实与艺术真实的交错纠葛》（作者：张翠玲）。"'打工文学'研究"栏目包括1篇论文，即《"打工文学"核心问题研究论纲》（作者：周航）。"西南民族文化研究"栏目包括3篇论文，即《直面真相——对重庆"民艺精品"项目生存境遇的调研》（作者：刘广宇、李建宏）、《土家族歌舞行为生存意义研究》（作者：肖罡）、《乌江流域土家族宗教信仰中的自然生态理念》（作者：田华银）。"戏曲研究"栏目包括2篇论文，即《改良戏曲寻常事　灯彩谁家比得来——试论上海"新舞台"的戏曲改良运动》（作者：陈文勇）、《莫扎特三部喜歌剧中女仆的戏剧形象研究》（作者：杨思慧）。"语言学"栏目包括2篇论文，即《"难道"的成词及其语法化》（作者：王兴才）、《初探〈说文解字〉中表示动物类的字——以豸部和马部为例》（作者：巫正秀）。"古代文学"栏目包括2篇论文，即《谁解其中味——论凤姐和宝玉的关系及其在表现主题中的作用》（作者：姚晓菲）、《论〈聊斋志异〉中的理想女性形象》（作者：南瑛）。"比较文学"栏目包括2篇论文，即《中西诗学中的想象观之探讨》（作者：兰守亭、金学品）、《在欲望的选择中凸显人性——解读〈红字〉与〈荆棘鸟〉的人物内涵》（作者：孙桂芝）。"心理学"栏目包括2篇论文，即《富士康"虎狐"文化管理模式与员工"十二连跳"深层心理冲突之探讨》（作者：陈仁芳）、《趋避式动机冲突产生的认知心理机制探析》（作者：付建丽）。"伦理学"栏目包括2篇论文，即《论公共行政人员的道德规束》

(作者：唐良友)、《希腊神话与中国神话伦理精神比较研究》(作者：陈丽丽)。"经济与管理"栏目包括4篇论文，即《对冲基金监管制度研究——以麦道夫案为例》(作者：林玲玲、吴燕来)、《网络群体性事件与政府应对策略》(作者：翁文斌)、《劳动力价值理论视角下的农民工工资问题探析》(作者：柏娜)、《花都"硬环境"对广东培正学院发展的积极作用——以地铁、公路、旅游、房产、高校项目为例》(作者：李建武)"作家作品研究"栏目包括6篇论文，即《藏族史诗〈格萨尔〉体现的侠义精神——以〈门铃大战〉为例》(作者：冯雪燕)、《艺术的艰难突围与政治意识的无奈选择——丁玲〈夜〉的再解读》(作者：游文慧)、《记忆与印象：史铁生的写作之源》(作者：唐敏)、《闻一多留美提前归国原因探析》(作者：朱佳宁)、《"五四"改革春天里的昙花一现——论讲学社对中外文化交流所做的贡献》(作者：吕洁宇)、《从女性主义叙事学看〈士师记〉中的性别政治》(作者：徐俊)。"教育教学"栏目包括4篇论文，即《翻译硕士学位课程中口译课程教学体系建构研究》(作者：付江涛)、《民族地区公办农民工子弟学校学生特点与教育对策研究——从比较分析的视角》(作者：李传瑛)、《案例教学法在"概论"课中的应用》(作者：叶春红)、《以技能比赛促进技能教学的模式研究》(作者：周超)。"历史"栏目包括1篇论文，即《明清徽州上层妇女生活研究》(作者：李丹丹、张帮)。"学术随笔"栏目包括2篇文章，即《文学创作的历史惯性》(作者：伯牛)、《文学创作的历史惰性》(作者：伯牛)。这一期共有14个栏目，与上一期持平；文学类栏目最多，有5个；新设"'打工文学'研究""戏曲研究""比较文学""教育教学"等栏目。

2011年第3期的栏目有"红色经典辨伪""西南民族文化研究""文化与哲学""教育教学""语言学""作家作品研究""文学理论""古代文学""法律""社会·经济""心理学""图情研究""学术随笔"等。"红色经典辨伪"栏目包括1篇论文，即《羊城革命的史诗叙事——〈三家巷〉的艺术传奇故事》(作者：黄贤君)。"西南民族文化研究"栏目包括3篇论文，即《散杂居民族地区文化的传承与重构——以湖北省松滋市卸甲坪土家族乡为例》(作者：童莹)、《历史时期涪陵社会面貌考察——以历代文人诗歌为中心》(作者：夏洁、彭福荣)、《西南文化的基本特征及价值取向》(作者：李武亚)。"文化与哲学"栏目包括4篇论文，即《论租界文化语境下20世纪二三十年代的〈良友〉画报》(作者：杨宏秀)、《汉语直接抱怨语的维护面子策略》(作者：袁陇珍、王小龙)、《交往：人类存在的实践确证》(作者：郭晓林)、《网络视阈下科技与道德的困境及调适刍议》(作者：廖显华)。"教育教学"栏目包括5篇论文，即《西部欠发达地区外语教师职业发展研究——西部高校外语教师在不同职业发展阶段的评价方法探索》(作者：郭晨霞、郭晓英、梁亚兰)、《基于自建小型语料库的写作教学模式探究》(作者：李莉)、《国际视野下的教师素质及其评价》(作者：熊健杰)、《EFL英语写作教学新思路探索》(作者：刘波)、《意象图式理论指导下的外语教学》(作者：杨丽梅)。"语言学"栏目包括5篇论文，即《武乡方言中的"圪"字词》(作者：孙媛媛、杨超)、《英语中建立在"相似"基础上的辞格对比分析》(作者：朱德红)、《文化预设视角下的误译现象透析》(作者：张华)、《高级英语选文的语用读——语用原则在分析〈爱情是谬误〉作者目的与手法上的运用》(作者：蓝小燕)、《小议日语中的汉字词》(作者：徐灿)。"作家作品研究"栏目包括2篇论文，即《"身体写作"的症候式分析》(作者：禹权恒)、《析宗教对简·奥斯丁作品的影响》(作者：王雪群)。"文学理论"栏目包括4篇论文，即《本雅明"闲逛"与德塞尔托"散步"之比较》(作者：张荣)、《想望城市：论新世纪文学中农民的城市审美想象》(作者：杨高强)、《当经典成为符码——现代社会文学经典的符号学释义》(作者：胡椿杭)、《后美学视野中"审美泛化"现象的中西观照》(作者：寇瑞娟)。"古代文学"栏目包括6篇论文，即《古代天命小说叙事母题研究》(作者：陈玉荣、肖智才)、《浅论泰州学派中的人本主义思想》(作者：李瑞)、《敦煌曲子词中的"泪"意象》(作者：李娟)、《愁如高山恨似海——李煜后期词初探》(作者：戴蕤娜)、《简论〈牡丹亭〉中的柳梦梅形象》(作者：张琛)、《论康与之的词》(作者：阳繁华)。"法律"栏目包括2篇论文，即《〈动物保护法〉草案之我见》(作者：陈学敏)、《刑法第二百五十三条之一第一款的罪名 应为非法提供公民个人信息》(作者：马学锋)。"社会·经济"栏目包括3篇论文，即《新农村视角下村民自治的困境与对策分析》(作者：兰世惠)、《关于农村自然村的人口问题与对策思考——以A村、B村为例》(作者：胡厚翠)、《民营经济组织形式家族公司化现象解析》(作者：夏旭阳)。"心理学"栏目包括1篇论文，即《情绪创造力研究述评》(作者：栗玉波、朱莉娟、宋晓燕)。"图情研究"栏目包括1篇论文，即《西部一般本科院校图书馆学科化服务的实践与思考》(作者：江文芬)。"学术随笔"栏目包括2篇文章，即《〈灵雀〉杂说（一）》（作者：伯牛）、《〈灵雀〉杂说（二）》（作者：伯牛）。这一期共有13个栏目，比上一期减少1个栏目；文学类栏目最多，有4个；新设"文化与哲学""文学理论""社会·经济""图情研究"等3个栏目。

2011年第4期的栏目有"红色经典辨伪""西南民族文化研究""建党90周年专题""马克思主义研究""教育教学""语言学""作家作品研究""古代文献与文学""社会·经济""思想政治教育""心理学""学术随笔"等。"红色经典辨伪"栏目包括2篇论文，即《艺术重塑历史的英雄传奇——关于小说〈林海雪原〉人物与事件的真实性问题》（作者：丰杰）、《"红色经典"的祛魅与重评》（作者：白杰）。"西南民族文化研究"栏目包括4篇论文，即《三峡航道整治研究》（作者：黄权生、罗美洁）、《试论土家木匠的转型与发展》（作者：袁东升）、《略述抗战时期国民政府迁都重庆对重庆发展的影响》（作者：黄妍）、《布朗族民俗价值解析》（作者：李淑娟）。"建党90周年专题"栏目包括3篇论文，即《浅析陈独秀民主理论的特色》（作者：陈晓钢）、《小议红军二、六军团会师时间和地点》（作者：张攀学）、《高校学生党员教育的探索与实践》（作者：余文模）。"马克思主义研究"栏目包括1篇论文，即《论人的本质、异化和全面发展的马克思主义价值观思想及其现代意义》（作者：吕进）。"教育教学"栏目包括6篇论文，即《幼教改革与幼儿教师的专业发展》（作者：蔡其勇）、《我国教育督导专业化现状与思考》（作者：周波）、《基于教师专业化背景的教师教育类课程设置探索与思考》（作者：周朝坤）、《大学英语口语任务型教学及评价机制》（作者：任运忠、鄢家利）、《美国中小学课外作业设计及启示》（作者：王莉、郑国珍、刘超）、《中国现代文学教学的一种构思》（作者：杨姿）。"语言学"栏目包括3篇论文，即《英语"V + ing + Object"结构的功能语法分析》（作者：张殿恩）、《基于语气的汉语"了"的日语表达》（作者：张丽芳）、《佛经翻译中的文质之争与文质之和》（作者：文永超）。"作家作品研究"栏目包括5篇论文，即《近三十余年日本、中国内地村上春树研究述评》（作者：张敏生）、《看似寻常最奇崛——谈老舍小说的景物描写》（作者：周宝玉）、《时代旋律的空谷之音——浅析陈敬容诗歌的抗争意识》（作者：李正、杨铃铃）、《论贾平凹文化人格的"自我"型构》（作者：施波）、《结构模式的趋同性追求——沈从文汪曾祺小说结构艺术的对比探究》（作者：肖太云）。"古代文献与文学"栏目包括3篇论文，

第四章　不同时期的学报栏目及其刊文分析

即《六祖慧能对"四弘誓愿"的新解》（作者：武氏莉）、《唐代盛衰对巫山诗风格的影响》（作者：陈万葵）、《风雨晦明　鸡鸣不已——谈魏晋南北朝游仙小说对唐传奇的影响》（作者：邱健）。"社会·经济"栏目包括6篇论文，即《西部民族地区农村公共政策执行问题研究——以"家电下乡"政策为例》（作者：马德君、谢辛）、《福建省经济学类人才培养现状分析》（作者：钟明春）、《安置帮教社区矫正面临的困境及社会学分析》（作者：胡善平、王鹏）、《城乡统筹背景下重庆民族文化产业开发调查研究》（作者：祝国超）、《重庆忠县文化旅游创意产业发展模式研究》（作者：尹浩）、《物价上涨对居民生活及心态影响》（作者：杨宁芳、郑敏琪、李洋洋）。"思想政治教育"栏目包括2篇论文，即《培育非智力因素对提升大学生就业力影响研究》（作者：董玉刚）、《试论当代大学生参加社会实践活动的紧迫性与必要性——兼论重庆市开展的"六个一"活动》（作者：刘华）。"心理学"栏目包括2篇论文，即《师范大学生人格特质、社会支持与自我和谐的关系》（作者：王刚、李志勇）、《大学生职业成熟度的调查与分析——以重庆地区为例》（作者：张聚华、王兴国、熊娇）。"学术随笔"栏目包括1篇文章，即《顿河上的向日葵》（作者：阿让）。这一期共有12个栏目，比上一期进一步减少1个栏目；文学类栏目最多，有3个；新设"建党90周年专题""马克思主义研究""古代文献与文学"等3个栏目。

2011年第5期的栏目有"红色经典辨伪""西南民族文化研究""马克思主义理论与思想政治教育""新闻传媒""古代文学""文艺美学""社会·经济""作家作品研究""教育教学""法律""历史""翻译""学术随笔"等。"红色经典辨伪"栏目包括1篇论文，即《想象中生成的人生重构——〈青春之歌〉历史真实与艺术真实的交错纠葛》（作者：马倩娜）。"西南民族文化研究"栏目包括3篇论文，即《秦汉时期枳地军政稽古录》（作者：曾超）、《土家族古老乐器"咚咚喹"的艺术形态》（作者：熊晓辉）、《浅谈武陵山区科学发展需要解决的重大问题》（作者：戴楚洲）。"马克思主义理论与思想政治教育"栏目包括5篇论文，即《马克思与列宁的东方社会革命理论比较》（作者：梁丽）、《生命道德教育与生命伦理学的关系——关于生命道德教育理论与实践基础问题的思考》（作者：苗青、施爱民）、《蕴含和谐理念的高校德育方法选择》（作者：谢海燕、王新叶）、《论科学道德的基本问题及教育视角》（作者：邱润萍、鄢万春）、《移动互联网视域下大学生思想政治工作探析》（作者：刘秀伦、高兵）。"新闻传媒"栏目包括1篇论文,即《论20世纪90年代中国大陆电视剧的历史转型——以知识社会学为视角》(作者:王小娟)。"古代文学"栏目包括4篇论文,即《〈左传〉〈战国策〉评论的异同及原因》(作者:陈万灵)、《论〈三国演义〉中赤壁之战的素材来源》(作者:张真、朱微)、《论〈论语〉中的君子》(作者:狄燕)、《八股结构模式的借鉴意义》(作者:董友福)。"文艺美学"栏目包括2篇论文,即《阮籍正始时期哲学自然观的美学转向》(作者:周奕希)、《〈红楼梦〉的意境营造艺术对古代意境理论的承续——兼谈古代意境理论的发展流脉》(作者:祝嘉琳)。"社会·经济"栏目包括4篇论文,即《从〈风险社会〉看风险的社会话语权力开放与争夺》(作者:凌超)、《浅析韦伯官僚制理论及其现实意义》(作者:任阳洋)、《我国社会保障体系:现状及路径选择》(作者:刁俊强)、《发展低碳农业的多视角探索》(作者:周彦希)。"作家作品研究"栏目包括7篇论文,即《身体写作:人性的褊狭与世界的虚拟》(作者:梁平)、《〈东藏记〉综论——茅盾文学奖获奖作品丛论之三》(作者:廖四平、黎敏)、《左翼作家杨骚诗歌创作论》(作者:任毅)、《卡尔维诺和王小波小说里的城市》(作者:邱慧)、《承袭中的突破与创新——论冰心影响下琦君的散文书写》(作者:徐婷婷)、《浅析〈我们夫妇之间〉对城市的书写》(作者:廖青鹏)、《中国大陆美国文学研究三十年探微——基于中国期刊网的研究》(作者:黄耀华)。"教育教学"栏目包括3篇论文,即《市场营销学课程课堂研究性教学程序的设计》(作者:陈勇强、蒋达云)、《高校思想政治理论课的新型课堂秩序及其构建》(作者:尚璇)、《模因论与大学英语写作模板教学》(作者:蒋庆胜)。"法律"栏目包括2篇论文,即《试论单一颜色商标的可注册性》(作者:郑延峰)、《对撂荒及影响土地规模经营行为实施强制缔约的思考》(作者:方太文)。"历史"栏目包括1篇论文,即《中国共产党早期的联邦制主张和民族自决权思想》(作者:周靖程)。"翻译"栏目包括1篇论文,即《功能翻译理论的生态翻译思想探微》(作者:华有杰)。"学术随笔"栏目包括2篇文章,即《受现世与敬畏历史》(作者:伯牛)、《学习不微笑》(作者:阿让)。这一期共有13个栏目,比上一期增加一个栏目;文学类栏目最多,有4个;新设"马克思主义理论与思想政治教育""新闻传媒""文艺美学""翻译"等5个栏目。

2011年第6期的栏目有"红色经典辨伪""西南民族文化研究""马克思主义理论与思想政治教育""教育学""社会学""伦理学""文艺理论"

"作家作品研究""心理学""法律""语言学""历史""教学实践""重庆文学史"等。"红色经典辨伪"栏目包括1篇论文,即《艺术置换历史的琼崖传奇——关于〈红色娘子军〉背后的真实性问题》(作者:邹婧婧)。"西南民族文化研究"栏目包括2篇论文,即《清代"湖广填四川"移民浪潮时间考证》(作者:龚义龙)、《鄂西南土家族招赘婚长期延续的原因探析——鹤峰县屏山村的个案研究》(作者:姜爱)。"马克思主义理论与思想政治教育"栏目包括3篇论文,即《正确把握马克思主义以人为本思想——重读〈1844年经济学哲学手稿〉》(作者:吴明永)、《中国特色社会主义理论体系中和谐理念的演进逻辑与比较》(作者:党永锋)、《高校辅导员亲和力研究综述》(作者:魏伟)。"教育学"栏目包括5篇论文,即《西部地方高校定位中的问题与对策探讨》(作者:邱德雄、彭寿清)、《中国高校教师聘任制改革的历史沿革与实践困惑》(作者:孙建忠)、《全员育人导师制下新型师生关系的建构探析》(作者:高磊、王娜娜)、《蒙氏教具与儿童玩具的关系研究》(作者:钱愿秋)、《略论高校在区域发展中的作用——以成渝经济区为例》(作者:练忆茹)。"社会学"栏目包括1篇论文,即《在促进生态良好的过程中提升农村社区建设水平——以武汉市石榴红村为例》(作者:姚茂华、舒小虎)。"伦理学"栏目包括3篇论文,即《我国水库移民道德问题研究》(作者:王振涛、郭东勤)、《网络环境下少数民族大学生道德素质建设初探》(作者:顾文兵)、《浅析罗斯的"显见义务论"》(作者:李小燕)。"文艺理论"栏目包括3篇论文,即《共生与互现——浅议现象学"意向性"理论观照下的文学阅读观》(作者:陈春敏)、《论张弦对鲁迅现实主义批判传统的承继与拓新》(作者:刘霞云)《王富仁"启蒙"思想探微》(作者:孟海龙)。"作家作品研究"栏目包括4篇论文,即《新世纪网络小说批评文体述评》(作者:邵维加、张丹)、《苦难中挣扎和抗争的人们——论吴组缃笔下的破产农民形象》(作者:吴正一)、《湖畔诗人汪静之沉寂之原因探析——以作品〈蕙的风〉为视角》(作者:张雨童)、《海男〈县城〉的女性主义浅析》(作者:李争瑞)。"心理学"栏目包括1篇论文,即《流动儿童班级人际关系与歧视知觉的关系:社会支持的调节作用》(作者:江琦、李艳霞、冯淑丹)。"法律"栏目包括1篇论文,即《浅论未成年人犯罪引入社会服务令制度》(作者:陈馨)。"语言学"栏目包括3篇论文,即《公示语翻译的研究现状及其翻译原则》(作者:燕玉芝)、《翻译"二元目的论"观照下的〈培根随笔〉》(作者:周琨、张荣梅)、《佳能广告"Impossible Made Possible"之文体分析》(作者：常霄)。"历史"栏目包括3篇论文，即《调和：张君劢关于民主宪政的政制设计理念》(作者：肖高华)、《南京国民政府与德国的外交抉择（1928—1938)》(作者：孙光明)、《唐太宗民族观再探》(作者：高学钦)。"教学实践"栏目包括4篇论文，即《遗传学课程英汉双语教学研究与实践》(作者：方平、姚启伦、冉景盛)、《错误分析理论在大学英语教学中的价值和应用》(作者：张雅娜、欧阳美)、《非英语专业英语口语测试的实践研究》(作者：杨杰、漆红)、《有机化学实验教学方法和教学手段改革初探》(作者：何树华、张淑琼)。"重庆文学史"栏目包括1篇年鉴。这一期共有14个栏目，比上一期增加一个栏目；文学类栏目最多，有4个；新设"教学实践"栏目。

总之，2011年的栏目相对稳定。全年坚持6期的栏目有"红色经典辨伪""西南民族文化研究""作家作品研究"；坚持5期的栏目有"语言学""学术随笔"；坚持4期的栏目有"古代文学""历史""法律""心理学""教育教学"；坚持3期的栏目有"社会·经济"；坚持2期的栏目有"教育学""重庆文学史""伦理学""马克思主义理论与思想政治教育"。由栏目设置情况来看，文学类栏目仍为主打方向，但是文化、语言、历史、教育教学栏目分量加重。

三、以民族、历史栏目为特色的时期（2012—2018年）

(一) 2012年的栏目及其刊文

2012年第1期的栏目有"西南民族文化研究""武陵论坛""哲学研究""法学研究""社会学研究""文艺理论研究""文学作品研究""语言学研究""历史研究""图情研究"等。"西南民族文化研究"栏目包括1篇论文，即《黔江墓志所见移民姓族录考》(作者：曾超)。"武陵论坛"栏目包括2篇论文，即《辰河高腔剧目研究》(作者：熊晓辉)、《道公视角：湖北恩施土家族丧葬习俗调查》(作者：胡美术)。"哲学研究"栏目包括2篇论文，即《从"普世价值"的论争看马克思主义时代化》(作者：侯情)、《论重庆城市生态建设及其伦理意蕴》(作者：魏雪玲)。"法学研究"栏目包括3篇论文，即《以美、德为鉴：审视我国征收中公共利益界定标准》(作者：姚斌)、《美国法律诊所的沿革、发展及现状》(作者：潘尤迪)、《论我国刑法中"明知"的理解与适用》(作者：向茜、杜伟)。"社会学研究"栏目包括3篇论文，即《新型农村社会养老保险报道内容分析——以"新华网"报道为样本》(作者：侯晓素、关博)、《闽台电子信息产业高层次人才交流合作现状与对策研究》(作者：庄小红)、《系统论视阈下的秘书人才培养与就业关系分析》(作者：王雅琴)。"文艺理论研究"栏目包括2篇论文，即《论〈边界乡村〉中的社会空间政治》(作者：李兆前)、《从言意之辨看自然含蓄的诗学理论》(作者：于兰琪)。"文学作品研究"栏目包括6篇论文，即《论路翎小说中的幻想成分》(作者：任冬梅)、《道德与欲望冲突下的凡人——论张爱玲小说的叙事伦理》(作者：向阳)、《夜与梦的交响曲——论〈秋夜〉的象征艺术》(作者：罗伟)、《论舒婷诗歌的古典意象》(作者：孔丹丹)、《从〈文心雕龙〉窥探诗与乐的合分之变》(作者：余春柯)、《重要的配角——〈牡丹亭〉中的陈最良刍议》(作者：王文娟)。"语言学研究"栏目包括6篇论文，即《责任型情态隐喻在商务英语谈判中的人际意义研究》(作者：孙启耀)、《语块注意与二语输出的认知关系研究》(作者：于华)、《简议翻译的伦理维度》(作者：赵迎春)、《基于法律文化语境的法律英语翻译原则与策略》(作者：陆丽英)、《校园公示语翻译的信息等价性和传递性》(作者：李丹、夏娟)、《奢侈品广告翻译的美学体现》(作者：罗程)。"历史研究"栏目包括2篇论文，即《抗战中期国民政府弃苏联美政策成因探析》(作者：张文禄)、《浅谈长征精神对党风建设的启示》(作者：尹渝萍)。"图情研究"栏目包括2篇论文，即《高职院校图书馆采访思路探析》(作者：罗琳、胡耿)、《浅议提高图书馆图书流通管理工作效率的路径》(作者：刘宇红)。这一期共有10个栏目，相比上一期减少4个栏目；文学类栏目有2个，仍略占多数，但是在学科分布方面趋向于均衡；新设"武陵论坛""文艺理论研究""文学作品研究""语言学研究""历史研究"等栏目，有些栏目名称是在过去基础上的规范化。

2012年第2期为教育科学专辑，栏目有"巴渝教育探索""思想政治教育研究""课程改革研究""教学理论与实践研究""教学能力建设研究""心理学研究""教育管理研究""观察与思考"。"巴渝教育探索"栏目包括2篇论文，即《乌江流域民族地区中小学教师内涵发展定位探究》(作者：向帮华)、《学前教育专业音乐课程改革探索——以长江师范学院学前

《长江师范学院学报》史料整理与分析（1985—2020）

教育专业（艺体方向）为例》（作者：吴扬廷）。"思想政治教育研究"栏目包括4篇论文，即《浅谈新时期党员干部的理想信念教育》（作者：郑需勇）、《澄清理论视角下价值自由意识选择的再认识》（作者：吴珍然）、《地方本科院校大学生党员再教育的机制和途径探析》（作者：杨学龙、艾丽芳）、《高校学生干部思想政治教育探微》（作者：罗佳）。"课程改革研究"栏目包括7篇论文，即《提高师公共心理学实践应用性教学目标的实现》（作者：廖全明、张莉）、《增强高校形势与政策教育实效性的对策研究》（作者：谭件国）、《后现代课程理论对民族院校大学英语选修课程体系构建的启示——以甘肃民族师范学院为例》（作者：杜丽辉）、《论高校思想政治理论课改革》（作者：欧腊梅）、《郭祖荣钢琴〈随想曲〉的创作特色》（作者：陈华）、《经贸类英文原版教材主位推进模式研究》（作者：李宁）、《试论高职院校法律与道德融合教育的现状及应对策略》（作者：吴宁）。"教学理论与实践研究"栏目包括11篇论文，即《浅析案例教学对高等教育人才培养的意义和作用》（作者：李运庆）、《"研讨课"教学方法在民法教学中的运用》（作者：王葆莳、刘卫峰）、《构式语法与生成语法相结合对外语教学的启示》（作者：张晓梅）、《多媒体字幕技术在大学英语视听说教学中的应用》（作者：林华）、《布鲁纳发现式学习法在商务英语写作教学中的应用研究》（作者：黄力平）、《建构主义理论指导下的应用型本科商务英语话语的建构》（作者：马旺艳）、《模因论指导下的大学英语课堂教学模式设计——以 Why I Teach 为例》（作者：曾丽鑫、包志明）、《批判性阅读模式在高校英语专业基础阶段的培养特点》（作者：叶长青）、《社会调查在思想政治理论课实践教学中的创新与思考》（作者：钱静）、《广东高考英语读写任务测试的语篇特点分析》（作者：韩艳梅）、《学生乒乓球运动的疲劳产生及恢复研究》（作者：闫涛、张驰）。"教学能力建设研究"栏目包括5篇论文，即《新课程背景下中学"双语"教师校本教研的内容与方法——以乌鲁木齐市两所中学为例》（作者：蔡万玲、多里坤·乌斯曼江、肖永刚）、《新时期中小学教师培训问题与对策探究》（作者：卢健）、《论教师专业化与教师实践性知识》（作者：刘敏、胡韬）、《试论高职院校教师教学能力建设》（作者：钱结海）、《浅析学前教育专业的双专业性及其相互关系》（作者：崔文菊）。"心理学研究"栏目包括4篇论文，即《高校辅导员思想政治教育工作精细化案例分析——大学生就业受挫及心理调适》（作者：揭红兰）、《华人留学生的疏离感调查研究》（作者：罗利爽）、《服刑人员压力

第四章 不同时期的学报栏目及其刊文分析

源及其睡眠质量与再社会化的关系述评》（作者：陈明）、《刻板印象对体育生的影响及对策》（作者：罗红、肖军）。"教育管理研究"栏目包括2篇论文，即《浅析民办高校大学生逃课问题》（作者：黄菲菲）、《民办高校学生创业能力的现状和提升方法》（作者：陈双红、黄永奎、赵剑）。"观察与思考"栏目包括2篇栏目，即"我国英语教育失误成因分析及对策研究"（作者：李利娜）、《高考改革的几点思考》（作者：罗景凡）。这一期共有8个栏目；新设"巴渝教育探索""课程改革研究""教学理论与实践研究""教学能力建设研究""心理学研究""教育管理研究""观察与思考"等7个栏目。

2012年第3期的栏目有"西南民族文化研究""武陵论坛""政治学研究""法学研究""社会学研究""历史研究""文学作品研究""语言文字学研究""语用学研究""品书录"等。"西南民族文化研究"栏目包括2篇论文，即《重庆民族地区历代作家地理分布与原因探析》（作者：彭福荣、张媛媛）、《民国时期土家族地区匪乱产生的军事背景及启示——以酉水流域为中心》（作者：莫代山）。"武陵论坛"栏目包括3篇论文，即《论新农村建设中的思想政治工作问题与对策——以乌江流域少数民族地区为例》（作者：胡建华）、《旅游非热点区发展创新研究——以重庆市涪陵区为例》（作者：李志民）、《"后三峡"时期库区农村移民致富问题研究》（作者：杨小容）。"政治学研究"栏目包括2篇论文，即《近年马克思物质生产理论研究综述》（作者：赵鹏杰、张金凤）、《〈论语〉修身为政思想述评》（作者：王翰）。"法学研究"栏目包括3篇论文，即《检察环节刑事和解再思考》（作者：冉诗玉、彭德贵）、《上下班途中交通事故伤害工伤认定的探讨——兼评新修订〈工伤保险条例〉第十四条第（六）项规定》（作者：杨兴坤）、《现代商人法在国际商事仲裁中的适用》（作者：李聆怡）。"社会学研究"栏目包括4篇论文，即《高校教师学术成就与社会责任感的关系——以重庆14所高校教师为样本》（作者：陈俊意）、《发展我国农村空巢老年人体育的重要意义与对策》（作者：杨永钟、赵云书）、《发达地区与欠发达地区新农合筹资机制研究综述》（作者：钱晨）、《社区媒体广告发展策略探析》（作者：龚静）。"历史研究"栏目包括3篇论文，即《〈皖政辑要〉史料来源探赜》（作者：穆键）、《林兆恩"三教合一"思想中的佛道因素》（作者：庄恒恺）、《褚童子故事与越南佛教起源》（作者：阮春宏）。"文学作品研究"栏目包括6篇论文，即《理欲和谐——从莎士比亚的一首长诗说起》（作者：唐霞）、《谈皮利尼亚克与叶赛宁创作思想的相似性》（作者：栗亮）、《论陈叔宝文学集团的形成及其诗歌意义》（作者：杨淑敏）、《浅论〈荀子〉中的"三段式"说理方法》（作者：王晖）、《论吴锡麒的词学主张及其对浙西词派的革新——从〈与董琴南论词书〉及各篇序跋谈起》（作者：闫建利）、《从法律的角度看"二拍"中的公案小说》（作者：徐清华）。"语言文字学研究"栏目包括5篇论文，即《神农架锣鼓词中的方言语法现象》（作者：袁媛）、《江苏邳州方言副词在古白话中的应用例析》（作者：徐君善）、《普通话词汇和重庆方言词汇中同素逆序现象考察》（作者：李忠伟）、《〈百喻经〉中的复音名词研究》（作者：杨世勤）、《汉语普通话的音节结构新探》（作者：江宝庭）。"语用学研究"栏目包括4篇论文，即《英语定冠词 the 的语篇照应功能研究》（作者：吴俊）、《科技英语长句翻译中的美学追求》（作者：蒋会）、《手机短信交际的语用分析》（作者：崔中良）、《汉语用字结构的儿童语言习得研究》（作者：高艳丽）。"品书录"栏目包括1篇文章，即《两大诗学场域的开拓与话语建构——尹锡南〈梵语诗学与西方诗学比较研究〉之解读》（作者：张羽华）。这一期共有10个栏目，语言学类栏目有2个，略占多数，但总体上学科分布较均衡；新设"政治学研究""语言文字学研究""语用学研究"等3个栏目。

2012年第4期的栏目有"巴渝教育探索""教育理论研究""思想政治教育研究""教师教育研究""教育理论与实践研究""学科教学研究""高校管理与建设研究""心理学研究""教育历史文化研究""城乡教育统筹发展研究"等。"巴渝教育探索"栏目包括2篇论文，即《重庆农村留守儿童家庭教育误区及其对策》（作者：贺芬）、《乡镇初中生一般自我效能感与应对方式的关系研究——以重庆市某中学为样本》（作者：池国榆、陆寒、刘宗发）。"教育理论研究"栏目包括2篇论文，即《论人伦大爱教育》（作者：王文平）、《教育价值视角下的读书无用论透析》（作者：冯翠云）"思想政治教育研究"栏目包括4篇论文，即《公民意识培育视角下的高校志愿服务研究》（作者：董玉刚）、《试论互动式教学法在高校思想政治理论课中的运用》（作者：何丽）、《经典阅读视阈下大学生思想政治教育实效性研究》（作者：张传恩、钱红军）、《高校思想政治教育的生态素质拓展研究》（作者：黄晓燕、黄家军）。"教师教育研究"栏目包括2篇论文，即《农村中小学教师远程培训有效性的路径探索》（作者：张忻、李艳）、《高校青年教师职业幸福感下降的原因及提升策略》（作者：郭艳艳、李雪平）。"教育理论与实践研究"栏目包括3篇论文，即《范畴化理论在英语词汇教学中的应用研究》（作者：燕芳）、《认知图式视域下的大学英语阅读教学研究》（作者：吴斐、罗胜杰）、《默会知识理论对中小学课堂教学改革的启示》（作者：王海曼、何绣伶）。"学科教学研究"栏目包括8篇论文，即《论大学生科研训练与高校文科人才的培养》（作者：蒋协众）、《拉近中学生与文言文的距离刍议》（作者：施晓风、杨冬朋）、《输入强化在高中英语词汇教学中的应用研究》（作者：吴旭）、《高职英语行动导向教学体系构建及实践研究》（作者：卢敏）、《浅析对比分析法在英语时态教学中的应用》（作者：李建成）、《论英语教学中的背景知识》（作者：罗小蓉）、《小学英语教学辅助手段解析》（作者：王虹）、《中小学书法教学及相关问题研究》（作者：李松朋）。"高校管理与建设研究"栏目包括5篇论文，即《论服务型高校建设》（作者：王爱民）、《高职院校文化建设——以安徽交通职业技术学院为例》（作者：燕艳）、《大学校园暴力的成因及预防对策》（作者：何沙、乔力广、李洁）、《高校辅导员博客团队建设研究》（作者：林宏）、《就业导向的应用型专业教育体系改革初探——以石油工程专业为例》（作者：廖可佳）。"心理学研究"栏目包括5篇论文，即《大学英语听力处理策略与模糊容忍度研究》（作者：巴红斌）、《大学生英语听力学习动机维度分析》（作者：刘静）、《大学生ESP学习欲求及其满足现状的调查与分析》（作者：方宝）、《试论信息时代秘书嫉妒心理的自我调节》（作者：郭明兰）、《国外关于自动化社会行为研究现状述评》（作者：王凯）。"教育历史文化研究"栏目包括2篇论文，即《朱熹儿童教育思想研究》（作者：陈兴华）、《〈颜氏家训〉对现代儿童语文素养培育的启示》（作者：周丽珍、单洪轩）。"城乡教育统筹发展研究"栏目包括1篇论文，即《中原经济区背景下城乡教育均衡发展论述》（作者：路艳霞）。这一期共有10个栏目，均集中于教育学科，除了"思想政治教育研究"之外，均为新设的栏目。

2012年第5期的栏目有"西南民族文化研究""哲学研究""社会学研究""经济学研究""乐舞艺术研究""历史研究""诗歌研究""文艺学研究""语言文字学研究""语用学研究""文学作品研究""品书录"等。"西南民族文化研究"栏目包括2篇论文，即《论清末团练制度下乡村社会与国家关系——以酉阳直隶州为例》（作者：李良品、谭杰容）、《湖北恩施州打造品牌旅游目的地的竞争战略研究》（作者：李永诚）。"哲学研究"栏目包括3篇论文,即《试论伽达默尔对意识哲学内在性的突破——与德里达相对照》(作者:黄旺)、《心以成性:胡宏心性论结构探赜》(作者:高晓锋、李双根)、《涂尔干与杜威道德三要素之比较分析》(作者:赵丹)。"社会学研究"栏目包括2篇论文,即《我国非营利组织公信力建设的途径研究》(作者:李聪聪、宋锦洲)、《略论中国城市居住空间分异研究的进展》(作者:李晶、程久苗、范菲菲)。"经济学研究"栏目包括3篇论文,即《东盟与广西北部湾经济区企业文化整合研究》(作者:李海凤)、《试论农村居民消费结构升级背景下的企业产销策略调整》(作者:颜青)、《关于滁州文化休闲品牌的发展思考》(作者:杜裕民、胡继艳)。"乐舞艺术研究"栏目包括2篇论文,即《原生态民歌的流变与传承:文化生态学视角》(作者:朱琳)、《土家族悲喜音乐的艺术及民俗解读》(作者:甘小云)。"历史研究"栏目包括2篇论文,即《从〈盛京时报〉看晚清奉天农业学堂的创办和发展》(作者:魏露苓、喻莎)、《王尔敏史学研究述》(作者:李加福)。"诗歌研究"栏目包括2篇论文,即《新诗:语言的散化与诗意的凝结》(作者:梁平)、《食指诗歌的生命意识及其独创性价值》(作者:李争瑞)。"文艺学研究"栏目包括2篇论文,即《一个书生的狂人之言——庄子思想的矛盾之思》(作者:金路杰)、《"鸣怨"到"鸣乐"——"不平则鸣"新解》(作者:翟丽娜)。"语言文字学研究"栏目包括6篇论文,即《承前启后 历久弥新——奥托·叶斯柏森语法论著蠡析》(作者:张高远、刘斌河)、《〈红楼梦〉两英译本翻译过程中的权力关系研究》(作者:冉诗洋、陈启明)、《花园庄东地甲骨第005片考释》(作者:曾小鹏、武晓丽)、《中古介词"闻"考》(作者:张蓝天)、《〈说文解字〉部首相同部件字浅析》(作者:周玉鸰)、《〈说文解字〉玉部字与传统玉文化研究》(作者:周芮同)。"语用学研究"栏目包括3篇论文,即《网页语篇中意义构建的多模态话语分析》(作者:严博、张发祥)、《简论非英语专业大学生听力理解中的元认知意识研究》(作者:李书琴、李杰)、《论跨文化交际中的不平等性》(作者:沈萍)。"文学作品研究"栏目包括6篇论文,即《论华裔美国文学族裔追寻中的文化身份建构》(作者:胡明涛、田晨旭)、《简论格雷马斯符号矩阵下的〈白鹿原〉》(作者:郭聪修)、《古人宗族血统观念对异性人妖关系小说的影响——以〈唐人小说〉和〈聊斋志异〉为例》(作者:曹亚琼)、《元杂剧中对历史人物的"超人化"塑造浅探》(作者:徐丽丽)、《宋元小说话本〈柳耆卿诗酒玩江楼记〉研究》(作者:刘翠翠)、

《简论〈牡丹亭〉中春香的存在意义》(作者:陈小梅)。"品书录"栏目包括3篇文章,即《走向新诗的盛唐——序〈东方诗风论坛10年诗选〉》(作者:吕进)、《〈吕进诗学隽语〉序》(作者:坚谐·塞他翁)、《求实创新 开拓建构——〈教育公平与乌江流域民族教育发展研究〉评介》(作者:王胜鹏)。这一期共有12个栏目,比上一期增加2个栏目;文学类栏目最多,有3个,语言学类栏目次之,有2个;新设"乐舞艺术研究""经济学研究""文艺学研究"等3个栏目。

2012年第6期的栏目有"巴渝教育探索""教育理论研究""思想政治教育研究""课程研究""学科教学研究""教育管理研究""心理学研究""民族教育发展研究""观察与思考"等。"巴渝教育探索"栏目包括2篇论文,即《需要层次理论视野下的教师专业成长探究——基于重庆市农村中小学校教师的调查分析》(作者:卢秀琼、向帮华)、《武陵山区中学美术教育的现状、问题及对策刍议》(作者:汪容、廖全明)。"教育理论研究"栏目包括4篇论文,即《基于生态哲学的大学英语"人本"教育研究》(作者:郭良英)、《大学生全面发展的相关概念分析》(作者:张峰)、《浅谈情感教育的三重理解》(作者:李润兰)、《教育目的社会化与个性化之矛盾原因辨析》(作者:王振)。"思想政治教育研究"栏目包括6篇论文,即《论〈弟子规〉对培养大学生"孝道"意识之价值》(作者:魏伟)、《新形势下企业大学生员工思想教育研究》(作者:章庆林)、《浅析人的自由全面发展视域下的大学生情感问题》(作者:陈燕君)、《浅析提高高校思想政治教育课有效性的途径》(作者:陶鹏)、《新时期大学生思想政治教育内容构成探析》(作者:何会宁)、《试论大学生预备役连队建设在思想政治教育中的作用》(作者:王泓、谢朝晖)。"课程研究"栏目包括6篇论文,即《论中小学校长课程领导的角色行为》(作者:魏龙渝、蔡其勇)、《古村落文化校本课程开发研究》(作者:刘新华、张华龙)、《课程目标:概念、功能及其分类研究》(作者:孙泽文、左菊)、《试论高职高专院校中外合作项目中英语课程的设计》(作者:张妍瑜)、《动画专业综合性实践课程教学体系研究》(作者:余洪)、《基于课堂情境的教案设计》(作者:陈允龙)。"学科教学研究"栏目包括10篇论文,即《案例探究式教学法在高校思政课中的运用》(作者:项福库)、《高师院校英美文学教学:问题与出路——从文学经典教学谈起》(作者:王庆、董洪川)、《多元智能理论下的民族预科英语教学改革探讨》(作者:张敏)、《论对外汉语词汇教学的系统性》(作者:

《长江师范学院学报》史料整理与分析（1985—2020）

杨彦宝、牛慧芳）、《浅谈后现代教育思想对中国现代文学教学改革的启示》（作者：付清泉）、《浅析新课程标准下的高中文言文教学策略》（作者：张艺培、李晓丽）、《适应时代要求的专业英语教学方法初探》（作者：蔡激扬）、《简论大学英语口语教学现状及对策》（作者：卢晓蕾）、《谈电视英语新闻在听力教学中的运用》（作者：杨莉）、《高级英语阅读"零课时"初探——大学英语教改模式下A班学生个案研究》（作者：杨晓琼）。"教育管理研究"栏目包括3篇论文，即《我国高校外语专业学生人文素质教育的途径研究》（作者：李华、徐敏）、《学生成长团队：班级建设的新视角》（作者：张丽雅、冉隆锋）、《农业大学校园文化的生成与发展研究》（作者：查伟）。"心理学研究"栏目包括1篇论文，即《商品广告的品质夸张对高校学生商品购买意愿的影响》（作者：曾莉、阳泽）。"民族教育发展研究"栏目包括1篇论文，即《转型期民族教育发展中存在的问题及对策研究——以大理州剑川县石龙村为例》（作者：郜玲芝）。"观察与思考"栏目包括2篇论文，即《平等的缺失与回归——中小学教师课堂霸权问题分析》（作者：李淑琴）、《聆听花开的声音——来自小学教师的德育叙事文本研究》（作者：付宏东）。这一期共有9个栏目，比上一期减少3个栏目，均为教育类栏目；新设"课程研究""教育管理研究""民族教育发展研究""观察与思考"等栏目。

2012年第7期的栏目有"西南民族文化研究""武陵论坛""哲学研究""政治学研究""经济学研究""乐舞艺术研究""文艺学研究""语言文字学研究""文学作品研究"等。"西南民族文化研究"栏目包括2篇论文，即《在封闭与开放之间：从清代巴县工商业经营权继替惯例对行会特性的理解》（作者：龚义龙）、《土司的权力世界——以明代酉阳宣抚使冉元为例》（作者：张万东）。"武陵论坛"栏目包括2篇论文，即《武陵山区少数民族文化旅游发展现状及对策研究》（作者：余继平）、《三峡库区资源型文化产业发展模式构想——基于重庆市涪陵区的个案分析》（作者：黄江华、刘华）。"哲学研究"栏目包括2篇论文，即《试论道德缺失的人性理据》（作者：黎松、任丑）、《试论网络媒介对女性主体意识觉醒的双重影响》（作者：李洪淑、张世友）。"政治学研究"栏目包括2篇论文，即《试论邓小平关于领袖（领导者）与群众关系的起点与内容体系》（作者：马传松、朱挢）《社会主义核心价值观传播与媒介理论的建构研究》（作者：黄小铭）。"经济学研究"栏目包括2篇论文，即《论赋税征收的政治属性》

(作者：傅樵)、《论企业形象与企业文化的关系》（作者：邹文兵）。"乐舞艺术研究"栏目包括3篇论文，即《阳光与阴影——对西北部汉民歌"二分性结构"的哲学思考》（作者：张承龙）、《试论民族音乐的审美方式》（作者：李甜甜）、《传承与创新民间美术的现代首饰研究》（作者：张丽）。"文艺学研究"栏目包括3篇论文，即《知识与伦理视域下李大钊的早期中国化马克思主义文论研究》（作者：胡言会、王小娟）、《试论"天机说"与"迷狂说"在审美心理上的差异》（作者：李舫、李正平）、《试论陈子昂之死与初唐文人的矛盾角色》（作者：郭倩）。"语言文字学研究"栏目包括6篇论文，即《语言主观性与主观性理论研究》（作者：李青）、《试论英语语篇中回指语的反讽效应研究》（作者：刘艳春）、《旅游景区介绍英译中主题信息的突出研究——以信息突出策略原则为指导》（作者：王璐）、《基于语料库的KEEP语义韵的对比研究》（作者：王晓鸽、任培红）、《英式英语与美式英语的差异性引起的歧义现象分析》（作者：王亚丽）、《近年来文学作品中语码转换研究的综述》（作者：韦森）。"文学作品研究"栏目包括7篇论文，即《涅槃的凤凰——〈女神〉评析》（作者：蒋德均）、《由嵇康托孤看其济世情怀》（作者：孙亚军）、《身份转变下的自我延续——从符号学的角度重释〈金瓶梅〉中李瓶儿的行为变异》（作者：祝东、王小英）、《不事雕饰而自有风味——论归有光散文的柔美情性》（作者：王永生）、《唐五代词发展综述》（作者：李博）、《论〈京华烟云〉中的道家思想》（作者：杨梦吟）、《珠牡形象与巫山神女形象的原型比较研究》（作者：宁兰芝）。这一期共有9个栏目，与上一期持平，栏目学科分布较为均衡。

2012年第8期的栏目有"巴渝教育探索""教育理论研究""思想政治教育研究""课程研究""学科教学研究""教育管理研究""心理学研究""教育历史文化研究"等。"巴渝教育探索"栏目包括2篇论文，即《试论基础教育内涵发展均衡度评估指标构建——以重庆市渝西地区某区县为例》（作者：向帮华）、《土家族传统体育项目的内涵及其现代价值——基于鄂西湾潭镇的田野调查》（作者：杨斌）。"教育理论研究"栏目包括3篇论文，即《教育地理学与中国教育的地理问题探究》（作者：张正江）、《体育教育中教育惩戒缺损现实与修补研究》（作者：刘官元、唐雪梅）、《教学过程最优化与教师素质刍议》（作者：李小兵、余长惠）。"思想政治教育研究"栏目包括6篇论文，即《思想政治教育中生命教育实施途径探索——构建富有生机活力的生命教育第二课堂》（作者：葛君梅、葛君芳）、《对当前大学生社会主义荣辱观教育的再审视》(作者:周建平)、《浅议高校网络思想政治教育》(作者:刁俊强)、《当前我国高校思想政治教育的反思——兼论思想政治教育的国际经验及启示》(作者:董毅)、《高校思想政治教育中大学生逆反心理及对策研究》(作者:张玉)、《加强高职院校思政课教师工作实效性研究》(作者:钟洁生、柯燕云)。"课程研究"栏目包括6篇论文,即《新课程背景下中学校长课程领导力探究》(作者:肖云、钱军平)、《论刑事模拟法庭实训课程体系的建构——以独立学院法学专业教育为视角》(作者:莫俊敏)、《论高校公共选修课课程教学范式的转换》(作者:杨兴坤、毕星)、《Java程序设计课程教学改革与实践——以长江师范学院数学与计算机学院为例》(作者:范会联)、《试论〈证券投资学〉课程教学改革与实践》(作者:郑畅)、《中外合作办学背景下英语强化课程的建设——以大连交通大学爱恩国际学院为例》(作者:赵志梅)。"学科教学研究"栏目包括7篇论文,即《高职旅游英语课"三维建模"教学模式的探索与应用》(作者:罗雨)、《论"概论"课中的互动式教学模式构建》(作者:高璇、王方根)、《大学英语学习策略研究》(作者:邓华)、《基于项目教学的计算机网络课程教学法探究》(作者:陈家益、谢翠萍、王文娟)、《综合英语课堂"小组合作"学习模式探讨——以 Dill Pickle 为例》(作者:苏子波、李铮)、《试论语料库数据驱动学习在外语词汇教学中的应用》(作者:吴江、江兰)、《高职院校软件外包英语人才培养探究》(作者:欧倩)。"教育管理研究"栏目包括4篇论文,即《论西部地方本科师范院校面临的困境与出路》(作者:邱地)、《试论高校学生资助工作的"四向度"——以安徽科技学院为例》(作者:郑玉莲、曹浩)、《高校宿舍文化与学风建设长效机制构建研究》(作者:陈明生)、《试论法律硕士专业学位教育制度发展的制约因素及其突破——基于法律硕士招生、培养和就业的思考》(作者:唐潇潇)。"心理学研究"栏目包括2篇论文,即《农村小学生心理健康问题的"校本"探究——以广西A县X小学为例》(作者:李小红、刘艳欢)、《自信心的培养:当代大学生自我教育的新基点》(作者:杨翼鸿)。"教育历史文化研究"栏目包括1篇论文,即《莲池书院创新改革的沿承——以吴汝纶创办桐城学堂为例》(作者:樊璠)。这一期共有8个栏目,与上一期相比减少一个,栏目均分布于教育学科。

2012年第9期的栏目有"'文学批评反思'笔谈""西南民族文化研究""武陵论坛""政治学研究""法学研究""乐舞艺术研究""语言文字

学研究""翻译学研究""文学作品研究""诗歌研究""历史研究"等。"'文学批评反思'笔谈"栏目包括3篇论文,即《追寻文学批评的独立品质》(作者:邹建军、陈富瑞)、《文学批评的"质"与"实"》(作者:杜雪琴)、《"深入浅出"是文学批评的至高境界》(作者:张琼)。"西南民族文化研究"栏目包括3篇论文,即《北宋涪州知州考略》(作者:王晓晖)、《天风和畅——论抗战时期重庆"天风琴社"的成立》(作者:唐冶泽)、《化屋苗寨民间信仰体系四维建构论》(作者:汪春春、黄秀蓉)。"武陵论坛"栏目包括2篇论文,即《土家族传统妇幼保健知识的类型、文化特征与价值——对鄂西兴安村的人类学考察》(作者:罗钰坊、梁正海)、《武陵山区特色产业集群发展的制约因素与优化策略分析》(作者:张玉娟)。"政治学研究"栏目包括2篇论文,即《机遇、挑战与路径选择:当代中国国家利益的维护与发展》(作者:杨海)、《青年马克思主义者的培养路径探析——以团属院校为例》(作者:史明艳)。"法学研究"栏目包括5篇论文,即《论高校学生权益的司法救济》(作者:党存红、柳萍)、《异化的仲裁:论仲裁机构管理行政异化的弊端》(作者:刘孝岚)、《论不动产实物分割纠纷之裁判》(作者:周天保)、《扒窃行为的特征与认定刍议》(作者:刘泽江)、《情势变更原则探析》(作者:杨永营)。"乐舞艺术研究"栏目包括4篇论文,即《重庆石柱"啰儿调"传承人研究》(作者:许文涛)、《论王志信民族声乐作品的风格特征》(作者:朱琳)、《钢琴音阶指法探讨——对哈农〈钢琴练指法〉的质疑》(作者:毛冀钰)、《川南山歌与客家文化》(作者:崔译文)。"语言文字学研究"栏目包括3篇论文,即《涪陵方言单音节动词的词汇重叠、句法重叠和语用重叠》(作者:李文莉、黄成友)、《也谈"鸱尾""鸱吻"》(作者:胡正旗、李芋均)、《英韩辅音对比研究——以韩国语发音教学为目标》(作者:李宝晔)。"翻译学研究"栏目包括4篇论文,即《关联理论框架下〈诗经〉中叠词的英译研究——以〈诗经·国风〉为例》(作者:茆蕾)、《林译〈黑奴吁天录〉解析》(作者:马彦婷)、《视听同步输入模式对口译质量的影响——基于多模态理论的实证研究》(作者:李彬)、《论〈红楼梦〉俗语在杨译本中的符号意义再现》(作者:白丽梅、马艳玲)。"文学作品研究"栏目包括3篇论文,即《论胡适的学术品格——以胡适的小说考证为例》(作者:郑璐、蒋玉斌)、《媚俗艺术及其虚假性批判——对马泰·卡林内斯库〈现代性的五副面孔〉的解读》(作者:晏菲)、《女人的创世纪——〈裂缝〉评析》(作者:韦朝晖)。

《长江师范学院学报》史料整理与分析（1985—2020）

"诗歌研究"栏目包括4篇论文，即《西域与唐诗的变奏：从边塞诗、山水田园诗到乐舞诗》（作者：杨亦军）、《明代重庆诗人张佳胤及其区域文化意义》（作者：乐万里）、《曾琦〈藏云室诗集〉的文献描述》（作者：熊飞宇）、《诗歌传播过程中变异的原因探微》（作者：欧茂）。"历史研究"栏目包括1篇论文，即《简论李大钊〈史学要论〉在中国史学发展上的贡献》（作者：曲剧）。这一期共有11个栏目，与上一期相比增加3个；新设"'文学批评反思'笔谈"栏目。

2012年第10期的栏目有"巴渝教育探索""高校转型与发展研究""教育理论研究""思想政治教育研究""课程与教学研究""教育管理研究""心理学研究""教育调查研究"等。"巴渝教育探索"栏目包括1篇论文，即《渝东南城乡中小学教师压力和压力源研究》（作者：董艳娜）"高校转型与发展研究"栏目包括3篇论文，即《新升本院校生存发展的困境与路径选择分析》（作者：范益民）、《高校转型发展之翼：干部队伍转型升级——以长江师范学院转型发展为例》（作者：向小川）、《艺体学科教学改革路径探索——以长江师范学院体育教学为例》（作者：王永忠）。"教育理论研究"栏目包括3篇论文，即《久远、蔓延、内涵：使命理陛推动下的师范生顶岗实习》（作者：杨晓峰）、《教育研究应当坚持定量研究和定性研究相结合》（作者：史建伟）、《义务教育阶段"择校"治理的法律困境与出路——教育法学视野下的反思》（作者：李方）。"思想政治教育研究"栏目包括6篇论文，即《高职院校应对社会思潮影响的思考——简论高职院校思想政治教育的新思路》（作者：仝双印）、《辅导员承担思政课教学的有效性及实现途径探索》（作者：朱松节）、《辅导员开展高校思想政治教育工作的思考》（作者：陈永华、崔华勇）、《突发事件背景下思想政治教育研究述评》（作者：刘伟）、《试论积极心理学在思想政治教育运用中的价值及其实现》（作者：卜路平）、《浅析儒家孝道文化视角下的大学生德育建设》（作者：范亚乾）。"课程与教学研究"栏目包括9篇论文，即《英语词汇学的课程改革研究——以建构主义及原始语根假说为理据》（作者：张保培）、《论整体语言教学模式对军校英语习得的启示》（作者：王玫、杨斌）、《新建本科高校微格教学存在问题及对策研究——以长江师范学院微格教学为例》（作者：王露）、《对泰汉语初级阅读课堂陕乐教学方法初探》（作者：杨红）、《〈会计信息系统〉课程的实践教学模式研究》（作者：陈文涛）、《以学习任务方式培养学生综合能力的课程设计——以商务英语应用写作课程为例》(作者：韩宁)、《浅谈中学语文课堂有效提问的方式》(作者：贺玉苗)、《普通高校健美操教学改革研究——以安徽省池州学院为例》(作者：元晓华、曹译文)、《试论多媒体在英语口语教学中的应用》(作者：陈秋伶)。"教育管理研究"栏目包括7篇论文，即《高校学生违纪行为成因分析及防范对策研究》(作者：黄永奎、周静)、《高校"平安校园"建设探析》(作者：郑丽萍)、《独立学院学生思想政治管理体制模式构建研究》(作者：田川、邬小平)、《大学生党支部与地方基层党组织结对共建研究》(作者：何海燕)、《班级"生本"管理的理论与对策思考》(作者：余忠淑、杜明义)、《从人性假设和激励的角度探析高校人力资源管理》(作者：梅磊)、《教育城乡统筹背景下联片教研的机制探析》(作者：赵庆来)。"心理学研究"栏目包括2篇论文，即《当代大学生学校认知感的现状及其提升途径探析》(作者：黄晓青、曾献君)、《不同动机水平下高职学生听力策略使用的差异性研究》(作者：屈雪芳、袁鹏飞)。"教育调查研究"栏目包括3篇论文，即《泉州市各县区生源地信用助学贷款运行状况探析》(作者：谢少娜)、《安徽省高考英语阅读理解测试内容效度历时研究》(作者：贺静)、《大学校园文化氛围之群体体系研究》(作者：任涛)。这一期共有8个栏目，与上一期相比减少3个，均为教育学科栏目；新设"高校转型与发展研究""教育调查研究"等2个栏目。

2012年第11期的栏目有"西南民族文化研究""武陵论坛""政治学研究""经济学研究""乐舞艺术研究""语言文字学研究""翻译学研究""文艺理论研究""文学作品研究""影视研究""重庆文学史"等。"西南民族文化研究"栏目包括3篇论文，即《论西南地区阳戏之"源"与"流"》(作者：吴电雷)、《试论明清时期甘薯在西南地区的传播与影响》(作者：陈钟琪)、《安顺喀斯特地貌与苗族文化的"人地"关系研究》(作者：杨罗)。"武陵论坛"栏目包括2篇论文，即《重庆武陵山区实现区域发展的困局与出路探索》(作者：姚元和)、《渝东南土司归附明朝滞后的原因探析》(作者：徐琼)。"政治学研究"栏目包括3篇论文，即《论改革开放以来中国特色社会主义的民生建设》(作者：吴大旬、窦孟朔、苏献启)、《区域政治视角下的乡镇干部队伍建设模式探析——对万源市乡镇干部的问卷调查》(作者：黄传荣)、《高校基层党组织对大学生预备党员需求回应状况调查研究》(作者：徐志花)。"经济学研究"栏目包括2篇论文，即《ST公司重组绩效研究》(作者：余德山)、《"双轮驱动"推动文化创意产业发展的SWOT分析——以厦门市为例》（作者：宋杨、宋晨曦）。"乐舞艺术研究"栏目包括1篇论文，即《试论民歌演唱与美声唱法的结合及其操作方法》（作者：董毅）。"语言文字学研究"栏目包括6篇论文，即《小说〈雨中的猫〉中the的语篇衔接功能分析》（作者：吴俊）、《纵聚合、横组合关系与英语专业八级写作刍议》（作者：陈洁）、《笔记策略与英语专业四级口语考试研究》（作者：秦建华）、《话语交际中关联程度及其维度探究》（作者：胡琰）、《基于情感过滤理论的幼儿语言发展策略研究》（作者：朱周贤、刘芳）、《顺应论视阈下〈杜拉拉升职记〉中语码转换现象探析》（作者：林丽端）。"翻译学研究"栏目包括2篇论文，即《浅析翻译在企业文化建设中的重要性》（作者：竺金飞）、《浅谈带PPT的同声传译的应对策略——基于一项实证研究》（作者：刁洪）。"文艺理论研究"栏目包括3篇论文，即《民族情性本体论的当代还原与建构刍议》（作者：孙婧）、《简论蒋登科的人格诗学》（作者：张昊）、《浅析西方的爱情观——以西方文学中的爱情母题为例》（作者：郭炳通、黄丽敏）。"文学作品研究"栏目包括8篇论文，即《试论何其芳对中国当代诗歌的贡献》（作者：陶德宗、严光德）、《从〈文心雕龙〉看魏晋玄学对刘勰文学思想的影响》（作者：章曼）、《情理冲突下的现实回归——唐传奇爱情文本创作心态研究》（作者：姚艺玲）、《论高行健〈灵山〉的人性叙事伦理》（作者：陈进武、彭丽萍）、《真我心境下的社会反思与人性观照——论张弦小说主题意蕴的演进与流变》（作者：刘霞云）、《救赎理想的"两难"境遇——论张炜小说〈家族〉的苦难叙事》（作者：杨国伟）、《时尚展馆与欲望迷宫——论20世纪90年代末的"新潮写作"》（作者：李平）、《论小说〈奥吉·马奇历险记〉的生态回归意识——以主人公奥吉·马奇为例》（作者：孟华）。"影视研究"栏目包括2篇论文，即《电影〈小城之春〉的叙事艺术探析》（作者：范慧娟）、《电视讲坛栏目的文化价值与生存之道探析——基于重庆电视台〈重庆掌故〉栏目的分析》（作者：张译丹）。"重庆文学史"栏目没有发表论文，仅有1篇资料。这一期共有11个栏目，与上一期相比增加3个；栏目学科分布较均衡。

2012年第12期的栏目有"高校转型与发展研究""巴渝教育探索""教育理论研究""思想政治教育研究""课程与教学研究""教师教育研究""教育管理研究""学前教育研究""心理学研究""教育方法研究""教育历史文化研究"等。"高校转型与发展研究"栏目包括1篇论文，即

《试论教学应用型大学的理论基础与长江师范学院的实践探索》（作者：于海洪）。"巴渝教育探索"栏目包括1篇论文，即《后金融危机时代重庆市旅游英语教学的思考》（作者：夏敏）。"教育理论研究"栏目包括3篇论文，即《体育承载之"特色"的哲学内涵探析》（作者：金庆凯）、《关于当代文学的发展与人文教育的思考》（作者：周航）、《哈贝马斯认知旨趣理论的教育哲学解读》（作者：车向前）。"思想政治教育研究"栏目包括4篇论文，即《民族地区高校社会主义核心价值观教育融入实践教学探析——以湖南吉首大学思想政治理论课实践教学为例》（作者：杨雅玲）、《试论大学思政课中生命教育的实施》（作者：刘伟伟、王磊峰）、《高校思想政治理论课"12343"实践教学模式探讨》（作者：杨国平）、《浅议马克思主义原理课教学策略及实效性》（作者：李玲、陈克宏）。"课程与教学研究"栏目包括9篇论文，即《基于批判性思维理念的课程教学范式改革——以〈逻辑学〉课程考核结构改革为例》（作者：田华银）、《以学生为中心的英语课程资源的开发利用研究》（作者：李亚红）、《大学语文教学：审美教育的有效路径分析》（作者：冯惠玲）、《医学七年制自然辩证法教学改革初探——以重庆医科大学为例》（作者：郭德君）、《高职动漫专业英语教学改革初探——以武汉城市职业学院为例》（作者：胡娟）、《论历史探究式教学中存在的问题及优化途径》（作者：刘丽萍）、《浅议自主学习与英语口语教学》（作者：张晓蕾）、《大学英语课堂交往凸显的问题及其对策研究》（作者：张昭苑）、《英语专业英美文化与阅读课程整合研究》（作者：郭佳、光彩虹、尚喜梅）。"教师教育研究"栏目包括4篇论文，即《新课标视野下英语师范生教学技能培养研究》（作者：左菊）、《新时期民办高校党员教师党性与师德建设的对策探讨》（作者：张琦）、《试论本科生导师的权力性影响力》（作者：邓北燕、曾扬阳）、《试论高校教师职业道德教育水平提升的策略》（作者：吴岚）。"教育管理研究"栏目包括6篇论文，即《台湾中小学免费营养午餐政策探析》（作者：肖耀科、陈路芳）、《我国高校原始创新能力的形成机制与提升途径研究》（作者：汪立超）、《基于就业能力的独立学院旅游管理专业学生能力培养研究》（作者：林妙花、雷竞、兰石财）、《高职"订单式校企合作"办学模式实践探索——以重庆工贸职业技术学院为例》（作者：胡昌荣）、《高校体育专业社会实践培养模式研究》（作者：谷金波、那春艳）、《高校音乐专业学生管理工作研究》（作者：谭洲敏、许希川）。"学前教育研究"栏目包括3篇论文，即《幼小衔接研究要有生态学视野》(作者：陈兴华)、《澳大利亚早期科学教育对本科社会体育专业人才培养的启示——以河南农业大学社会体育专业为例》(作者：王秀荣、王凌娟、唐大鹏)、《论新形势下幼儿师范学校的专业建设与教师素质提升——基于幼儿园教师专业标准的视角》(作者：王万良)。"心理学研究"栏目包括1篇论文，即《大学生生活倦怠、应对方式和抑郁的相互关系研究》(作者：蔡娜娜、温志华、李淑芳、李萌萌)。"教育方法研究"栏目包括1篇论文，即《课堂观察研究的文献综述》(作者：黄江燕、李家鹏、乔刘伟)。"教育历史文化研究"栏目包括1篇论文，即《刘绍禹的学术思想抉要》(作者：熊飞宇、徐凤琴)。这一期共有11个栏目，与上一期相比增加4个，均为教育学科栏目。

总之，2012年的栏目间隔性稳定。全年坚持6期的栏目有"西南民族文化研究""文学作品研究""巴渝教育探索""思想政治教育研究""心理学研究"；坚持5期的栏目有"武陵论坛""语言文字学研究""教育管理研究""教育理论研究"；坚持4期的栏目有"历史研究""政治学研究""乐舞艺术研究"；坚持3期的栏目有"经济学研究""哲学研究""法学研究""社会学研究""学科教学研究""教育历史文化研究"；坚持2期的栏目有"文艺理论研究""观察与思考""语用学研究""诗歌研究""文艺学研究""翻译学研究""教师教育研究""课程研究""课程与教学研究""高校转型与发展研究""品书录"。由栏目设置情况来看，民族、文学、语言、教育是全年稿源较多的栏目，历史、政治、艺术类栏目的稿源次之。

(二) 2013年的栏目及其刊文

2013年第1期的栏目有"西南民族文化研究""武陵论坛""政治学研究""社会学研究""教育学研究""翻译学研究""哲学研究""文艺理论研究""影视传媒研究""历史学研究"等。"西南民族文化研究"栏目包括4篇论文，即《西南地区白鹤梁题刻唐宋涪州牧考述》(作者：曾超、张正武)、《贵州苗族自由恋爱习俗"摇马郎"研究》(作者：李良品、陈钟琪)、《试论涪陵名人文化的内涵与开发》(作者：谭清宣)、《浅析散杂居民族地区民族文化的变迁——以重庆彭水向家坝蒙古族村为例》(作者：龙春燕)。"武陵论坛"栏目包括3篇论文，即《武陵山区辰河高腔唱腔及伴腔手法研究》(作者：熊晓辉)、《土家语摆手歌——"嘎墨请"的艺术特色研究》(作者：陈东)、《论渝东南少数民族地区城镇一体化进程中农民权益的法制保障》（作者：胡建华）。"政治学研究"栏目包括2篇论文，即《中国共产党群众路线的历史发展与现实反思》（作者：郑凯旋）、《安徽农村税费改革效应分析——基于农民收入的视角》（作者：许宗凤、徐诗举）。"社会学研究"栏目包括1篇论文，即《对国内外城乡统筹发展的思考》（作者：何侍昌、田丽）。"教育学研究"栏目包括6篇论文，即《社会管理创新中思想政治教育价值追问》（作者：杨双、汪明松）、《思想政治教育专业分层教学与分类指导的探索与实践》（作者：余文模）、《高校劳动与社会保障专业建设探讨》（作者：滕新才、杜毅）、《社会转型视域下高校教学管理创新初探》（作者：程昆）、《论大学生预备役建设的思想政治教育意义》（作者：文军）、《企业文化视角下的思想政治工作刍议》（作者：杜斌）。"翻译学研究"栏目包括4篇论文，即《霍克斯〈红楼梦〉英译本解析——以生态翻译学为视角》（作者：李玲）、《翻译改写理论的贡献与局限评说》（作者：林萍）、《论薛绍徽翻译作品的忠实与创造》（作者：李晓燕）、《开展寝室英语活动对提高中学生英语口语交际能力的实证分析》（作者：周小娉）。"哲学研究"栏目包括1篇论文，即《认识世界与改造世界——谈谈哲学的产生、使命与未来》（作者：周兴茂、张晶晶）。"文艺理论研究"栏目包括2篇论文，即《从同途到异路——论鲁迅与周作人思想转向分歧的隐性存在》（作者：晏洁）、《从"得意忘言"到"隐秀"——"言不尽意"与六朝文论的展开》（作者：周晋）。"影视传媒研究"栏目包括2篇论文，即《理性原则在文化传播中的运用——以〈新华日报〉在〈马门教授〉事件中引导舆论的成功经验为例》（作者：雷飞志）、《张艺谋电影修辞艺术的审美意义探析》（作者：李烨鑫）。"历史学研究"栏目包括1篇论文，即《论红军南下行动与西北革命大本营的创建》（作者：朱志清）。这一期共有10个栏目，栏目学科分布较均衡；新设"影视传媒研究"栏目。

2013年第2期的栏目有"本刊特稿""西南民族文化研究""武陵论坛""茅盾文学奖作品研究""社会学研究""传播学研究""哲学研究""民俗学研究""语言学研究""历史研究""教育教学研究""品书录"等。"本刊特稿"栏目包括1篇论文，即《试论重庆历史上人口迁徙的阶段性特点》（作者：李禹阶）。"西南民族文化研究"栏目包括4篇论文，即《论唐宋黔中诗的历史地理意象及其意义》（作者：马强）、《论秦汉时期乌江流域的主要族群及其社会经济面貌》（作者：张世友）、《国内白鹤梁题刻研究综述》（作者：刘兴亮）、《试论西南民族传统戏剧的产生、功能与保护》（作者：东潇）。"武陵论坛"栏目包括2篇论文，即《论单一民族内部族姓的多元竞争关系——基于湘西苏竹村的人类学考察》（作者：梁正海）、《基于SWOT分析的西部地区文化产业发展方式转变研究》（作者：朱敏、熊正贤）。"茅盾文学奖作品研究"栏目包括1篇论文，即《在文本的冲突中——读莫言的〈蛙〉及其他》（作者：赵牧）。"社会学研究"栏目包括2篇论文，即《邓小平社会管理思想论纲》（作者：马传松、朱挢）、《心理资本干预下提升企业员工绩效研究》（作者：宣晓岚）。"传播学研究"栏目包括2篇论文，即《现代中国文学海外传播与接受的国别关系研究——以欧美与苏俄为例》（作者：杨四平）、《媒体品牌危机的类型与对策探析》（作者：肖航）。"哲学研究"栏目包括1篇论文，即《略论道德建设中的制度伦理建设》（作者：姜丽、甄真）。"民俗学研究"栏目包括1篇论文，即《民俗学重出立证法的启示与重构》（作者：邱洋海、莫光辉）。"语言学研究"栏目包括2篇论文，即《译者痕迹分析：谈〈永远的憧憬与追求〉三英译本的译者风格》（作者：鄢佳、冉诗洋）、《试论语言化定势对跨文化交际的影响》（作者：黄永辉、高东军）。"历史研究"栏目包括3篇论文，即《试论黄福对交阯的治理》（作者：李未醉、雷超）、《近代河西水利管理演变与乡村社会变迁》（作者：李艳）、《试论西汉"劝农""守边"奏疏的文化意蕴》（作者：王娜）。"教育教学研究"栏目包括6篇论文，即《地方高校与区域经济互动发展模式探析》（作者：陈勇强）、《我国教师资格准入制度的法律审视——兼论〈教师法〉〈教师资格条例〉的修改》（作者：郭金虎）、《新学习课堂教学有效性的调查研究——以重庆市云阳县后叶九年制学校"心动课堂"为例》（作者：熊德雅、李强）、《中学英语有效教学的实施策略研究》（作者：王若语、蔡其勇）、《网络环境下大学生英语口语能力培养方法探究》（作者：张昭苑、姜有为）、《人文素养教育视角下的〈现代汉语〉课程改革探索》（作者：黎燕敏）。"品书录"栏目包括3篇论文，即《日常生活 虐信化的审美杂糅空间——〈面朝活水〉阅读杂感》（作者：姚新勇）、《中国古代文论的研究思路和阐释原则——读陶礼天教授〈中国古代文论研究丛稿〉》（作者：郭青林）、《金融危机对社会主义的机遇与挑战——读〈世界社会主义跟踪研究报告（2009—2010）〉》（作者：吴兴德）。这一期共有12个栏目，与上一期相比增加2个；新设"本刊特稿""茅盾文学奖作品研究""传播学研究""民俗学研究"4个栏目。

2013年第3期的栏目有"西南民族文化研究""武陵论坛""茅盾文学

奖作品研究""哲学研究""经济学研究""语言学研究""传播学研究""文学研究""历史研究""教育教学研究"等。"西南民族文化研究"栏目包括2篇论文,即《亚洲婚姻移民视角下的中越跨国婚姻问题研究》(作者:罗文青)、《明清西南民族政策比较研究——以贵州改土归流为中心》(作者:栾成斌)。"武陵论坛"栏目包括3篇论文,即《武陵山片区旅游商品产业集群发展研究》(作者:李宗利、蔡建刚)、《论邵阳布袋戏中"开台"的功用及审美特性》(作者:刘海潮)、《浅论渝东南地名信仰文化》(作者:周妮、黄权生)。"茅盾文学奖作品研究"栏目包括1篇论文,即《侵入私地:〈白鹿原〉的身体叙事》(作者:甘浩)。"哲学研究"栏目包括2篇论文,即《试论康德人权哲学的建构》(作者:李小燕、任丑)、《宋儒胡宏的老庄观及其辨证》(作者:吕金伟)。"经济学研究"栏目包括2篇论文,即《贫困地区农民专业合作社现状与问题考察——以重庆市万州区为例》(作者:何京蓉、李庆、李炯光)、《浅议日本并购税制实践及其借鉴意义》(作者:武若思、廖镇宇)。"语言学研究"栏目包括3篇论文,即《掠过神州大陆的〈第三次浪潮〉——对托夫勒 THE THIRD WAVE 译介研究》(作者:李海兰、王晓元)、《试论汉语语法学史分期的重新构拟》(作者:冯雪燕)、《〈论语·八佾〉篇"易"字辨正》(作者:徐峰、马廷中)。"传播学研究"栏目包括1篇论文,即《论抗战期间中国与苏联文化传播互动的特点及战略意义》(作者:张育仁)。"文学研究"栏目包括4篇论文,即《直觉的铺展与语言的狂欢——进入谭明诗歌的一个角度》(作者:梁平)、《〈春尽江南〉的"荒原意识"浅析》(作者:姚利芬)、《论迟子建中短篇小说中的"黑土地"意象》(作者:谭霜)、《制度的否定与本能的欲望——论杨刚小说中翁媳关系的悲剧》(作者:王苹)。"历史研究"栏目包括5篇论文,即《浅论日本近代文官制度建立的政治条件》(作者:姚春海)、《德意志农业改革进程的重新认识》(作者:刘勇)、《先秦墓葬破坏及防护略论》(作者:宋丽娟)、《海峡两岸客家采茶戏源流与发展论析》(作者:黄文杰)、《试论中美合作所在抗战中的作用》(作者:杜娟)。"教育教学研究"栏目包括3篇论文,即《离村上学儿童的社会适应与学业成就关系研究——基于四川省盆周山区的调查》(作者:陈梅)、《逍遥教学模式视阈下高校和谐教学共同体构建中的问题与对策》(作者:徐志达、邓清华)、《大学生价值观现状调查及成因分析》(作者:杨燕滨、田穗)。这一期共有10个栏目,与上一期相比减少2个。

《长江师范学院学报》史料整理与分析（1985—2020）

2013年第4期的栏目有"西南民族文化研究""武陵论坛""茅盾文学奖作品研究""社会学""语言学研究""民俗学研究""文学研究""历史研究""教育教学研究""品书录"等。"西南民族文化研究"栏目包括3篇论文，即《重庆地区远古人类与周邻地区民族文化的关系探索》（作者：杨华、粟慧、韩鹏）、《土家语保护和传承的文化空间研究》（作者：霍晓丽、谭志满）、《西南民族地区历代碑刻文献中女性形象的类型学分析——以乌江流域为例》（作者：彭福荣、付鹏飞）。"武陵论坛"栏目包括1篇论文，即《渝东南翼低碳生态城市建设研究》（作者：姚元和）。"茅盾文学奖作品研究"栏目包括1篇论文，即《乡村叙事话语的三元交融——〈黄河东流去〉话语分析》（作者：焦红涛）。"社会学"栏目包括2篇论文，即《移民、亲属与社会再生产考察——以一个东北汉人村落的婚礼实践为例》（作者：李鹏）、《国家与社会视野下的乡土文明建设研究——以滇东北嵩屏村为例》（作者：李银兵、李富宁）。"语言学研究"栏目包括1篇论文，即《拼写变异的认知研究：语言注意系统视角》（作者：刘先清）。"民俗学研究"栏目包括1篇论文，即《地震灾害致因的民俗学解释研究》（作者：杨超）。"文学研究"栏目包括4篇论文，即《"文化革命主将"的鲁迅形象在国民信仰中的影响与误读》（作者：杨姿）、《当下中国散文诗的现状及其发展趋势——基于2012年中国散文诗的考察》（作者：周航、周颖）、《身份焦虑、精神还乡与疼痛的生命——江飞散文论》（作者：陈进武）、《民国时期何其芳研究回溯》（作者：李卉）。"历史研究"栏目包括6篇论文，即《抗战时期上海亲日史学研究》（作者：符静）、《孔子对王室与政府职责的分工思想——从礼乐征伐自天子出与自诸侯出之区别谈起》（作者：刘家书、周梦）、《升仙的灵魂——汉代画像石浅析》（作者：杨岸）、《大唐故严府君墓志铭考略》（作者：林拱鑫）、《明洪武二十二年四川岩州茶马比价问题辨析》（作者：喜富裕）、《抗战文献进出境交流法律问题研究》（作者：曾友和）。"教育教学研究"栏目包括4篇论文，即《应用型高校创业教育课程体系构建研究》（作者：李光辉、苏荣萍、王文韬）、《试论语感在语文教学中的地位、现状及培养》（作者：杨泉良）、《医学院校通识教育课程设置理念与思路探讨》（作者：岳林琳、程乐森）、《试论新建本科高校教学质量保障体系构建》（作者：龙学渊）。"品书录"栏目包括2篇论文，即《文学气象之镜与民族文化、精神之灯——〈盐号〉的文学地理学意义》（作者：肖太云、陈淼英）、《写文化与文学性——基于田永红新作〈盐号〉

的民族文学反思》（作者：黎帅、郭玲珍）。这一期共有10个栏目，与上一期持平。

2013年第5期的栏目"西南民族文化研究""武陵论坛""茅盾文学奖作品研究""社会学研究""经济学研究""文学研究""历史研究""教育教学研究""法学研究""品书录"等。"西南民族文化研究"栏目包括4篇论文，即《三峡地区巴、楚文化的考古研究》（作者：刘前凤、杨华）、《土家族文学、艺术研究的回顾与反思》（作者：熊晓辉）、《从文化基因理论谈文化遗产保护——以土家族为中心》（作者：刘雪梅、刘冰清）、《土家"哭嫁"婚俗考——以五峰傅家堰乡为核心的考察》（作者：刘怡）。"武陵论坛"栏目包括4篇论文，即《武陵山区农民专业合作社发展的绩效与对策研究——以来凤县为例》（作者：莫代山）、《推进渝鄂湘黔武陵山片区经济协作的路径研究》（作者：兰大贤、白明亮）、《现代化大城市建设监测指标体系研究——以重庆市涪陵区为例》（作者：何侍昌、李乾德、卢萍）、《武陵地区土家族神龛文化初探——以秀山自治县为例》（作者：刘济平）。"茅盾文学奖作品研究"栏目包括1篇论文，即《"吴摩西"的教堂——怎样在平地里升起高楼》（作者：胡梅仙）。"社会学研究"栏目包括1篇论文，即《论STS视野下的生态文明建设》（作者：郑文刚、于海洪）。"经济学研究"栏目包括1篇论文，即《企业环境成本会计核算初探》（作者：杨琬晴）。"文学研究"栏目包括7篇论文，即《超越苦难与生死的高尚书写——评余华新作〈第七天〉》（作者：刘霞云）、《2012年诗歌主题考察》（作者：周航、程淑华）、《论邹绛的文学翻译思想》（作者：熊辉）、《街道：殷夫诗歌中的空间意义生产》（作者：段小军）、《"症候式分析"研究综述》（作者：毛靖宇、陈婉）、《论刘兰芝的"学问"》（作者：杨林夕）、《论〈苏菲的选择〉的多重叙事》（作者：曾传芳）。"历史研究"栏目包括2篇论文，即《析唐代御史地位演变与南朝化》（作者：赵大旺）、《中国共产党党内民主建设的历史回顾与经验启示》（作者：赵自力）。"教育教学研究"栏目包括1篇论文，即《英语教师课程目标意识存在的问题与对策探讨》（作者：林海丽、邱德雄）。"法学研究"栏目包括1篇论文，即《应对全球气候变暖的共同但有区别责任原则探讨》（作者：杜雯雯）。"品书录"栏目包括1篇文章，即《团队数载求实录 秉笔鸿文成宝典——〈重庆民族乡概况丛书〉有感》（作者：丹涪）。这一期共有10个栏目，与上一期持平。

《长江师范学院学报》史料整理与分析（1985—2020）

2013年第6期的栏目有"西南民族文化研究""武陵论坛""茅盾文学奖作品研究""马克思主义理论研究""哲学研究""文学研究""历史研究""教育教学研究""翻译学研究""经济研究""品书录"等。"西南民族文化研究"栏目包括5篇论文，即《从牯脏节看苗族的民族认同——以贵州榕江县高排村为例》（作者：吴大旬、刘慧）、《从出土墓志看唐代西南地区汉夷冲突及其消解》（作者：马强）、《族群记忆、祠墓祭拜与福利渗透：清代巴蜀移民家族整合途径研究》（作者：龚义龙）、《试论苗族妇女腰带及其文化内涵——以贵州惠水县摆金镇为例》（作者：王卫红）、《历史载体　情感表象——布依族服饰审美文化研究》（作者：张荣）。"武陵论坛"栏目包括1篇论文，即《清代改土归流对土家族地区植被变迁的影响研究》（作者：王高飞）。"茅盾文学奖作品研究"栏目包括1篇论文，即《〈秦腔〉：城市化进程的活标本》（作者：秦香丽）。"马克思主义理论研究"栏目包括1篇论文，即《试论江泽民对改进党风的历史贡献》（作者：吴明永、李斌）。"哲学研究"栏目包括1篇论文，即《儒家道德自觉思想初探》（作者：戴昀）。"文学研究"栏目包括4篇论文，即《宋代理学家谢良佐的文学思想》（作者：陈忻）、《〈庄子〉"悬解"考释》（作者：潘链钰）、《"死无葬身之地"是真正的安息地——论余华的〈第七天〉中理想型生存状态》（作者：陈国元）、《绝世美女丽姬娅的死亡与复活——评爱伦·坡的"精神美学"》（作者：李显文）。"历史研究"栏目包括3篇论文，即《关于伍子胥"掘墓鞭尸"若干问题的辨析》（作者：仓林忠）、《民国时期四川婚嫁习俗样态研究》（作者：刘力、王小华）、《"文化失忆"的中江隐性客家探析》（作者：张春兰）。"教育教学研究"栏目包括6篇论文，即《大学生开展方言与民间文化调查的研究与设计》（作者：杨雅丽）、《陶行知"生活教育"理论对高校思想政治教育的启示》（作者：罗双燕）、《论蔡元培美育思想蕴含的人本主义精神》（作者：李永亮）、《商学院创业教育模式探析》（作者：吴永芳）、《以人际关系为主题的班级心理辅导效果研究》（作者：李文权、李辉）、《论土家族民间文化对外汉语教学的内涵与途径》（作者：杨光）。"翻译学研究"栏目包括1篇论文，即《析意识形态对〈世界是平的〉译本的操控》（作者：罗耀慧）。"经济研究"栏目包括1篇论文，即《推进行政事业单位资产管理与预算管理相结合的探讨》（作者：刘晓萌）。"品书录"栏目包括1篇论文，即《中国古代散文谱系的新构建——读傅德岷、陈兴芜〈中国古代散文流变史稿〉》（作者：石杰）。这一期共有11个栏目,与上一期相比增加1个;新设"马克思主义理论研究"栏目。

总之,2013年的栏目相对稳定,保持在每期10~12个。全年坚持6期的栏目有"西南民族文化研究""武陵论坛";坚持5期的栏目有"茅盾文学奖作品研究""历史研究""教育教学研究";坚持4期的栏目有"哲学研究""文学研究""品书录";坚持3期的栏目有"社会学研究""语言学研究";坚持2期的栏目有"翻译学研究""传播学研究""民俗学研究""经济学研究"。由栏目设置情况来看,突出了民族和地域特色,同时关注历史、教育和高质量文学作品。

(三) 2014年的栏目及其刊文

2014年第1期的栏目有"中国土司文化研究""西南民族文化研究""武陵论坛""茅盾文学奖作品研究""社会学研究""文学研究""历史研究""教育教学研究""品书录"等。"中国土司文化研究"栏目包括3篇论文,即《试论明代西南地区土司多民族国家意识的象征》(作者:谢国先)、《石砫土司统治与民族间信任和谐研究》(作者:祝国超、周凯)、《施州卫指挥世袭家族文化研究价值和意义初探——以童氏为例》(作者:刘清华、贺孝贵)。"西南民族文化研究"栏目包括4篇论文,即《贵州南部地区苗族稻田养鱼习俗与传统稻作文化关系探微》(作者:孟学华、吴正彪)、《试论隋唐时期巴蜀地区生物资源的开发及其与周边地区的交流》(作者:张铭、李娟娟)、《壮族教育家郑献甫教育思想论析》(作者:杨眉眉、姚霖)、《试论抗日战争时期贵州女医生的产生及历史影响》(作者:张艾利)。"武陵论坛"栏目包括3篇论文,即《当代湘西苗族婚恋习俗的变迁及其原因探析》(作者:向轼)、《论湘西红色歌谣的特质、价值与传承》(作者:刘於清)、《美丽中国视域下梵净山生态文明建设研究》(作者:杨圆、王学荣)。"茅盾文学奖作品研究"栏目包括1篇论文,即《乡镇变迁和流浪者的言语——〈一句顶一万句〉主题解析》(作者:陈镭)。"社会学研究"栏目包括3篇论文,即《费孝通晚年主要社会学思想简论》(作者:张明波)、《大屠杀叙事与南京对外形象探究》(作者:丛晓明)、《生态社会主义及其对我国"五位一体"发展战略的启示》(作者:牛二耀、牛耀耀)。"文学研究"栏目包括6篇论文,即《少数民族视野下的东西方文化冲突与民族国家建构——以沈从文与老舍为中心》(作者:魏巍、马玥玥）、《简论川籍诗人覃子豪与商禽对台湾诗歌的卓越贡献》（作者：陶德宗、陶兰）、《论陈学昭早期文学创作中的女性意识》（作者：王俊虎、郑莹莹）、《"路"上的人生——论〈呐喊〉〈彷徨〉中"路"的叙事意义》（作者：余新明）、《被解构的"基督"必死的埃斯比诺萨——博尔赫斯〈马可福音〉之神学寓意解读》（作者：徐继明）、《"言""象""意"与英伽登文学作品理论比较》（作者：周晋）。"历史研究"栏目包括3篇论文，即《试论宋代皇嗣养子制度》（作者：范帅）、《清代师父责罚徒弟行为的法律规制》（作者：王小丹）、《张澍及其西南方志编纂考察》（作者：张蕾蕾）。"教育教学研究"栏目包括4篇论文，即《大学生思想政治教育基地化模式探索与实践》（作者：杨双）、《农民工子女教育歧视现象与消除对策——基于社会支持主体向度的考量》（作者：李素梅、殷世东）、《试论大学生国际素养培育的逻辑基础与途径》（作者：李国华）、《企业开展心理咨询的必要性分析》（作者：文旭平）。"品书录"栏目包括2篇论文，即《周航的"冒犯"——兼谈诗人的写作目的》（作者：吴平）、《倒流的河——析周航诗集〈背影〉》（作者：余玲）。这一期共有9个栏目，保持稳定。

2014年第2期的栏目有"中国土司文化研究""西南民族文化研究""武陵论坛""茅盾文学奖作品研究""历史研究""政治学研究""文学研究""社会学研究""语言学研究""法学研究""教育学研究"等。"中国土司文化研究"栏目包括3篇论文，即《明代土家族土兵抗倭的缘起、进程与取胜原因》（作者：李良品、张芯）、《中国土司政权的宗法关系及其影响研究——以广西南丹莫氏壮族土司为例》（作者：李春莲）、《卓尼土司制度及其文化价值考察》（作者：苏晓红）。"西南民族文化研究"栏目包括2篇论文，即《石龙坝电站修建始末及其历史地位和影响》（作者：黄权生、杨吉超）、《简论抗战时期招商局在大后方的延续》（作者：耿密）。"武陵论坛"栏目包括3篇论文，即《武陵山片区农地流转中农民权益的损害及其维护——以重庆市石柱县为例》（作者：李彬、侯爱霞）、《武陵地区地方政权与封建中央政权关系刍议》（作者：戴楚洲）、《黔江城市峡谷：价值深挖与作用发挥》（作者：姚元和）。"茅盾文学奖作品研究"栏目包括1篇论文，即《长篇小说〈秦腔〉人物类型论》（作者：默崎）。"历史研究"栏目包括5篇论文，即《试论海瑞的民生情怀》（作者：曾超）、《从唯物史观角度分析辛亥革命》（作者：魏广志）、《试析艾伦·惠廷在中美关系正常化中的作用》（作者：刘田）、《唐代治羌的"大传统"与"小传统"考察》

（作者：叶健）、《周代儒家的疾病观考察》（作者：吕金伟）。"政治学研究"栏目包括2篇论文，即《关于地方服务型政府履责动力与方法探讨》（作者：徐铜柱）、《儒家行政思想的现代性价值探析》（作者：张磊、罗思洁、刘静）。"文学研究"栏目包括4篇论文，即《毕飞宇小说〈玉米〉中的权力人物与权力话语》（作者：陈惠良）、《〈豆蔻镇的居民和强盗〉中蕴涵的仁爱精神探索》（作者：张芹）、《论洛夫诗歌的自然意象》（作者：张春艳、方忠）、《牛郎织女起源追寻》（作者：杨德春）。"社会学研究"栏目包括2篇论文，即《论全球化语境下文化传播与中国国家形象塑造》（作者：刘杨）、《美国煤矿安全管理体系建设的经验及其启示》（作者：刘再春）。"语言学研究"栏目包括2篇论文，即《"不敢"一词在西北方言中的祈使用法探源》（作者：赵久湘、杨雅丽）、《旅游牌示解说词翻译杂合研究——接受美学的视角》（作者：黄春梅）。"法学研究"栏目包括1篇论文，即《秩序建构中"着眼于安排"与"着眼于现实"的正义偏差——基于新刑事诉讼法人身权利保护的运行分析》（作者：葛天博）。"教育学研究"栏目包括3篇论文，即《云南少数民族青少年思想问题及教育策略研究》（作者：李银兵、陈秀美）、《培育大学生优良文风途径新探》（作者：吴晓蓉、刘利）、《高校学生工作有效性的路径解析》（作者：陈素琴）。这一期共有11个栏目，与上一期相比增加2个。

2014年第3期的栏目有"中国土司文化研究""西南民族文化研究""武陵论坛""茅盾文学奖作品研究""何其芳诗歌研究""历史研究""文学研究""社会学研究""语言学研究""教育学研究""品书录"等。"中国土司文化研究"栏目包括2篇论文，即《论明清之交容美土司的对外策略》（作者：杨洪林、陈文元）、《试论乌江流域土司时期的经济开发——兼及民间工艺》（作者：彭福荣）。"西南民族文化研究"栏目包括4篇论文，即《民族意识与哲学精神——白族哲学思想的早期启蒙与近现代转型》（作者：萧洪恩）、《〈印象·刘三姐〉的符号意义解读》（作者：任旭彬）、《〈水经注〉所引三种西南地记考述》（作者：鲍远航）、《试论土家族区域的美术》（作者：陈文武）。"武陵论坛"栏目包括3篇论文，即《论渝东南民族地区新农村社区文化建设》（作者：胡建华）、《成就、差距与优化：全国百强县背景下涪陵工业经济发展的视角》（作者：熊正贤）、《武陵山区域经济协调发展障碍与对策研究》（作者：张小筠）。"茅盾文学奖作品研究"栏目包括1篇论文，即《论反腐文学对廉政文化建设的意义——以〈抉择〉

为例》（作者：邱食存）。"何其芳诗歌研究"栏目包括2篇论文，即《试析何其芳从事诗歌翻译的深层动因》（作者：熊辉）、《文体自觉的诗美沉淀——何其芳早期创作中的人格价值》（作者：梁平）。"历史研究"栏目包括3篇论文，即《试论近代报刊在晚清社会中的演进轨迹》（作者：刘力、韩鼎基）、《孟子"性善论"道德教育思想及其现代启示》（作者：张世友、樊艳）、《列宁晚年加强俄国文化建设的背景分析》（作者：刘旺旺）。"文学研究"栏目包括4篇论文，即《严歌苓小说"笑"书写的语言修辞学视角考察》（作者：周航、杜宪）、《"吃人"母题的再演绎及人性的叩问——从鲁迅〈狂人日记〉到陈映真〈乡村的教师〉》（作者：巴朝霞）、《论〈凶年纪事〉的音乐式写作》（作者：曾丽）、《"第三代诗歌"的"个人性"与"公共性"——以诗人海子为例》（作者：李雨萌）。"社会学研究"栏目包括2篇论文，即《制度主义视角下的国际制度与认同关系分析》（作者：李海龙）、《瑞安公司全面质量管理经验对政府公共管理的启示》（作者：李俊杰、姜丽）。"语言学研究"栏目包括2篇论文，即《山重水复疑无路　柳暗花明又一村——评汉英对照〈红楼梦〉的出版》（作者：冉诗洋、杨平）、《〈中国外语〉的学术影响力分析——基于历年〈中国外语〉翻译学科载文的文献计量分析》（作者：周亚莉、张丽娟）。"教育学研究"栏目包括3篇论文，即《小学生科学素养培养策略与实践探索》（作者：于海洪、马淑杰、宋北荒）、《民族院校行政管理本科专业综合改革研究——以贵州省民族高校为例》（作者：饶义军）、《基于多元智能理论的多任务课堂活动设计——以"鱼缸"活动为例》（作者：雷琨）。"品书录"栏目包括1篇论文，即《一部兼具艺术灵性与学术厚重的作家论专著——评周志雄的〈生存境遇的追问：张洁论〉》（作者：陈娇华）。这一期共有11个栏目，与上一期持平；新设"何其芳诗歌研究"栏目。

2014年第4期的栏目有"中国土司文化研究""西南民族文化研究""武陵论坛""茅盾文学奖作品研究""近代医疗史研究""历史研究""文学研究""社会学研究""语言学研究""教育学研究"等。"中国土司文化研究"栏目包括3篇论文，即《"杨保"名义演变考》（作者：曾超）、《武陵山土司遗址文化空间重构：大遗址旅游形态》（作者：刘安全、余继平）、《中国土司制度源流新探》（作者：何先龙）。"西南民族文化研究"栏目包括1篇论文，即《人"鬼"之间：美孚黎道公的流派类别及其传承》（作者：谢东莉）。"武陵论坛"栏目包括2篇论文，即《民众心理需要与宗教信仰的引导探析——以重庆地区民众宗教信仰为例》（作者：刘秀伦、李颖）、《渝东南翼构建新型农业经营体系研究——基于重庆市黔江区的实证分析》（作者：姚元和）。"茅盾文学奖作品研究"栏目包括1篇论文，即《漫议第八届茅盾文学奖的"突破"》（作者：赵黎明、刘琴）。"近代医疗史研究"栏目包括3篇论文，即《民国时期医德规范之特点——近代医患关系研究之一》（作者：尹倩）、《晚清西药东来与国人对西医西药的认识》（作者：林美云）、《近十年来中国近代细菌学说史研究的回顾与思考》（作者：姬凌辉）。"历史研究"栏目包括5篇论文，即《工业革命时期英国工人形象的构建与权利的斗争——基于酗酒问题及其政治文化影响的考察》（作者：龚小刚）、《汉初的医疗市场与医病关系——以淳于意医案为中心》（作者：吕金伟）、《试论延安整风中党的思想建设的脉络、经验与前瞻》（作者：邵玉彩）、《荣誉军人自治实验区成立始末考察》（作者：王珑）、《论中国农村信用社的近代变迁》（作者：肖冬华）。"文学研究"栏目包括5篇论文，即《莫言小说艺术特征与中国文学发展的可能》（作者：瞿华兵）、《文学阶级性论说的困境与理路——从梁实秋与鲁迅论争说起》（作者：曹露丹、傅宗洪）、《试论"百花文学"情爱话语的双重修辞》（作者：何黎黎）、《乾坤相济，精纯不垢——论〈三国演义〉赵子龙的形象特征》（作者：阮绵）、《〈水浒后传〉的两大版本系统及其差异分析》（作者：唐海宏）。"社会学研究"栏目包括3篇论文，即《女性发展与农村生态文明建设——以江西省南昌市郊扬子洲镇为例》（作者：李从娜）、《社会工作伦理视角下救助管理工作困境探析》（作者：李米换、靳晓芳）、《论"推进国家治理体系和治理能力现代化"理论创新与意义》（作者：刘孝阳）。"语言学研究"栏目包括1篇论文，即《程度副词"伤心"探析》（作者：高亮）。"教育学研究"栏目包括2篇论文，即《高校内涵式发展新论——以新建本科院校为例》（作者：韩伏彬）、《论英文电影在英语口语和听力教学中的应用》（作者：汤瑷宁）。这一期共有10个栏目，与上一期相比减少1个；新设"近代医疗史研究"栏目。

2014年第5期的栏目有"中国土司文化研究""西南民族文化研究""武陵论坛""茅盾文学奖作品研究""历史研究""文学研究""社会学研究""语言学研究""教育学研究"等。"中国土司文化研究"栏目包括3篇论文，即《土司制度：国家权力在西南土司地区的延伸》（作者：李良品、赵毅）、《土司文化遗产的价值凝练与表达》（作者：葛政委）、《水西

《长江师范学院学报》史料整理与分析（1985—2020）

土司物质文化述论》（作者：龙春燕）。"西南民族文化研究"栏目包括1篇论文，即《侗族节日设置的层次类型及特点分析——以黎平黄岗侗族为例》（作者：罗康智）。"武陵论坛"栏目包括3篇论文，即《论明代对贵州喀斯特地貌的地理探索与认识》（作者：马银行）、《土家族建筑形制变迁考察》（作者：李学敏、黄柏权）、《溆浦山背花瑶婚俗考察》（作者：徐猛、刘冰清）。"茅盾文学奖作品研究"栏目包括1篇论文，即《论〈尘埃落定〉的诗化美学特征》（作者：刘春苗、田文兵）。"历史研究"栏目包括4篇论文，即《象征和功能：文化人类学视域下的萍乡沿门舞》（作者：朱宝莉）、《陇中地区传统保墒镇压法"躧谷"及其启示》（作者：曹娟玲、石小俭）、《二十世纪以来明代四川科举史研究述评》（作者：刘小龙、田玥）、《论北宋淮安镇道里及其地位》（作者：周永杰）。"文学研究"栏目包括6篇论文，即《〈今宵酒醒何处〉：一部被忽视的曹禺佳作》（作者：陈宗俊）、《浅析赵耀民1990年代的话剧创作》（作者：陈文勇）、《郑宾于（孝观）与鲁迅的文字交考察》（作者：熊飞宇）、《海外学院作家概略》（作者：余艳）、《试论大后方作家的"重庆大轰炸"书写》（作者：陈欢、张勇）、《如梦如幻月，若即若离花——从〈胭脂扣〉中数字暗号看现代女性意识的觉醒》（作者：易亚云）。"社会学研究"栏目包括1篇论文，即《论"命运共同体"理念及其中国实践》（作者：李海龙）。"语言学研究"栏目包括1篇论文，即《〈梯玛歌〉修辞手法初探》（作者：阮玉明）。"教育教学研究"栏目包括5篇论文，即《完善地方高校研究生导师评价机制的思路与对策》（作者：余兴厚）、《大学生自组织发展引导研究》（作者：杨双、陈柏材）、《浅析大学生同性恋现象及其应对策略》（作者：李永洪）、《传统文化与大学生公正世界信念探索》（作者：李明蔚、陈小异）、《"531"教学模式改革试验研究——以涪陵十四中学校为例》（作者：冉汇真、殷沙沙）。这一期共有9个栏目，与上一期相比减少1个。

2014年第6期的栏目有"中国土司文化研究""西南民族文化研究""武陵论坛""茅盾文学奖作品研究""历史研究""文学研究""社会学研究""教育教学研究"等。"中国土司文化研究"栏目包括2篇论文，即《制度变革、政策杠杆与社会进步：容美地区改土归流前后经济社会发展状况比较研究》（作者：龚义龙）、《国家权力的渗透与民族地区社会秩序的重构——"改土归流"后湖广土家族地区的士绅培育与社会控制研究》（作者：郗玉松）。"西南民族文化研究"栏目包括2篇论文，即《试论辰河高腔的唱词结构与曲调》(作者:熊晓辉)、《南宋涪州知州考略》(作者:王晓晖)。"武陵论坛"栏目包括3篇论文,即《论民族文化与旅游的协同发展——以湖北省恩施土家族苗族自治州为例》(作者:陈沛照、朱艳红)、《试论重庆巫溪五句子歌的价值功能与传承保护》(作者:傅国群)、《武落钟离山地望新考》(作者:谷斌)。《茅盾文学奖作品研究》栏目包括1篇论文,即《"怀旧"语境中的〈长恨歌〉——一种势利价值观的体现》(作者:刘永丽)。"历史研究"栏目包括3篇论文,即《五圣堂的前世与今生》(作者:杜靖、崔倩倩)、《先秦邦交中的间谍与间谍理论初探》(作者:查飞能)、《〈宋诗别裁集〉编者张景星家世考》(作者:高磊)。"文学研究"栏目包括5篇论文,即《论新时期以来非学术视野下的长篇小说文体关注》(作者:刘霞云)、《论胡风的"宗派主义"》(作者:魏邦良)、《现代化进程中的日本农村题材小说——以藤本惠子的农村题材小说为例》(作者:韦玮)、《当代先锋文学解构初探》(作者:李莉)、《试析英国文艺复兴时期爱情诗中的"大地——花园"意象》(作者:杨君)。"社会学研究"栏目包括1篇论文,即《论中国模式及其世界意义》(作者:吴兴德)。"教育教学研究"栏目包括6篇论文,即《美德不是知识,美德不可教——苏格拉底道德智慧教育思想初探》(作者:张正江)、《翻译硕士教育研究专题的统计分析》(作者:周亚莉、何东敏)、《本科层次全科小学教育专业建设的反思与建议》(作者:杨晓峰)、《认识论视域下的思想政治教育研究》(作者:王强)、《大学生职业生涯规划课程与教学创新研究》(作者:王兴国、龙军峰、罗劲松)、《激发学生"学习能量"的有效策略探析——基于对学生反馈信息的反思》(作者:余庆华)。这一期共有8个栏目,比上一期减少1个。

总之,2014年的栏目相对稳定,保持在每期8~11个。全年坚持6期的栏目有"中国土司文化研究""西南民族文化研究""武陵论坛""社会学研究""文学研究""历史研究";坚持5期的栏目有"茅盾文学奖作品研究";坚持4期的栏目有"语言学研究""教育学研究";坚持2期的栏目有"品书录""教育教学研究"。由栏目设置情况来看,地域、历史、社会、文学类栏目稿源丰富,语言学次之。

(四) 2015年的栏目及其刊文

2015年第1期的栏目有"中国土司文化研究""西南民族文化研究"

《长江师范学院学报》史料整理与分析（1985—2020）

"武陵论坛""历史研究""文学研究""经济学研究""社会学研究""教育教学研究"等。"中国土司文化研究"栏目包括2篇论文，即《中国土司制度与土司文化研究2013年度科研报告（上）》（作者：中国土司制度与土司文化研究创新团队）、《平播大军人员构成探析》（作者：祝国超）。"西南民族文化研究"栏目包括3篇论文，即《风水争讼之"遵批立碑 万代不朽"碑研究》（作者：李鹏飞）、《论传统文化视域下的水族碑刻》（作者：蒙耀远）、《现代语境下布依族婚姻仪礼的变迁——一个布依族村寨的实例》（作者：龚德全）。"武陵论坛"栏目包括2篇论文，即《女性主义视角下的梵净山佛教信仰研究》（作者：陆群）、《唐代士大夫在开州的政治、文学及意义——以唐开州刺史韦处厚、唐次、崔泰之为考察对象》（作者：马强）。"历史研究"栏目包括2篇论文，即《明末丛林积弊及其颓败考察》（作者：刘晓玉）、《〈南部档案〉清代州县诉讼中的"中证"考察》（作者：朱忠华）。"文学研究"栏目包括4篇论文，即《罗家伦与文学革命》（作者：冯夏根、胡旭华）、《中国民间故事类型索引的盲点——兼论中国传统文人故事的雅与俗》（作者：丁晓辉）、《达摩克利斯之剑：主体性身份的建构与缺失——以〈外来妹〉〈苹果〉为例试论90年代以来影视中的女性农民工形象》（作者：王琴）、《论唐小说女侠形象塑造中的佛道文化渗透》（作者：方娟）。"经济学研究"栏目包括3篇论文，即《清水江流域苗侗地区土地占有的特点——以贵州省锦屏县土地改革前为例》（作者：简余利）、《生态乌骨鸡养殖模式及经济效益探究——以贵州丹寨县竹留村为个案》（作者：吴大旬、包龙源、文波）、《区域产业政策趋同的重要动因——地方政府的效用选择》（作者：王征）。"社会学研究"栏目包括2篇论文，即《论当前农民负担问题及其破解之策》（作者：孙迪亮）、《"城居保"基金管理运营探究》（作者：郭嘉儒）。"教育教学研究"栏目包括5篇论文，即《浅析地方本科高校"学科前沿讲座"课程建设——以机械类专业为例》（作者：姚正华、彭程）、《湖南省农民大学生创业能力提高的对策研究》（作者：尹文芬、许旭）、《从杜威的"教育生长观"谈现代学校品格教育》（作者：鞠鑫）、《论农民工的闲暇道德教育》（作者：康红梅）、《试论教育城乡一体化建设中的教育补偿》（作者：孙凯）。这一期共有8个栏目。

2015年第2期的栏目有"本刊特稿""中国土司文化研究""西南民族文化研究""武陵论坛""历史研究""语言学研究""文学研究""社会学研究""教育教学研究"等。"本刊特稿"栏目包括1篇论文，即《"忠孝"

与"孝忠":中国道德史的考察》(作者:王子今)。"中国土司文化研究"栏目包括2篇论文,即《中国土司制度与土司文化研究2013年度科研报告(下)》(作者:中国土司制度与土司文化研究创新团队)、《遗址类文化遗产的空间、象征与保护——以湖南永顺老司城遗址为例》(作者:李凌霞)。"西南民族文化研究"栏目包括2篇论文,即《巴楚墓葬中"毁兵"现象的考察及相关认识》(作者:朱世学)、《明清时期客籍贵州文人视域中"苗人"的社会生活》(作者:孙静)。"武陵论坛"栏目包括3篇论文,即《禁止开发区域发展政策的构建和完善——基于武陵山区渝东南片区的调研》(作者:姚元和)、《跨境文脉与西部文化产业跨区协同创新模式研究》(作者:熊正贤、吴黎围)、《武陵山片区民办学前教育规模占比差异及影响因素分析——基于武陵山片区部分县市的调查》(作者:程丽)。"历史研究"栏目包括2篇论文,即《抗战时期中国国际地位研究综述》(作者:耿密)、《试析〈史记〉中的相面术》(作者:梁文丽、李亚丹)。"语言学研究"栏目包括3篇论文,即《秦汉简牍法律用语中的省称》(作者:赵久湘)、《唐人称〈毛诗〉经传文献为"毛诗"考》(作者:张华林、刘辉)、《浅析汉英语言禁忌及委婉语的文化透视》(作者:黄献慧)。"文学研究"栏目包括5篇论文,即《严峻的"山村牧歌"——论〈芙蓉镇〉中的性别书写和地方性知识》(作者:康斌、谭梅)、《文学如何"虚无"历史?》(作者:魏巍、马玥玥)、《关于诗歌"运动"的内在观照》(作者:韦文韬)、《亡灵的虚构——欧阳江河诗学浅探》、(作者:陈婉、毛靖宇)、《比翼双飞的精灵——雪莱与徐志摩比较》(作者:曾丽)。"社会学研究"栏目包括2篇论文,即《苏格拉底与柏拉图伦理思想差异探析》(作者:李银兵、杨正军)、《多元协同诉求:县域公共决策的新路径》(作者:邢勤锋)。"教育教学研究"栏目包括5篇论文,即《社会主义核心价值观融入学校课程探讨》(作者:靳玉军)、《地方依恋对大学生职业生涯决策的影响和启示》(作者:韦耀阳)、《新建地方本科高校教学团队建设的博弈分析——基于外部资源投入的视角》(作者:孙华银)、《水利高职院校毕业生就业心理问题及对策分析》(作者:陈吉胜)、《初中生学校恐惧心理及其影响因素研究》(作者:姚爱贞)。这一期共有10个栏目。

2015年第3期的栏目有"中国土司文化研究""西南民族文化研究""武陵论坛""历史研究""文学研究""经济管理学研究""教育教学研究""图情研究""品书录"等。"中国土司文化研究"栏目包括篇论文,即

《土司制度历史地位新论》(作者:李世愉)、《明代西南地区土司朝贡述论》(作者:李良品、廖佳玲)、《清代湘西"改土归流"后的筑城活动与居民生活的变迁——从湘西地方志中几篇筑城记入手》(作者:李大旗)。"西南民族文化研究"栏目包括篇论文,即《唐代涪州刺史考》(作者:曾超)、《抗战时期川盐运销研究》(作者:符必春)。"武陵论坛"栏目包括3篇论文,即《论辰河高腔的"开台"与"扫台"》(作者:熊晓辉)、《基于博弈理论的景区拆迁问题研究》(作者:李宗利)、《"建国"以来贵州工业化发展道路及模式的反思》(作者:郝以深)。"历史研究"栏目包括3篇论文,即《课业之外:清代塾师与弟子的师生情谊及其变异》(作者:蒋威、王硕)、《湖北三国文化与传统价值观——从"仁、勇、智、节"角度考察》(作者:李亮宇)、《明世宗开矿活动考论》(作者:陈旭)。"文学研究"栏目包括5篇论文,即《褪尽温情现光芒,穿透世相成诗性——冉冉诗集〈朱雀行〉的诗性之路》(作者:梁平)、《现代少数民族文学与主流意识形态——以沈从文、老舍为中心》(作者:魏巍、马玥玥)、《范仲淹、梅尧臣〈灵乌赋〉研究》(作者:苏睿)、《论杜甫诗歌中的"妻子"形象》(作者:肖阿如)、《国内宇文所安文学思想研究述评》(作者:李芳)。"经济管理学研究"栏目包括2篇论文,即《连片特困地区可持续发展的路径探析——基于马克思主义社会发展观的视角》(作者:张立群、邓治平)、《企业口碑管理与病毒营销关键问题分析》(作者:彭岚)。"教育教学研究"栏目包括4篇论文,即《网络情景下大学生异化行为研究》(作者:崔磊)、《美育类课程改革与大学生人格塑造刍议》(作者:包莉秋)、《项目化导向课程:化解结构性就业难的有效途径——以编辑出版专业课程改革为例》(作者:谢武纪)、《中国乡村社会的"洋学"与"私塾"之争——评廖泰初〈动变中的中国农村教育〉》(作者:王婷婷)。"图情研究"栏目包括2篇论文,即《信息时代高校图书馆馆员综合素质要求及提升探索》(作者:刘宗发、李知明、罗中文)、《互联网背景下期刊编辑工作的范式转换》(作者:赵庆来)。"品书录"栏目包括1篇文章,即《特色民族村寨现代性建构的实现——读〈人类学视野下罗家坨苗寨旅游开发和实践研究〉》(作者:刘安全)。这一期共有9个栏目,比上一期减少1个栏目;新设"经济管理学研究"栏目。

2015年第4期的栏目有"中国土司文化研究""西南民族文化研究""武陵论坛""历史研究""文学研究""经济学研究""管理学研究""教

育教学研究""语言学研究"等。"中国土司文化研究"栏目包括2篇论文,即《岑氏土司国家认同研究——基于〈田州岑氏土司族谱〉的历史解读》(作者:梁亚群)、《简议石柱土司的双重性》(作者:陈鱼乐)。"西南民族文化研究"栏目包括3篇论文,即《书写视阈中的楚简墨迹》(作者:王祖龙)、《宋代峡江地区发生的瘿病及其防治》(作者:刘自兵)、《人口迁移与森林变迁的关系研究——以四川通江县为例》(作者:郑燕、黄权生)。"武陵论坛"栏目包括3篇论文,即《武陵山区的旅游效率测度与评价》(作者:龙祖坤、杜倩文)、《生态产品开发:条件、困境与出路——基于渝东南生态保护发展区的视域》(作者:姚元和)、《重庆市经济增长与能源消费的互动关系研究》(作者:曹志鹏、唐春花)。"历史研究"栏目包括2篇论文,即《两块"节孝碑"的沉默与复出》(作者:刘金梅、杜靖)、《"贰臣""遗民"与生存选择——浅析明清易代之际士人的历史责任感》(作者:王磊)。"文学研究"栏目包括4篇论文,即《女性妆容生殖崇拜考》(作者:刘艳红)、《寻根的里程——艾丽思·沃克系列小说的生态处所理论解析》(作者:周红菊)、《论中国当下电影市场对电影艺术的解构趋势》(作者:张丁心)、《试论中国现代文学研究"以西格中"的普遍性——以穆旦和夏志清研究为例》(作者:吴雪梅)。"经济学研究"栏目包括2篇论文,即《集中连片特困民族地区资源禀赋、区域发展与扶贫攻坚》(作者:单德朋)、《农业产业化融资问题及其对策探析》(作者:魏秀华、吴仪)。"管理学研究"栏目包括2篇论文,即《社会质量视角下的公共卫生同城化研究——基于广西西江经济带的数据分析》(作者:李全利)、《交通建设工程项目工地试验室的标准化建设与管理》(作者:兰洁)。"教育教学研究"栏目包括2篇论文,即《迈向共生:现代乡村学校的生存路径探析》(作者:吴锦)、《浅析"微课"在高校思想政治理论课中的应用设计——以"思想道德修养与法律基础"课为例》(作者:张淼)。"语言学研究"栏目包括2篇论文,即《"最简方案"视角下汉语"把"字句分析》(作者:朱学宁)、《〈汉语大词典〉引用书证迟后20例——以〈汉书〉法律词汇为据》(作者:李娟)。这一期共有9个栏目,新设"管理学研究"栏目。

2015年第5期的栏目有"中国土司文化研究""西南民族文化研究""武陵论坛""历史研究""文学研究""政治学研究""语言学研究""法学研究""教育教学研究"等。"中国土司文化研究"栏目包括2篇论文,即《李化龙平播纪功铭与国家认同内涵研究》(作者:曾超)、《明代贵州卫所军户与科举制度探究》（作者：覃朗）。"西南民族文化研究"栏目包括2篇论文，即《清代"招夫养子"与"带产入赘"的利益诉求考察——以〈南部档案〉婚契文约为例》（作者：李彦峰）、《贵州的"洋芋"文化考察》（作者：李鹏飞）。"武陵论坛"栏目包括1篇论文，即《武陵土家族地区地名概说》（作者：黄权生）。"历史研究"栏目包括2篇论文，即《胡宏研究综述》（作者：吕金伟、樊小冬）、《中晚明文人之"狎妓诗"创作——以布衣诗人沈明臣为例》（作者：杨霖）。"文学研究"栏目包括4篇论文，即《论彝族诗人玛查德清与阿苏越尔的诗歌创作》（作者：张兵兵）、《方言、声音与结构——论〈繁花〉的叙事及其寓意》（作者：李涯）、《学院内的继承如何成为可能——读〈70后鲁迅研究学人论文集〉》（作者：李笑）、《苏童小说于传媒时代中的生产与传播》（作者：郁勤）。"政治学研究"栏目包括2篇论文，即《社会形态的多维视角：一般进程和具体道路关系辨析》（作者：赵纪河）、《六根清净与理性认知之比较——基于〈妙法莲华经·法师功德品〉》（作者：王英芝）。"语言学研究"栏目包括2篇论文，即《中西文化差异视域下的文学翻译批评——以〈红楼梦〉的英译为例》（作者：冉诗洋、郑尧）、《重庆秀山方言音系考察》（作者：邹璐）。"法学研究"栏目包括3篇论文，即《论"有权不可任性"思想的三重意蕴》（作者：祝小茗）、《论公司捐赠的行为属性及规制对策》（作者：张安毅、刘宇同）、《论"以审判为中心"下警察出庭作证的价值与完善》（作者：王娅）。"教育教学研究"栏目包括6篇论文，即《教授治学的必要性及其路径分析》（作者：赵冬菊、杨秀梅、叶世杰）、《大学通识教育与"鲁迅阅读"研究》（作者：杨姿）、《高校奖学金评定的困境与对策——基于重庆市C高校的调查》（作者：徐志达）、《论"双专业培养"如何破解综合性大学教师教育的困局》（作者：杨晓峰）、《农村基层党组织建设的思想教育路径探析》（作者：周全胜、梁平）、《职业化视域下高校辅导员队伍准入与退出机制的思考与探索》（作者：陈恒英）。这一期共有9个栏目，与上一期持平。

2015年第6期的栏目有"中国土司文化研究""西南民族文化研究""武陵论坛""历史研究""文学研究""法学研究""教育教学研究""品书录"等。"中国土司文化研究"栏目包括2篇论文，即《播州治域变迁及其原因探析》（作者：谭清宣）、《论清代"改土归流"初期永顺府城市建设及其特点》（作者：袁新）。"西南民族文化研究"栏目包括2篇论文，即

《关于宋蒙钓鱼城之战几个问题的再探讨》（作者：马强）、《清末民国贵州乡土教材生态教育资料初探》（作者：胡安徽）。"武陵论坛"栏目包括3篇论文，即《生态旅游综合产业发展与地理标志产品研究——从武陵山片区酉阳县生态旅游与精准扶贫说起》（作者：傅显捷）、《历史时期渝东南地区森林植被变迁研究》（作者：张铭、李娟娟）、《黔江区工业产业集群化发展对策研究》（作者：吴孝霞）。"历史研究"栏目包括4篇论文，即《孟子〈尚书〉学研究刍议》（作者：钟云瑞）、《上古中东与中国文化三说》（作者：常晓彬）、《从"期待视野"透析抗战歌曲的传播》（作者：陆晓燕）、《清代清明会活动考察——以〈南部档案〉为中心》（作者：代容）。"文学研究"栏目包括3篇论文即《20世纪90年代以来中国诗歌观念的流变》（作者：周航）、《以言行事，以爱为度——罗伯特·克里利〈语言〉中的言语与爱情的流淌》（作者：钟蕾）、《永远严峻的考验：新历史主义视域下的〈萨勒姆的女巫〉》（作者：恽佩红）。"法学研究"栏目包括3篇论文，即《重建法治范式让法治实践说"汉语"——论中国特色社会治理范式的建构》（作者：易超）、《从言说的竞争到思想的斗争——古希腊哲学与诗歌的论争》（作者：谈建成）、《涪陵区阳光行政制度的实践与思考》（作者：何侍昌、田雪梅、张馨）。"教育教学研究"栏目包括6篇论文，即《美国加州高校办学定位成功经验及其启示》（作者：邱地、邱德雄、宋家陵）、《美国学前教育教师职前专业能力培养的特征及启示——以美国塞勒姆州立大学早期儿童教育专业为例》（作者：李宗露、蔡红梅）、《三峡大学少数民族预科教育分层教学实践研究》（作者：曹大明、方晓波）、《试论双钢琴教学对学生学习能力的培养》（作者：王育霖）、《师范教育"初等数论"教学改革探索——以长江师范学院为例》（作者：李欣妍、牟化建）、《大班幼儿同伴交往的社会网络分析》（作者：王英、成云）。"品书录"栏目包括1篇论文，即《研究孟加拉国政治发展与民族问题的第一部学术专著——〈孟加拉国政治发展与民族问题研究〉评介》（作者：马廷中、青鹏、郭惠）。这一期共有8个栏目，比上一期减少1个栏目。

总之，2015年的栏目相对稳定，稳定在每期8~10个。全年坚持6期的栏目有"中国土司文化研究""西南民族文化研究""武陵论坛""历史研究""文学研究""教育教学研究"；坚持3期的栏目有"语言学研究"；坚持2期的栏目有"社会学研究""经济学研究""法学研究""品书录"。由栏目设置情况来看，民族、历史、文学、教育稿源丰富，彰显了民族特色

《长江师范学院学报》史料整理与分析（1985—2020）

和地域特色。

（五）2016年的栏目及其刊文

2016年第1期的栏目有"本期特稿""中国土司文化研究""西南民族文化研究""武陵论坛""历史研究""文学研究""社会学研究""教育教学研究"等。"本期特稿"栏目包括1篇论文，即《小区域内亚文化区划分路径研究——以重庆市区域内亚文化分区研究为例》（作者：蓝勇、刘静、陈浩东）。"中国土司文化研究"栏目包括2篇论文，即《乌江流域土司文化述略》（作者：彭福荣）、《论明代土家族"土兵"在抗倭斗争中的军事贡献》（作者：向轼、莫代山）。"西南民族文化研究"栏目包括2篇论文，即《一个汉族宗族的认同符号——重庆永川松溉罗氏宗族个案研究》（作者：陈兴贵）、《社会变迁与文化传承：一位苗族文化传承人的生活史研究》（作者：吴金庭）。"武陵论坛"栏目包括3篇论文，即《三结合：土家族传统医药知识互动式保护与利用的重要途径》（作者：梁正海、马娟）、《检视与前瞻：黔东革命根据地研究的文献计量分析》（作者：邓国琴、敖以深）、《黔江区教育资源优化配置研究》（作者：姚兴会）。"历史研究"栏目包括5篇论文，即《王符生平简述——〈后汉书·王符传〉释读附拾遗二则》（作者：蒋泽枫）、《地域饮食风俗中的民众文化心理——以湖北饮食风俗为例》（作者：李明晨）、《宋代文化思潮与古琴艺术发展——从宋代文学看古琴文化风貌》（作者：夏娱）、《西南大学图书馆藏稀见稿抄本述略》（作者：张丽芬）、《〈太上洞渊神咒经〉异文考辨》（作者：牛尚鹏）。"文学研究"栏目包括3篇论文，即《"文革"后的孙犁与"大院"中的〈芸斋小说〉》（作者：刘熹）、《论李商隐〈夜雨寄北〉的"朦胧美"》（作者：孙景鹏）、《小说〈星期六〉中的西方社会疗救之方》（作者：卢一欣）。"社会学研究"栏目包括4篇论文，即《论农村民主管理制度生发基础的经济逻辑》（作者：胡建华）、《"新常态"概念的演进与学理支撑》（作者：刘沛妤）、《认知视角下权力理论研究的图景》（作者：张碧碧）、《聚变视角下的群体性事件研究》（作者：苏晓伟、杨雪）。"教育教学研究"栏目包括5篇论文，即《论大数据时代的教育特点与课堂教学》（作者：王文平）、《当代大学生视觉形象重构与高校思想政治工作转向》（作者：严亚）、《高校智库服务地方党政决策的现实困境与出路》（作者：岳林琳、王小敏、管理定）、《民族地区"双师型"教师队伍建设的实践路径探索——以广西壮族自治区部分高等院校为例》(作者：刘再春)、《基于重庆城乡学生阅读成绩的教育公平实证研究》(作者：樊亚峤、程乾)。这一期共有8个栏目。

2016年第2期的栏目有"中国土司文化研究""西南民族文化研究""武陵论坛""历史研究""文学研究""法学研究""教育教学研究""图情研究""品书录"等。"中国土司文化研究"栏目包括2篇论文，即《双输之战："平播之役"爆发原因考察》(作者：李良品、莫代山)、《论"家国同构"格局下的土司治理方式——以播州杨氏土司为考察中心》(作者：宋娜)。"西南民族文化研究"栏目包括3篇论文，即《蚩尤对中华贡献博论》(作者：曾超)、《重庆佛寺名称考论》(作者：杨梅、屈梅娟)、《从文书资料看清水江流域苗族婚俗的演变原因》(作者：向丽)。"武陵论坛"栏目包括2篇论文，即《构建"武陵民族走廊文化生态保护区"——背景、条件、困境及出路》(作者：姚元和)、《"湘菜"概念框架元素的语言形式化研究》(作者：尹铂淳、宋欣雄)。"历史研究"栏目包括4篇论文，即《河南第一个党组织——中共洛阳小组的创建》(作者：牛建立、陈彦桥)、《"抗战"时期美国记者来华原因探析》(作者：郎艳丽)、《宋代史部尚书任期考述》(作者：惠鹏飞)、《试论三峡地区的"毁器"葬俗》(作者：封世雄)。"文学研究"栏目包括5篇论文，即《〈金瓶梅〉的社会意义及其性生活描写之解析》(作者：李建武)、《泡沫？还是先机？——2010年以来国内"非虚构"文学写作研究综述》(作者：汪贻菡)、《成长的体验与青春的"专属定制"——以电影〈匆匆那年〉为核心的考察》(作者：陈进武)、《经典童话中的死亡之像》(作者：王雅琴)、《"沉默的女尸"——王安忆〈长恨歌〉中的"看"与"被看"模式》(作者：陈韵)。"法学研究"栏目包括2篇论文，即《试论秦汉简牍法律用语中的罪刑共名》(作者：赵久湘)、《对完善我国协议离婚制度的思考》(作者：王待遂)。"教育教学研究"栏目包括3篇论文，即《我国信仰教育研究的回顾与思考》(作者：张正江)、《回顾与反思："学生参与"研究概述》(作者：马蕾迪)、《教育的理想与理想的教育——〈理想国〉卷七教育理念述评》(作者：谈建成)。"图情研究"栏目包括2篇论文，即《新加坡档案管理工作的特色及借鉴》(作者：潘毅文)、《新时期档案管理工作浅谈》(作者：张红文)。"品书录"栏目包括1篇文章，即《一部展现朝鲜王朝文人生活史和心灵史的新作——评〈朝鲜车天辂汉诗研究〉》(作者：孙德彪)。这一期共有9个栏目，比上一期增加一个栏目。

《长江师范学院学报》史料整理与分析（1985—2020）

2016年第3期的栏目有"中国土司文化研究""西南民族文化研究""武陵论坛""历史研究""文学研究""法学研究""教育教学研究""社会学研究""品书录"等。"中国土司文化研究"栏目包括2篇论文，即《中国土司制度与土司文化研究2015年度科研报告（上）》（作者：中国土司制度与土司文化研究创新团队）、《明清之际容美土司文学及其文化互动》（作者：柏俊才、赵星）。"西南民族文化研究"栏目包括3篇论文，即《从虎钮錞于和铜鼓看西南民族地区青铜文化的交流》（作者：朱世学）、《人工营林业对北侗地区社会经济文化发展的影响》（作者：罗康智）、《从水井碑刻看侗族饮用水资源的利用和保护——以贵州省从江地区为例》（作者：陈彤）。"武陵论坛"栏目包括2篇论文，即《三峡库区农业文化遗产的价值与保护原则——以重庆万州太安大石板千层梯田为例》（作者：滕新才、李虎）、《进程与展望：武陵山片区旅游发展30年》（作者：熊正贤、吴黎围）。"历史研究"栏目包括2篇论文，即《论春秋战国时期病者的治病之法》（作者：吕金伟）、《闽都海洋文化传统考察》（作者：张春兰）。"文学研究"栏目包括3篇论文，即《墙和蛋的悖论——重读〈1Q84〉》（作者：魏巍、赵凡涟）、《论〈四声猿〉中的女性形象》（作者：孙宇）、《"知识分子写作"与"民间写作"的互文性渊源及其冲突》（作者：杨红）。"法学研究"栏目包括5篇论文，即《立法"后体系时代"命题的判断》（作者：葛天博）、《深度推进社区矫正建设的问题与抉择》（作者：王开武）、《伦理学视域下苏格拉底悲剧探析》（作者：李银兵、刘发顺）、《试析亚里士多德〈形而上学〉中"作为是的是"》（作者：王政剑）、《〈范畴篇〉实体论之探微》（作者：谢翾、胡满英）。"教育教学研究"栏目包括3篇论文，即《〈老子〉的人生精神及其对现代生命教育的启示》（作者：朱清华）、《我国大学生积极品质的研究现状与展望》（作者：鞠鑫）、《基于MOOC教学理念的QQ群平台教学模式设计——以"C语言程序设计"为例》（作者：任艳霞、余平、杨有）。"社会学研究"栏目包括2篇论文，即《城市"马路市场"整顿长效机制探微——基于济南例证的分析》（作者：王征）、《浅谈儿童房间布置意蕴及策略》（作者：候丹、向帮华）。"品书录"栏目包括1篇论文，即《历史移民：区域民族学研究的新视野——杨洪林〈明清移民与鄂西南少数民族地区乡村社会变迁研究〉评介》（作者：黄金）。这一期共有9个栏目，与上一期持平。

2016年第4期的栏目有"中国土司文化研究""西南民族文化研究"

"武陵论坛""历史研究""文学研究""社会学研究""教育教学研究""品书录"。"中国土司文化研究"栏目包括2篇论文,即《中国土司制度与土司文化研究2015年度科研报告(下)》(作者:中国土司制度与土司文化研究创新团队)、《土司制度的根本性质——论多民族国家民族自治与间接统治的必然性与普遍性》(作者:谢国先)。"西南民族文化研究"栏目包括4篇论文,即《文化生态视阈下的土家族民歌研究》(作者:熊晓辉)、《文化生态学视域下土家织锦的发展困境与对策研究》(作者:李烨鑫、朱起德)、《清代移民神祇信仰的泛化与移民本土化研究——以巴渝地区移民为例》(作者:岳精柱)、《土著与移民交织背景下的巴渠民间音乐风格解读》(作者:陈国志)。"武陵论坛"栏目包括2篇论文,即《武陵山区经济社会发展问题研究综述》(作者:王锋、张玉娟)、《区县社科联权力清单的经济学研究——以重庆市涪陵区为例》(作者:何侍昌、熊正贤、刘开华、葛天博)。"历史研究"栏目包括4篇论文,即《再议五服与宗族的关系问题——与历史学家钱杭教授的再讨论》(作者:杜靖)、《论荀子之礼的儒家"美政"价值维度》(作者:谭绍江)、《近代知识分子身份转型问题探究——以南社的凭吊祭祀活动为考察视角(1902—1909年)》(作者:贾丙渊)、《维多利亚时期伦敦中产阶层的婚姻与家庭》(作者:贺鹭)。"文学研究"栏目包括3篇论文,即《乡村到城市"人性异化"的隐喻和救赎——木兰长篇小说〈云雀〉解读及其他》(作者:周航)、《郑廷玉〈看钱奴〉中"笑"的表现艺术》(作者:毋燕燕)、《〈群山回唱〉中女性人物身份的杂交性》(作者:沈黎)。"社会学研究"栏目包括3篇论文,即《新时期马克思主义意识形态话语权的建构》(作者:周耀宏)、《〈与敌人贸易〉:非虚构视野下的真实古巴》(作者:李雪顺)、《新教伦理秩序下"美国梦"的幻灭》(作者:董淑铭)。"教育教学研究"栏目包括4篇论文,即《农村留守幼儿家庭教育研究综述》(作者:吴小叶)、《刍议大数据时代对体育教育教学研究的影响》(作者:刘官元、刘怀金)、《网络民谣:社会主义核心价值观传播的创新之举》(作者:杨发军、罗倩)、《CET4段落翻译难点分析及对翻译教学的启示》(作者:欧国芳)。"品书录"栏目包括2篇文章,即《散杂居蒙古族研究的拓荒之作——评王希辉新著〈从马背到牛背:散杂居蒙古族社会与文化变迁〉》(作者:向瑞)、《文化产业化之新视野——评〈文化势能与西部地区文化产业发展研究〉》(作者:陶少华)。这一期共有8个栏目,比上一期减少1个栏目。

2016年第5期的栏目有"中国土司文化研究""西南民族文化研究""武陵论坛""历史研究""文学研究""教育教学研究""语言学研究""品书录"等。"中国土司文化研究"栏目包括2篇论文,即《永顺司的权力赋值研究》(作者:曾超)、《平定播州后明王朝对黔北的"改土归流"——以正州、安州、真州城为例》(作者:赵宜聪)。"西南民族文化研究"栏目包括4篇论文,即《民族认同的政治构建与民族冲突》(作者:朱军)、《从紧张走向缓和:新桂系政权统治下的广西民族关系》(作者:付广华)、《民国时期贵州水碾初探》(作者:胡安徽)、《巴人起源地新探》(作者:谷斌)。"武陵论坛"栏目包括4篇论文,即《构建武陵山区历史地理研究文献学概说》(作者:马强)、《城市公共服务辐射能力测评研究——以重庆市涪陵区为例》(作者:陈廉、刘开华、彭见琼)、《黔江精神探论》(作者:李鹏、何治江)、《漫谈张家界市工业经济发展历程》(作者:戴楚洲)。"历史研究"栏目包括4篇论文,即《论鄂温克族非物质文化遗产的传承与发展》(作者:汤洋)、《张以宁诗学思想平议》(作者:王征)、《宋代观赏灯述论》(作者:张彦晓)、《明清时期"脚价"支付方式初探》(作者:李彦峰、邵芸芸)。"文学研究"栏目包括4篇论文,即《"地方主义诗群":一场涣散的集体暴动》(作者:梁平)、《一场"观看"的盛宴:对莫言获诺奖社会评价的再评价及反思》(作者:肖太云)、《景观书写与生命思考——论仡佬族作家赵剑平长篇小说〈困豹〉的现代诉求》(作者:张羽华、叶敏)、《中国元素在〈喜福会〉中的象征意义探微》(作者:许吟雪)。"教育教学研究"栏目包括5篇论文,即《新升本高校转型发展中政治学与行政学专业人才培养方案的问题与对策——基于重庆市C高校的调查》(作者:徐志达)、《论有效班级管理体制的构建与实施——以涪陵第十四中学校为例》(作者:冉汇真、江霞)、《基于理论思维能力培养的哲学原理教学》(作者:周全胜、陈鹏)、《大学生公正世界信念与社会认同》(作者:李明蔚)、《课堂生态视阈下高校教师理性话语观之构建》(作者:朱美霞)。"语言学研究"栏目包括3篇论文,即《〈考工记·设色之工〉工艺动词语义分析》(作者:田飞、王玲娟)、《语言磨蚀特征述评及其启示》(作者:林冬梅、李智涛)、《语言作为通往本体的形而上学之路》(作者:李莉娟)。"品书录"栏目包括1篇文章,即《新视点 新思维 接地气——评刘文良〈后现代语境下的生态设计艺术〉》(作者:谢甜琼、付秀飞)。这一期共有8个栏目,与上一期持平。

2016年第6期的栏目有"中国土司文化研究""西南民族文化研究""武陵论坛""历史研究""文学研究""教育教学研究""法学研究""艺术学研究"等。"中国土司文化研究"栏目包括2篇论文,即《国家整合视野下的元朝土司制度》(作者:彭福荣、刘译蔓)、《万历时期平越府之设立与西南新格局初探》(作者:朱皓轩)。"西南民族文化研究"栏目包括2篇论文,即《论"古苗疆走廊"中的族群语言构成特点》(作者:吴正彪、郭俊)、《文化线路视阈下川黔古盐道遗产体系与协同保护》(作者:邓军)。"武陵论坛"栏目包括2篇论文,即《关于农村集体建设用地市场化改革的调查报告——基于重庆市万州区的调查分析》(作者:杜茂华、陈莉、曹国栋)、《精准扶贫与群众工作方法创新——基于在重庆市级贫困村驻村帮扶的调研思考》(作者:姚元和)。"历史研究"栏目包括4篇论文,即《略论清代塾师的觅馆与荐馆》(作者:蒋威)、《论公车府职能演变及唐代诣阙上书的类型》(作者:刘林凤)、《论柯瓦雷与夏平科学编史学思想之分歧》(作者:刘美惠)、《孔子"仁"之新解及其对当下的意义》(作者:孙蓉鑫)。"文学研究"栏目包括6篇论文,即《明清小说男风书写中的门子与知县》(作者:张国培)、《创伤记忆与黑暗意识——冉冉论》(作者:魏巍、马玥玥)、《论徐志摩小说意识流手法的运用及地位》(作者:杨宁)、《〈蟹工船〉的资本主义批判与当下的社会意义》(作者:李国磊)、《"平淡而近自然":张爱玲后期中短篇小说风格论》(作者:唐姆嘉)、《新旧伦理的复杂性:曹禺戏剧叙事伦理略论》(作者:张亮)。"教育教学研究"栏目包括5篇论文,即《基于博弈视角的高等教育地方化研究》(作者:邱德雄)、《试论语文教育的文化传承与文化教育功能》(作者:杨雅丽)、《"形势与政策"生成教学范式的设计与实践——以长江师范学院为例》(作者:文军)、《教育史学与教育史研究:基于拉格曼的视角》(作者:罗晓文)、《地方高校招生宣传信息情况分析及对策——基于长江师范学院招生数据平台的分析》(作者:蒋灵毅、杨美华)。"法学研究"栏目包括2篇论文,即《加强实施"四个全面"战略的政协监督作用研究》(作者:易超)、《人身损害赔偿债权在企业破产分配中的受偿顺位》(作者:张萍)。"艺术学研究"栏目包括2篇论文,即《在声光中再现历史,在现实中叩响未来——大型山水实景歌舞表演〈印象武隆〉观后》(作者:张金尧)、《布袋木偶戏艺术形态与审美取向》(作者:刘海潮)。这一期共有8个栏目,与上一期持平;新设"艺术学研究"栏目。

总之，2016年的栏目相对稳定，保持在每期8~9个。全年坚持6期的栏目有"中国土司文化研究""西南民族文化研究""武陵论坛""历史研究""文学研究""教育教学研究"；坚持4期的栏目有"品书录"；坚持3期的栏目有"社会学研究""法学研究""品书录"；坚持2期的栏目有"社会学研究"。由栏目设置情况来看，民族、地域、历史、文学、教育类栏目稿源丰富，社会学、法学栏目次之。

（六）2017年的栏目及其刊文

2017年第1期的栏目有"中国土司文化研究""西南民族文化研究""武陵论坛·渝东南生态文明建设专题""历史研究""文学研究""教育教学研究""法学研究""文化传播与利用研究"等。"中国土司文化研究"栏目包括3篇论文，即《年会视角下中国土司制度研究的进展近况及其多元特征探析》（作者：蓝武）、《回顾与展望：西南地区土司法律制度与地方治理研究》（作者：葛天博）、《重庆土司地区口传音乐文化特征研究》（作者：肖罡）。"西南民族文化研究"栏目包括4篇论文，即《地方性知识与乡村文化的多样性》（作者：刘冰清、徐杰舜）、《清代巴蜀场镇社会功能研究》（作者：龚义龙）、《试论魏晋南北朝"僚人入巴蜀"及其在巴地的分布》（作者：漆娟）、《清咸丰时期贵州广顺州〈禁碑告白〉碑文考论》（作者：陆庆园）。"武陵论坛·渝东南生态文明建设专题"栏目包括3篇论文，即《渝东南生态保护发展区农民教育培训对策——新型职业农民教育培训的方向与重点》（作者：傅显捷、何莲）、《黔江生态宜居城市建设路径研究》（作者：孙章学）、《供给侧改革视角下秀山生态文明示范区建设初探》（作者：马红珍）。"历史研究"栏目包括3篇论文，即《论习近平的文物保护与利用思想》（作者：李学嘉、邹伟华、邹芙都）、《荆楚地区端午饮食民俗探析》（作者：李雪南、肖远平）、《冯世瀛诗集〈二酉英华〉地域文化特征探析》（作者：袁娅琴）。"文学研究"栏目包括5篇论文，即《〈岁寒堂诗话〉之"诗坏于苏、黄"与用事诗论》（作者：金华）、《〈新青年〉与白话诗运动——以胡适等北大教师为中心》（作者：陶永莉）、《论中国当代少数民族文学的空间表征》（作者：肖太云）、《关于"身体书写"——论简媜散文的生命关怀与精神探询》（作者：漆瑶）、《杜甫应为"宋型文化"第一人》（作者：陈梦熊）。"教育教学研究"栏目包括4篇论文，即《哈军工思想政治教育价值探究》（作者：王永友）、《高校践行"四种形态"的逻辑思考》(作者：罗庆昌)、《高校学生公寓思想政治教育的问题与对策研究》(作者：肖恒)、《小学生课业负担监测探微》(作者：孙凯)。"法学研究"栏目包括 2 篇论文，即《凉山彝族习惯法中"盗猫案"的人类学解读及其启示》(作者：张经纬)、《探寻容纳正义的空间——〈理想国〉卷 1 忒拉绪马霍斯的诘难》(作者：谈建成)。"文化传播与利用研究"栏目包括 3 篇论文，即《蚌埠旅游商品包装设计方法研究》(作者：王芳)、《川剧脸谱元素在旅游纪念品设计中的应用研究》(作者：杨玲)、《基于"互联网+"的中国武术健康传播路径》(作者：朱琳、王林)。这一期共有 8 个栏目；新设"武陵论坛·渝东南生态文明建设专题""文化传播与利用研究"栏目。

2017 年第 2 期的栏目有"中国土司文化研究""西南民族文化研究""武陵论坛""历史研究""文学研究""语言学研究""教育教学研究""社会学研究""品书录"等。"中国土司文化研究"栏目包括 2 篇论文，即《深化土司研究的十个问题》(作者：李良品)、《明代贵州卫所进士群体浅谈》(作者：覃朗)。"西南民族文化研究"栏目包括 3 篇论文，即《明代以来油菜在贵州的引种与推广》(作者：郭茂平、严奇岩)、《巴人地区青铜戈的考古发现与研究》(作者：朱世学)、《贵州传统技艺类非物质文化遗产发展现状与思考》(作者：李任)。"武陵论坛"栏目包括 3 篇论文，即《板夹溪十三寨区域性整体保护发展模式研究》(作者：姚元和)、《武陵山片区加快发展特色工业产业研究——对湖南省张家界市的分析》(作者：戴楚洲)、《县域文化旅游深度开发模式研究——以四川郫县为例》(作者：李钊、施维树)。"历史研究"栏目包括 3 篇论文，即《酒事生活视角下的宋代酒文化》(作者：高书杰、郑南)、《宋末川江涪陵蔺市浮桥争夺战研究》(作者：罗美洁、黄权生)、《解放战争时期中国共产党接管洛阳述论》(作者：牛建立、陈景娜)。"文学研究"栏目包括 3 篇论文，即《朦胧诗人与地下沙龙、归来诗人和现代主义》(作者：李胜勇)、《加里·斯奈德诗歌中的禅宗意识》(作者：邱食存)、《〈黄金时代〉：存在主义的东方式言说》(作者：崔金巧)。"语言学研究"栏目包括 2 篇论文，即《程度补语"不过"的历时来源及认知据》(作者：陈丽)、《关于康德著作中"惊赞"一词的理解》(作者：吴宁)。"教育教学研究"栏目包括 4 篇论文，即《新建本科院校教师隐性激励机制的构建研究——以湖南 A 学院为例》(作者：黎钰林)、《美术类院校的美学课程设置研究》(作者：杨一博)、《高校民族文化类课程互融式教学探讨》(作者:莫代山)、《英语口译教学中听辨能力及听力技能的培养》(作者:张婕)。"社会学研究"栏目包括2篇论文,即《当今中国第一难题管见——关于电影〈我不是潘金莲〉的冷思考》(作者:易超)、《浅议"一带一路"战略下的知识产权保护》(作者:吴臻、杨飞)。"品书录"栏目包括1篇论文,即《一部研究责任政府的里程碑之作——评徐铜柱的〈责任政府研究——从地方治理的视角〉》(作者:谭贤楚)。这一期共有9个栏目,比上一期增加一个栏目。

2017年第3期的栏目有"本刊特稿""中国土司文化研究""西南民族文化研究""武陵论坛""历史研究""文学研究""教育教学研究""社会学研究"等。"本刊特稿"栏目包括1篇论文,即《移民与重庆城市的跳跃式发展》(作者:李禹阶)。"中国土司文化研究"栏目包括3篇论文,即《〈二酉英华〉土司"史影"稽考》(作者:曾超)、《清代贵州土司区地震灾害及其社会应对研究》(作者:代少强、魏冬冬)、《明代中后期酉阳土司与永顺土司关系研究》(作者:吴晓玲)。"西南民族文化研究"栏目包括4篇论文,即《移民文化研究的几个基础理论问题——巴渝文化探究学术思考之四》(作者:赵心宪)、《明清时期黔江的外来移民——以黔江墓志铭为中心》(作者:唐春生、孙雪华)、《黔东锦江上游航运发展的历史变迁》(作者:彭恩、姚孟江)、《简论乌江流域民族体育文化与族群和谐的契合》(作者:杨永钟、赵云书)。"武陵论坛"栏目包括3篇论文,即《渝东南少数民族地区精准扶贫长效机制的构建》(作者:范云峰、杨小容、喻汇)、《城镇化进程中历史文化的保护与传承研究》(作者:赵冬菊、黎光)、《推进小南海世界地质公园建设研究》(作者:姚兴会)。"历史研究"栏目包括3篇论文,即《陆游尚闲心态之呈现细析》(作者:章辉)、《"家国同构"下家规家训与"圣谕"的相互表达》(作者:岳精柱)、《〈宋故冉隐君墓志铭〉研究》(作者:刘东)。"文学研究"栏目包括5篇论文,即《"白话"的诗性本体意义》(作者:梁平)、《〈深闭的园子〉:"文本"与"人本"的细读》(作者:刘永丽)、《宋传奇中的凡人爱情婚恋小说研究》(作者:王凯)、《民国时期的家庭形态的嬗变与中国现代小说——以吴组缃的破产小说为例》(作者:吕洁宇)、《20世纪30年代漫画中女性解放的视觉呈现——以〈妇女新生活月刊〉为中心的考察》(作者:王瑶)。"教育教学研究"栏目包括6篇论文,即《地方院校传承和发展民族传统声乐文化的思考》(作者:王淑芳、李沙)、《重庆市高等教育现代化指标体系研究》

(作者：刘耀、蒋凯)、《民族院校研究生教育的分层次与精细化培养——以中央民族大学研究生教育为例》(作者：李品)、《"双一流"背景下中学学科核心素养建设探究》(作者：任国君、代小芳)、《从现象学视角论大学生思想政治工作的"因事而化"》(作者：杨梯)、《需求层次理论视角下英语教师工作满意度调查分析——以渝东南少数民族地区5所中学为例》(作者：朱茜茜、张魏川、王婷)。"社会学研究"栏目包括3篇论文，即《传统血缘关系的弱化与新型社区建设》(作者：王瑞平、王荔)、《国外学者"情景族群性"研究的学术史回顾》(作者：陈劲波)、《试论民族博物馆与人口较少民族文化再成长——以黑龙江省民族博物馆为个案》(作者：尤文民、景北)。这一期共有8个栏目，比上一期减少1个栏目。

2017年第4期的栏目有"习近平治政研究""中国土司文化研究""西南民族文化研究·白鹤梁研究专题""武陵论坛""历史研究""文学研究""哲学研究""教育教学研究"等。"习近平治政研究"栏目包括4篇论文，即《习近平扶贫开发战略思想内涵初探》(作者：姚元和)、《繁荣中国哲学社会科学的纲领性文献——学习习近平同志5.17"讲话"的几点体会》(作者：朱拣、马传松)、《习近平青年思想及对青年统战工作的启示》(作者：左娅菲娜、常硕、张绍荣)、《习近平青年理想信念教育思维论略》(作者：刘舒皓)。"中国土司文化研究"栏目包括2篇论文，即《中国土司制度与土司文化研究2016年度科研报告(上)》(作者：中国土司制度与土司文化研究创新团队)、《明代永宁宣抚司承袭之争与黔蜀关系》(作者：颜丙震)。"西南民族文化研究·白鹤梁研究专题"栏目包括3篇论文，即《白鹤梁题刻收录、整理、考古、研究综览》(作者：曾超)、《地域文化的内涵与多学科研究实践：白鹤梁题刻个案》(作者：彭福荣)、《白鹤梁景观文化成因探源》(作者：黄江华)。"武陵论坛"栏目包括2篇论文，即《旅游开发与民族村寨文化建设指向——基于酉阳石泉苗寨的田野体验》(作者：刘安全)、《边际中心视角下抗战时期贵州战略地位的演变》(作者：敖以深)。"历史研究"栏目包括3篇论文，即《"史德"的践履——以〈治史三书〉为中心的考察》(作者：李东辉)、《六朝小农逃避赋役行为析论》(作者：郭超)、《唐代碑志所见非汉民族房兆家族人物考订》(作者：张海艳)。"文学研究"栏目包括4篇论文，即《作为思想与哲学行动的小说——20世纪90年代以来文学记忆的美学追求》(作者：张羽华)、《从符号学析〈白象似的群山〉中吉格的形象》(作者：杨红梅)、《司空图"意境说"美学价值论》(作者:郎江涛)、《"安谧地一惊"——论木心散文的诗性张力》(作者:梁楚楚)。"哲学研究"栏目包括3篇论文,即《中世纪基督教哲学"上帝存在"证明行为探析》(作者:李银兵、罗金吉)、《荀子的批判性思维及限度探析》(作者:田华银、李芳)、《从老庄哲学评析"钱学森之问"》(作者:孙蓉鑫)。"教育教学研究"栏目包括4篇论文,即《普通高校独立承接省级大型运动会开幕式文体展演实践探究——以重庆市五运会开幕式文体展演为视角》(作者:刘官元、张世威、李拥军等)、《试论法治视阈下的大学生爱国主义教育》(作者:罗奥、刘寿堂)、《专科层次学前教育专业人才培养模式对比研究——以长江师范学院学前教育专业为例》(作者:吴扬廷)、《大数据时代〈大学语文〉多元化教学探究》(作者:黎燕敏)。这一期共有8个栏目,与上一期持平;新设"习近平治政研究""西南民族文化研究·白鹤梁研究专题"2个栏目。

2017年第5期的栏目有"习近平治政研究""中国土司文化研究""西南民族文化研究""武陵论坛""历史研究""文学研究""语言学研究""教育教学研究"。"习近平治政研究"栏目包括1篇论文,即《中国魂三维形态集约研究——中华文明精神动力体系溯源》(作者:易超)。"中国土司文化研究"栏目包括2篇论文,即《中国土司制度与土司文化研究2016年度科研报告(下)》(作者:中国土司制度与土司文化研究创新团队)、《论四川白马藏族的生存境遇——兼论白马土司的家国观念》(作者:黄梅)。"西南民族文化研究"栏目包括4篇论文,即《从生殖崇拜到社会整合:綦江石祖文化的人类学解读——以綦江石桅子为例》(作者:刘译蔓、彭福荣)、《浅论唐代三峡诗歌中的巴渝水文化》(作者:王乃芳、程得中)、《从〈铜仁府志〉中孝友传看铜仁地区的传统孝文化》(作者:何米)、《黔东土家族婚礼文化研究——以沿河县思渠镇廖家村"哭嫁"为例》(作者:吴丹)。"武陵论坛"栏目包括2篇论文,即《重庆市涪陵区地质旅游开发的RMP分析》(作者:王春雷)、《民国时期重庆广东公所产业选择及空间布局》(作者:傅裕)。"历史研究"栏目包括6篇论文,即《〈潜夫论〉史料价值札记十则》(作者:蒋泽枫、王文君)、《自杀与明代社会的医疗救治》(作者:陈旭)、《论傀儡戏艺术之源起》(作者:刘海潮)、《明清林浦林氏家族科举考论》(作者:魏宁楠)、《明清时期皖北孝子(男)研究——以光绪〈宿州志〉〈寿州志〉〈亳州志〉为考察对象》(作者:张文禄)、《巴·彭·板楯蛮·賨》(作者:薛宗保)。《文学研究》栏目包括4

篇论文,即《重庆诗人梅依然诗歌创作论——以梅依然诗集〈蜜蜂的私密生活〉为切入点》(作者:周航)、《"白话"的诗性本体意义》(作者:梁平)、《多民族文化交融中的阿来创作——以〈尘埃落定〉为例》(作者:田晓箐)、《〈瓶中信〉中模糊限制语的语用分析》(作者:沈黎)。"语言学研究"栏目包括3篇论文,即《〈海南地方志从刊〉中的几处点校问题》(作者:谢国先、陈积慧)、《刘恭冕"广经说"初探》(作者:张超凡)、《语言学的单位问题》(作者:王红生)。"教育教学研究"栏目包括4篇论文,即《高中语文教科书口语设置钩沉及审视》(作者:向帮华)、《大学特色再认识》(作者:代小芳)、《大学英语教学的趣味性与实用性研究——以"翻转课堂"教学为例》(作者:周德艳、孙兆玲)、《非中心城市高校的定位与特色发展路径探索》(作者:陈允龙)。这一期共有8个栏目。

2017年第6期的栏目有"中国土司文化研究""西南民族文化研究""武陵论坛""历史研究""文学研究""教育教学研究""法学研究""社会学研究""品书录"等。"中国土司文化研究"栏目包括2篇论文,即《武陵山区蛮酋大姓与羁縻州郡、土司制度》(作者:龚义龙)、《浅析朱燮元与奢安之乱的平定》(作者:安红)。"西南民族文化研究"栏目包括4篇论文,即《明清时期破山禅敏树系在梵净山地区的流布考》(作者:蒋欢宜)、《黔西南农村地区汉族民众清明节习俗的传承与调适研究——以普安县江西坡镇G村为例》(作者:王伟杰、李小倩)、《浅析晚清至民国时期黔东南鸦片问题》(作者:丁敏)、《酉水流域土家族服饰文化变迁及其原因——以"酉水三区"为考察中心》(作者:杨鹏)。"武陵论坛"栏目包括2篇论文,即《文旅融合的特征分析与实践路径研究——以重庆涪陵为例》(作者:熊正贤)、《民族旅游业区域整体发展的思考——以鄂西武陵山区为研究对象》(作者:李双)。"历史研究"栏目包括4篇论文,即《略论"官家"称谓与宋代皇权观念世俗化》(作者:孙军凯、杨蕤)、《春秋世族世系考证中的几个问题》(作者:唐明亮)、《黑龙江省不可移动文物保护利用现状及对策研究》(作者:魏笑雨、吴疆、刘瑜)、《浅析宋朝乡村仓储制度》(作者:陈钟琪)。"文学研究"栏目包括4篇论文,即《方象瑛的赋学批评及其赋创作》(作者:王成)、《巴尔扎克死因探析》(作者:杨德煜)、《光影的契合与风景的困厄——细读小说〈最后的莫西干人〉中的风景书写》(作者:马小凤)、《余秀华:一棵稗子提心吊胆的春天》(作者:王强春)。"教育教学研究"栏目包括4篇论文,即《关于"民族理论与民族政策"课教学的一点思考》(作者:岳小国)、《师范生毕业教育实习的市场化运作探究》(作者:田宏伟)、《工匠精神:教师教学技能的灵魂》(作者:刘姗姗)、《大学生网络依赖心理问题及其对策》(作者:马瑞卿)。"法学研究"栏目包括2篇论文,即《略论少数民族传统医药知识的法律保护》(作者:梁正海、车越川)、《影视制作中伤亡群众演员与剧组的法律关系及其救济》(作者:杨兴坤)。"社会学研究"栏目包括3篇论文,即《自媒体时代网络意见领袖的特征、问题与引导规制》(作者:金家新、王云兰)、《社会危机概念及其特征探析——基于马克思主义哲学的研究》(作者:赵纪河、陈啸)、《工程师伦理责任的逻辑演进》(作者:张婷)。"品书录"栏目包括1篇论文,即《中国饮食文化研究的新进展:何侍昌新著〈涪陵榨菜文化研究〉评介》(作者:王希辉)。这一期共有9个栏目,比第4期增加1个栏目。

总之,2017年的栏目相对稳定,保持在每期8~9个。全年坚持6期的栏目有"中国土司文化研究""西南民族文化研究""武陵论坛""历史研究""教育教学研究";坚持5期的栏目有"文学研究";坚持3期的栏目有"社会学研究";坚持2期的栏目有"习近平治政研究""法学研究""语言学研究""品书录"。由栏目设置情况来看,民族、历史、地方、教育、文学类栏目稿源丰富。

(七) 2018年第1-3期的栏目及其刊文

2018年第1期的栏目有"中国土司文化研究""西南民族文化研究""武陵论坛""历史研究""文学研究""哲学研究""教育教学研究""语言学研究""品书录"等。"中国土司文化研究"栏目包括3篇论文,即《永顺司司位传承机制研究》(作者:曾超)、《国家治理现代化视域下的学科理论、土司政治和土司文化遗产保护——首届"中国土司论坛"综述》(作者:彭福荣)、《元明清土司时期武陵地区民族关系发展进程简论》(作者:冯惠玲)。"西南民族文化研究"栏目包括3篇论文,即《汉武帝对西南地区的经营战略研究》(作者:于秀情)、《鄂西南土家族传统婚俗变迁研究》(作者:李兴军)、《黔江方志所载药用资源的历史认识考察》(作者:彭丹凤)。"武陵论坛"栏目包括2篇论文,即《乌江流域民族地区的生态环境及其治理思路——以贵州普定县猴场苗族仡佬族乡为个案》(作者:吴大旬、岑超、杨先依)、《重庆816三线军工特色小镇建设研究》(作者:谢正发、郑志宏）。"历史研究"栏目包括 2 篇论文，即《北宋后期党争中的言事官——以王觌为例的考察》（作者：闻轩轩）、《先秦儒家礼教的当代价值》（作者：赵胤）。"文学研究"栏目包括 5 篇论文，即《新世纪支教题材电影的叙事模式与艺术缺失》（作者：王侠）、《浅谈宋代金陵怀古诗中的"异端之说"——以〈瀛奎律髓〉金陵或六朝的怀古诗为例》（作者：秦霁月）、《筑于现实基础上的幻境——乌纳穆诺〈雾〉中的作者人格体现》（作者：余思聪）、《从女性主义视角分析〈给樱桃以性别〉的"双性气质"之美》（作者：张婕）、《从正统到邪说——浅析神魔志怪小说》（作者：张诗瑞）。"哲学研究"栏目包括 3 篇论文，即《论农村民主管理制度文化基础的理论逻辑——基于传统文化理性回归的分析视角》（作者：胡建华）、《费尔巴哈直观唯物主义二重性分析》（作者：王晓丹）、《黑格尔"共同体理论"视域下的几个问题探讨——与韩立新教授商榷》（作者：何海涛）。"教育教学研究"栏目包括 5 篇论文，即《高职翻转课堂个性化教学模式优化及实践研究》（作者：郭心毅、徐小辉）、《儿童社会退缩行为现状及其干预的研究综述》（作者：付佳茵、童孝媚、李柞山）、《历史学科核心素养对初中历史教学的指导——以新编人教版〈中国历史〉七年级上册教学为例》（作者：喻学忠、胡利利）、《教育过程公平的保障——发掘并发展人的可教育性》（作者：陈雪飞）、《提高声乐课堂教学实效性的策略研究》（作者：师会娟）。"语言学研究"栏目包括 3 篇论文，即《出土医籍文献量词研究》（作者：程文文）、《"依法治国"英译辨析》（作者：冉诗洋、闫爽露）、《重庆火锅店名的语言艺术特色》（作者：王涛）。"品书录"栏目包括 2 篇论文，即《涪陵榨菜文化的标志性著作——〈涪陵榨菜文化研究〉》（作者：李乾德）、《三峡库区乡村研究的新视角——评〈太安农耕文化与区域社会〉》（作者：曹大明）。这一期共有 9 个栏目。

2018 年第 2 期的栏目有"习近平治政研究""中国土司文化研究""武陵论坛""历史研究""文学研究""社会学研究""教育教学研究"等。"习近平治政研究"栏目包括 2 篇论文，即《马克思、恩格斯共享发展思想及其当代价值》（作者：曹洪滔）、《以事实作为论据——习近平〈在文艺工作座谈会上的讲话〉论证方式分析》（作者：韩佳蔚）。"中国土司文化研究"栏目包括 3 篇论文，即《打破"边界"：明清武陵地区"改土归流"背景下的内聚型移民研究》（作者：黄权生）、《传承与"蝶变"：对容美土司大遗址保护的思考》（作者：葛政委）、《明清时期云南怒江边地的土司统治》（作者：李亚锋）。"武陵论坛"栏目包括3篇论文，即《传统文化视域下民族团结进步示范村建设研究——以来凤县舍米湖村为研究对象》（作者：龚志祥、李珊珊）、《贵州黎平侗族传统林业生态知识和理念构建的生态意义》（作者：白馨月）、《重庆主题公园可持续发展研究》（作者：黎翔宇）。"历史研究"栏目包括2篇论文，即《风宪耳目：明代腐败治理的监察机制》（作者：李庆勇）、《"以夷款夷"考释》（作者：路佳凡）。"文学研究"栏目包括5篇论文，即《梦通大道——试论〈庄子〉之梦与〈聊斋志异〉之梦》（作者：梁锦丽）、《孤独的映衬与共谋的反讽——论不可靠叙述的反讽效果》（作者：陈志华）、《羊士谔入蜀及其蜀中诗歌创作研究》（作者：李青青）、《巴渝地域视角下聂华苓的小说创作》（作者：徐璐）、《"五四"时期知识分子立场与民众认知水平——基于"五四"启蒙的反思》（作者：冯阳）。"社会学研究"栏目包括5篇论文，即《网络反腐舆情视域下"塔西佗陷阱"应对路径探析》（作者：刘秀伦、刘世凤）、《"乡村振兴战略"下发展农业合作社使然的两个视角——基于农业和农村现代化》（作者：何晓琼、钟祝）、《国家体育公共产品供给模式比较与启示》（作者：周鹏）、《休闲农业园吸引要素的因子分析》（作者：李志民）、《精准扶贫背景下扶贫资金互助社存在的问题及对策研究——以西部某省为例》（作者：张韬）。"教育教学研究"栏目包括5篇论文，即《新时代高校思想政治教育网络育人的现实思考》（作者：李晓娟）、《中小学专家型校长的意蕴与内涵》（作者：查建华、于海洪）、《互动性决策下的大学英语教学研究——以 Every 23 Minutes 为例》（作者：杨春耘）、《现代高职院校艺术类专业人才培养的思考》（作者：颜韵）、《孟德斯鸠教育思想之现实意蕴》（作者：熊夏）。这一期共有7个栏目，比上一期减少2个栏目。

2018年第3期的栏目有"马克思主义理论研究""中国土司文化研究""西南民族文化研究""武陵论坛""历史研究""文学研究""教育教学研究""编辑学研究"等。"马克思主义理论研究"栏目包括2篇论文，即《论马克思主义农业合作理论与实践对中国农业供给侧结构性改革的启示》（作者：苟兴朝、苏畅）、《国内关于马克思"真正共同体"思想的研究述评》（作者：陈鑫）。"中国土司文化研究"栏目包括2篇论文，即《中国土司制度与土司文化研究2017年度科研报告（上）》（作者：中国土司制度与土司文化研究创新团队）、《冕宁土司制度探析》（作者：韩正康）。"西南民族文化研究"栏目包括4篇论文，即《关于构建"乌江学派"的几点思考》(作者：李良品)、《巴族地区铜带钩的考古发现与研究》(作者：朱世学)、《表演视阈下摆手舞的文化元素演变分析》(作者：刘彦)、《酉水流域土家族饮食文化变迁的调查与思考——杉岭村个案分析》(作者：彭达先)。"武陵论坛"栏目包括2篇论文，即《武陵地区茶业发展源流考述》(作者：戴楚洲)、《重庆市涪陵区现代服务业发展战略研究》(作者：陈雪阳、吕沛)。"历史研究"栏目包括3篇论文，即《宋代公罪与私罪探析》(作者：宁欧阳)、《"巴社"印人曾右石篆刻研究》(作者：陈坤正)、《新旧〈五代史〉关于吴越钱氏家族记载的异同》(作者：苗梦颖)。"文学研究"栏目包括4篇论文，即《孙致弥词辨正与辑佚》(作者：胥洪泉)、《小说叙事的困境与突破——1990年代以来的当代历史叙事》(作者：张羽华)、《1980年代中国作家"纯文学"观念的生成——以〈现代小说技巧初探〉为中心的一个考察》(作者：郭芳丽)、《〈诗经〉与〈万叶集〉中植物祭品的文化探究》(作者：黄陈林)。"教育教学研究"栏目包括6篇论文，即《优秀传统文化在大学生思想政治教育中的价值及实现路径》(作者：张蕴)、《汉语言文学师范专业文学类教学改革探析——基于师范生教学技能大赛的反思》(作者：周仁成、张芬)、《xMOOC在大学英语嵌入式教学中的运用》(作者：郑丹、刘晓林)、《"巴渝历代经典文学作品选读"课程建设小议》(作者：王小恒)、《高校思政理论课视阈下大学生文化自信培养》(作者：胡克春、远翠平)、《大学生希望和乐观品质的干预与分析——基于文化与人格视角》(作者：陈新颖、李玉雄)。"编辑学研究"栏目包括2篇论文，即《高校期刊的现状与改革机制探讨——以重庆市若干高校期刊为例》(作者：包颖、邱香华、欧宾)、《自媒体出版物的法理审视——兼〈网络出版服务管理规定〉解读》(作者：赵庆来)。这一期共有8个栏目，比上一期增加1个栏目；新设"编辑学研究"栏目。

总之，2018年第1—3期的栏目相对稳定。坚持3期的栏目有"中国土司文化研究""武陵论坛""历史研究""文学研究""教育教学研究"；坚持2期的栏目有"西南民族文化研究"。由栏目设置情况来看，民族、地域、历史、文学、教育类栏目稿源丰富。

《长江师范学院学报》史料整理与分析（1985—2020）

四、平衡发展和动态调整时期（2018年至今）

（一）2018年第4—6期的栏目及其刊文

2018年第4期的栏目有"中国土司文化研究""西南民族文化研究""历史研究""文学研究""哲学研究""法学研究""教育学研究""语言学研究"等。"中国土司文化研究"栏目包括2篇论文，即《中国土司制度与土司文化研究2017年度科研报告（下）》（作者：中国土司制度与土司文化研究创新团队）、《杨应龙议处纷争与明代土司治理的缺失》（作者：颜丙震）。"西南民族文化研究"栏目包括2篇论文，即《清朝丽江麽些族国家认同问题蠡测》（作者：郭新榜）、《田园综合体建设：以重庆的实践为例》（作者：刘志华、刘瑛、张丽娟）。"历史研究"栏目包括2篇论文，即《两晋释奠礼述论》（作者：吴昊、李昕升）、《论明朝边防军在长城外的"烧荒"》（作者：陈旭）。"文学研究"栏目包括4篇论文，即《福克纳和莫言小说非理性视角叙事与文本空间建构》（作者：杨红梅、李凡响）、《再解读：论〈生死场〉国家意识与女性意识》（作者：魏巍、冉义杰）、《海斯勒〈江城〉的叙事艺术与中国形象》（作者：李莹）、《军旅文学的"山顶"：英雄的时代嬗变——王棵小说〈山顶〉的深层解读》（作者：王莉、周航）。"哲学研究"栏目包括4篇论文，即《马克思主义理论与中国传统文化结合的价值意蕴》（作者：郁有凯）、《天人合一视角下张载的成性论探析》（作者：姚军波）、《柏拉图〈理想国〉中的斯巴达"影子"》（作者：李银兵、李元萍）、《海德格尔的"共在"思想》（作者：申一青）。"法学研究"栏目包括2篇论文，即《物权变动的公示立法主义及法律构想》（作者：李谦）、《刑法活性化下谦抑性之再解读》（作者：张艳焯）。"教育学研究"栏目包括5篇论文，即《提高马克思主义理论专业硕士生理论素养的价值分析》（作者：孙迪亮、朱丹丹）、《自媒体时代高校德育危机及其整体性引导》（作者：金家新、王云兰）、《西部地方高校在产学研协同创新体系中的比较优势及驱动机制》（作者：刘筱）、《从传统到现代：无锡国专课程设置的历史沿革》（作者：王俊贤、孙慧）、《新时代高校资助工作供需矛盾研究——基于社会主要矛盾转化的新论断》（作者：马帅、杨伟）。"语言学研究"栏目包括2篇论文，即《试论比喻义》（作者：张薇薇、化振红）、

《"去世"义婉词分类研究》(作者:王艳)。这一期共有8个栏目,与上一期持平。

2018年第5期的栏目有"哲学研究""经济学研究""管理学研究""历史研究""古代文学研究""现当代文学研究""教育学研究"等。"哲学研究"栏目包括2篇论文,即《"天理"、圣人与学者——朱子"圣人观"的基本建构》(作者:王新宇)、《黑格尔批判施莱格尔"反讽"说的思考》(作者:来庆婕)。"经济学研究"栏目包括2篇论文,即《基于"偏离-份额法"的区域电子信息产业竞争力研究——以吉安市为例》(作者:胡学英、孙永萍)、《科技与金融融合发展的制约因素及对策——以合肥市为例》(作者:蔡冬梅)。"管理学研究"栏目包括2篇论文,即《云南省旅游业发展时空格局演变(2008—2016年)》(作者:钱兴多、莫国芳)、《三线企业社区管理变迁——以J厂和K厂的社区为例》(作者:陈利青、张勇)。"历史研究"栏目包括2篇论文,即《唐代黔中道建置初探》(作者:刘枫林)、《民国时期贵州烟草种植与影响》(作者:杨小松)。"古代文学研究"栏目包括2篇论文,即《从金石学家王昶看清中期经学与文学之关系》(作者:武云清)、《芳魂、坟墓与遗痕——韦应物悼亡诗的抒情场景》(作者:陈燕仪)。"现当代文学研究"栏目包括2篇论文,即《现实的清醒与历史的厚重——土家族作家田永红小说研究》(作者:肖太云、郭发远)、《加拿大华裔作家李彦作品的乌托邦色彩——以英文长篇小说〈雪百合〉为例》(作者:张雅娜)。"教育学研究"栏目包括4篇论文,即《大数据背景下大学生思想政治教育创新研究》(作者:欧健)、《重庆市乡村小学教师生存状况调查研究》(作者:李章吕、董佳佳)、《从"素质"到"核心素养"的教育嬗变》(作者:代小芳)、《基于学生"横贯能力"培养的教师专业发展——联合国亚太ERI-Net区域研究系列报告探析》(作者:罗燚)。这一期共有7个栏目,比上一期减少1个栏目。

2018年第6期的栏目有"西南民族研究""长江经济带研究""历史学研究""现当代文学研究""法学研究""教育学研究"等。"西南民族研究"栏目包括2篇论文,即《土家族土司时期的宗教音乐文化》(作者:熊晓辉)、《苗疆开辟前后黔东南农业生产模式变迁——基于清代至民国初期的考察》(作者:吕炎、李凌霞)。"长江经济带研究"栏目包括3篇论文,即《安徽省资源消耗、污染排放与经济增长的脱钩分析及情景规划》(作者:崔木花)、《重庆城市化进程与产业结构演变的内在关联分析——基于

DMSP/OLS夜间灯光数据》（作者：李南锦、陈纪平）、《涪陵旅游业结构－行为－绩效分析》（作者：王志标、黄大勇、杨盼盼）。"历史学研究"栏目包括3篇论文，即《洪武至正统年间蒙古诸部侵扰九边的时空分布》（作者：陈武强）、《民国时期来川女传教士的角色审视——以华西协合大学为中心》（作者：王锐）、《"令列侯之国"政策与汉文时期政局》（作者：王伟光）。"现当代文学研究"栏目包括2篇论文，即《论碧野四十年代的长篇小说》（作者：张江元）、《知识形态、国民性话语与被压迫者的教育学——艾芜〈南行记〉的"国民性"书写》（作者：熊庆元）。"法学研究"栏目包括2篇论文，即《政府与市场的两权对抗与法律平衡——以〈中华人民共和国公司法〉的发展为例》（作者：辛雨灵、田柯）、《"试衣间性行为"的法律规制问题——对〈治安管理处罚法〉第44条的法教义学反思》（作者：周权）。"教育学研究"栏目包括3篇论文，即《政府购买民办教育服务的运行风险及其防范机制》（作者：毛明明）、《我国高等教育学硕士研究生课程设置比较研究——基于12所高校培养方案的分析》（作者：陈善志、冯建民）、《倾听与理解：隐性知识视角下的师生交往审视》（作者：孙发有）。这一期共有6个栏目，比上一期减少1个栏目；新增"西南民族研究""长江经济带研究"2个栏目。

总之，2018年第4—6期的栏目在逐渐减少。坚持3期的栏目有"教育学研究"；坚持2期的栏目有"历史研究""哲学研究""法学研究"。由栏目设置情况来看，教育学稿源较为丰富。

（二）2019年的栏目及其刊文

2019年第1期的栏目有"'文化经济时代'与马克思主义美学研究""习近平新时代中国特色社会主义思想研究""投资研究""巴渝文史论坛""法学研究""教育学研究"等。"'文化经济时代'与马克思主义美学研究"栏目包括4篇论文，即《审美治理：马克思主义美学的政治转向探析》（作者：张良丛）、《哈贝马斯交往理论视域中艺术的现代功能》（作者：郭玉生）、《论普利汉诺夫"社会心理"中介论的当代价值》（作者：金哲）、《试论柄谷行人对索绪尔结构语言学认识的矛盾性》（作者：张碧）。"习近平新时代中国特色社会主义思想研究"栏目包括2篇论文，即《论"人类命运共同体"对马克思"真正共同体"的延续与发展》（作者：邓天宇、王文余）、《论习近平新时代群众工作观点及其对高校的指导作用》（作者：郝淑静、张尚成)。"投资研究"栏目包括3篇论文,即《外商直接投资监管的法律制度效率——基于法经济学的分析》(作者:田柯)、《中庸思维能够提升大学生的创业意愿吗?》(作者:李星星、卜正学)、《新型农业经营主体带动小农户转型发展的现实性及其路径》(作者:范云峰)、"巴渝文史论坛"栏目包括3篇论文,即《他者的景观:抗战时期域外视域中的重庆形象研究》(作者:郎艳丽)、《论张者〈远水〉的张力叙事》(作者:柯珂、周晓风)、《清代冯世瀛〈二酉英华〉编纂研究》(作者:冉文)。"法学研究"栏目包括2篇论文,即《符号叙述学视角下虚假广告的法律认定》(作者:何昊洋)、《论"套路贷"犯罪的司法规制》(作者:陈恺)。"教育学研究"栏目包括3篇论文,即《社会文化视野下英语教学的审思》(作者:蔡洪、吴文)、《体育教师缄默知识的诠释与显性化探究》(作者:刘官元)、《2005—2015年安徽省高考古诗词鉴赏试题分析》(作者:肖映雪)。这一期共有6个栏目;新设"'文化经济时代'与马克思主义美学研究""习近平新时代中国特色社会主义思想研究""投资研究""巴渝文史论坛"4个栏目。

2019年第2期的栏目有"西南民族研究""文化与旅游产业研究""新武侠小说研究""文学研究""传播研究""教育教学研究"等。"西南民族研究"栏目包括2篇论文,即《长盛川青砖茶历史溯源及价值考察》(作者:黄柏权、黄祥深)、《瓦乡人上梁仪式歌的修辞艺术与话语功能——以湖南沅陵蒋家村为例》(作者:刘冰清、赵颖)。"文化与旅游产业研究"栏目包括4篇论文,即《乡村文化产业发展:困境、契机与模式探索》(作者:郑芳、屠志芬)、《非物质文化遗产旅游线路设计——以渝东南为例》(作者:黄颖、毛长义)、《文旅类特色小镇同质化问题与差异化策略研究——以四川安仁古镇和洛带古镇为例》(作者:蒋柯可、熊正贤)、《涪陵旅游业转型升级路径探究——基于全域旅游的视角》(作者:王琴、黄大勇)。"新武侠小说研究"栏目包括2篇论文,即《论2010年以来的中国大陆武侠小说研究》(作者:刘国辉)、《论大陆新武侠研究的若干问题》(作者:王景)。"文学研究"栏目包括2篇论文,即《从厉鹗著述看浙派诗人群体的"尚宋"特征》(作者:王小恒)、《英语世界中国家训的译介与研究综述》(作者:周仁成)。"传播研究"栏目包括2篇论文,即《媒体融合语境下传统学术期刊发展的新思路——基于〈教师教育学报〉的办刊思路》(作者:邱香华)、《"大熊猫"中文名称的演变——基于民国时期媒体的考察》(作者:杨铧、高富华)。"教育教学研究"栏目包括2篇论文,即《近十年我国思想理论教育研究现状分析——基于〈思想理论教育导刊〉的文献计量学和科学知识图谱的视角》(作者：徐巧云、马超)、《基于结构方程模型的PBL教学效果影响研究——以"区域经济学"为考察样本》(作者：刘晗)。这一期共有6个栏目,与上一期持平；新设"文化与旅游产业研究""新武侠小说研究""传播研究"3个栏目。

2019年第3期的栏目有"新武侠小说研究""经济研究""词学思想与词学流派研究""出土材料与文学研究""非物质文化遗产研究""教育学研究""法学研究"等。"新武侠小说研究"栏目包括2篇论文,即《中国武侠小说史撰述的类型格局与武侠体验——以创作派林遥的武侠小说史撰述为中心》(作者：韩云波)、《中国侠文化研究2018年年度报告》(作者：王亚伟)。"经济研究"栏目包括2篇论文,即《重庆市经济发展的地区差异及分布动态演进》(作者：王秀妹、李丹丹、陈永强)、《退役大学生士兵养老保险关系转接机制研究》(作者：岳宗福、邵立斌)。"词学思想与词学流派研究"栏目包括2篇论文,即《试论刘永济词学观念的儒学印痕——以刘永济与常州词派的渊源关系为重点》(作者：冯春祥)、《"刚大之气"与"潜气内转"——试论理学思想对辛弃疾"以气为词"的影响》(作者：陈逸鸣)。"出土材料与文学研究"栏目包括1篇论文,即《汉代镜铭体式演变与七言镜铭的生成》(作者：时嘉艺)。"非物质文化遗产研究"栏目包括2篇论文,即《文化符号学视域下舞蹈符号圈的整体性特征分析——以洞口瑶族棕包脑舞蹈为例》(作者：袁杰雄)、《贵州水族马尾绣的传承与保护——基于中和镇拉佑村的调查》(作者：谢文强、方清云)。"教育学研究"栏目包括2篇论文,即《孔子学院面临的结构性困境与变革路径》(作者：李侠、缪秋民、李格菲)、《高校青年教师思想状况调查及对策研究——基于重庆市四所高校的调查》(作者：张聚华、贾伟婷、王兴国)。"法学研究"栏目包括2篇论文,即《变性人性别变更权及其衍生权利限制与保护》(作者：王洁怡、葛治华)、《我国司法信息公开改革若干争议问题探析》(作者：王群)。这一期共有7个栏目,比上一期增加1个栏目；文学类栏目最多,有3个；新设"词学思想与词学流派研究""出土材料与文学研究""非物质文化遗产研究"等3个栏目。

2019年第4期的栏目有"西南民族研究""文化与旅游产业研究""古代文学研究""现当代文学研究""生态文明研究""教育学研究"等。"西南民族研究"栏目包括3篇论文,即《桂西北地区"认契"习俗及其功能探究——以河池市都安永乐村为例》（作者：张柳丹、段超）、《散杂居民族的族群认同与文化再造：合群经验的视角》（作者：高峰、刘彦）、《哈尼族婚姻关系维系方式变迁——以子雄下寨为例》（作者：张宇、黄建生）。"文化与旅游产业研究"栏目包括3篇论文，即《高校文化产业孵化器混合式建设模式探析》（作者：何岚）、《文化制造业"工匠精神"的内核与形成机制》（作者：王志标、关赛赛）、《丝绸之路经济带沿线城市形象感觉识别研究——以兰州市为例》（作者：康平、杨博）。"古代文学研究"栏目包括2篇论文，即《宋元话本中的临街店肆空间叙事研究》（作者：陈燕仪）、《宋代羁旅词灯意象初探》（作者：何迪）。"现当代文学研究"栏目包括3篇论文，即《试论汪曾祺的上海书写及其情感转变》（作者：孙荣）、《论20世纪80年代乡村叙事中"进城"话语的生产》（作者：贾鲁华、尤丽洵）、《城乡之间的小镇现实主义——艾玛小说阅读札记》（作者：张雪妞）。"生态文明研究"栏目包括2篇论文，即《马尔库塞晚年的生态学思想拓展》（作者：邓佳）、《自然、社会与人：习近平生态文明思想的三维解读》（作者：席婷婷）。"教育学研究"栏目包括3篇论文，即《高校思想政治理论课教师胜任力：概念、功能与模型建构》（作者：金家新、顾婷婷）、《教育人力资本对经济增长影响的实证研究——以重庆市为例》（作者：张超锋、吴林飞）、《高校培养"四个合格"大学生党员实践探析》（作者：王志强）。这一期共有6个栏目，比上一期减少1个栏目；文学类栏目最多，有2个；新设"生态文明研究"栏目。

2019年第5期的栏目有"'文化经济时代'与马克思主义美学研究""贫困治理研究""经济与管理研究""外国文学研究""教育学研究""法学研究""会议综述"等。"'文化经济时代'与马克思主义美学研究"栏目包括3篇论文，即《从美学革命到审美治理：美学的社会学转向和当代批评的现实介入力量》（作者：肖琼）、《转型期日常叙事的话语向度、审美困境及理论审思》（作者：滕斌）、《文化治理实践与城市文化空间塑造——以汕头小公园开埠区文化治理实践为例》（作者：周海玲）。"贫困治理研究"栏目包括2篇论文，即《习近平同志关于治贫脱贫重要观点的历史形成、主要内容与当代价值》（作者：张洁）、《国内外多维贫困研究进展》（作者：陈闻鹤、常志朋）。"经济与管理研究"栏目包括2篇论文，即《长江经济带城乡基本公共服务供给效率及其影响因素分析》（作者：储勇、王浩伟）、《老字号与城市文化旅游品牌建设的融合路径》（作者：白志如、王喜艳）。"外国文学研究"栏目包括3篇论文，即《朗费罗论海涅评骘》（作者：柳士军）、《图像文化语境下詹妮弗·伊根作品叙事与身份建构研究》（作者：聂宝玉）、《〈红浮萍〉的乌托邦阐释》（作者：张雅娜、张国俊）。"教育学研究"栏目包括2篇论文，即《五四精神融入大学生社会主义核心价值观培育的路径探析》（作者：刘舒皓）、《21世纪以来我国公民教育研究的回顾与反思——基于CiteSpace知识图谱的分析》（作者：刘宇）。"法学研究"栏目包括2篇论文，即《利益的博弈与平衡——论车位、车库"首先满足业主需要"的理解与适用》（作者：杨思益）、《行政诉讼第三人范围新探——以"同案件处理结果有利害关系"的理解为中心》（作者：黄梦玲）。"会议综述"栏目包括1篇论文，即《推动循证社会科学研究从学术自觉走向学术行动——2019"循证社会科学"论坛综述》（作者：魏志鹏）。这一期共有7个栏目，比上一期增加1个栏目；新设"贫困治理研究""经济与管理研究""外国文学研究""会议综述"4个栏目。

2019年第6期的栏目有"西南民族研究""文化与旅游产业研究""新武侠小说研究""文学研究""教育学研究""政治学研究"等。"西南民族研究"栏目包括3篇论文，即《中国土司制度与国家治理研究的三个问题》（作者：李良品、韦丽芳）、《千年摩崖佛刻与地方佛教传统：以来凤仙佛寺的土家族佛教文化为基点》（作者：郭峰）、《滇西土司国家认同研究——以南甸宣抚司为例》（作者：李然、字荣耀）。"文化与旅游产业研究"栏目包括3篇论文，即《基于社会网络分析的旅游经济空间结构研究——以安徽省为例》（作者：丁娟、张辰辰）、《禅文化产业链实践探索——以"禅宗少林"为例》（作者：李红伟、涂浩）、《文旅融合发展中的资源共享与产业边界》（作者：刘安全、黄大勇）。"新武侠小说研究"栏目包括2篇论文，即《林纾〈傅眉史〉与"武侠小说"的兴起》（作者：林保淳）、《中国玄幻/奇幻小说研究二十年（2000—2019）》（作者：黎慧）。"文学研究"栏目包括2篇论文，即《春秋嘉言"敬"义发微》（作者：胡晓红）、《胡适与他的"不争主义"思想》（作者：韦黄丹）。"教育学研究"栏目包括2篇论文，即《当代少年儿童国家认同的现实图景及提升策略——基于湖北省六市县区的调查》（作者：贾月、冯卫国）、《美国大学生学术不端防治与启示——以哈佛大学、普林斯顿大学、康奈尔大学为例》（作者：杨柳群）。"政治学研究"栏目包括2篇论文，即《新时代思想政治教育的思维创新》（作者：欧庭宇）、《十八大以来党的公平正义思想与实践创新》（作者：刘孝阳、陈晓晖）。这一期共有6个栏目，比上一期减少1个栏目；文学类栏目最多，有2个。

总之，2019年的栏目相对稳定，保持在每期6～7个。全年坚持5期的栏目有"教育学研究"；坚持3期的栏目有"法学研究""西南民族研究""文化与旅游产业研究""新武侠小说研究"；坚持2期的栏目有"'文化经济时代'与马克思主义美学研究""文学研究"。由栏目设置情况来看，教育学稿源较为丰富，法学、民族、经济、文学稿源也较为充实。

（三）2020年的栏目及其刊文

2020年第1期的栏目有"'文化经济时代'与马克思主义美学研究""财务与会计专题""区域经济专题""政治学研究""历史研究""法学研究"等。"'文化经济时代'与马克思主义美学研究"栏目包括3篇论文，即《从"自然"到"新自然"——马克思主义自然美理论的新媒介延伸》（作者：陈海）、《论审美时间与商品时间》（作者：陈然兴）、《数字化时代作为摄影的艺术作品——数字和胶片都无损于摄影的本质》（作者：赵小雷、段建军）。"财务与会计专题"栏目包括3篇论文，即《独立董事薪酬激励对公司未来绩效的影响研究——来自2003—2017年环保上市公司的实证检验》（作者：郭梦娜、程小琴）、《股权结构、会计信息透明度与过度投资的相关性分析》（作者：汪燕云、张涛）、《政府补助、高管薪酬与企业绩效》（作者：陆少秀）。"区域经济专题"栏目包括2篇论文，即《长江经济带新型城镇化与公共服务协调发展水平测度及时空格局演变》（作者：胡翠、余兴厚）、《云南省产业结构时空格局演进研究》（作者：钱兴多、莫国芳）。"政治学研究"栏目包括3篇论文，即《"斯大林模式"与"苏联模式"的界定和评价》（作者：吴恩远）、《信息传媒技术发展对人本质的影响：异化与进化的辩证》（作者：赵庆来）、《70年来我国民族政策对少数民族国家认同的影响》（作者：廖钰、沈洲伦）。"历史研究"栏目包括2篇论文，即《白鹤梁题名人濮瑗史迹稽考》（作者：曾超）、《试论吕本中〈官箴〉对新时代党风政风建设的启示》（作者：汪国林）。"法学研究"栏目包括2篇论文，即《我国自由贸易区的定位特点与立法体系完善》（作者：郑淑珺）、《论纯粹经济损失赔偿中的利益衡量》（作者：张婷）。这一期共有6个栏目，栏目分布于美学、管理、经济、政治、历史、法学等学科。

《长江师范学院学报》史料整理与分析（1985—2020）

2020年第2期的栏目有"特稿""国家治理体系和治理能力现代化专题""西南民族研究""文化与旅游产业研究""古代文学研究""现代戏剧影视研究""古典文献学研究""教育学研究""法学研究"等。"特稿"栏目有1篇论文，即《教师教育振兴：地方师范院校路在何方？——顾明远先生访谈录》（作者：蹇世琼、于海洪、冉隆锋）。"国家治理体系和治理能力现代化专题"栏目有2篇论文，即《新时代创新地方政府社会治理体制的路径——以北部湾为例》（作者：范根平）、《国家治理现代化视域下大同思想的时代价值》（作者：杨雨凡）。"西南民族研究"栏目有2篇论文，即《土司时期乌江流域的人地关系》（作者：田华银）、《明代播州茶业经济发展原因及其影响探析》（作者：彭文萍、陈旭）。"文化与旅游产业研究"栏目有2篇论文，即《景观基因理论视角下川盐古道上盐业古镇发展研究：以重庆段为例》（作者：黄玲、冯维波）、《基于PSR模型的川盐古道古镇保护研究：以沱江自贡段为例》（作者：刘有于）。"古代文学研究"栏目有2篇论文，即《论唐五代小说中词的叙事意义》（作者：何亮）、《论王维〈辋川集〉意象的建构》（作者：覃金凤）。"现代戏剧影视研究"栏目有2篇论文，即《走向"群众的艺术"——张庚戏剧批评与20世纪30年代的上海剧坛》（作者：高明）、《母亲神话的营构与民族革命的寓言——夏衍电影中母亲形象的生成与意义探寻》（作者：王侠）。"古典文献学研究"栏目有2篇论文，即《清代文学史书写中的〈四库全书总目〉因素》（作者：王美伟）、《域外汉文佛典的文字学价值及其研究现状》（作者：廖可佳）。"教育学研究"栏目有2篇论文，即《新师范：何谓与何为》（作者：王钰锦）、《上海大学生对于高校体育社团学分化改革意愿的影响因素研究》（作者：徐林胤、王骏、王红英）。"法学研究"栏目有2篇论文，即《法律史视域下缘法定罪与比附类推的关系再探》（作者：洪洋）、《论自甘风险规则在侵权责任法中的有限适用》（作者：贺光辉）。这一期栏目共有9个栏目，栏目分布于教育、政治、民族、经济、文学、艺术、文献学、法学等学科。

2020年第3期的栏目有"新武侠小说研究""文学接受研究""生态经济研究专题""文化与旅游产业研究""社会学研究""政治学研究""教育学研究"等。"新武侠小说研究"包括2篇论文，即《金庸在津"祖业"考》（作者：倪斯霆）、《中国侠文化研究2019年年度报告》（作者：叶翔宇）。"文学接受研究"包括1篇论文，即《"50后""60后"大众读者"十七年小说"阅读状况调查》（作者：冯仰操）。"生态经济研究专题"包括 2 篇论文,即《长江经济带生态公共产品供给效率评价——基于三阶段 DEA 的实证研究》(作者:汪亚美、王宇昕)、《云南山区资源环境承载力测度及其障碍因素探究——以玉溪市为例》(作者:王敏、吴映梅)。"文化与旅游产业研究"包括 1 篇论文,即《基于观众体验视角的博物馆发展探讨》(作者:李佳黛)。"社会学研究"包括 2 篇论文,即《性别失衡农村社会家庭风险及其应对策略》(作者:薛敏霞、舒曼)、《深度贫困乡村教育脱贫与人才振兴协同发展》(作者:于海洪)。"政治学研究"包括 2 篇论文,即《本体、品格与未来:邓小平关于中华民族的论述》(作者:彭福荣)、《新冠肺炎疫情对全球公共卫生治理的影响》(作者:李翠芳)。"教育学研究"包括 3 篇论文,即《人学视域中的干部教育培训话语探论》(作者:孙福胜、闫伟、蹇世琼)、《论音乐欣赏"完形"的心理构建》(作者:孙凯)、《民初〈共和国教科书·新国文〉德育内容摭论》(作者:赵凯)。这一期共有 7 个栏目,栏目分布于文学、经济、社会、政治、教育等学科,其中文学、经济各有 2 个栏目。

2020 年第 4 期的栏目有"古代文学研究""西南民族研究""文化与旅游产业研究""经济与管理研究""教育学研究"等。"古代文学研究"栏目包括 3 篇论文,即《"熙丰洛阳名臣诗人群体"形成原因探析——兼论群体的政治诉求》(作者:向有强)、《试论伊索克拉底的妇女观》(作者:刘豪)、《求"道"之路——从〈论语〉看孔子的君子之道》(作者:张晓雯、王长红)。"西南民族研究"栏目包括 2 篇论文,即《改土归流与中华民族共同体建设历史文献整理的价值、突破及创新》(作者:李良品、袁娅琴)、《西南少数民族芦笙制作技艺民间传授探析》(作者:杨智雄、舒乙)。"文化与旅游产业研究"栏目包括 2 篇论文,即《民族旅游村寨的异质性研究——以广西桂林龙脊平安壮寨为例》(作者:周密、吴忠军)、《重庆市西沱古镇的居民地方感形成因素分析》(作者:吴晓莉、冯维波)。"经济与管理研究"栏目包括"产品管理研究专题"和"知识共享研究专题"。"产品管理研究专题"包括 1 篇论文,即《基于消费者偏好异质性视阈的企业产品组合决策》(作者:罗春丹、潘林伟);"知识共享研究专题"包括 2 篇论文,即《虚拟社区知识分享研究述评与未来展望》(作者:张洁梅、马悦杰)、《基于知识共享的社会交互作用对员工创新行为的作用机理:组织认同的调节作用》(作者:舒倩、姚瑶)。"教育学研究"栏目包括 5 篇论文。前面 2 篇为非专题论文,即《专业学位硕士研究生教育招生考试适切性的

《长江师范学院学报》史料整理与分析（1985—2020）

思考》（作者：刘筱）、《小学语文教学深度学习的教学误区及其突破》（作者：张盈盈）；后面3篇为"思想政治教育研究专题"论文，即《高校思想政治课实践教学的内在逻辑与实现路径》（作者：刘富胜、王仕勇）、《抗疫精神融入高校思想政治教育路径研究》（作者：苑素梅、亓萌雪）、《思想政治理论课"八个相统一"的马克思主义意蕴》（作者：倪慧）。这一期共有5个栏目，栏目分布于文学、民族、经济、管理、教育等学科。

2020年第5期的栏目有"文学研究""文化与旅游产业研究""国家治理体系和治理能力现代化专题""社会学研究""法学研究""语言学研究""教育学研究"等。"文学研究"栏目包括2篇论文，即《对1935—2020年田间诗歌研究的综述》（作者：熊辉）、《先秦文论"象"范畴演进的三种路径》（作者：李安竹）。"文化与旅游产业研究"包括2篇论文，即《社区参与视角下世界文化遗产地社区发展研究——以湖南永顺老司城村为例》（作者：李然、王春阳）、《"互联网+"文化产业模式创新研究综述——基于产业链、供应链和价值链的视角》（作者：李有文）。"国家治理体系和治理能力现代化专题"包括2篇论文，即《基层社区精细化治理分析——以黄浦区"重塑老城厢"为例》（作者：郑卫东、桑毅）、《基层社会治理多主体协同共治的理论依归与现实基础》（作者：杨晓彤、崔浩）。"社会学研究"包括2篇论文，即《社区在参与应对公共突发事件中的作用研究》（作者：王爽）、《从"进村找庙碑"到"进社区找公示"——当代社区公示类文献资料搜集整理方法》（作者：甘满堂、何林芮）。"法学研究"包括2篇论文，即《平台数据权利化及其归属问题探讨》（作者：朱迎昊）、《性侵犯罪受害女性的被害性及预防对策——以2019年130宗典型强奸案为样本》（作者：龚傲霜、孙旭）。"语言学研究"包括2篇论文，即《从"天下"的英译看中华思想文化术语翻译的实践原则》（作者：戴拥军）、《论翻译技术驱动的复合型语言服务人才培养》（作者：陶李春、方可）。"教育学研究"包括3篇论文，即《改革开放以来重庆普通高中教育发展的历程、经验与展望》（作者：彭泽平、董明月）、《技术异化与主体觉醒——兼论"智慧课堂"语境下大学思政课教师的主体价值》（作者：张耀天、舒卉卉）、《我国高校毕业生就业违约的制度经济学分析》（作者：范卫红、贾琳琳）。这一期共有7个栏目，栏目分布于文学、经济、政治、社会、法学、语言学、教育等学科。

2020年第6期的栏目有"文字学研究""国家治理体系和治理能力现代

化专题""资源管理研究专题""历史研究""教育学研究"等。"文字学研究"栏目包括2篇论文,即《从"铜出丹阳"到"会稽作镜"——汉代铸镜中心的分布与变迁》(作者:时嘉艺)、《试论〈老子〉对〈庄子〉叙事隐喻的影响》(作者:熊浩莉)。"国家治理体系和治理能力现代化专题"栏目包括3篇论文,即《乡村治理法治化的完善进路》(作者:张杨、张腾、赵红)、《心理距离视角下舆情传播风险感知和治理》(作者:刘战豫、朱康文、王漫漫)、《新时代我国民族地区公共卫生体系建设存在的问题与对策研究——以恩施土家族苗族自治州为考察中心》(作者:田海林)。"资源管理研究专题"栏目包括2篇论文,即《"走出去"战略能否改善人力资源错配》(作者:闵树琴、范明丽)、《长江经济带绿色发展研究的取向、方法与路径》(作者:周良发、韩剑尘)。"历史研究"栏目包括2篇论文,即《简析抗战时期贵州交通建设及其效应》(作者:王靖宇)、《南京临时政府"和平外交"政策下的外交斗争——以中荷"泗水事件"交涉为例》(作者:胡振宇)。"教育学研究"栏目包括6篇论文,即《高校教师科研能力研究述评》(作者:王志标、杨盼盼)、《新时代艺术院校增强社会主义意识形态引领力的价值意蕴》(作者:吴晓春)、《新时代思政课加强意识形态安全教育的思考——基于应用型本科院校的视角》(作者:肖行、王娜)、《课程思政视域下大学英语教材建设的改革探索——以〈新时代大学互动英语〉为例》(作者:黄运亭、黄瑞芳)、《成渝地区双城经济圈教育协同发展模型研究》(作者:钟昆明、李伟)、《"以德约行":中国传统师生关系的特质》(作者:周璇)这一期共有5个栏目,栏目有所精简,分布于文字、政治、管理、历史、教育等学科。

总之,2020年的栏目稳定中有调整,调整方向是组织专题,如"国家治理体系和治理能力现代化专题""生态经济研究专题""思想政治教育研究专题"等。全年坚持5期的栏目有"教育学研究";坚持4期的栏目有"文化与旅游产业研究";坚持3期的栏目有"法学研究""国家治理体系和治理能力现代化专题";坚持2期的栏目有"西南民族研究""历史研究""政治学研究""古代文学研究""社会学研究"。由栏目设置情况来看,教育学是稿源比较丰富学科,其次是文化与旅游产业交叉研究学科、政治学,然后是法学。

第二篇 办刊数据篇

第五章　学报刊文作者分析

刊文作者层次、结构和分布是学报影响力的重要体现，也决定了学报刊发稿件的学术质量。对于刊文作者的分析，有助于厘清学报的主要稿源区域、主要作者群，明确在作者分布中面临的问题，为调整和优化作者群提供借鉴方向。

一、不同年份刊文数量

（一）1985—1998 年学报刊文数量（表 5-1）

表 5-1　1985—1998 年学报刊文数量

年份	刊文篇数	年份	刊文篇数
1985	44	1992	49
1986	50	1993	68
1987	61	1994	48
1988	32	1995	19
1989	28	1996	91
1990	47	1997	69
1991	31	1998	80

注：1995 年仅存第 1 期档案；所有统计不含不可被引用的文献。
资料来源：作者根据学报历史数据整理。

从统计数据来看，从创刊之初到 1998 年，学报刊文数量总体呈波动发展态势，这说明当时稿源不太稳定，个别年份，如 1988 年和 1989 年，只能出版合期版。

(二) 1999—2020 年学报刊文数量（表 5-2）

表 5-2　1999—2020 年学报刊文数量

年份	刊文篇数	年份	刊文篇数
1999	100	2010	242
2000	105	2011	212
2001	98	2012	399
2002	212	2013	153
2003	224	2014	157
2004	224	2015	143
2005	210	2016	146
2006	221	2017	155
2007	238	2018	132
2008	213	2019	88
2009	222	2020	89

注：所有统计不含不可被引用的文献。
资料来源：作者根据学报历史数据整理，由于统计口径差异，与中国知网的期刊统计数据有所不同，略小于中国知网"文献量"数据（中国知网将主持人语均统计为文献）。

从统计数据来看，在成为正式出版物后，学报刊文数量可以分为 4 个时期：第一个时期（1999—2003 年），刊文数量由稳定到剧增。其中 1999—2001 年相对稳定，2002—2003 年猛烈增长，尤其 2003 年出版的增刊也上了中国知网，这造成了当年数据的暴增。第二个时期（2004—2012 年），稳定中增长。多数年份，刊文量稳定在 210～230 篇；但是 2007 年和 2010 年超过了 235 篇，2012 年更是暴增到 390 篇，2012 年的数量暴增原因在于由双月刊改为月刊。第三个时期（2013—2017 年），刊文相对稳定。刊文量保持在 140～160 篇。第四个时期（2018—2020 年），刊文量大幅下降。2019 年和 2020 年刊文量基本持平，恢复到 1999 年的水平。刊文量的波动导致了以刊文量作为分母的学报影响因子的波动，但是，由于统计时间的滞后性，影响因子的波动也具有滞后性的特征。

二、1999—2020年刊文作者机构和地域分布

由于早期学报不少文章都是校内作者所撰写，仅对个别校外作者提供单位信息，所以无法准确进行统计。在刊文作者与地域分布的统计方面，从学报成为正式出版物开始，仅统计第一作者和第一作者机构及其地域。

（一）1999年刊文作者与地域分布

从刊文作者机构分布（表5-3）来看，1999年校内来稿居多，占全部文献量的31%；其次是西南师范大学，占10%；来自全国985高校、中国社会科学院的稿件有7篇，其中北京大学1篇、清华大学2篇、中国社会科学院3篇，这表明学报在全国有一定知名度。从刊文作者省份分布（表5-4、表5-5）来看，重庆本地来稿居多，占65%；其次是北京，占8%；再次是湖南，占3%。从刊文作者城市分布来看，重庆最多（65篇），其次是北京（8篇），再次是长沙（3篇）。

表5-3 1999年刊文作者机构分布

机构名称	刊文篇数	机构名称	刊文篇数
涪陵师范高等专科学校	31	内江师范高等专科学校	1
西南师范大学	10	黔江开发区党工委研究室	1
重庆师范学院	8	黔江开发区电大分校	1
中国社会科学院	3	山东大学	1
湖南师范大学	3	陕西师范大学	1
清华大学	2	石柱县教师进修学校	1
渝州大学	2	首都师范大学	1
重庆市梁平县福禄中学	2	中国现代文学馆	1
中共重庆市委党校	1	重庆日报	1
北京大学	1	重庆市涪陵区人民政府办公室	1
涪陵第三卫校	1	重庆市红岩文学杂志社	1
涪陵教育学院	1	重庆市文联	1
海南师范学院	1	重庆市渝中区作家协会	1

续表

机构名称	刊文篇数	机构名称	刊文篇数
河口海岸国家重点实验室	1	重庆外语学院	1
华侨大学	1	自贡盐业出版编辑室	1
华中师范大学	1	—	15
江苏教育学院	1		

注："—"代表作者机构不明。
资料来源：作者根据学报历史数据整理。

表5-4　1999年刊文作者省份分布

省份	刊文篇数	省份	刊文篇数
重庆	65	湖北	1
北京	8	江苏	1
湖南	3	山东	1
四川	2	陕西	1
福建	1	上海	1
海南	1	—	15

注："—"代表作者省份不明。
资料来源：作者根据学报历史数据整理。

表5-5　1999年刊文作者城市分布

城市	刊文篇数	城市	刊文篇数
重庆	65	泉州	1
北京	8	上海	1
长沙	3	武汉	1
海口	1	西安	1
济南	1	自贡	1
南京	1	—	15
内江	1		

注："—"代表作者城市不明。
资料来源：作者根据学报历史数据整理。

(二) 2000年刊文作者与地域分布

从刊文作者机构分布（表5-6）来看，2000年校内来稿居多，占35%；从刊文作者省份分布（表5-7）来看，以重庆市来稿居多，占76%，其次是四川省，约占9%；从刊文作者城市分布（表5-8）来看，以重庆居多（80篇），其次是成都（5篇），然后是北京（4篇）。

表5-6 2000年刊文作者机构分布

机构名称	刊文篇数	机构名称	刊文篇数
涪陵师范高等专科学校	37	华侨大学	1
西南师范大学	9	湖南师范大学	1
重庆师范学院	7	夔州杜甫研究会	1
重庆市文史研究馆	5	四川大学	1
中共重庆市委党校	3	四川烹饪高等专科学校	1
涪陵教育学院	3	四川省凉山教育学院	1
中国社会科学院	3	四川省内江师专	1
重庆三峡学院	3	四川省社会科学院	1
涪陵五中	2	四川师范学院	1
海南师范学院	2	渝州大学	1
重庆教育学院	2	中南财经大学	1
自贡市文联	2	重庆晨报	1
北京大学	1	重庆日报	1
成都师范高等专科学校	1	重庆市江北区国税局	1
涪陵广播电视大学	1	重庆市委党校	1
涪陵区教育科学研究所	1	—	7
涪陵职业教育中心	1		

注："—"代表作者机构不明。
资料来源：作者根据学报历史数据整理。

表5-7 2000年刊文作者省份分布

省份	刊文篇数	省份	刊文篇数
重庆	80	福建	1
四川	9	湖北	1
北京	4	湖南	1
海南	2	—	7

注:"—"代表作者省份不明。
资料来源:作者根据学报历史数据整理。

表5-8 2000年刊文作者城市分布

城市	刊文篇数	城市	刊文篇数
重庆	80	泉州	1
成都	5	武汉	1
北京	4	西昌	1
海口	2	长沙	1
自贡	2	—	7
内江	1		

注:"—"代表作者城市不明。
资料来源:作者根据学报历史数据整理。

(三)2001年刊文作者与地域分布

从刊文作者机构分布(表5-9)来看,2001年校内来稿居多,占近33%;重庆师范学院居次,约占10%;西南师范大学(现西南大学)第三,约占8%;涪陵教育学院第四,约占7%。从刊文作者省份分布(表5-10)来看,来自重庆的稿件最多,约占79%。从刊文作者城市分布(表5-11)来看,来自重庆的稿件最多(77篇),其次是北京(4篇)和成都(3篇)的稿件。

表 5-9 2001 年刊文作者机构分布

机构名称	刊文篇数	机构名称	刊文篇数
涪陵师范高等专科学校	20	石柱县教委教研室	1
涪陵师范学院	12	四川畜牧兽医学院	1
重庆师范学院	10	四川大学	1
西南师范大学	8	四川渠县中学	1
涪陵教育学院	7	四川师范学院	1
北京大学	3	万州区新华书店	1
重庆三峡学院	2	西南科技大学	1
安徽医科大学	1	渝州大学	1
成都师范高等专科学校	1	云南财贸学院	1
成都市双林中学	1	中共涪陵区委	1
涪陵区少儿图书馆	1	中共重庆市委党校	1
涪陵区职业教育中心	1	中国社会科学院	1
秀山县官庄中学校	1	重庆交通学院	1
海南大学	1	重庆教育学院	1
淮北煤炭师范学院	1	重庆市第三水电学校中心	1
嘉应大学	1	重庆市委党校	1
黔江区教师进修学校	1	重庆市育才中学	1
黔江区濯水中学	1	重庆大学	1
黔南民族师院	1	—	5
涪陵第十四中学	1		

注:"—"代表作者机构不明。
资料来源:作者根据学报历史数据整理。

表 5-10 2001 年刊文作者省份分布

省份	刊文篇数	省份	刊文篇数
重庆	77	海南	1
四川	6	云南	1
北京	4	贵州	1
安徽	2	—	5
广东	1		

注:"—"代表作者省份不明。
资料来源:作者根据学报历史数据整理。

表 5-11　2001 年刊文作者城市分布

城市	刊文篇数	城市	刊文篇数
重庆	77	梅州	1
北京	4	绵阳	1
成都	3	南充	1
海口	1	达州	1
合肥	1	都匀	1
淮北	1	—	5
昆明	1		

注："—"代表作者城市不明。

资料来源：作者根据学报历史数据整理。

（四）2002 年刊文作者与地域分布

从刊文作者机构分布（表 5-12）来看，本校来稿 84 篇，约占 40%；西南师范大学（现西南大学）、重庆师范学院各约占 8%。从刊文作者省份分布（表 5-13）来看，来自重庆的稿件最多，占 80%；来自四川的稿件居次，占 4%，来自湖南的稿件第三，占 3%。从刊文作者城市分布（表 5-14）来看，来自重庆的稿件最多（170 篇），其次是成都（7 篇），再次是长沙（6 篇）。

表 5-12　2002 年刊文作者机构分布

机构名称	刊文篇数	机构名称	刊文篇数
涪陵师范学院	84	重庆市涪陵区文化馆	2
西南师范大学	16	四川外语学院	2
重庆师范学院	16	湖北民族学院	2
湖南师范大学	6	中共重庆市委党校	2
重庆工商大学	3	重庆大学	2
重庆工学院	3	重庆教育学院	2
重庆市作家协会	3	重庆日报社	2
四川师范大学	3	重庆市涪陵区职业教育中心	2
中共重庆市涪陵区委	3	重庆市黔江区濯水中学	2

续表

机构名称	刊文篇数	机构名称	刊文篇数
重庆市政协学习及文史办公室	2	中共重庆市委组织部	1
安徽大学	1	中国科学院数学研究所	1
清华大学	1	福建师范大学	1
上海大学	1	桂林航天工业高等专科学校	1
首都师范大学	1	海南大学	1
武隆县白马中学校	1	华东冶金学院	1
武隆县电大工作站	1	华中师范大学	1
武隆县教委教研室	1	嘉应学院	1
武隆县平桥中学	1	江苏省常州市第二十四中学	1
西部文学艺术传播研究所	1	柳州师专	1
西南科技大学	1	南阳师范学院	1
西南民族学院	1	内蒙古师范大学	1
西南农业大学	1	彭水苗族土家族自治县教研室	1
渝州大学	1	重庆三峡学院	1
榆林高等专科学校	1	重庆市巴县中学校	1
湛江海洋大学	1	重庆市第三中级人民法院	1
浙江师范大学	1	重庆市涪陵区博物馆	1
中国保监会驻重庆办事处	1	重庆市涪陵区第十四中学校	1
中国社会科学院	1	重庆市涪陵区少儿图书馆	1
重庆工业职业技术学院	1	重庆市涪陵区政协	1
西南政法大学	1	重庆市涪陵实验中学校	1
安徽师范大学	1	重庆市美术家协会	1
北京师范大学	1	重庆市黔江区民族研究所	1
常德师范学院	1	重庆市酉阳第三中学校	1
成都电子机械高等专科学校	1	重庆通用机器厂	1
成都航空职业技术学院	1	重庆邮电学院	1
赤峰民族师范高等专科学校	1	重庆育才中学	1
大理学院	1	中南政法大学	1

资料来源：作者根据学报历史数据整理。

表 5-13　2002 年刊文作者省份分布

省份	刊文篇数	省份	刊文篇数
重庆	170	海南	1
四川	9	河南	1
湖南	7	江苏	1
北京	5	陕西	1
湖北	4	上海	1
安徽	3	云南	1
广东	2	浙江	1
广西	2	福建	1
内蒙古	2		

资料来源：作者根据学报历史数据整理。

表 5-14　2002 年刊文作者城市分布

城市	刊文篇数	城市	刊文篇数
重庆	170	合肥	1
成都	7	呼和浩特	1
长沙	6	金华	1
北京	5	柳州	1
恩施	2	梅州	1
武汉	2	绵阳	1
常德	1	南阳	1
常州	1	上海	1
赤峰	1	芜湖	1
大理	1	榆林	1
福州	1	湛江	1
桂林	1	马鞍山	1
海口	1	南充	1

资料来源：作者根据学报历史数据整理。

(五) 2003年刊文作者与地域分布

从刊文作者机构分布（表5-15）来看，本校来稿81篇，占36%；西南师范大学来稿次多，有22篇，占10%；重庆师范大学（重庆师范学院）来稿第三，有19篇，占8%。从刊文作者省份分布（表5-16）来看，来自重庆的稿件最多，占近72%；来自四川的稿件居次，占8%。从刊文作者城市分布（表5-17）来看，来自重庆的稿件最多（161篇），然后是北京和成都，分别有8篇和7篇。

表5-15 2003年刊文作者机构分布

机构名称	刊文篇数	机构名称	刊文篇数
涪陵师范学院	81	西南民族学院	2
西南师范大学	22	西南政法大学	2
重庆师范学院	12	渝西学院	2
重庆师范大学	7	湛江海洋大学	2
北京大学	4	中国作家协会	2
湖南师范大学	4	重庆工商大学	2
重庆工学院	4	重庆教育学院	2
重庆三峡学院	4	后勤工程学院	2
重庆市作家协会	4	成都师范高等专科学校	1
南京大学	3	湖南城市学院	1
四川大学	3	华东理工大学	1
四川外语学院	3	华侨大学	1
西华师范大学	3	济宁师范高等专科学校	1
重庆日报社	3	暨南大学	1
安徽师范大学	2	南京师范大学	1
北京师范大学	2	南阳师范学院	1
涪陵广播电视大学	2	曲阜师范大学	1
武汉大学	2	安徽医科大学	1

续表

机构名称	刊文篇数	机构名称	刊文篇数
中共重庆市委党校	1	中南财经政法大学	1
宜宾学院	1	中南民族大学	1
佛山大学	1	中山大学	1
涪陵十四中	1	重庆市涪陵区少年儿童图书馆	1
涪陵中学校	1	重庆市涪陵区文化馆	1
复旦大学	1	重庆市涪陵区政协	1
广西师范大学	1	重庆市人民政府	1
海南大学	1	重庆市万州区农经委	1
河池学院	1	重庆市政协	1
山东理工大学	1	曲靖师范学院	1
上海体育学院	1	塔里木农垦大学	1
石柱县教委教研室	1	台湾师范大学	1
四川省社会科学院	1	同济大学	1
四川师范大学	1	梧州师范高等专科学校	1
四川师范学院	1	西昌学院	1
四川县渠县定远中学	1	西南科技大学	1
云南师范大学	1		

资料来源：作者根据学报历史数据整理。

表5-16 2003年刊文作者省份分布

省份	刊文篇数	省份	刊文篇数
重庆	161	湖北	4
四川	17	江苏	4
北京	8	上海	4
广东	5	安徽	3
湖南	5	广西	3

续表

省份	刊文篇数	省份	刊文篇数
山东	3	河南	1
云南	2	新疆	1
福建	1	中国台湾	1
海南	1		

资料来源：作者根据学报历史数据整理。

表5-17 2003年刊文作者城市分布

城市	刊文篇数	城市	刊文篇数
重庆	161	桂林	1
北京	8	贺州	1
成都	7	宜州	1
武汉	4	海口	1
长沙	4	南阳	1
南京	4	益阳	1
上海	4	济宁	1
南充	4	曲阜	1
芜湖	2	淄博	1
广州	2	绵阳	1
彭州	2	达州	1
湛江	2	西昌	1
合肥	1	宜宾	1
泉州	1	阿拉尔	1
佛山	1	昆明	1
台北	1	曲靖	1

资料来源：作者根据学报历史数据整理。

（六）2004年刊文作者与地域分布

从刊文作者机构分布（表5-18）来看，本校来稿74篇，占近33%；

重庆师范大学来稿次多，有 21 篇，占 10%；西南师范大学来稿第三，有 17 篇，占近 8%。从刊文作者省份分布（表 5-19）来看，来自重庆的稿件最多，占近 65%；来自四川的稿件居次，占 10%；来自北京的稿件第三，占 5%。从刊文作者城市分布（表 5-20）来看，来自重庆的稿件最多（147 篇），然后是北京和成都，分别有 11 篇和 8 篇。该年出现的一个明显变化是本校稿源和重庆稿源双双下降。

表 5-18　2004 年刊文作者机构分布

机构名称	刊文篇数	机构名称	刊文篇数
涪陵师范学院	74	攀枝花市委党校	1
重庆师范大学	21	黔南民族师范学院	1
西南师范大学	17	青岛大学	1
西华师范大学	7	曲阜师范大学	1
重庆教育学院	5	厦门大学	1
北京大学	4	陕西理工学院	1
四川大学	3	上海大学	1
西南民族大学	3	上海工商外国语学院	1
中国社会科学院	3	上海工艺美术职业学院	1
重庆交通学院	3	上海社会科学院	1
北京师范大学	2	韶关学院	1
达县师范高等专科学校	2	石柱县教委教研室	1
湖南师范大学	2	四川师范大学	1
华南师范大学	2	苏州大学	1
怀化学院	2	西北师范大学	1
吉首大学	2	西南科技大学	1
南京师范大学	2	西南政法大学	1
四川外语学院	2	新疆大学	1
武汉大学	2	烟台师范学院	1
中南民族大学	2	渝西学院	1
重庆社会科学院	2	云南大学	1

续表

安徽师范大学	1	浙江大学	1
达县师范高等专科学校	1	浙江海洋学院	1
电子科技大学	1	浙江师范大学	1
涪陵广播电视大学	1	中共重庆市委	1
涪陵实验中学	1	中共重庆市委党校	1
涪陵职业技术学院	1	中国人民大学	1
广东外语外贸大学	1	中南财经政法大学	1
河南大学	1	重庆涪陵区职业教育中心	1
湖北师范学院	1	重庆工学院	1
湖南工学院	1	重庆南川市道南中学	1
湖南建材高等专科学校	1	重庆三峡学院	1
华东师范大学	1	重庆市第八中学校	1
华中科技大学	1	重庆市涪陵区少年儿童图书馆	1
嘉应学院	1	重庆市涪陵区委党校	1
解放军后勤工程学院	1	重庆市涪陵区文联	1
绵阳师范学院	1	重庆市黔江区民族研究所	1
南京大学	1	重庆市酉阳民族师范学校	1
内江师范学院	1	重庆市酉阳职业教育中心	1
重庆医科大学	1	重庆市作家协会	1
重庆邮电学院	1	—	1
株洲师范高等专科学校	1		

注："—"代表作者机构不明。

资料来源：作者根据学报历史数据整理。

表5-19 2004年刊文作者省份分布

省份	刊文篇数	省份	刊文篇数
重庆	147	湖南	9
四川	22	湖北	6
北京	11	广东	5

续表

省份	刊文篇数	省份	刊文篇数
上海	5	贵州	1
江苏	4	河南	1
山东	3	陕西	1
浙江	3	新疆	1
安徽	1	云南	1
福建	1	—	1
甘肃	1		

注:"—"代表作者省份不明。
资料来源:作者根据学报历史数据整理。

表5-20 2004年刊文作者城市分布

城市	刊文篇数	城市	刊文篇数
重庆	147	开封	1
北京	11	黄石	1
成都	8	吉首	1
南充	7	株洲	1
武汉	5	吉首	1
上海	5	苏州	1
广州	3	青岛	1
南京	3	曲阜	1
达州	3	烟台	1
衡阳	2	汉中	1
怀化	2	内江	1
长沙	2	攀枝花	1
绵阳	2	乌鲁木齐	1
芜湖	1	昆明	1
厦门	1	杭州	1
兰州	1	金华	1

续表

城市	刊文篇数	城市	刊文篇数
梅州	1	舟山	1
韶关	1	—	1
都匀	1		

注:"—"代表作者城市不明。
资料来源:作者根据学报历史数据整理。

(七) 2005 年刊文作者与地域分布

从刊文作者机构分布(表5-21)来看,本校来稿56篇,占近27%;西南师范大学来稿次多,有23篇,占近11%;重庆师范大学来稿第三,有14篇,占7%。从刊文作者省份分布(表5-22)来看,来自重庆的稿件最多,占近55%;来自四川的稿件居次,占11%;来自北京的稿件第三,占4%。从刊文作者城市分布(表5-23)来看,来自重庆的稿件最多(115篇),然后是南充和北京,分别有11篇和10篇。在该年本校稿源和重庆稿源仍双双下降,本校稿源已不足30%;同时,来稿作者所在城市更多,达到创刊以来的最高峰——45个。这说明稿源分布在很大程度上得到了优化,学报知名度有了明显提升。

表5-21 2005年刊文作者机构分布

机构名称	刊文篇数	机构名称	刊文篇数
涪陵师范学院	56	西南大学	3
西南师范大学	23	浙江大学	3
重庆师范大学	14	安徽师范大学	2
西华师范大学	11	达县师范高等专科学校	2
四川大学	5	广西师范大学	2
中南民族大学	5	海南大学	2
武汉大学	4	南开大学	2
华东师范大学	3	陕西师范大学	2
四川外语学院	3	西华大学	2

《长江师范学院学报》史料整理与分析（1985—2020）

续表

机构名称	刊文篇数	机构名称	刊文篇数
西南政法大学	2	涪陵第五中学校	1
中国社会科学院	2	涪陵广播电视大学	1
重庆大学	2	涪陵职业技术学院	1
重庆教育学院	2	福建师范大学	1
湖南师范大学	1	复旦大学	1
华侨大学	1	古今异文杂志社	1
华中师范大学	1	广东警察学院	1
淮阴师范学院	1	广东商学院	1
济南大学	1	河北大学	1
暨南大学	1	湖北沙洋师范高等专科学校	1
嘉兴学院	1	湖南工学院	1
江西教育学院	1	湖南工业大学	1
丽水学院	1	湖南人文科技学院	1
连云港师范高等专科学校	1	湖南生物机电职业技术学院	1
南昌大学	1	苏州大学	1
南京大学	1	文艺报社	1
南京师范大学	1	武汉理工大学	1
南京邮电学院	1	西安交通大学	1
宁波大学	1	西昌学院	1
蓬南中学校	1	西南科技大学	1
陕西理工学院	1	西南农业大学	1
商丘师范学院	1	英国赛博大学	1
首都师范大学	1	云南师范大学	1
北京大学	1	枣庄学院	1
北京师范大学	1	漳州师范学院	1
成都信息工程学院	1	浙江省温州实验中学	1
佛山科学技术学院	1	郑州师范高等专科学校	1

续表

机构名称	刊文篇数	机构名称	刊文篇数
重庆工商大学	1	重庆市育才中学	1
重庆青年管理干部学院	1	重庆文学院	1
重庆三峡学院	1	株洲师范高等专科学校	1
重庆社会科学院	1	遵义医学院	1

资料来源：作者根据学报历史数据整理。

表5-22　2005年刊文作者省份分布

省份	刊文篇数	省份	刊文篇数
重庆	115	海南	2
四川	24	河南	2
北京	10	江西	2
湖北	8	山东	2
浙江	7	天津	2
湖南	6	海南	2
江苏	6	广西	1
广东	4	河北	1
陕西	4	中国台湾	1
上海	4	云南	1
福建	3	贵州	1
安徽	2		

资料来源：作者根据学报历史数据整理，未统计英国赛博大学的1篇论文。

表5-23　2005年刊文作者城市分布

城市	刊文篇数	城市	刊文篇数
重庆	115	武汉	7
南充	11	上海	4
北京	10	广州	3
成都	8	南京	3

续表

城市	刊文篇数	城市	刊文篇数
西安	3	衡阳	1
杭州	3	娄底	1
芜湖	2	淮安	1
桂林	2	连云港	1
海口	2	苏州	1
长沙	2	济南	1
株洲	2	枣庄	1
南昌	2	汉中	1
达州	2	绵阳	1
天津	2	蓬溪	1
福州	1	西昌	1
泉州	1	台湾	1
漳州	1	曼彻斯特	1
佛山	1	昆明	1
遵义	1	嘉兴	1
保定	1	丽水	1
商丘	1	宁波	1
郑州	1	温州	1
荆门	1		

资料来源：作者根据学报历史数据整理，未统计英国赛博大学的 1 篇。

（八）2006 年刊文作者与地域分布

从刊文作者机构分布（表5-24）来看，本校来稿30篇，占13%；西南大学来稿次多，有29篇，占近13%；重庆师范大学来稿第三，有13篇，占6%。从刊文作者省份分布（表5-25）来看，来自重庆的稿件最多，占42%；来自四川的稿件居次，占近10%；来自湖北和湖南的稿件并列第三，占5%。从刊文作者城市分布（表5-26）来看，来自重庆的稿件最多（92

篇），然后是南充和北京，分别有 11 篇和 10 篇；同时，来稿作者所在城市继续增加，达到了 53 个。在该年本校稿源和重庆稿源继续下降，本校稿源已不足 15%，这说明稿源分布广泛性在进一步优化。

表 5-24 2006 年刊文作者机构分布

机构名称	刊文篇数	机构名称	刊文篇数
涪陵师范学院	30	武汉大学	2
西南大学	29	中国社会科学院	2
重庆师范大学	13	中央民族大学	2
西华师范大学	11	重庆大学	2
西北师范大学	8	重庆市酉阳县委宣传部	2
长江师范学院	7	九江学院	1
华中师范大学	5	兰州大学	1
四川大学	5	绵阳师范学院	1
苏州大学	5	南京大学	1
广西师范大学	4	南京师范大学	1
湖南师范大学	4	南开大学	1
安徽师范大学	3	纽卡斯尔大学	1
复旦大学	3	莆田学院	1
华东师范大学	3	三峡大学	1
江西师范大学	3	山东师范大学	1
四川师范大学	3	潍坊学院	1
福建师范大学	2	贵州师范大学	1
湖北民族学院	2	杭州大学	1
湖南科技学院	2	河南大学	1
华南师范大学	2	衡阳师范学院	1
吉首大学	2	湖北师范学院	1
陕西师范大学	2	湖南工业大学	1
汕头大学	2	湖南科技大学	1
四川外语学院	2	集美大学	1

续表

机构名称	刊文篇数	机构名称	刊文篇数
江西理工大学	1	西南科技大学	1
安徽财经大学	1	许昌学院	1
北方工业大学	1	燕山大学	1
北京联合大学	1	扬州大学	1
北京师范大学	1	宜宾学院	1
得克萨斯大学	1	玉林师范学院	1
东北师范大学	1	云南民族大学	1
佛山大学	1	漳州师范学院	1
涪陵区建设委员会	1	中国人民大学	1
涪陵职业技术学院	1	中国石油大学	1
广东海洋大学	1	中国政法大学	1
广西大学	1	中国作家协会	1
广西民族大学	1	重庆工程技术学院	1
郑州大学	1	重庆市西阳县文联	1
上海大学	1	重庆市作家协会	1
上海师范大学	1	重庆文理学院	1
上饶师范学院	1	重庆邮电大学	1
天津师范大学	1	—	5

注："—"代表作者机构不明。
资料来源：作者根据学报历史数据整理。

表5-25　2006年刊文作者省份分布

省份	刊文篇数	省份	刊文篇数
重庆	92	甘肃	9
四川	22	江苏	8
湖北	11	上海	8
湖南	11	广西	7
北京	10	江西	6

续表

省份	刊文篇数	省份	刊文篇数
广东	6	浙江	1
福建	5	贵州	1
安徽	4	河北	1
山东	4	吉林	1
河南	3	云南	1
陕西	2	—	5
天津	2		

注："—"代表作者省份不明，未计入美国和英国的大学。
资料来源：作者根据学报历史数据整理。

表5-26 2006年刊文作者城市分布

城市	刊文篇数	城市	刊文篇数
重庆	92	吉首	2
南充	11	永州	2
北京	10	西安	2
兰州	9	天津	2
上海	8	恩施	2
成都	8	绵阳	2
武汉	7	南京	2
苏州	5	黄石	1
桂林	4	宜昌	1
长沙	4	衡阳	1
芜湖	3	湘潭	1
南昌	3	株洲	1
福州	2	长春	1
广州	2	扬州	1
南宁	2	赣州	1
汕头	2	九江	1

续表

城市	刊文篇数	城市	刊文篇数
湛江	1	上饶	1
玉林	1	得克萨斯	1
贵阳	1	济南	1
秦皇岛	1	青岛	1
开封	1	潍坊	1
许昌	1	郑州	1
蚌埠	1	宜宾	1
厦门	1	纽卡斯尔	1
莆田	1	昆明	1
漳州	1	杭州	1
佛山	1	—	5

注："—"代表作者城市不明。

资料来源：作者根据学报历史数据整理。

（九）2007年刊文作者与地域分布

从刊文作者机构分布（表5-27）来看，本校来稿最多，有38篇，约占16%；西南大学来稿次多，有23篇，约占10%；重庆师范大学来稿第三，有17篇，占7%。从刊文作者省份分布（表5-28）来看，来自重庆的稿件最多，占44%；来自四川的稿件居次，占近12%；来自北京的稿件第三，约占8%。从刊文作者城市分布（表5-29）来看，来自重庆的稿件最多（104篇），然后是北京和成都，分别有18篇和17篇。在该年本校稿源和重庆稿源有所回升。稿源分布仍在进一步优化。

表5-27　2007年刊文作者机构分布

机构名称	刊文篇数	机构名称	刊文篇数
长江师范学院	38	四川大学	7
西南大学	23	四川师范大学	4
重庆师范大学	17	四川外语学院	4

续表

机构名称	刊文篇数	机构名称	刊文篇数
重庆工商大学	4	福建农林大学	1
广西师范大学	4	电子科技大学	1
湖南师范大学	3	红河学院	1
北京大学	3	华侨大学	1
中央财经大学	3	西北大学	1
吉首大学	3	重庆市文学艺术界联合会	1
安徽师范大学	3	华东师范大学	1
西南政法大学	3	吉林大学	1
海南师范大学	3	华南师范大学	1
山东艺术学院	2	内江师范学院	1
徐州师范大学	2	青海师范大学	1
中国作家协会	2	山东大学	1
中央民族大学	2	山东省委党校	1
鲁东大学	2	陕西理工学院	1
苏州大学	2	陕西师范大学	1
复旦大学	2	四川民航飞行学院	1
西华师范大学	2	同心出版社	1
西北师范大学	2	重庆教育学院	1
乐山师范学院	2	兰州交通大学	1
中国社会科学院	2	南京信息工程大学	1
重庆三峡学院	2	四川省服装艺术学校	1
湖南工业大学	2	南华大学	1
武汉大学	2	浙江海洋学院	1
西南民族大学	2	中共河南省委党校	1
暨南大学	2	中国政法大学	1
中共北碚区委党校	2	武汉理工大学	1
赣南师范学院	1	上海大学	1

《长江师范学院学报》史料整理与分析（1985—2020）

续表

机构名称	刊文篇数	机构名称	刊文篇数
重庆科技学院	1	怀化学院	1
重庆医科大学	1	常州工学院	1
浙江大学	1	东北财经大学	1
广西民族文化艺术研究院	1	福建师范大学	1
伦敦大学	1	广东学院	1
重庆文理学院	1	河南公安高等专科学校	1
新星出版社	1	云南大学	1
郑州师范高等专科学校	1	云南师范大学	1
河南大学	1	中国比较文学学会	1
华中师范大学	1	中国农业大学	1
西南政法大学	1	漳州师范学院	1
四川文理学院	1	重庆大学	1
重庆工学院	1	巴渝都市报	1
晋东南会计学校	1	四川省社会科学院	1
长沙理工大学	1	重庆市作家协会	1
上海师范大学	1	重庆邮电大学	1
南开大学	1	四川省作家协会	1
郑州大学	1	西昌学院	1
中南财经政法大学	1	阿坝师范高等专科学校	1
南京晓庄学院	1	三峡大学	1
中山大学	1	泸州市委党校	1
韶关学院	1	信阳师范学院	1
中国矿业大学	1	南京师范大学	1
广西大学	1	连云港师范高等专科学校	1
广西民族学院	1	涪陵广播电视大学	1
渤海大学	1	—	2
四川省文学艺术界联合会	1		

注："—"为无机构。

资料来源：作者根据学报历史数据整理。

表 5-28　2007 年刊文作者省份分布

省份	刊文篇数	省份	刊文篇数
重庆	104	海南	3
四川	29	陕西	3
北京	18	云南	3
湖南	11	青海	3
江苏	10	安徽	3
山东	6	辽宁	2
河南	6	江西	1
湖北	6	吉林	1
广东	6	天津	1
广西	5	浙江	1
上海	5	山西	1
福建	4	—	2
甘肃	3		

注："—"表示作者省份不明，未统计伦敦大学。
资料来源：作者根据学报历史数据整理。

表 5-29　2007 年刊文作者城市分布

城市	刊文篇数	城市	刊文篇数
重庆	104	芜湖	3
北京	18	兰州	3
成都	17	海口	3
上海	5	南充	3
武汉	5	徐州	3
广州	5	吉首	3
桂林	4	南京	3
长沙	4	西宁	3
郑州	4	苏州	2
济南	4	烟台	2

续表

城市	刊文篇数	城市	刊文篇数
西安	2	杭州	1
昆明	2	怀化	1
福州	2	阿坝	1
株洲	2	泸州	1
乐山	2	达州	1
德阳	2	内江	1
常州	1	衡阳	1
大连	1	信阳	1
长治	1	天津	1
宜昌	1	汉中	1
泉州	1	锦州	1
漳州	1	舟山	1
南宁	1	西昌	1
赣州	1	连云港	1
开封	1	伦敦	1
蒙自	1	—	2
长春	1		

注:"—"表示作者城市不明。

资料来源:作者根据学报历史数据整理。

(十) 2008年刊文作者与地域分布

从刊文作者机构分布(表5-30)来看,本校来稿最多,有40篇,占19%;重庆师范大学来稿次多,有10篇,占5%;西华师范大学和西南大学来稿居第三,均有7篇,占3%。从刊文作者省份分布(表5-31)来看,来自重庆的稿件最多,占38%;来自四川的稿件次多,占近9%;来自江苏和北京的稿件居第三,占7%。从刊文作者城市分布(表5-32)来看,来自重庆的稿件最多（81篇），然后是北京和南京，分别有15篇和9篇。在该年本校稿源有较大程度增长。

表5-30 2008年刊文作者机构分布

机构名称	刊文篇数	机构名称	刊文篇数
长江师范学院	40	三峡大学	2
重庆师范大学	10	福建师范大学	2
西华师范大学	7	苏州大学	2
西南大学	7	徐州师范大学	2
南京大学	6	扬州大学	2
海南师范大学	4	中央财经大学	2
陕西师范大学	4	重庆教育学院	2
重庆工贸职业技术学院	4	重庆工学院	2
重庆三峡学院	4	重庆医科大学	2
中国社会科学院	3	中山大学	1
四川大学	3	集美大学	1
广西民族大学	3	安徽师范大学	1
绵阳师范学院	3	宝鸡文理学院	1
南开大学	3	保险职业学院	1
武汉大学	3	北京农业职业学院	1
北京师范大学	3	滨州技术学院	1
北京大学	2	川北医学院	1
广西师范大学	2	复旦大学	1
贵州师范大学	2	东华大学	1
韩山师范学院	2	涪陵第五中学校	1
湖北民族学院	2	武汉科技学院	1
华中师范大学	2	广东商学院	1
宁波大学	2	贵州民族学院	1

续表

机构名称	刊文篇数	机构名称	刊文篇数
河南师范大学	1	重庆邮电大学	1
河西学院	1	青岛农业大学	1
红岩文学杂志社	1	石河子大学	1
湖北师范学院	1	山东外贸职业学院	1
湖南大学	1	上海师范大学	1
湖南人文科技学院	1	深圳大学	1
湖南省社会科学院	1	四川美术学院	1
湖南师范大学	1	四川外语学院	1
湖州师范学院	1	四川文理学院	1
黄冈师范学院	1	西南科技大学	1
温州大学	1	西南政法大学	1
西北政法大学	1	湘南学院	1
济南社会科学院	1	湘潭大学	1
暨南大学	1	新疆医科大学	1
江苏文艺出版社	1	宜春学院	1
解放军外国语学院	1	云南民族大学	1
兰州大学	1	云南师范大学	1
乐山师范学院	1	漳州师范学院	1
黎明大学	1	浙江财经学院	1
连云港师范高等专科学校	1	浙江师范大学	1
泸州职业技术学院	1	郑州师范高等专科学校	1
南京航空航天大学	1	中共河南省委党校	1
南京信息工程大学	1	中国传媒大学	1
天水师范学院	1	中国青年政治学院	1
宁德师范高等专科学校	1	中国人民大学	1
平顶山工学院	1	中国政法大学	1
莆田学院	1	中南财经政法大学	1

续表

机构名称	刊文篇数	机构名称	刊文篇数
中南林业科技大学	1	重庆交通大学	1
重庆电子工程职业技术学院	1	重庆通信学院	1
重庆工商职业学院	1	重庆文理学院	1

资料来源：作者根据学报历史数据整理。

表5-31　2008年刊文作者省份分布

省份	刊文篇数	省份	刊文篇数
重庆	82	河南	5
四川	18	甘肃	4
江苏	16	山东	4
北京	15	海南	4
湖北	12	上海	3
湖南	8	天津	3
福建	7	贵州	3
广东	6	新疆	2
浙江	6	云南	2
陕西	6	江西	1
广西	5	安徽	1

资料来源：作者根据学报历史数据整理。

表5-32　2008年刊文作者城市分布

城市	刊文篇数	城市	刊文篇数
重庆	82	长沙	5
北京	15	西安	5
南京	9	绵阳	4
南充	8	海口	4
武汉	6	成都	3

续表

城市	刊文篇数	城市	刊文篇数
广州	3	宁德	1
贵阳	3	平顶山	1
南宁	3	莆田	1
上海	3	泉州	1
天津	3	深圳	1
青岛	2	温州	1
恩施	2	乌鲁木齐	1
福州	2	芜湖	1
苏州	2	达州	1
宁波	2	湘潭	1
宜昌	2	新乡	1
桂林	2	宜春	1
潮州	2	湖州	1
徐州	2	张掖	1
扬州	2	漳州	1
杭州	2	天水	1
兰州	2	宝鸡	1
郑州	2	郴州	1
昆明	2	洛阳	1
乐山	1	滨州	1
连云港	1	娄底	1
泸州	1	厦门	1
济南	1	石河子	1
咸宁	1	黄石	1

资料来源：作者根据学报历史数据整理。

第五章　学报刊文作者分析

（十一）2009年刊文作者与地域分布

从刊文作者机构分布（表5-33）来看，本校来稿最多，有26篇，占近12%；重庆师范大学来稿居第二位，有12篇，占5.4%；南京大学居第三位，有11篇，占5%。从刊文作者省份分布（表5-34）来看，来自重庆的稿件最多，占29%；来自江苏的稿件居次，占近13%；来自北京的稿件第三，占6%。从刊文作者城市分布（表5-35）来看，来自重庆的稿件最多（65篇），然后是南京和北京，分别有24篇和14篇。在该年本校稿源和重庆稿源都有下降，江苏省来稿首次居第二位。

表5-33　2009年刊文作者机构分布

机构名称	刊文篇数	机构名称	刊文篇数
长江师范学院	26	华中师范大学	2
重庆师范大学	12	鲁东大学	2
南京大学	11	南京化工职业技术学院	2
西南大学	8	南开大学	2
南京师范大学	6	宁德师范高等专科学校	2
海南师范大学	5	天水师范学院	2
四川外语学院	4	西华师范大学	2
华东政法大学	3	重庆邮电大学	2
南京信息工程大学	3	徐州师范大学	2
曲阜师范大学	3	浙江师范大学	2
四川大学	3	郑州大学	2
中央民族大学	3	中国社会科学院	2
武汉大学	2	中央财经大学	2
安徽师范大学	2	重庆大学	2
北京师范大学	2	重庆教育学院	2
广西民族大学	2	重庆文理学院	2
河南师范大学	2	西南民族大学	1
湖南师范大学	2	江西师范大学	1

续表

机构名称	刊文篇数	机构名称	刊文篇数
吉首大学	1	河北大学	1
电子科技大学中山学院	1	河南大学	1
山东外贸职业学院	1	电子科技大学	1
信阳师范学院	1	湖南城市学院	1
吉首大学师范学院	1	泉州师范学院	1
安康学院	1	湖南工程学院	1
宝鸡文理学院	1	湖南科技大学	1
北京城市学院	1	湖南科技学院	1
北京联合大学	1	湖南省社会科学院	1
成都理工大学	1	华东交通大学	1
成都信息工程学院	1	华南师范大学	1
东莞理工学院	1	华中农业大学	1
东南大学	1	山东大学	1
涪陵城区第六小学校	1	怀化学院	1
涪陵区第五中学校	1	吉林大学	1
福建师范大学	1	集美大学	1
福建行政学院（福建经济管理干部学院）	1	晋城职业技术学院	1
复旦大学	1	柳州师范高等专科学校	1
广东培正学院	1	兰州大学	1
广西师范学院	1	中国政法大学	1
广州大学	1	闽都文化研究院	1
广州南洋理工学院	1	重庆工贸职业技术学院	1
贵州民族学院	1	南昌大学	1
杭州万向职业技术学院	1	南昌工程学院	1

续表

机构名称	刊文篇数	机构名称	刊文篇数
南京晓庄学院	1	云南民族大学	1
内蒙古师范大学	1	浙江财经学院	1
平凉医学高等专科学校	1	浙江大学	1
闽江学院	1	浙江工商大学	1
钦州学院	1	郑州师范高等专科学校	1
韶关学院	1	中共中央党校	1
四川警察学院	1	中国传媒大学	1
四川外语学院重庆南方翻译学院	1	中国民航大学	1
四川音乐学院绵阳艺术学院	1	中国政法大学	1
太原师范学院	1	南昌大学	1
西北民族大学	1	重庆工商大学	1
西南科技大学	1	重庆交通大学	1
湘潭大学	1	重庆三峡学院	1
盐城高等师范学校	1	山东科技大学	1
燕山大学	1	山东师范大学	1
扬州大学	1	—	11
宜春学院	1		

注:"—"代表作者机构不明。
资料来源:作者根据学报历史数据整理。

表5-34 2009年刊文作者省份分布

省份	刊文篇数	省份	刊文篇数
重庆	65	福建	8
江苏	28	河南	7
北京	14	广东	7
湖南	10	浙江	6
四川	12	湖北	5
山东	9	广西	5

续表

省份	刊文篇数	省份	刊文篇数
江西	5	河北	2
甘肃	5	山西	2
海南	5	贵州	1
上海	4	吉林	1
天津	3	内蒙古	1
陕西	3	云南	1
安徽	2	—	11

注："—"代表作者省份不明。

资料来源：作者根据学报历史数据整理。

表5-35　2009年刊文作者城市分布

城市	刊文篇数	城市	刊文篇数
重庆	65	济南	2
南京	24	吉首	2
北京	14	金华	2
成都	7	兰州	2
武汉	5	南充	2
海口	5	曲阜	2
广州	4	宁德	2
南昌	4	天水	2
杭州	4	芜湖	2
上海	4	新乡	2
福州	4	徐州	2
长沙	3	烟台	2
南宁	3	绵阳	2
天津	3	青岛	2
湘潭	3	宝鸡	1
郑州	3	保定	1

续表

城市	刊文篇数	城市	刊文篇数
东莞	1	泉州	1
贵阳	1	厦门	1
日照	1	韶关	1
呼和浩特	1	太原	1
怀化	1	信阳	1
晋城	1	盐城	1
开封	1	扬州	1
昆明	1	宜春	1
柳州	1	益阳	1
泸州	1	永州	1
安康	1	长春	1
平凉	1	中山	1
钦州	1	—	11
秦皇岛	1		

注："—"代表作者城市不明。
资料来源：作者根据学报历史数据整理。

（十二）2010年刊文作者与地域分布

从刊文作者机构分布（表5-36）来看，本校来稿最多，有26篇，占近11%；西南大学来稿次多，有18篇，占7%；重庆市石柱县人民检察院第三，有10篇，占4%。从刊文作者省份分布（表5-37）来看，来自重庆的稿件最多，约占36%；来自北京的稿件居次，占7%；来自广东的稿件第三，占近6%。从刊文作者城市分布（表5-38）来看，来自重庆的稿件最多（86篇），然后是北京和广州，分别有17篇和11篇。在该年本校稿源稍有下降，重庆稿源稍有回升。

表 5-36　2010 年刊文作者机构分布

机构名称	刊文篇数	机构名称	刊文篇数
长江师范学院	26	重庆市人民检察院第三分院	2
西南大学	18	北京工业大学	1
石柱县人民检察院	10	北京联合大学	1
四川外语学院	8	亳州师范高等专科学校	1
西南政法大学	6	昌吉学院	1
西华师范大学	5	成都中医药大学	1
重庆师范大学	5	川北医学院	1
海南师范大学	4	大连外国语学院	1
暨南大学	4	德州学院	1
福建师范大学	3	复旦大学	1
吉首大学	3	广东农工商职业技术学院	1
南京师范大学	3	广东商学院	1
上海师范大学	3	广西大学	1
首都师范大学	3	广西师范大学	1
中国传媒大学	3	广州体育学院	1
中央财经大学	3	贵州师范大学	1
安徽师范大学	2	哈尔滨学院	1
北京师范大学	2	河南理工大学	1
广东培正学院	2	贺州学院	1
广西民族大学	2	衡阳师范学院	1
韩山师范学院	2	湖北第二师范学院	1
河南科技大学	2	湖南城市学院	1
吉林农业大学	2	湖南第一师范学院	1
陕西师范大学	2	湖南科技大学	1
西华大学	2	湖南农业大学	1
中南民族大学	2	湖南省社会科学院	1
重庆大学	2	湖南师范大学	1

续表

机构名称	刊文篇数	机构名称	刊文篇数
华东政法大学	1	陕西省社会科学院	1
安徽大学	1	华南农业大学	1
北京大学	1	华南师范大学	1
华中师范大学	1	咸阳师范学院	1
淮阴工学院	1	新疆大学	1
惠尔律师事务所	1	扬州大学	1
军械工程学院	1	宜宾学院	1
兰州大学	1	宜春学院	1
兰州交通大学	1	云南师范大学	1
乐山师范学院	1	枣庄学院	1
辽宁科技学院	1	漳州师范学院	1
辽宁师范大学	1	漳州职业技术学院	1
柳州铁道职业技术学院	1	浙江大学	1
陇东学院	1	郑州师范高等专科学校	1
鲁东大学	1	中共泰州市委党校	1
南京财经大学	1	西安体育学院	1
南京大学	1	中国人民解放军炮兵学院	1
南京铁道学院	1	中国社会科学院	1
南京中医药大学	1	中国科学院研究生院	1
南开大学	1	中国政法大学	1
南宁市第二师范学校	1	重庆工贸职业技术学院	1
宁德师范学院	1	重庆广播电视大学	1
平凉医学高等专科学校	1	重庆理工大学	1
黔南民族师范学院	1	重庆求精中学	1
泉州师范学院	1	重庆三峡学院	1
三峡大学	1	重庆师范大学	1
山东师范大学	1	重庆市科学教育研究院	1

续表

机构名称	刊文篇数	机构名称	刊文篇数
汕头职业技术学院	1	重庆医科大学	1
上海对外贸易学院	1	重庆邮电大学	1
绍兴文理学院	1	周口师范学院	1
四川大学	1	遵义师范学院	1
苏州大学	1	遵义医学院	1
天津外国语大学	1	河北大学	1
天水师范学院	1	西北师范大学	1
渭南师范大学	1	西南财经大学	1
武汉大学	1	—	14

注："—"代表作者机构不明。

资料来源：作者根据学报历史数据整理。

表5-37　2010年刊文作者省份分布

省份	刊文篇数	省份	刊文篇数
重庆	86	贵州	4
北京	17	海南	4
广东	14	山东	4
四川	13	辽宁	3
江苏	11	河北	2
湖南	10	吉林	2
福建	8	天津	2
广西	7	新疆	2
甘肃	6	浙江	2
湖北	6	黑龙江	1
陕西	6	安徽	1
上海	6	江西	1
河南	5	云南	1
安徽	4	—	14

注："—"代表作者省份不明。

资料来源：作者根据学报历史数据整理。

表 5-38 2010 年刊文作者城市分布

城市	刊文篇数	城市	刊文篇数
重庆	86	平凉	1
北京	17	都匀	1
广州	11	贵阳	1
南京	6	保定	1
上海	6	石家庄	1
南充	6	焦作	1
成都	5	郑州	1
武汉	5	周口	1
南宁	4	哈尔滨	1
海口	4	衡阳	1
长沙	4	吉首	1
西安	4	湘潭	1
福州	3	益阳	1
兰州	3	合肥	1
芜湖	2	淮安	1
宁德	2	苏州	1
漳州	2	宜昌	1
潮州	2	泰州	1
遵义	2	扬州	1
洛阳	2	宜春	1
吉首	2	本溪	1
长春	2	德州	1
大连	2	济南	1
天津	2	烟台	1
亳州	1	枣庄	1
合肥	1	渭南	1
泉州	1	咸阳	1

续表

城市	刊文篇数	城市	刊文篇数
庆阳	1	乐山	1
天水	1	宜宾	1
汕头	1	昌吉	1
桂林	1	乌鲁木齐	1
柳州	1	贺州	1
绍兴	1	杭州	1
昆明	1	—	14

注："—"代表作者城市不明。

资料来源：作者根据学报历史数据整理。

（十三）2011年刊文作者与地域分布

从刊文作者机构分布（表5-39）来看，本校和西南大学来稿最多，有24篇，占11%；暨南大学和重庆师范大学并列第二，有6篇，占3%。从刊文作者省份分布（表5-40）来看，来自重庆的稿件最多，约占36%；来自四川的稿件居次，占8%；来自广东的稿件第三，占近7%。从刊文作者城市分布（表5-41）来看，来自重庆的稿件最多（77篇），然后是广州和成都，分别有13篇和7篇。在该年本校稿源稍有下降，重庆稿源略有提升。

表5-39 2011年刊文作者机构分布

机构名称	刊文篇数	机构名称	刊文篇数
西南大学	24	四川大学	3
长江师范学院	24	安徽师范大学	2
暨南大学	6	福建师范大学	2
重庆师范大学	6	广州大学	2
四川外语学院	5	河南大学	2
西华师范大学	4	河西学院	2
吉首大学	3	华中师范大学	2
重庆市石柱县人民检察院	3	淮南师范学院	2

续表

机构名称	刊文篇数	机构名称	刊文篇数
马鞍山师范高等专科学校	2	东华理工大学	1
南京大学	2	涪陵实验中学	1
内江师范学院	2	福建江夏学院	1
宁德师范学院	2	甘肃农业大学	1
新疆师范大学	2	公安海警学院	1
信阳师范学院	2	广东培正学院	1
徐州师范大学	2	广西民族大学	1
中南民族大学	2	广州科技职业技术学院	1
重庆工商大学	2	贵阳学院	1
重庆理工大学	2	桂林航天工业高等专科学校	1
重庆三峡学院	2	合肥师范学院	1
漳州师范学院	1	河南理工大学	1
漳州城市职业学院	1	贺州学院	1
安徽大学	1	湖北民族学院	1
安徽工业大学	1	湖南省第一师范学院	1
亳州师范高等专科学校	1	湖南师范大学	1
北京大学	1	湖南文理学院	1
北京第二外国语学院	1	华南农业大学	1
北京联合大学	1	华南师范大学	1
北京师范大学	1	华侨大学	1
昌吉学院	1	怀化医学高等专科学校	1
淮北师范大学	1	西北师范大学	1
淮阴工学院	1	西藏大学	1
淮阴师范学院	1	西南交通大学	1
黄淮学院	1	西南科技大学	1
江苏科技大学	1	西南民族大学	1
井冈山大学	1	扬州大学	1

续表

机构名称	刊文篇数	机构名称	刊文篇数
莱芜职业技术学院	1	云南财经大学	1
兰州大学	1	云南大学	1
柳州师范高等专科学校	1	枣庄学院	1
柳州铁道职业技术学院	1	张家界市民主事务委员会	1
陇南师范高等专科学校	1	浙江工商大学	1
泸州医学院	1	郑州大学	1
鲁东大学	1	中共巢湖市委党校	1
闽江学院	1	中共平凉市委党校	1
南开大学	1	中共湛江市委党校	1
南通大学	1	中国国家博物馆	1
内蒙古师范大学	1	中国计量学院	1
黔西南民族职业技术学院	1	中国矿业大学	1
泉州经贸职业技术学院	1	中南大学	1
陇东学院	1	中山大学	1
三峡大学	1	中央财经大学	1
山东政法学院	1	重庆城市管理职业学院	1
陕西师范大学	1	重庆出版社	1
深圳广播电视大学	1	重庆大学	1
石河子大学	1	重庆工贸职业技术学院	1
四川理工学院	1	重庆工业职业技术学院	1
四川省团校	1	重庆教育学院	1
四川竹海律师事务所	1	重庆医科大学	1
宿迁学院	1	重庆邮电大学	1
太原师范学院	1	重庆中国三峡博物馆	1
天津师范大学	1	周口师范学院	1
天津外国语学院	1	武汉大学	1
天水师范学院	1	—	1

注:"—"代表作者机构不明。

资料来源:作者根据学报历史数据整理。

表 5-40　2011 年刊文作者省份分布

省份	刊文篇数	省份	刊文篇数
重庆	77	新疆	4
四川	17	山东	4
广东	15	浙江	3
安徽	12	天津	3
福建	11	云南	2
江苏	11	江西	2
湖南	9	贵州	2
甘肃	9	西藏	1
河南	8	陕西	1
湖北	7	山西	1
北京	6	内蒙古	1
广西	5	—	1

注："—"代表作者省份不明。
资料来源：作者根据学报历史数据整理。

表 5-41　2011 年刊文作者城市分布

城市	刊文篇数	城市	刊文篇数
重庆	77	吉首	3
广州	13	长沙	3
成都	7	徐州	3
北京	6	天津	3
武汉	5	合肥	3
南充	4	淮南	2
漳州	3	芜湖	2
马鞍山	3	宁德	2
福州	3	张掖	2
泉州	3	柳州	2
兰州	3	开封	2

《长江师范学院学报》史料整理与分析（1985—2020）

续表

城市	刊文篇数	城市	刊文篇数
信阳	2	恩施	1
淮安	2	宜昌	1
南京	2	常德	1
内江	2	怀化	1
乌鲁木齐	2	张家界	1
昆明	2	南通	1
杭州	2	宿迁	1
深圳	1	扬州	1
湛江	1	镇江	1
桂林	1	吉安	1
贺州	1	呼和浩特	1
南宁	1	济南	1
贵阳	1	莱芜	1
兴义	1	烟台	1
焦作	1	枣庄	1
郑州	1	太原	1
周口	1	西安	1
驻马店	1	泸州	1
亳州	1	绵阳	1
淮北	1	宜宾	1
陇南	1	自贡	1
平凉	1	拉萨	1
福州	1	庆阳	1
天水	1	石河子	1
宁波	1	—	1
昌吉	1		

注："—"代表作者城市不明。

资料来源：作者根据学报历史数据整理。

（十四）2012 年刊文作者与地域分布

从刊文作者机构分布（表 5-42）来看，本校来稿最多，有 59 篇，占 15%；西南大学居次，有 25 篇，占 6%；西华师范大学第三，有 11 篇，占 3%。从刊文作者省份分布（表 5-43）来看，来自重庆的稿件最多，约占 32%；来自安徽的稿件居次，占 9%；来自福建的稿件第三，约占 8%。从刊文作者城市分布（表 5-44）来看，来自重庆的稿件最多（127 篇），然后是武汉和福州，分别有 14 篇和 13 篇。在该年本校稿源比例有所增加，重庆稿源比例有所下降。

表 5-42 2012 年刊文作者机构分布

机构名称	刊文篇数	机构名称	刊文篇数
长江师范学院	59	菏泽学院	3
西南大学	25	湖南科技大学	3
西华师范大学	11	湖南师范大学	3
重庆师范大学	9	湖州职业技术学院	3
华中师范大学	5	华侨大学	3
浙江师范大学	5	吉首大学	3
安徽师范大学	4	马鞍山师范高等专科学校	3
福建师范大学	4	钦州学院	3
广东培正学院	4	四川大学	3
兰州大学	4	武夷学院	3
辽宁对外经贸学院	4	西北师范大学	3
四川外语学院	4	宜宾学院	3
中南民族大学	4	漳州师范学院	3
北京师范大学	3	安徽大学	2
亳州师范高等专科学校	3	安阳工学院	2
广西大学	3	福建工程学院	2
广西师范学院	3	广西民族大学	2
河南科技大学	3	贵州民族大学	2

续表

机构名称	刊文篇数	机构名称	刊文篇数
哈尔滨工程大学	2	安徽科技学院	1
湖北汽车工业学院	2	安徽绿海商务职业学院	1
华东政法大学	2	安徽三联学院	1
华南农业大学	2	安徽行政学院	1
华南师范大学	2	安徽中医药高等专科学校	1
荆楚理工学院	2	安庆职业技术学院	1
兰州城市学院	2	安阳师范学院	1
黎明职业大学	2	包头师范学院	1
南昌航空大学	2	保险职业学院	1
南京大学	2	巢湖学院	1
武汉大学	2	成都师范学院	1
西南政法大学	2	池州学院	1
信阳师范学院	2	滁州城市职业学院	1
云南师范大学	2	滁州学院	1
中国海洋大学	2	川北医学院	1
中国青年政治学院	2	大连大学	1
重庆电子工程职业学院	2	大连交通大学	1
重庆工贸职业技术学院	2	涪陵第五中学	1
重庆科技学院	2	福建儿童发展职业学院	1
重庆理工大学	2	福建江夏学院	1
重庆医科大学	2	福建教育学院	1
重庆中国三峡博物馆	2	福建农业大学	1
安徽滁州职业技术学院	1	福建商业高等专科学校	1
安徽工程大学	1	福州职业技术学院	1
安徽工商职业学院	1	阜阳职业技术学院	1
安徽工业大学	1	甘肃民族师范学院	1
安徽交通职业技术学院	1	赣南师范学院	1

续表

机构名称	刊文篇数	机构名称	刊文篇数
广东技术师范学院	1	喀什师范学院	1
广东外语艺术职业学院	1	空军航空维修技术学院	1
广东医学院	1	兰州交通大学	1
广西师范大学	1	兰州职业技术学院	1
广西中医学院	1	乐山广播电视大学	1
广州番禺职业技术学院	1	丽水学院	1
广州现代信息工程职业技术学院	1	陆军军官学院	1
贵州师范学院	1	洛阳师范学院	1
国家林业局职业教育研究中心	1	马鞍山职业技术学院	1
合肥师范学院	1	闽北职业技术学院	1
河池学院	1	闽江学院	1
河南农业大学	1	南京财经大学	1
河南师范大学	1	南京工业大学	1
黑龙江民族职业学院	1	南京理工大学	1
湖北民族学院	1	南京师范大学	1
湖南工程学院	1	南京晓庄学院	1
湖南化工职业技术学院	1	南京医科大学	1
湖南科技职业学院	1	内江师范学院	1
湖南农业大学	1	宁波大学	1
华东师范大学	1	齐鲁师范学院	1
淮北职业技术学院	1	泉州经贸职业技术学院	1
黄淮学院	1	泉州师范学院	1
吉林大学	1	厦门大学	1
吉林建筑工程学院	1	厦门海洋职业技术学院	1
集美大学	1	陕西师范大学	1
江西师范大学	1	汕头职业技术学院	1
揭阳职业技术学院	1	商洛学院	1

《长江师范学院学报》史料整理与分析（1985—2020）

续表

机构名称	刊文篇数	机构名称	刊文篇数
上海海洋大学	1	徐州师范大学	1
上海金融学院	1	宜春学院	1
韶关学院	1	运河高等师范学校	1
深圳证券信息有限公司	1	漳州卫生职业学院	1
石柱县人民检察院	1	长寿区人民检察院	1
四川民族学院	1	长治学院	1
四川省团校	1	昭通学院	1
四川师范大学	1	浙江大学	1
四川文理学院	1	浙江海洋学院	1
四川音乐学院	1	浙江经贸职业技术学院	1
苏州大学	1	浙江农林大学	1
宿州学院	1	浙江水利水电专科学校	1
台州市椒江区委党校	1	郑州大学	1
桐城师范高等专科学校	1	郑州科技学院	1
皖南医学院	1	郑州升达经贸管理学院	1
皖西学院	1	郑州市淮河路小学	1
武汉城市职业学院	1	中共黔江区委党校	1
武汉纺织大学	1	中国人民大学	1
武汉科技大学	1	中国政法大学	1
西北民族大学	1	中山职业技术学院	1
西南科技大学	1	重庆大学	1
西南石油大学	1	重庆第二师范学院	1
新疆大学	1	重庆涪陵高级中学校	1
新疆教育学院	1	重庆工商大学	1
新乡学院	1	重庆工商职业学院	1
盱眙县人民法院	1	重庆交通大学	1
徐州工程学院	1	重庆青年职业技术学院	1

续表

机构名称	刊文篇数	机构名称	刊文篇数
重庆三峡学院	1	重庆文理学院	1
重庆市教育委员会	1	重庆医药高等专科学校	1
重庆市人民检察院第四分院	1	—	3
重庆图书馆	1		

注："—"代表作者机构不明。

资料来源：作者根据学报历史数据整理。

表5–43　2012年刊文作者省份分布

省份	刊文篇数	省份	刊文篇数
重庆	127	山东	6
安徽	35	上海	5
福建	31	江西	5
四川	29	云南	3
湖北	19	新疆	3
广东	18	黑龙江	3
河南	17	贵州	3
浙江	16	陕西	2
湖南	15	吉林	2
江苏	14	中国台湾	1
广西	14	山西	1
甘肃	13	内蒙古	1
北京	7	—	13
辽宁	6		

注："—"代表作者省份不明。

资料来源：作者根据学报历史数据整理。

表 5-44　2012 年刊文作者城市分布

城市	刊文篇数	城市	刊文篇数
重庆	127	滁州	3
武汉	14	贵阳	3
福州	13	哈尔滨	3
广州	12	菏泽	3
南充	12	湖州	3
兰州	12	吉首	3
成都	9	南昌	3
合肥	9	钦州	3
南京	9	武夷	3
北京	7	宜宾	3
芜湖	7	荆门	2
长沙	7	昆明	2
大连	6	十堰	2
南宁	6	乌鲁木齐	2
金华	5	新乡	2
马鞍山	5	信阳	2
泉州	5	徐州	2
厦门	5	长春	2
上海	5	青岛	2
郑州	5	安庆	1
桂林	4	蚌埠	1
杭州	4	池州	1
洛阳	4	达州	1
湘潭	4	恩施	1
漳州	4	阜阳	1
安阳	3	甘南州	1
亳州	3	赣州	1

续表

城市	刊文篇数	城市	刊文篇数
淮安	1	韶安	1
淮北	1	深圳	1
济南	1	苏州	1
揭阳	1	宿州	1
喀什	1	高雄	1
康定	1	台州	1
驻马店	1	桐城	1
乐山	1	西安	1
丽水	1	宜春	1
六安	1	宜州	1
绵阳	1	湛江	1
南平	1	长治	1
内江	1	昭通	1
内蒙古	1	中山	1
宁波	1	舟山	1
邳州	1	株洲	1
汕头	1	驻马店	1
商洛	1	—	3

注："—"代表作者城市不明。

资料来源：作者根据学报历史数据整理。

（十五）2013年刊文作者与地域分布

从刊文作者机构分布（表5-45）来看，本校来稿最多，有24篇，约占16%；西南大学居次，有10篇，约占7%；重庆师范大学第三，有9篇，占近6%。从刊文作者省份分布（表5-46）来看，来自重庆的稿件最多，占45%；来自湖北和四川的稿件居次，占5%。从刊文作者城市分布（表5-47）来看，来自重庆的稿件最多，有69篇；北京次多，有6篇；武汉、南京和成都第三，各有5篇。在该年本校稿源比例有所增加，重庆稿源比例增幅较大。

表5-45 2013年刊文作者机构分布

机构名称	刊文篇数	机构名称	刊文篇数
长江师范学院	24	平顶山学院	1
西南大学	10	黔江区行政学院	1
重庆师范大学	9	黔西南民族职业技术学院	1
湖南科技大学	3	青海师范大学	1
暨南大学	3	衢州学院	1
重庆三峡学院	3	三峡大学	1
贵州民族大学	2	山东大学	1
湖北民族学院	2	商丘师范学院	1
南京大学	2	上海大学	1
南京师范大学	2	四川大学	1
首都师范大学	2	四川警察学院	1
铜仁学院	2	四川省团校	1
武汉大学	2	四川师范大学	1
西南民族大学	2	四川外国语大学	1
重庆中国三峡博物馆	2	四川外语学院	1
安徽师范大学	1	四川文理学院	1
安徽新华学院	1	铜陵学院	1
巴蜀中学校	1	潍坊医学院	1
毕节学院	1	武汉商学院	1
东南大学	1	西南科技大学	1
对外经济贸易大学	1	新疆师范大学	1
涪陵区社会科学界联合会	1	秀山县档案局	1
涪陵区社科联	1	秀山县公安局	1
福州市博物馆	1	许昌学院	1
复旦大学	1	盐城工学院	1
甘肃民族师范学院	1	义乌工商学院	1
广东惠州学院	1	玉溪师范学院	1

第五章 学报刊文作者分析

续表

机构名称	刊文篇数	机构名称	刊文篇数
广西科技大学	1	湛江师范学院	1
广西民族大学	1	郑州师范学院	1
广西师范学院	1	中共张家界市委党校	1
广州大学	1	中共长春市委党校	1
杭州电子科技大学	1	中共浙江省委党校	1
河北师范大学	1	中共重庆市委党校黔江分校	1
河南科技大学	1	中国政法大学	1
华侨大学	1	中南民族大学	1
华中师范大学	1	中央财经大学	1
吉林市林业调查规划院	1	中央民族大学	1
吉首大学	1	重庆城市管理职业学院	1
集美大学	1	重庆大学	1
解放军外国语学院	1	重庆工贸职业技术学院	1
井冈山大学	1	重庆红岩革命历史博物馆	1
军械工程学院	1	重庆科技学院	1
丽水学院	1	重庆理工大学	1
闽江学院	1	重庆市第一百二十二中学	1
闽南师范大学	1	重庆市公安消防总队	1
南通大学	1	重庆市教育评估院	1
重庆邮电大学	1	重庆市文化遗产研究院	1
遵义师范学院	1	—	2
重庆图书馆	1		

注："—"代表作者机构不明。
资料来源：作者根据学报历史数据整理。

表5-46　2013年刊文作者省份分布

省份	刊文篇数	省份	刊文篇数
重庆	69	广西	3
湖北	8	河北	2
四川	8	吉林	2
贵州	7	山东	2
江苏	7	上海	2
北京	6	甘肃	1
广东	6	江西	1
河南	6	青海	1
福建	5	新疆	1
湖南	5	云南	1
浙江	5	—	2
安徽	3		

资料来源：作者根据学报历史数据整理。

表5-47　2013年刊文作者城市分布

城市	刊文篇数	城市	刊文篇数
重庆	69	石家庄	2
北京	6	洛阳	2
武汉	5	恩施	2
南京	5	上海	2
成都	5	杭州	2
广州	4	义乌	1
湘潭	3	合肥	1
福州	2	铜陵	1
南宁	2	芜湖	1
贵阳	2	泉州	1
铜仁	2	厦门	1

续表

城市	刊文篇数	城市	刊文篇数
漳州	1	长春	1
合作	1	南通	1
惠州	1	盐城	1
湛江	1	吉安	1
柳州	1	济南	1
毕节	1	潍坊	1
兴义	1	达州	1
遵义	1	泸州	1
平顶山	1	绵阳	1
商丘	1	西宁	1
许昌	1	乌鲁木齐	1
郑州	1	玉溪	1
宜昌	1	丽水	1
吉首	1	衢州	1
张家界	1	—	2
吉林	1		

注:"—"代表作者城市不明。

资料来源:作者根据学报历史数据整理。

(十六) 2014年刊文作者与地域分布

从刊文作者机构分布（表5-48）来看，本校来稿最多，有23篇，约占15%；西南大学和重庆师范大学居次，各有7篇，占4%。从刊文作者省份分布（表5-49）来看，来自重庆的稿件最多，占36%；来自湖北的稿件居次，占13%；来自四川的稿件第三，占7%。从刊文作者城市分布（表5-50）来看，来自重庆的稿件最多（57篇），武汉居次，有7篇，恩施和宜昌并列第三，各有6篇。在该年本校稿源比例略下降，重庆稿源比例明显下降。

表5-48 2014年刊文作者机构分布

机构名称	刊文篇数	机构名称	刊文篇数
长江师范学院	23	华侨大学	1
西南大学	7	华中科技大学	1
重庆师范大学	7	华中农业大学	1
三峡大学	6	吉林大学	1
湖北民族学院	4	江苏师范大学	1
华中师范大学	4	凯里学院	1
四川师范大学	4	昆明学院	1
西华师范大学	4	兰州大学	1
复旦大学	3	陇南师范高等专科学校	1
南京师范大学	3	闽江学院	1
湖州师范学院	2	南昌工程学院	1
华东交通大学	2	南丹县委办公室	1
吉首大学	2	南京晓庄学院	1
丽江师范高等专科学校	2	南开大学	1
西北师范大学	2	内江师范高等专科学校	1
延安大学	2	内江师范学院	1
中共山东省委党校	2	宁波工程学院	1
中共重庆市委党校	2	宁夏大学	1
重庆三峡学院	2	黔南民族师范学院	1
重庆文理学院	2	青岛大学	1
重庆中国三峡博物馆	2	上海交通大学	1
安徽工业大学	1	石家庄学院	1
安庆师范学院	1	苏州科技学院	1
北碚区博物馆	1	铜仁学院	1
北京市社会科学院	1	梧州学院	1
定西师范高等专科学校	1	西安政治学院	1
恩施市文物事业管理局	1	西藏民族学院	1

续表

机构名称	刊文篇数	机构名称	刊文篇数
涪陵广播电视大学	1	西南大学重庆	1
福建工程学院	1	西南民族大学	1
福建师范大学	1	西南师范大学	1
阜阳师范学院	1	西南政法大学	1
甘肃民族师范学院	1	新疆师范大学	1
共青团涪陵区委	1	玉溪师范学院	1
广东第二师范学院	1	云南大学	1
广西社会科学院	1	张家界市经济和信息化委员会	1
广州番禺职业技术学院	1	中共中央党校	1
贵阳市开阳县文物管理所	1	中南民族大学	1
贵州民族大学	1	中央民族大学	1
邯郸学院	1	重庆工商大学	1
河南大学	1	重庆工业职业技术学院	1
河南师范大学	1	重庆科技学院	1
衡水学院	1	重庆理工大学	1
湖北省恩施电视台	1	重庆医科大学	1
湖北师范学院	1	重庆邮电大学	1
湖南科技大学	1	遵义师范学院	1
华北电力大学	1		

资料来源：作者根据学报历史数据整理。

表5-49　2014年刊文作者省份分布

省份	刊文篇数	省份	刊文篇数
重庆	57	贵州	6
湖北	20	江苏	6
四川	11	云南	5
甘肃	6	北京	4

续表

省份	刊文篇数	省份	刊文篇数
福建	4	山东	3
湖南	4	浙江	3
陕西	4	广东	2
上海	4	河南	2
安徽	3	吉林	1
广西	3	宁夏	1
河北	3	天津	1
江西	3	新疆	1

资料来源：作者根据学报历史数据整理。

表5-50　2014年刊文作者城市分布

城市	刊文篇数	城市	刊文篇数
重庆	57	济南	2
武汉	7	昆明	2
恩施	6	丽江	2
宜昌	6	内江	2
成都	5	延安	2
北京	4	成县	1
南充	4	定西	1
南京	4	都匀	1
上海	4	阜阳	1
福州	3	邯郸	1
兰州	3	合作	1
南昌	3	遵义	1
广州	2	安庆	1
贵阳	2	衡水	1
吉首	2	湖州	1

续表

城市	刊文篇数	城市	刊文篇数
黄石	1	天津	1
开封	1	铜仁	1
凯里	1	乌鲁木齐	1
马鞍山	1	梧州	1
南丹	1	西安	1
南宁	1	咸阳	1
宁波	1	湘潭	1
青岛	1	新乡	1
泉州	1	徐州	1
石家庄	1	银川	1
苏州	1	玉溪	1

资料来源：作者根据学报历史数据整理。

（十七）2015年刊文作者与地域分布

从刊文作者机构分布（表5-51）来看，本校来稿最多，有26篇，占18%；西南大学居次，有12篇，占8%；贵州师范大学和三峡大学并列第三，各有5篇，各占3%。从刊文作者省份分布（表5-52）来看，来自重庆的稿件最多，占37%；来自贵州、湖北、四川的稿件并列第二，均占8%。从刊文作者城市分布（表5-53）来看，来自重庆的稿件最多（53篇），然后是贵阳和成都，分别有10篇和7篇。在该年本校稿源和重庆稿源的比例均略有增加。

表5-51 2015年刊文作者机构分布

机构名称	刊文篇数	机构名称	刊文篇数
长江师范学院	26	贵州民族大学	4
西南大学	12	西华师范大学	4
贵州师范大学	5	华中师范大学	3
三峡大学	5	中共重庆市委党校（黔江分校）	3

续表

机构名称	刊文篇数	机构名称	刊文篇数
湖南科技大学	2	黔南民族师范学院	1
吉首大学	2	青岛大学	1
曲阜师范大学	2	青海民族大学	1
四川师范大学	2	厦门大学	1
武汉大学	2	山东大学	1
西南民族大学	2	陕西科技大学	1
中央民族大学	2	陕西理工学院	1
重庆师范大学	2	上海师范大学	1
安徽理工大学	1	石柱县司法局	1
安徽师范大学	1	四川大学	1
安庆师范大学	1	四川外国语大学	1
江苏理工学院	1	铜陵学院	1
辽宁师范大学	1	五邑大学	1
南京大学	1	武警长白山公安边防支队	1
内江师范学院	1	湘潭大学	1
北京工商大学	1	扬州大学	1
成都师范学院	1	义乌工商学院	1
成都信息工程学院	1	玉溪师范学院	1
恩施自治州博物馆	1	云南大学	1
福建师范大学	1	云南民族大学	1
复旦大学	1	枣庄学院	1
广东财经大学	1	郑州大学	1
广东省艺术研究所	1	中共河南省委党校	1
广西大学	1	中共张家界市委党校	1
广西科贸职业学院	1	中国人民大学	1
广西民族大学	1	中国社会科学院	1
广西师范大学	1	中央中共党校	1

续表

机构名称	刊文篇数	机构名称	刊文篇数
贵州理工学院	1	重庆城市管理职业学院	1
河南财经政法大学	1	重庆电讯职业学院	1
湖北省博物馆	1	重庆警察学院	1
湖南广播电视大学	1	重庆三峡学院	1
湖南师范大学	1	重庆市涪陵区社科联	1
湖南文理学院	1	重庆市现代经济科学研究院	1
华东交通大学	1	重庆水利电力职业技术学院	1
华南师范大学	1	重庆文理学院	1
华侨大学	1	遵义师范学院	1
济南社会科学院	1		

资料来源：作者根据学报历史数据整理。

表5-52 2015年刊文作者省份分布

省份	刊文篇数	省份	刊文篇数
重庆	53	河南	3
贵州	12	江苏	3
湖北	12	云南	3
四川	12	陕西	2
湖南	9	上海	2
北京	6	吉林	1
山东	6	江西	1
广东	5	辽宁	1
安徽	4	青海	1
福建	3	浙江	1
广西	3		

资料来源：作者根据学报历史数据整理。

表 5-53　2015 年刊文作者城市分布

城市	刊文篇数	城市	刊文篇数
重庆	53	桂林	1
贵阳	10	都匀	1
成都	7	遵义	1
北京	6	恩施	1
武汉	6	常德	1
宜昌	5	张家界	1
广州	4	白山	1
南充	4	常州	1
郑州	3	南京	1
长沙	3	扬州	1
南宁	2	南昌	1
吉首	2	大连	1
湘潭	2	西宁	1
济南	2	青岛	1
上海	2	曲阜	1
昆明	2	日照	1
安庆	1	枣庄	1
淮南	1	汉中	1
铜陵	1	西安	1
芜湖	1	内江	1
福清	1	玉溪	1
泉州	1	义乌	1
厦门	1	江门	1

资料来源：作者根据学报历史数据整理。

（十八）2016 年刊文作者与地域分布

从刊文作者机构分布（表 5-54）来看，本校来稿最多，有 32 篇，占

22%；西南大学居次，有8篇，占5%；河南大学、贵州师范大学和重庆第二师范学院并列第三，各有4篇，占3%。从刊文作者省份分布（表5-55）来看，来自重庆的稿件最多，占43%；来自贵州的稿件居次，占8%；来自湖北的稿件第三，占6%。从刊文作者城市分布（表5-56）来看，来自重庆的稿件最多（63篇），然后是北京和贵阳，分别有8篇和7篇。在该年本校稿源和重庆稿源的比例均有明显增加。

表5-54 2016年刊文作者机构分布

机构名称	刊文篇数	机构名称	刊文篇数
长江师范学院	32	吉林大学	1
西南大学	8	济南社会科学院	1
河南大学	4	江苏第二师范学院	1
贵州师范大学	4	江苏师范大学	1
重庆第二师范学院	4	江西财经大学	1
北京师范大学	3	喀什大学	1
南开大学	3	凯里学院	1
中共重庆市委党校黔江分校	3	娄底市行政学院	1
重庆师范大学	3	洛阳理工学院	1
湖南科技大学	2	平顶山学院	1
铜仁学院	2	青岛大学	1
西南政法大学	2	三峡大学	1
重庆三峡学院	2	上海交通大学	1
重庆中国三峡博物馆	2	四川外国语大学	1
安徽经济管理学院	1	四川文理学院	1
北京大学	1	苏州大学	1
北京外国语大学	1	天津外国语大学	1
大连民族大学	1	通化师范学院	1
对外经济贸易大学	1	潍坊医学院	1
恩施自治州博物馆	1	温州大学	1

续表

机构名称	刊文篇数	机构名称	刊文篇数
福建师范大学	1	梧州学院	1
福州市博物馆	1	武汉大学	1
复旦大学	1	武汉商学院	1
甘肃长庆钻井总公司	1	武汉学院	1
广东财经大学	1	西华师范大学	1
广东培正学院	1	许昌学院	1
广西民族问题研究中心	1	延边大学	1
贵州大学	1	枣庄学院	1
亳州师范高等专科学校	1	河海大学	1
贵州理工学院	1	张家界市经济和信息化委员会	1
贵州民族大学	1	长治学院	1
贵州省沿河土家族自治县档案局	1	中国传媒大学	1
海南热带海洋学院	1	中南财经政法大学	1
杭州师范高等专科学校	1	中央民族大学	1
黑龙江大学	1	重庆电子工程职业学院	1
黑龙江省民族研究所	1	重庆教育考试院	1
湖北民族学院	1	重庆科技学院	1
湖南工业大学	1	重庆市涪陵区社科联	1
湖北省恩施电视台	1	重庆市现代经济科学研究院	1
湖南信息学院	1	重庆文理学院	1
华东师范大学	1	自贡市盐业历史博物馆研究部	1
华东政法大学	1	遵义师范学院	1
华南农业大学	1	华中师范大学	1

资料来源：作者根据学报历史数据整理。

表 5-55　2016 年刊文作者省份分布

省份	刊文篇数	省份	刊文篇数
重庆	63	四川	3
贵州	12	安徽	2
湖北	9	福建	2
北京	8	广西	2
河南	7	黑龙江	2
湖南	6	浙江	2
江苏	4	甘肃	1
山东	5	海南	1
上海	4	辽宁	1
天津	4	山西	1
广东	3	新疆	1
吉林	3		

资料来源：作者根据学报历史数据整理。

表 5-56　2016 年刊文作者城市分布

城市	刊文篇数	城市	刊文篇数
重庆	63	南京	2
北京	8	哈尔滨	2
贵阳	7	福州	2
武汉	5	合肥	1
开封	4	宜昌	1
上海	4	娄底	1
天津	4	张家界	1
广州	3	长沙	1
恩施	3	株洲	1
铜仁	2	通化	1
湘潭	2	延吉	1

续表

城市	刊文篇数	城市	刊文篇数
长春	1	大连	1
苏州	1	济南	1
徐州	1	青岛	1
南昌	1	潍坊	1
庆阳	1	枣庄	1
南宁	1	长治	1
梧州	1	达州	1
沿河	1	南充	1
凯里	1	自贡	1
亳州	1	遵义	1
三亚	1	杭州	1
洛阳	1	温州	1
平顶山	1	许昌	1
喀什	1		

资料来源：作者根据学报历史数据整理。

（十九）2017 年刊文作者与地域分布

从刊文作者机构分布（表5-57）来看，本校来稿最多，有38篇，约占25%；西南大学居次，有8篇，占5%；贵州师范大学第三，有6篇，占4%。从刊文作者省份分布（表5-58）来看，来自重庆的稿件最多，占47%；来自贵州的稿件居次，占近10%；来自湖北的稿件第三，占近8%。从刊文作者城市分布（表5-59）来看，来自重庆的稿件最多（73篇），然后是贵阳，有10篇，北京和武汉并列第三，各有7篇。在该年本校稿源和重庆稿源的比例均进一步增加，重庆来稿已占将近一半，本校来稿占到1/4。因此，2015—2017年，学报刊文呈现出地域化趋势。

表 5-57　2017 年刊文作者机构分布

机构名称	刊文篇数	机构名称	刊文篇数
长江师范学院	38	北方工业大学	1
西南大学	8	北方民族大学	1
贵州师范大学	6	北京工商大学	1
中共重庆市黔江区委党校	4	湖北民族学院	1
中南民族大学	4	湖南科技大学	1
广西师范大学	3	湖南师范大学	1
河海大学	3	华北水利水电大学	1
华中师范大学	3	洛阳理工学院	1
三峡大学	3	南通大学	1
铜仁学院	3	宁波大学	1
重庆师范大学	3	曲靖师范学院	1
重庆中国三峡博物馆	3	陕西师范大学	1
贵州民族大学	2	商丘师范学院	1
华南师范大学	2	上海博物馆	1
四川大学	2	上海交通大学	1
四川师范大学	2	上海师范大学	1
四川文理学院	2	首都师范大学	1
云南大学	2	四川传媒学院	1
重庆第二师范学院	2	四川美术学院	1
重庆市现代经济科学研究院	2	武汉理工大学	1
重庆邮电大学	2	西华大学	1
遵义师范学院	2	西华师范大学	1
通化师范学院	1	西南政法大学	1
武汉大学	1	玉溪师范学院	1
武汉科技大学	1	张家界经济和信息化委员会	1
蚌埠学院	1	长沙大学	1
宝鸡文理学院	1	浙江工商大学	1

续表

机构名称	刊文篇数	机构名称	刊文篇数
恩施自治州博物馆	1	中共达州市委党校	1
涪陵区博物馆	1	中共秀山县委党校	1
福建师范大学	1	中国人民大学	1
贵州大学	1	重庆城市管理职业学院	1
贵州理工学院	1	重庆电子工程职业学院	1
海南热带海洋学院	1	重庆工商大学	1
杭州学院	1	重庆市教育科学研究院	1
河北师范大学	1	重庆市南川中学	1
河南工学院	1	重庆水利电力职业技术学院	1
黑龙江大学	1	重庆图书馆	1
黑龙江省民族博物馆研究部	1	黑龙江省文物考古研究所	1

资料来源：作者根据学报历史数据整理。

表5-58　2017年刊文作者省份分布

省份	刊文篇数	省份	刊文篇数
重庆	73	安徽	2
贵州	15	广东	2
湖北	12	江苏	2
四川	10	陕西	2
北京	7	浙江	2
河南	6	海南	1
湖南	4	河北	1
云南	4	福建	1
广西	3	吉林	1
黑龙江	3	宁夏	1
上海	3		

资料来源：作者根据学报历史数据整理。

表 5-59　2017 年刊文作者城市分布

城市	刊文篇数	城市	刊文篇数
重庆	73	福州	1
贵阳	10	三亚	1
北京	7	石家庄	1
武汉	7	洛阳	1
成都	5	商丘	1
桂林	3	新乡	1
铜仁	3	郑州	1
哈尔滨	3	湘潭	1
宜昌	3	张家界	1
上海	3	通化	1
达州	3	南京	1
广州	2	南通	1
遵义	2	银川	1
开封	2	宝鸡	1
恩施	2	西安	1
长沙	2	南充	1
昆明	2	曲靖	1
蚌埠	1	玉溪	1
杭州	1	杭州	1
成都	1	宁波	1

资料来源：作者根据学报历史数据整理。

（二十）2018 年刊文作者与地域分布

从刊文作者机构分布（表 5-60）来看，本校来稿最多，有 24 篇，约占 18%；西南大学居次，有 10 篇，约占 8%；贵州师范大学第三，有 5 篇，占近 4%。从刊文作者省份分布（表 5-61）来看，来自重庆的稿件最多，占 40%；来自湖北的稿件居次，约占 8%；来自江苏和贵州的稿件并列第三,各占6%。从刊文作者城市分布(表5-62)来看,来自重庆的稿件最多(53篇),然后是贵阳和南京,均有6篇。该年本校稿源和重庆稿源的比例都有程度不同的下降。考虑到当年压缩了刊文量,下降程度是较为明显的。

表5-60 2018年刊文作者机构分布

机构名称	刊文篇数	机构名称	刊文篇数
长江师范学院	24	南京大学	1
西南大学	10	南京农业大学	1
贵州师范大学	5	南京师范大学	1
河南大学	4	曲阜师范大学	1
重庆师范大学	4	山东大学	1
三峡大学	3	陕西国防工业职业技术学院	1
广西民族大学	2	陕西师范大学	1
国防大学	2	汕头大学	1
淮北师范大学	2	上海大学	1
南开大学	2	四川省民族研究所	1
四川大学	2	四川外国语大学重庆南方翻译学院	1
武汉大学	2	台湾辅仁大学	1
西南政法大学	2	铜仁职业技术学院	1
重庆邮电大学	2	西北大学	1
安徽新华学院	1	西藏民族大学	1
川北医学院	1	西华师范大学	1
东北大学	1	香港科技大学	1
东北师范大学	1	扬州大学	1
恩施自治州博物馆	1	渝北区文化馆	1
涪陵区实验小学	1	云南大学	1
涪陵区委党校	1	云南师范大学	1
广东工商学院	1	张家界市政协	1

续表

机构名称	刊文篇数	机构名称	刊文篇数
贵州民族大学	1	长沙大学	1
河南省社会科学院	1	浙江师范大学	1
河南师范大学	1	郑州大学	1
河西学院	1	中共江苏省委党校	1
河源职业技术学院	1	中国海洋大学	1
黑河学院	1	中国矿业大学	1
湖北民族学院	1	中国人民公安大学	1
湖南科技大学	1	中南财经政法大学	1
华东师范大学	1	中南民族大学	1
华东政法大学	1	重庆城市管理职业学院	1
华南农业大学	1	重庆第二师范学院	1
华中师范大学	1	重庆电子工程职业学院	1
黄山学院	1	重庆工商大学	1
吉首大学	1	重庆科技学院	1
济宁学院	1	重庆三峡学院	1
江西师范大学	1	重庆市审计局	1
兰州理工大学	1	遵义师范学院	1
闽南师范大学	1	南京财经大学	1

资料来源：作者根据学报历史数据整理。

表5-61　2018年刊文作者省份分布

省份	刊文篇数	省份	刊文篇数
重庆	53	陕西	4
湖北	10	山东	4
江苏	8	湖南	4
贵州	8	广东	4
河南	7	安徽	4
四川	5	上海	3

续表

省份	刊文篇数	省份	刊文篇数
云南	2	香港	1
天津	2	辽宁	1
江西	2	吉林	1
广西	2	黑龙江	1
甘肃	2	福建	1
中国台湾	1	北京	1
浙江	1		

资料来源：作者根据学报历史数据整理。

表5-62　2018年刊文作者城市分布

城市	刊文篇数	城市	刊文篇数
重庆	53	天津	2
贵阳	6	合肥	1
南京	6	黄山	1
武汉	5	北京	1
开封	4	漳州	1
宜昌	3	兰州	1
西安	3	张掖	1
上海	3	金华	1
成都	3	河源	1
淮北	2	汕头	1
广州	2	铜仁	1
南宁	2	遵义	1
郑州	2	新乡	1
恩施	2	黑河	1
南昌	2	吉首	1
南充	2	湘潭	1

续表

城市	刊文篇数	城市	刊文篇数
张家界	1	青岛	1
长沙	1	日照	1
长春	1	咸阳	1
徐州	1	香港	1
扬州	1	昆明	1
沈阳	1	丽江	1
济南	1	新化	1
济宁	1		

资料来源：作者根据学报历史数据整理。

（二十一）2019年刊文作者与地域分布

从刊文作者机构分布（表5-63）来看，本校来稿最多，有11篇，约占13%；西南大学居次，有9篇，占10%；中南民族大学第三，有5篇，约占6%。从刊文作者省份分布（表5-64）来看，来自重庆的稿件最多，占35%；来自湖北的稿件居次，约占14%；来自河南的稿件第三，占近7%。从刊文作者城市分布（表5-65）来看，来自重庆的稿件最多（31篇）；然后是武汉，有10篇；排在第三位的是北京和上海，均有4篇。该年本校稿源和重庆稿源的比例都有程度不同的下降。考虑到当年进一步压缩了刊文量，下降程度是较为明显的，随之而形成的另一个特征是稿源的分散化和发表作者的广泛化。

表5-63 2019年刊文作者机构分布

机构名称	刊文篇数	机构名称	刊文篇数
长江师范学院	11	上海交通大学	2
西南大学	9	武汉大学	2
中南民族大学	5	西华师范大学	2
重庆工商大学	4	西南政法大学	2
河南大学	2	重庆师范大学	2

续表

机构名称	刊文篇数	机构名称	刊文篇数
安徽大学	1	汕头大学	1
安徽工业大学	1	汕头职业技术学院	1
安徽师范大学	1	上海大学	1
北京大学	1	台湾师范大学	1
北京师范大学	1	太原师范学院	1
贵州师范大学	1	西北大学	1
哈尔滨师范大学	1	信阳师范学院	1
河南农业大学	1	兴义民族师范学院	1
河南师范大学	1	徐州工程学院	1
黑河学院	1	雅安市社科联	1
黑龙江大学	1	云南大学	1
湖北大学	1	云南大学旅游文化学院	1
湖北民族大学	1	云南民族大学	1
湖南科技大学	1	浙江传媒学院	1
湖南信息学院	1	浙江工业大学	1
华东师范大学	1	中共河南省委党校	1
华南农业大学	1	中共重庆市委党校	1
华中师范大学	1	中国大百科全书出版社	1
集美大学	1	中国人民大学	1
江苏第二师范学院	1	中南财经政法大学	1
兰州文理学院	1	重庆第二师范学院	1
三峡大学	1	重庆理工大学	1
山东工商学院	1	吉林艺术学院	1

资料来源：作者根据学报历史数据整理。

表 5-64　2019 年刊文作者省份分布

省份	刊文篇数	省份	刊文篇数
重庆	31	湖南	2
湖北	12	江苏	2
河南	6	浙江	2
北京	4	福建	1
上海	4	甘肃	1
安徽	3	吉林	1
广东	3	山东	1
黑龙江	3	山西	1
四川	3	陕西	1
云南	3	中国台湾	1
贵州	2		

资料来源：作者根据学报历史数据整理。

表 5-65　2019 年刊文作者城市分布

城市	刊文篇数	城市	刊文篇数
重庆	31	贵阳	1
武汉	10	合肥	1
北京	4	黑河	1
上海	4	晋中	1
哈尔滨	2	兰州	1
杭州	2	丽江	1
开封	2	马鞍山	1
昆明	2	南京	1
南充	2	厦门	1
汕头	2	台北	1
郑州	2	芜湖	1
恩施	1	西安	1

续表

城市	刊文篇数	城市	刊文篇数
广州	1	湘潭	1
雅安	1	新乡	1
烟台	1	信阳	1
宜昌	1	兴义	1
长春	1	徐州	1
长沙	1		

资料来源：作者根据学报历史数据整理。

（二十二）2020年刊文作者与地域分布

从刊文作者机构分布（表5-66）来看，本校来稿最多，有13篇，约占15%；重庆师范大学居次，有5篇，约占6%；西南大学第三，有4篇，约占4%。从刊文作者省份分布（表5-67）来看，来自重庆的稿件最多，约占32%；来自北京的稿件居次，约占12%；来自安徽、湖北、江苏的稿件并列第三，均约占7%。从刊文作者城市分布（表5-68）来看，来自重庆的稿件最多（29篇）；然后是北京，有11篇；排在第三位的是南京、上海、武汉和西安，均有4篇。该年本校稿源比例不变，重庆稿源比例仍稍下降。稿源的分散化和发表作者的广泛化在持续发展。

表5-66　2020年刊文作者机构分布

机构名称	刊文篇数	机构名称	刊文篇数
长江师范学院	13	华东政法大学	2
重庆师范大学	5	华中师范大学	2
西南大学	4	南京师范大学	2
安徽大学	3	云南师范大学	2
北京师范大学	3	安徽工业大学	1
西北大学	3	安徽科技学院	1
中国社会科学院	3	安徽理工大学	1
重庆工商大学	3	北方民族大学	1

续表

机构名称	刊文篇数	机构名称	刊文篇数
北京工商大学	1	陕西师范大学	1
东南大学	1	上海交通大学	1
凤冈县第二中学	1	上海外国语大学	1
福建工程学院	1	沈阳工业大学	1
福州大学	1	首都师范大学	1
贵阳学院	1	四川美术学院	1
贵州师范大学	1	天津市出版研究室	1
桂林理工大学	1	英国拉夫堡大学	1
河南理工大学	1	浙江大学	1
湖北人文科技学院	1	浙江四邦实业有限公司	1
湖北师范大学	1	中共丹东市委党校	1
华东交通大学	1	中国矿业大学	1
河南大学	1	中国人民大学	1
华南农业大学	1	中国艺术研究院	1
江苏师范大学	1	中南财经政法大学	1
民族文化馆	1	中南民族大学	1
南京邮电大学	1	重庆大学	1
南通大学	1	重庆交通大学	1
曲阜师范大学	1	重庆科技学院	1
厦门大学	1	华南理工大学	1
山东科技大学	1		

资料来源：作者根据学报历史数据整理。

表5-67 2020年刊文作者省份分布

省份	刊文篇数	省份	刊文篇数
重庆	29	湖北	6
北京	11	江苏	6
安徽	6	陕西	4

续表

省份	刊文篇数	省份	刊文篇数
上海	4	浙江	2
贵州	3	辽宁	2
福建	3	江苏	1
广东	2	天津	1
云南	2	宁夏	1
山东	2	广西	1
河南	2	江西	1

资料来源：作者根据学报历史数据整理，未统计英国拉夫堡大学。

表5-68　2020年刊文作者城市分布

城市	刊文篇数	城市	刊文篇数
重庆	29	桂林	1
北京	11	淮南	1
南京	4	黄石	1
上海	4	焦作	1
武汉	4	娄底	1
西安	4	伦敦	1
合肥	3	马鞍山	1
福州	2	南昌	1
广州	2	南通	1
贵阳	2	青岛	1
杭州	2	曲阜	1
昆明	2	厦门	1
徐州	2	沈阳	1
滁州	1	天津	1
丹东	1	银川	1
遵义	1	开封	1

资料来源：作者根据学报历史数据整理。

三、1999—2020 年刊文作者职称分布

(一) 初级职称作者分布

根据表 5-69，不同年份初级职称发文差异较大。发文量最多的是 2003 年，达到 46 篇；其次是 2010 年，有 27 篇；第三是 2004 年，有 19 篇。2011 年以后，初级职称发文量都在 3 篇及以下，2012—2013 年、2016—2017 年、2020 年都没有初级职称作者发表论文。从整个时间序列看，初级职称作者不是学报主要作者群，2013 年以来仅偶有发表。

表 5-69 初级职称作者分年度发表论文分布

年份	刊文篇数	年份	刊文篇数	年份	刊文篇数
1999	0	2007	10	2015	3
2000	0	2008	7	2016	0
2001	0	2009	6	2017	0
2002	16	2010	27	2018	1
2003	46	2011	5	2019	1
2004	19	2012	0	2020	0
2005	16	2013	0		
2006	6	2014	1		

资料来源：作者根据学报历史数据整理。

(二) 中级职称作者分布

根据表 5-70，不同年份中级职称发文差异较大，但是，除了 2012 年论文作者没有署名职称以外，每年都有一定数量的中级职称作者在学报发表论文。发文量最多的是 2010 年，达到 92 篇；其次是 2003 年，有 91 篇；第三是 2011 年，有 80 篇。1999—2003 年，中级职称作者发表论文数量不断增加；2004—2006 年，稳定在 60 篇左右；2007—2008 年，稳定在 70 篇左右；2009—2012 年，波动起伏较大；2013—2019 年，稳定在 12～21 篇。中级职

称作者有 10 年发表论文数量在 30 篇以上，2013 年后发文数量明显下降，但仍保持稳定性，是学报作者群的补充力量。

表 5-70 中级职称作者分年度发表论文分布

年份	刊文篇数	年份	刊文篇数	年份	刊文篇数
1999	7	2007	68	2015	12
2000	10	2008	69	2016	19
2001	37	2009	17	2017	15
2002	75	2010	92	2018	13
2003	91	2011	80	2019	19
2004	62	2012	0	2020	8
2005	56	2013	13		
2006	58	2014	21		

资料来源：作者根据学报历史数据整理。

（三）副高级职称作者分布

根据表 5-71，不同年份副高级职称发文差异较大，但是，除了 2012 年论文作者没有署名职称以外，每年都有一定数量的副高级职称作者在学报发表论文。发文量最多的是 2004 年和 2010 年，达到 48 篇；其次是 2005 年，有 44 篇；第三是 2002 年，有 40 篇。1999—2002 年，副高级职称作者发表论文数量不断增加；2003—2006 年，副高级职称作者发表论文数量先增加后下降；2007—2009 年，副高级职称作者发表论文数量连续下降；2010—2012 年，副高级职称作者发表论文数量连续下降；2013—2018 年，稳定在 30~39 篇；2019—2020，稳定在 18 篇左右。从整个时间序列来看，除了 2012 年，其他年份副高级职称作者发表论文数量均处于 10~50 篇；有 13 年都在 30~50 篇。因此，副高级职称作者是学报作者群的中坚力量，对于学报发展至关重要。

（四）正高级职称作者分布

根据表 5-72，除了 2012 年以外，正高职称作者在不同年度发表论文数

表 5-71 副高级职称作者分年度发表论文分布

年份	刊文篇数	年份	刊文篇数	年份	刊文篇数
1999	10	2007	42	2015	26
2000	11	2008	32	2016	36
2001	16	2009	19	2017	34
2002	40	2010	48	2018	30
2003	32	2011	32	2019	19
2004	48	2012	0	2020	17
2005	44	2013	36		
2006	28	2014	39		

资料来源：作者根据学报历史数据整理。

量较为稳定。发文量最多的是 2017 年，达到 37 篇；其次是 2007 年、2010 年和 2013 年，有 33 篇。1999—2002 年，正高级职称作者发表论文数量保持在 10~20 篇；2003—2006 年，正高级职称作者发表论文数量保持在 20~30 篇；2007—2010 年，正高级职称作者发表论文数量保持在 23~33 篇；2010—2012 年，正高级职称作者发表论文数量连续下降；2013—2017 年，稳定在 26~37 篇；2018—2020，稳定在 13~21 篇。从整个时间序列来看，除了 2012 年，其他年份副高级职称作者发表论文数量均处于 10~40 篇。因此，正高级职称作者也是学报作者群的中坚力量，对于学报发展至关重要。

表 5-72 正高级职称作者分年度发表论文分布

年份	刊文篇数	年份	刊文篇数	年份	刊文篇数
1999	18	2007	33	2015	26
2000	17	2008	31	2016	30
2001	10	2009	23	2017	37
2002	17	2010	33	2018	21
2003	22	2011	19	2019	13
2004	29	2012	2	2020	19
2005	26	2013	33		
2006	29	2014	29		

资料来源：作者根据学报历史数据整理。

（五）不同职称作者发表论文比例趋势

根据表5-69至表5-72的数据，进一步计算出不同职称作者发表论文比例，结果如图5-1所示。总体趋势是：初级职称作者在学报的显示度日益趋微；中级职称作者在2012年之前在学报发表论文作者中是主力军，但是2012年之后重要性减弱；副高级职称作者在2012年之前是次重要作者群，2012年之后则成为发表论文的主力军；正高级职称作者在2012年之前发表论文比例稍低于副高级职称作者，2012年之后则逐渐接近副高级职称作者，与副高级职称作者共同成为学报发表论文的主力军。这种此消彼长的态势反映出，学报作者群体在近10年间相对上一个10年已发生了显著变化，且具有不可逆转性，即高级职称作者日益成为学报的主力军。

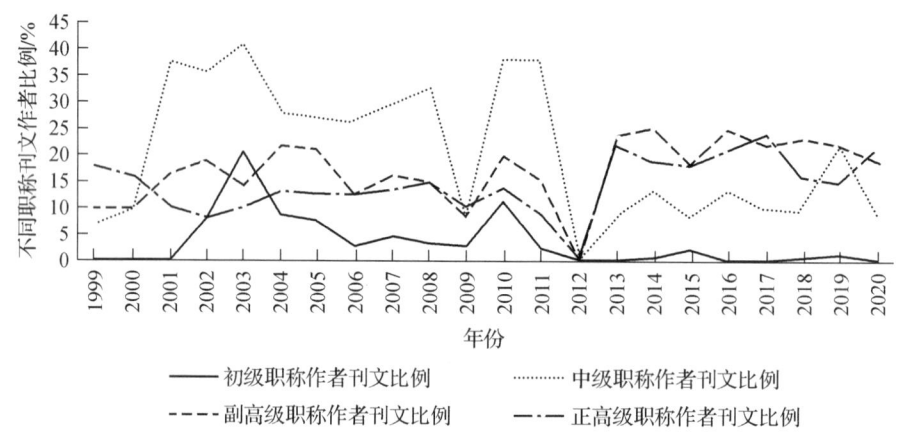

图5-1　不同职称作者刊文比例趋势

第六章 学报刊文复印转载情况

对人文社科类期刊而言，复印转载情况是学报影响力的重要体现。梳理学报刊文复印转载情况可以弄清复印转载期刊的偏好和被复印转载论文的特征，为学报进一步提高复印转载论文数量提供借鉴。

一、人大复印资料①复印转载情况

（一）《涪陵师专学报》全文复印或文摘情况

《涪陵师专学报》1999年第1期，曾超所著《"巴"义新说》被人大复印资料《语言文字学》1999年第1期全文复印。

《涪陵师专学报》1999年第1期，李怡所著《巴渝文化与诗人傅天琳》被人大复印资料《中国现代、当代文学研究》1999年第2期全文复印。

《涪陵师专学报》1999年第1期，兹·托多罗夫所著《文学史》（程晓岚译）被人大复印资料《文艺理论》1999年第5期全文复印。

《涪陵师专学报》1999年第2期，孔庆东所著《抗战时期的侦探滑稽等小说》被人大复印资料《中国现代、当代文学研究》1999年第7期全文复印。

《涪陵师专学报》1999年第4期，周晓风所著《20世纪中国文学版图中的重庆文学》被人大复印资料《中国现代、当代文学研究》2000年第1期全文复印。

《涪陵师专学报》1999年第4期，赵澜波所著《科学精神研究综述》被人大复印资料《科学技术哲学》2000年第1期全文复印。

《涪陵师专学报》2000年第1期，杨莉萍所著《从知识经济看素质教育》被人大复印资料《教育学当前教育问题探讨》2000年第1期全文复印。

---

① 指中国人民大学复印报刊资料，简称"人大复印资料"。

《长江师范学院学报》史料整理与分析（1985—2020）

《涪陵师专学报》1999年第4期，陈燕所著《书录中的明代小说观新变与定位》被人大复印资料《文艺理论小说理论》2000年第1期全文复印。

《涪陵师专学报》1999年第2期，毛翰所著《蓝天一条波音鱼——傅天琳诗歌印象》被人大复印资料《中国现代、当代文学研究现代、当代作家作品研究》2000年第1期全文复印。

《涪陵师专学报》1999年第4期，蒋玉斌所著《余光中诗歌创作技巧的传统因子分析》被人大复印资料《中国现代、当代文学研究现代、当代作家作品研究》2000年第1期全文复印。

《涪陵师专学报》2000年第1期，常彬所著《从〈边城〉看沈从文的人生理想》被人大复印资料《中国现代、当代文学研究现代、当代作家作品研究》2000年第1期全文复印。

《涪陵师专学报》2000年第1期，傅德岷、何仁海所著《论何其芳〈画梦录〉的主体意识》被人大复印资料《文艺理论》2000年第1期全文复印。

《涪陵师专学报》2000年第1期，孔庆东所著《国统区的通俗小说》被人大复印资料《中国现代、当代文学研究》2000年第1期全文复印。

《涪陵师专学报》1999年第4期，旷新年所著《文学革命：进化文学史观》被人大复印资料《文艺理论》2000年第2期全文复印。

《涪陵师专学报》2000年第3期，谢欣所著《对私营企业党建工作的调查与思考》被人大复印资料《乡镇企业、民营经济》2000年第10期全文复印。

《涪陵师专学报》2000年第3期，古远清所著《世界华文文学研究的拓展——走向21世纪的世界华文文学研究》被人大复印资料《中国现代、当代文学研究》2001年第1期全文复印。

《涪陵师专学报》2001年第1期，杨四平所著《重读海子》被人大复印资料《现当代文学文摘卡》2001年第3期全文复印。

《涪陵师专学报》2001年第2期，王本朝所著《北村与基督教文化》被人大复印资料《现当代文学文摘卡》2001年第3期全文复印。

《涪陵师专学报》2001年第3期，秦弓所著《张恨水对章回体小说的继承与创新》被人大复印资料《当代文学文摘卡》2001年第4期长文转载。

《涪陵师专学报》2001年第1期，张荣翼所著《文学阅读与历史维度》被人大复印资料《文艺理论》2001年第5期全文复印。

《涪陵师专学报》2001年第2期，王岳川所著《后现代语境中的中国文艺问题反思》被人大复印资料《文艺理论》2001年第7期全文复印。

《涪陵师专学报》2001年第2期，彭寿清所著《社会主市场经济解放和发展生产力》被人大复印资料《社会主义论丛》2001年第8期全文复印。

《涪陵师专学报》2001年第3期，何京蓉所著《企业集团发展的对策探讨》被人大复印资料《工业经济》2001年第10期全文复印。

《涪陵师专学报》2001年第3期，孔庆东所著《通俗小说的概念误区》被人大复印资料《文艺理论》2002年第1期全文复印。

（二）《涪陵师范学院学报》全文复印或文摘情况

《涪陵师范学院学报》2002年第2期，宋剑华所著《清醒与茫然：知识分子与农民表现主体的双重思想困境》被人大复印资料《文艺理论》2002年第3期全文复印。

《涪陵师范学院学报》2002年第4期，陈恭所著《无神的庙宇——后现代文化语境中的上海文学》被人大复印资料《中国现代、当代文学研究》2002年第12期全文复印。

《涪陵师范学院学报》2002年第6期，代绪宇、王珂所著《和解：主义与日子、理想与现实——中国女权主义文学的生态及出路》被人大复印资料《现当代文学》2003年第2期全文复印。

《涪陵师范学院学报》2003年第3期，孔庆东所著《中国科幻小说概说》被人大复印资料《现当代文学》2003年第3期全文复印。

《涪陵师范学院学报》2002年第6期，旷新年所著《中国现代文学史分期的政治学与文学》被人大复印资料《中国现代、当代文学研究》2003年第3期全文复印。

《涪陵师范学院学报》2002年第6期，邓德祥所著《社会注意力资源与广告投放》被人大复印资料《新闻与传播》2003年第3期全文复印。

《涪陵师范学院学报》2003年第3期，李禹阶所著《儒家道德本体论的哲学反思》被人大复印资料《伦理学》2003年第3期全文复印。

《涪陵师范学院学报》2003年第1期，张卓所著《论商业对青年文化和青年精神的影响及对策》被人大复印资料《青少年导刊》2003年第4期全文复印。

《涪陵师范学院学报》2003年第2期，马传松所著《关于劳动者积极性问题的社会学分析》被人大复印资料《社会学》2003年第4期全文复印。

《涪陵师范学院学报》2003年第4期，柴罗明所著《论高校网络思想政治教育建设的重大意义》被人大复印资料《思想政治教育》2003年第11期全文复印。

《涪陵师范学院学报》2003年第4期，温立武所著《高校思想政治工作网络化的几点思考》被人大复印资料《思想政治教育》2003年第12期全文复印。

《涪陵师范学院学报》2003年第6期，孔庆东所著《试论叶小凤的小说创作》被人大复印资料《现当代文学》2004年第1期全文复印。

《涪陵师范学院学报》2003年第6期，《重庆文学史》课题组所著《重庆文学年鉴·2002》被人大复印资料《现当代文学》2004年第1期全文复印。

《涪陵师范学院学报》2004年第1期，傅显捷、袁刚所著《教育社会学断想——教师角色理论探析》被人大复印资料《教育学》2004年第1期全文复印。

《涪陵师范学院学报》2003年第4期，黄伟林所著《20世纪90年代以来西部文学的实绩和发展动向》被人大复印资料《中国现代、当代文学研究》2004年第2期全文复印。

《涪陵师范学院学报》2003年第6期，邹明星所著《浅析土家族摆手舞的民族特色》被人大复印资料《舞台艺术》2004年第2期全文复印。

《涪陵师范学院学报》2004年第1期，刘纳所著《期待文革文学研究的新突破》被人大复印资料《现当代文学》2004年第2期全文复印。

《涪陵师范学院学报》2004年第2期，吴元迈所著《关于国外马克思主义文论研究的思考》被人大复印资料《文艺理论》2004年第2期全文复印。

《涪陵师范学院学报》2004年第2期，张益萍所著《论争、共识与创获——全国马克思主义文论学会第二十届年会综述》被人大复印资料《文艺理论》2004年第2期全文复印。

《涪陵师范学院学报》2004年第2期，马驰所著《论技术理性批判精神的当代意义》被人大复印资料《文艺理论》2004年第2期全文复印。

《涪陵师范学院学报》2004年第2期，赵冰洁、王秀勇所著《大学生心理健康教育与思想政治工作的契合》被人大复印资料《思想政治教育》2004年第2期全文复印。

《涪陵师范学院学报》2004 年第 2 期，刘慧群所著《保持理性与非理性的张力——对课程观的认识论思考》被人大复印资料《中小学教育》2004 年第 6 期全文复印。

《涪陵师范学院学报》2004 年第 2 期，邢立刚、黎于碧所著《三峡库区生态痕迹与环境生物圈设计》被人大复印资料《生态环境与保护》2004 年第 6 期全文复印。

《涪陵师范学院学报》2004 年第 3 期，彭寿清所著《论中国教师教育课程体系的缺失及构建》被人大复印资料《教育学》2004 年第 8 期全文复印。

《涪陵师范学院学报》2004 年第 3 期，杨四平所著《梁小斌论》被人大复印资料《中国现代、当代文学研究》2004 年第 8 期全文复印。

《涪陵师范学院学报》2004 年第 6 期，何维芳、杨绍安所著《现代化的新亮点——中国特色社会主义》被人大复印资料《社会主义论丛》2005 年第 2 期全文复印。

《涪陵师范学院学报》2004 年第 6 期，张世均所著《冷战时期巴基斯坦的安全忧患及其对策》被人大复印资料《世界史》2005 年第 2 期全文复印。

《涪陵师范学院学报》2005 年第 2 期，向天渊所著《中外诗学的多层次对话——王国维比较诗学话语方式之分析》被人大复印资料《文艺理论》2005 年第 3 期全文复印。

《涪陵师范学院学报》2005 年第 4 期，刘立华所著《论思想政治教育方法的创新》被人大复印资料《政治理论》2005 年第 4 期全文复印。

《涪陵师范学院学报》2005 年第 1 期，熊玲君所著《仁慈抑或正义——谈现代社会保障的道德基础》被人大复印资料《社会保障制度》2005 年第 7 期全文复印。

《涪陵师范学院学报》2005 年第 2 期，秦弓所著《2004 年中国现代文学研究扫描》被人大复印资料《中国现代、当代文学研究》2005 年第 7 期全文复印。

《涪陵师范学院学报》2005 年第 3 期，杨聪所著《新课标下初中语文课堂朗读评价初探》被人大复印资料《中学语文教与学（初中读本）》2005 年第 11 期全文复印。

《涪陵师范学院学报》2005 年第 6 期，邓文金所著《从辛亥到抗战——陈独秀社会经济思想的演变》被人大复印资料《经济史》2006 年第 2 期全文复印。

《涪陵师范学院学报》2005年第6期，杨楹所著《论哲学的个性与马克思哲学》被人大复印资料《马克思主义、列宁主义》2006年第3期全文复印。

《涪陵师范学院学报》2005年第6期，杨四平所著《北岛论》被人大复印资料《中国现代、当代文学研究》2006年第4期全文复印。

《涪陵师范学院学报》2005年第6期，慈波所著《宋诗与类书之关系》被人大复印资料《中国古代、近代文学研究》2006年第4期全文复印。

《涪陵师范学院学报》2006年第5期，易崇英所著《知识经济时代中国传统道德价值观对大学生心理的负面影响》被人大复印资料《教育学文摘卡》2007年第1期长文转载。

《涪陵师范学院学报》2006年第6期，翟永明所著《不是豪猪非莽汉》被人大复印资料《现当代文学文摘卡》2007年第1期长文转载。

《涪陵师范学院学报》2006年第6期，马传松所著《论我国行政执法中的"补锅匠现象"及其治理》被人大复印资料《宪法学、行政法学》2007年第2期全文复印。

《涪陵师范学院学报》2007年第2期，靳继东所著《西方政治转型理论及其影响评析》被人大复印资料《政治学》2007年第7期全文复印。

《涪陵师范学院学报》2007年第3期，周泉根、秦勇所著《巴赫金"躯体理论"初探》被人大复印资料《外国文学研究》2007年第9期全文复印。

（三）《长江师范学院学报》全文复印或文摘情况

《长江师范学院学报》2012年第5期，颜青所著《试论农村居民消费结构升级背景下的企业产销策略调整》被人大复印资料《企业家信息》2012年第9期全文复印。

《长江师范学院学报》2013年第1期，杜斌所著《企业文化视角下的思想政治工作刍议》被人大复印资料《企业家信息》2013年第1期全文复印。

《长江师范学院学报》2013年第2期，朱敏、熊正贤所著《基于SWOT分析的西部地区文化产业发展方式转变研究》被人大复印资料《文化创意产业》2013年第4期全文复印。

《长江师范学院学报》2013年第4期，符静所著《抗战时期上海亲日史学研究》被人大复印资料《历史学文摘》2013年第4期长文转载。

《长江师范学院学报》2013 年第 1 期,周小娉所著《开展寝室英语活动对提高中学生英语口语交际能力的实证分析》被人大复印资料《中学外语教与学》2013 年第 5 期全文复印。

《长江师范学院学报》2013 年第 2 期,宣晓岚所著《心理资本干预下提升企业员工绩效的研究》被人大复印资料《企业家信息》2013 年第 5 期全文复印。

《长江师范学院学报》2013 年第 2 期,赵牧所著《在文本的冲突中——读莫言的〈蛙〉及其他》被人大复印资料《中国现代、当代文学研究》2013 年第 7 期全文复印。

《长江师范学院学报》2013 年第 4 期,符静所著《抗战时期上海亲日史学研究》被人大复印资料《中国现代史》2013 年第 11 期全文复印。

《长江师范学院学报》2013 年第 6 期,吴永芳所著《商学院创业教育模式探析》被人大复印资料《企业家信息》2014 年第 2 期全文复印。

《长江师范学院学报》2014 年第 4 期,曾超所著《"杨保"名义演变考》被人大复印资料《历史学文摘》2014 年第 4 期长文转载。

《长江师范学院学报》2014 年第 3 期,雷琨所著《基于多元智能理论的多任务课堂活动设计——以"鱼缸"活动为例》被人大复印资料《中学外语教与学》2014 年第 9 期全文复印。

《长江师范学院学报》2014 年第 4 期,何先龙所著《中国土司制度源流新探》被人大复印资料《历史学文摘》2015 年第 1 期长文转载。

《长江师范学院学报》2015 年第 2 期,王子今所著《"忠孝"与"孝忠":中国道德史的考察》被人大复印资料《历史学文摘》2015 年第 2 期长文转载。

《长江师范学院学报》2015 年第 3 期,李世愉所著《土司制度历史地位新论》被人大复印资料《历史学文摘》2015 年第 4 期长文转载。

《长江师范学院学报》2016 年第 1 期,向轼、莫代山所著《论明代土家族"土兵"在抗倭斗争中的军事贡献》被人大复印资料《历史学文摘》2016 年第 3 期长文转载。

《长江师范学院学报》2016 年第 6 期,蒋威所著《略论清代塾师的觅馆与荐馆》被人大复印资料《历史学文摘》2017 年第 2 期长文转载。

《长江师范学院学报》2018 年第 2 期,李庆勇所著《风宪耳目:明代腐败治理的监察机制》被人大复印资料《历史学文摘》2018 年第 3 期长文转载。

《长江师范学院学报》2019 年第 2 期,王小恒所著《从厉鹗著述看浙派诗人群体的"尚宋"特征》被人大复印资料《中国古代、近代文学研究》2019 年第 6 期全文复印。

《长江师范学院学报》2020 年第 5 期,李安竹所著《先秦文论"象"范畴演进的三种路径》被人大复印资料《文化研究文摘》2020 年第 4 期长文转载。

《长江师范学院学报》2020 年第 5 期,叶翔宇所著《中国侠文化研究 2019 年年度报告》被人大复印资料《文化研究》2020 年第 7 期全文复印。

《长江师范学院学报》2020 年第 5 期,李然、王春阳所著《社区参与视角下世界文化遗产地社区发展研究——以湖南永顺老司城村为例》被人大复印资料《文化创意产业》2021 年第 1 期全文复印。

《长江师范学院学报》2020 年第 5 期,李有文所著《"互联网+"文化产业模式创新研究综述——基于产业链、供应链和价值链的视角》被人大复印资料《文化创意产业》2021 年第 2 期全文复印。

二、《新华文摘》复印转载情况

《长江师范学院学报》2012 年第 11 期,吴电雷所著《论西南地区阳戏之"源"与"流"》被《新华文摘》2013 年第 6 期摘要转载。

《长江师范学院学报》2013 年第 2 期,李艳所著《近代河西水利管理演变与乡村社会变迁》被《新华文摘》2013 年第 15 期摘要转载。

《长江师范学院学报》2014 年第 4 期,曾超所著《"杨保"名义演变考》被《新华文摘》2014 年第 22 期摘要转载。

《长江师范学院学报》2015 年第 2 期,王子今所著《"忠孝"与"孝忠":中国道德史的考察》被《新华文摘》2015 年第 2 期摘要转载。

《长江师范学院学报》2015 年第 5 期,曾超所著《李化龙平播纪功铭与国家认同内涵》被《新华文摘》2016 年第 4 期摘要转载。

《长江师范学院学报》2017 年第 1 期,漆瑶所著《关于"身体书写"——论简媜散文的生命关怀与精神探询》被《新华文摘》2017 年第 10 期摘要转载。

《长江师范学院学报》2020 年第 5 期,李然、王春阳所著《社区参与是保持中国土司遗产内生动力的基础》被《新华文摘》2021年第3期摘要转载。

三、《高等学校文科学术文摘》复印转载情况

《长江师范学院学报》2014年"中国土司文化研究"栏目被《高等学校文科学术文摘》2014年第6期专栏转载。

《长江师范学院学报》2014年第2期，葛天博所著《秩序建构中"着眼于安排"与"着眼于现实"的正义偏差——基于新刑事诉讼法人身权利保护的运行分析》被《高等学校文科学术文摘》2014年第3期摘要转载。

《长江师范学院学报》2015年"武陵论坛"栏目被《高等学校文科学术文摘》2015年第4期专栏转载。

《长江师范学院学报》2015年第2期，赵久湘所著《秦汉简牍法律用语中的省称》被《高等学校文科学术文摘》2015年第3期摘要转载。

《长江师范学院学报》2015年第2期，王子今所著《"忠孝"与"孝忠"：中国道德史的考察》被《高等学校文科学术文摘》2015年第4期摘要转载。

《长江师范学院学报》2015年第5期，曾超所著《李化龙平播纪功铭与国家认同内涵研究》被《高等学校文科学术文摘》2015年第6期摘要转载。

《长江师范学院学报》2017年第1期，李学嘉、邹伟华、邹芙都所著《论习近平的文物保护与利用思想》被《高等学校文科学术文摘》2017年第3期摘要转载。

《长江师范学院学报》2017年第3期，岳精柱所著《"家国同构"下家规家训与"圣谕"的相互表达》被《高等学校文科学术文摘》2017年第5期摘要转载。

《长江师范学院学报》2017年"西南民族文化研究"栏目被《高等学校文科学术文摘》2017年第5期专栏转载。

《长江师范学院学报》2018年第5期，王新宇所著《"天理"、圣人与学者——朱子"圣人观"的基本建构》被《高等学校文科学术文摘》2018年第6期摘要转载。

《长江师范学院学报》2019年第4期，王志标、关赛赛所著《文化制造

业"工匠精神"的内核与形成机制》被《高等学校文科学术文摘》2019年第6期摘要转载。

《长江师范学院学报》2020年第1期,陆少秀所著《政府补助、高管薪酬与企业绩效》被《高等学校文科学术文摘》2020年第3期摘要转载。

《长江师范学院学报》2020年第2期,李佳黛所著《基于观众体验视角的博物馆发展探讨》被《高等学校文科学术文摘》2020年第3期摘要转载。

第七章　学报刊文引用情况

无论国内外，也无论理科、工科、农科、医学、药学还是人文社科类期刊，在没有人为干扰的情况下，刊文引用情况都是期刊影响力的最重要的指标。梳理学报刊文引用情况，有助于弄清哪些文章属于相对的高被引文章，以及如何选取和形成高被引文章。

一、引用次数 10 次及以上的论文

（一）1997 年引用次数 10 次及以上的论文（表 7-1）

表 7-1　1997 年引用次数 10 次及以上的论文

作者	题目	发表期数	页码	引用次数
向莉	试论区别词与形容词之差异	2	44-46，50	24
文军	杨宪益先生 PYGMALION 两译本比较——兼论戏剧翻译	1	70-75，87	15
傅显捷	高校德育队伍素质再探索——德育理论素养剖析	1	18-24	14

注：统计时间截至 2021 年 7 月 25 日。
资料来源：作者汇总。

（二）1999 年引用次数 10 次及以上的论文（表 7-2）

表 7-2　1999 年引用次数 10 次及以上的论文

作者	题目	发表期数	页码	引用次数
旷新年	文学革命：进化文学史观	4	1-16	15
周晓风	20 世纪中国文学版图中的重庆文学	4	36-39	15

续表

作者	题目	发表期数	页码	引用次数
雷勇	非均衡经济理论文献综述	1	81–85	11

注：统计时间截至 2021 年 7 月 25 日。

资料来源：作者汇总。

（三）2000 年引用次数 10 次及以上的论文（表 7-3）

表 7-3　2000 年引用次数 10 次及以上的论文

作者	题目	发表期数	页码	引用次数
陈今朝 向邓云	生物固氮的研究与应用	2	93–96	37
叶林奇	组氨酸在蛋白质结构功能中的作用	4	74–76	25
张小情	运用马斯洛需要层次理论激励学生学习积极性	3	43–45	24
向莉	关于"语气词"和"语气助词"——兼谈"的""了"的类属	1	72–75	15
苏扬	膳食纤维及其生理功能的探讨	4	69–73	15
廖全明	归因理论及其在教育上的应用	2	41–44	14
孔庆东	国统区的通俗小说	1	2–8	13
卢秀琼	期望效应与儿童家庭教育	2	49–51	13
毛翰	从大众传播角度重新审视诗歌的社会功能	2	52–63	11
秦弓	张恨水的"国难小说"	2	12–18	10
孟显智	论阅读教学中材料、学生与教师三者思路的统一	4	84–86	10

注：统计时间截至 2021 年 7 月 25 日。

资料来源：作者汇总。

(四) 2001 年引用次数 10 次及以上的论文（表 7-4）

表 7-4　2001 年引用次数 10 次及以上的论文

作者	题目	发表期数	页码	引用次数
向邓云	植物生长调节物质对植物组织培养形态建成的调节控制	3	119-123	50
郑继娥	形近字简化分化过程的探讨	1	70-74	18
崔广平	论《消费者权益保护法》的价值和"王海现象"的法律适用	3	63-66	14
王岳川	后现代语境中的中国文艺问题反思	2	31-38	13
王本朝	北村与基督教文化	2	1-5	12
孔庆东	通俗小说的概念误区	3	44-51	12
杨季冬	化学发光分析在环境分析和药物分析中的应用	4	105-110	17
钱理群	文学本体与本性的召唤	4	14-17	11

注：统计时间截至 2021 年 7 月 25 日。
资料来源：作者汇总。

(五) 2002 年引用次数 10 次及以上的论文（表 7-5）

表 7-5　2002 年引用次数 10 次及以上的论文

作者	题目	发表期数	页码	引用次数
张世友	大学生网络失范行为及对策思考	2	69-72	35
冉汇真	中学时事政治教育的现状与对策	3	97-99	35
谭建伟 曹华林	研究性学习模式在高等教育中的设计与实施	2	73-76	28
张裕建	浅析高等学校目标管理	3	112-114	23
王毅	重庆旅游形象暨主题口号	4	74-77	22
何东燕	马克·吐温小说的幽默艺术	3	60-62	20

《长江师范学院学报》史料整理与分析（1985—2020）

续表

作者	题目	发表期数	页码	引用次数
邹菡	规训的权力与全景敞视主义——论福柯的《规训与惩罚》	5	7-10	18
陈心林	土家族民间信仰的变迁——以拉西峒村为个案	3	47-50	16
王山河	我国耕地资源及利用状况分析	5	122-126	15
夏明香 黄晓玲	欠发达地区农村中小学新任教师现状调查及分析	1	97-100	13
古远清	为右翼文运鞠躬尽瘁的王平陵——从南京到重庆的文艺斗士	4	20-24	13
何树华 田开江	大学化学专业应加强绿色化学教育	5	94-95	13
赵云书	"学导式"教学法在高校体操教学中的应用	5	107-109	13
曾咏辉	当前高校德育存在的问题及对策	6	107-109	13
范云峰	论学生探究式学习能力的培养	6	100-103	12
傅正义	论曹植对中国诗歌的三大贡献	1	65-69	11
彭红	浅谈中师政治教材的辅助文	5	127	11
申卫东	主体教育思想的内涵、特点及其运用	6	113-116	11
肖锋	误读的阐释	1	50-55	10
张亚军	坠落的金箭——解读《洛丽塔》的三个关键词	1	70-76	10
王再新	行政监督失范现象分析	5	41-45	10

注：统计时间截至2021年7月25日。
资料来源：作者汇总。

（六）2003年引用次数10次及以上的论文（表7-6）

表7-6　2003年引用次数10次及以上的论文

作者	题目	发表期数	页码	引用次数
孔庆东	中国科幻小说概说	3	37-45	105
张红坚	校园体育文化建设与对策探析	5	117-119	55
柴罗明	论高校网络思想政治教育建设的重大意义	4	103-106	43
袁革 魏银彬 孟国荣	少数民族体育与校本课程开发	5	111-112	39
秦念阳	发展柔韧素质	S1	122-123	39
罗琼	论思想政治教育方法的创新	3	114-117	37
钱理群	以"立人"为中心——鲁迅思想与文学的逻辑起点（上）	1	1-7	30
朱贤华	浅谈链传动多边形效应	S1	145-146	30
钱理群	以"立人"为中心——鲁迅思想与文学的逻辑起点（下）	2	1-8	24
温立武	高校思想政治工作网络化的几点思考	4	107-109	24
廖全明	当代西方道德发展理论研究综述	6	95-98	24
李良品	川江号子的形成、内容与文化精神	2	58-61	20
邹明星	浅析土家摆手舞的民族特色	6	67-70	18
郝明工	区域文化与区域文学辨析	1	8-12	17
皮湘林 王伟	知情同意的伦理意蕴	1	124-126	16
何冰艳	话语分析与听力教学	1	98-101	15
庞炜	外国影片名在翻译过程中信息和美感功能的再创造	5	23-25	15
赵冰洁 王秀勇	大学生心理健康教育与思想政治工作的契合	6	116-118	15

续表

作者	题目	发表期数	页码	引用次数
方卢秋	生物传感器的原理及其应用	S1	158–160	15
郭礼	试论高校体育专业篮球课程的最优化教学	5	120–122	14
李文莉	论"V+P+N"中P由前加成分向后加成分的转变	6	59–62	14
吴扬廷	西部音乐地方课程资源开发大有可为	5	126–128	13
许新成	网络对中学生的影响及教育对策	6	119–120	13
邱明淑	为尘沙打磨的灵魂——余华《活着》的生命意识	2	22–25	12
向莉	重庆方言助词"起"浅析	4	52–54	12
饶小飞	汉英人名姓氏的文化心态、来源与命名习俗探微	4	58–61	11
曹翔	华夏汉族人名文化浅论	1	84–87	10
青维富	论行政执法责任制的发展和特点	5	35–37	10

注：统计时间截至2021年7月25日。
资料来源：作者汇总。

（七）2004年引用次数10次及以上的论文（表7-7）

表7-7　2004年引用次数10次及以上的论文

作者	题目	发表期数	页码	引用次数
张晓兰	英语有效课堂提问研究	4	72–75	62
李晓钦	多元智能理论与教学设计	6	112–114	45
秦弓	"五四"时期的安徒生童话翻译	4	1–5	41
傅显捷 袁刚	教育社会学断想——教师角色理论探析	1	120–123	30
彭寿清	论中国教师教育课程体系的缺失及构建	3	109–114	28

续表

作者	题目	发表期数	页码	引用次数
王泉根	20世纪下半叶中外儿童文学交流综论	2	28-37	26
娄臻柯 吴建强	我国商业银行的营销现状透视及对策探讨	1	81-84	24
范玲娜	作为符号的女性——论"样板戏"中革命女性的异化	4	28-31	23
姚启伦 戴玄 李昌满	遗传标记在植物遗传育种上的应用	5	86-88	22
彭林绪 孔刚	城市化进程中的重庆回族土家族	3	70-73	19
余培敏 杨永军	淡妆浓抹总相宜——浅析张艺谋电影的色彩艺术	4	57-60	19
李才	论高职教学资源的优化	5	59-61	17
汪代明 刘志荣	关于电子游戏艺术的思考	2	67-70	16
马琳	论以语言要素为手段的语言风格构建	6	48-50	15
刘霞	寻找自我的历程——论托尼·莫里森《宠儿》中人物的主体性	1	56-59	14
廖全明	教师的心理健康问题及其危害——目前国内中小学教师心理问题研究文献综述	2	113-115	14
何政泉	完善我国亲属扶养制度的几点思考	2	94-96	12
张放	中西传统绘画的线之比较	3	122-124	12
张江元	论张爱玲小说的电影手法	4	54-56	11
赵红	浅论高适与王昌龄边塞诗的异同	3	36-38	10
汪成慧	体态语言的功能及其应用	4	65-68	10
朱月华	浅论大学生的职业道德教育与培养	4	119-121	10

注：统计时间截至2021年7月25日。
资料来源：作者汇总。

(八) 2005 年引用次数 10 次及以上的论文（表 7-8）

表 7-8　2005 年引用次数 10 次及以上的论文

作者	题目	发表期数	页码	引用次数
张杰 詹培民	农村土地流转与劳动力转移的关联分析——以重庆市为例	3	85－90	29
张磊	隐喻与文化	4	45－49	25
张增田	对话教学的内涵和特点	6	149－153	23
纪洁萍	国内近十年哈代小说研究综述	2	54－56	23
李献礼 范会联	基于JSP/Servlet技术的网上选课系统的设计及实现	5	107－110	22
李伟	论土家族丧葬的狂欢精神—以娱神仪式为例	1	57－60	22
何海燕	论大学生就业指导的重要意义	1	126－128	19
黎霞	案例教学法在旅游管理专业教学中的运用	3	120－122	18
朱渝成	构建高校和谐校园初探	4	118－120	18
张正江	蔡元培论美育的作用和意义	6	154－158	18
熊玲君	仁慈抑或正义——谈现代社会保障的道德基础	1	86－90	17
叶林奇	11种蕨类植物过氧化物酶同T酶比较	5	104－106	15
章红梅	试论"打"字的语音、语义来源	3	62－65	14
谭旭东	当代儿童小说发展述论	1	18－23	13
吴明永	对新时期加强大学生党员再教育的思考	5	27－28	12
旅安 李樵	前期创造社与日本唯美主义文学思潮	6	19－24	12
谈建成	三峡库区外迁移民文化整合与社会稳定	1	106－109	12

续表

作者	题目	发表期数	页码	引用次数
秦小锋	从关联理论看英语新闻标题创作	2	86–88	12
曾利君	论莫言的感觉与魔幻	3	16–19	11
欧小蓉	试论《战国策》中策士的悲剧	4	77–80	11
王金良 简福平 徐晓飞	元认知能力的构成、作用与培养概述	4	108–110	11
杨四平	北岛论	6	25–32	11
张德明	论人格利益中物质利益的新发展	2	111–114	11
余美根	如何在外语写作教学中运用同侪校阅	4	56–59	10
黄赐英	关于我国教师教育发展中几个应该注意的问题	1	113–115	10
程新平	论大学生问题行为及其预防与矫正	1	123–125	10
陈志平	基督教话语下的个体言说——史铁生与刘小枫之比较	2	37–39	10

注：统计时间截至 2021 年 7 月 25 日。
资料来源：作者汇总。

（九）2006 年引用次数 10 次及以上的论文（表 7-9）

表 7-9　2006 年引用次数 10 次及以上的论文

作者	题目	发表期数	页码	引用次数
毛远明	汉魏六朝碑刻异体字研究	2	47–51	35
张涛	家庭教育与学校教育的合作	2	146–150	35
谭旭东	论童年的历史建构与价值确立	6	17–24	20
胥洪泉	《莺莺传》研究百年回顾	1	50–55	17
张世友	沟通法则在学校思想政治教育中的贯穿与运用	1	125–129	15
刘东霞	文化视角下师生关系新解构	2	135–137	15

续表

作者	题目	发表期数	页码	引用次数
廖全明 张莉	我国心理健康教育师资培养的模式及存在的问题	1	130-133	14
叶昌建	重庆市宗教旅游开发模式及发展战略措施	3	41-46	14
曾超	乌江丹砂开发史考	4	25-33	14
陆正林	继汉开唐：魏晋南北朝时期的教育简述	6	103-106	14
唐玉柱	当代阅读理论与大学英语阅读教学	1	168-171	13
李达丽	"三助"与研究生德育工作的创新	3	75-78	13
解志勇 于鹏	法律利益的界分及其冲突处理	2	65-72	12
刘婧 张培	怀旧文化与重庆古镇旅游的发展	3	37-40	12
张鹏丽	略述清以前的汉语虚词研究	4	56-58	12
王嘉 崔明月	重庆红色旅游资源分析及开发研究	5	69-72	12
艾治琼 张爱琳	基于现代信息技术的大学英语互动教学模式思考	6	112-116	12
秦弓	抗战文学对正面战场的正面表现	1	8-20	11
刘国华 廖明	通向自由之路——弗洛姆自由思想解读	1	85-88	11
张荣建 曾文武	性别差异与话语策略：会话中的间接性、打岔、衔接	1	150-154	11
汪浩	论桃花的双重文化意蕴	2	111-114	11
甄晓英	当代中国社会转型与伦理关系变迁	2	171-174	11
麻红晓 罗仕伟	三峡库区旅游业与区域经济发展的互动关系研究	3	29-31，159	11

续表

作者	题目	发表期数	页码	引用次数
温泉	近十年沈从文《边城》研究述评	4	83－88	11
吴绮雯	论毛泽东"人定胜天"的环境思想	5	120－124	11
刘方	新时期老舍研究述评	5	134－141	11
孙凯 罗卉	声乐表演艺术中的想象力及其培养	6	125－128	11
彭恩 吴建勤	从清朝鄂西土家文人竹枝词看土家族婚俗	6	149－153	11
张忻 杜学元	教育价值的回归——从功利到人性完善	1	134－137	10

注：统计时间截至 2021 年 7 月 25 日。
资料来源：作者汇总。

（十）2007 年引用次数 10 次及以上的论文（表 7-10）

表 7-10　2007 年引用次数 10 次及以上的论文

作者	题目	发表期数	页码	引用次数
张晓梅	传统游戏与儿童心理发展	2	136－140	25
杨琳曦	韩国非物质文化遗产保护制度对我国的启示——以端午祭申遗成功为视点	1	99－103	20
马莉萍	从佛教文化看傣族剪纸艺术	3	52－56	17
能可嘉	试论新时期现代汉语中的旧词新义	1	169－172	16
乐黛云	中国式的后现代小说——评虹影的新作《阿难》	1	48	15
严光德	从"身份困顿"到"灵魂回归"——试论虹影小说《饥饿的女儿》	1	64－66	14
吴卫军 熊志	剖析与建构：我国行政决策咨询制度法治化之思考	2	90－94	14
万志鹏	外国刑法中的没收财产刑	1	129－133	13

《长江师范学院学报》史料整理与分析（1985—2020）

续表

作者	题目	发表期数	页码	引用次数
史育华	谈"道义论"与"功利主义"的内在统一性	2	112－115	12
刘广宇	新中国红色放映员的身份确立与想象	2	120－124	11
杨丹妮	口传—仪式叙事中的民间历史记忆——以广西和里三王官庙会为个案	1	91－98	10
靳继东	西方政治转型理论及其影响评析	2	47－52	10
杨建道	模因论：重新反思英语教学	6	122－124	44
王泓	大学生志愿者行动存在的问题及应对思路	4	142－145	40
刘彦 仝露	操化：土家族摆手舞的现代变异	5	52－54，63	25
吴明永	当前高校学风建设中存在的问题及对策探讨	5	140－144	25
郭一丹	古镇旅游开发对当地居民的影响——洛带个案调查研究	6	132－134	21
杨晓红	试析灾异谴告说在宋代的政治功能	5	154－158	20
徐灿	日汉道歉用语异同浅析	6	125－127	13
林纲	网络语言变异现象及动因考察	4	69－73	11
谢蕊莲	对完善我国政策性农业保险制度的思考	4	116－118，137	10
黎亚梅	从"西兰卡普"看土家族人服饰审美观——巴人服饰文化探索	5	47－51	10

注：统计时间截至2021年7月25日。
资料来源：作者汇总。

（十一）2008 年引用次数 10 次及以上的论文（表 7-11）

表 7-11　2008 年引用次数 10 次及以上的论文

作者	题目	发表期数	页码	引用次数
邱有华	浅析高校少数民族学生的特点及教育管理	4	152－154，177	81
张承凤	高职教育高素质技能型人才培养模式研究与实践	4	155－159	30
廖全明	我国中小学心理健康教育体系的研究现状及存在的问题	6	146－150	28
盛仁泽	教育生态学视野中的大学英语多媒体课堂	6	134－137	27
胡昌荣	高职"校企合作"人才培养的教学模式比较研究	4	160－164，178	27
刘晓燕	中国视觉修辞研究的进路	1	53－56	23
张珊明	国外有关青少年问题行为成因的研究概述	3	91－96	22
赵自力	思想政治教育价值论研究综述	2	40－45	21
秦红增 胡宝华	旅游与民俗文化的再建构——以龙胜大寨红瑶村为例	5	56－64	20
李雪顺	生命似轻尘　死去也徒然——从《人生的枷锁》看毛姆的生命观	4	56－60	19
胡建华	论高校法治文化建设存在的主要问题及对策	6	86－91	17
龙丹	为女性独立悲叹——评多丽丝·莱辛的小说《青草在歌唱》	4	74－78	16
张勇	音标教学与英语词汇自主学习能力培养	6	125－128	15
李鹏军	日本老龄化及其对家庭养老功能的影响	4	139－144	14

续表

作者	题目	发表期数	页码	引用次数
周静 王佳权	渝东南地区中学生心理健康状况调查	6	156-160	13
王山河	农民工"回流"对输出地区的影响研究——对重庆市黔江区新华乡和太极乡利益相关者的深度访谈	5	65-68	13
何莲	论大学生党员教育内容的系统性和针对性	2	56-58	12
党西民	视觉文化的研究方法概述	1	48-52,56	12
黄晓丹	清代毗陵张氏家族的母教与女学	5	121-126	12
秦小锋	从顺应理论角度探析外交语言活动中的语用模糊现象	4	103-106	11
廖容	新课程标准下的高中英语写作教学训练	4	165-168	11
胡俊飞	驳杂与悖离：中西"疯癫"文化义涵的衍变	6	24-29	10
李松	"样板戏"的领袖崇拜	2	81-86	10
胡牧	革命样板戏：叙事的符号化	2	87-90	10
冉文佳	关于步升诉百度网络侵权案的几点法律思考	2	100-103	10
单小曦	文论教材建设中的本质主义与反本质主义——关于中国高校文学理论教材改革与建设的思考之一	3	12-17	10
李永艳	专业批评家与网络文学批评	3	123-126	10
莫代山	历史时期土家族地区土司的社会控制	3	69-74	10
刘巧丽 李敏	思想政治教育接受过程机制研究	4	112-116	10
黄柏权	西南地区民间生态知识与森林保护	5	75-80	10

注：统计时间截至2021年7月25日。

资料来源：作者汇总。

（十二）2009 年引用次数 10 次及以上的论文（表 7-12）

表 7-12　2009 年引用次数 10 次及以上的论文

作者	题目	发表期数	页码	引用次数
傅之平 吴明永	新时期高校青年教师师德师风建设机制探析	1	88－91	26
彭小玲	论我国非营利组织参与公共危机管理的困境与对策	4	23－28	24
窦树德	新教育理念下的建构主义课堂教学模式研究	6	101－103	24
周述波	文化认同	6	26－31	23
陈静	关于亲子关系及其对青少年心理发展影响的研究	4	144－146，162	20
李顺军	现代汉语中时间副词"马上"的演变	5	128－132	20
童娣 汤海艳	想象的共同体	3	27－29	18
钞群英 徐水根	高校军事理论课立体化教学模式初探	5	91－94，160	18
王鸥 王扬	中日英语教育比较研究	2	148－151，160	16
胡牧	中国十七年电影英雄人物形象的符号学意义——以电影《红色娘子军》等为例	2	49－53	16
张瑜玲	论高校辅导员心理健康及自我调适	2	145－147，160	16
杨有庆	空间转向与新马克思主义都市研究	3	13－18	16
张庭辉	家庭环境对幼儿人格发展的影响研究述评	3	152－155	15

续表

作者	题目	发表期数	页码	引用次数
能晓辉	土家族毛古斯舞的保护与研究	1	21－25	14
李荣健	构建三位一体的高校思想政治教育环境系统	3	156－158	13
齐泽民	少数民族山区"陪读家庭"的社会解读	5	83－87	13
刘雪明 贾永梅	国家助学贷款政策实施中的大学生诚信机制构建研究	1	73－77	12
张涛	清代甘肃的驿传制度	1	142－145，154	11
马昱娇 陈智尧	试论意识形态对翻译的操控——以中共十七大报告英译稿为例	2	65－67	10
杨莉	班主任专业化发展的路径选择	2	156－159	10
张育仁	论战时新闻学的核心理念及新闻武器论的特殊意义	3	1－4	10
李文俊	非洲联盟在解决非洲地区冲突中的功效——以达尔富尔问题为例	4	81－85，161	10
田伟	重庆市农村义务教育教师队伍现状与对策研究	4	147－151	10
刘自然	死亡意识	5	18－21	10
汪志平	教育信息化下师范生教育技术能力培养探讨	5	95－97，127	10

注：统计时间截至2021年7月25日。
资料来源：作者汇总。

(十三) 2010年引用次数10次及以上的论文（表7-13）

表7-13 2010年引用次数10次及以上的论文

作者	题目	发表期数	页码	引用次数
梁三利 郭明	法院管理模式比较——基于对英国、德国、法国的考察	1	74-79	56
穆昭阳	大众媒介语境下的非物质文化遗产传播	4	25-28	50
刘磊 符明弘 范志英	流动儿童家庭教养方式和学习适应性的相关研究	5	144-147	44
黄雅婷	对外汉语语音教学阐微——以对韩国学生的辅音声母教学为例	6	43-46	30
黄存金	试论新加坡廉政建设及其对我国的现实启示	5	106-119	22
许芫颜 杨尚鸿	试论综艺节目主持人多元化的角色定位与转换——以韩国综艺节目《两天一夜》为例	2	66-69	21
胡守勇	建国六十年群众文化研究综述	5	22-28	21
孙曙 范蔚	论校本课程发展的文化取向	4	131-135	19
雷鹏 陈旭 关幼萌	中国留守儿童社会支持系统研究述评	6	148-152	17
赵国军	也谈"越A越B"——从量范畴的角度看倚变关系	3	40-44	16
赵文芳	新中国成立60年以来青年婚恋观的发展变迁	3	92-95	15
张殿恩	大学英语课程改革与教师角色发展	1	139-144	14

续表

作者	题目	发表期数	页码	引用次数
牛娜 于建荣	"大学生村官"的思想政治教育问题研究	3	164-168	14
伦玉敏 刘勇 王萌	藏传佛教传入蒙古族地区的过程及原因分析	4	44-48	14
胡江	走私、贩卖、运输、制造毒品罪的既未遂形态认定	2	70-73	13
彭寿清	统筹城乡教育促进教育公平——创建城乡师资多元互动的合作机制	3	1-5	12
尚碧波	网络文化对大学生思想政治教育的冲击与应对	4	62-65	12
余长惠	成渝经济区地方政府合作探析	2	118-121	11
周婷婷	试论隐名股东资格的认定	3	141-143	11
占才成	芥川龙之介与艺术至上主义——以《戏作三昧》和《地狱变》为中心	6	171-174	11
宋正富	大学生校园不文明行为原因及对策探析	3	160-163	10
任科雄	《朱子语类》"诛杀"概念场研究	5	61-65	10
武仲波	英语词类转换的认知机制研究	5	70-73	10
沈娟	当前大学生婚恋观教育对策探析	5	118-122	10

注：统计时间截至2021年7月25日。
资料来源：作者汇总。

（十四）2011年引用次数10次及以上的论文（表7-14）

表7-14 2011年引用次数10次及以上的论文

作者	题目	发表期数	页码	引用次数
江琦 李艳霞 冯淑丹	流动儿童班级人际关系与歧视知觉的关系：社会支持的调节作用	6	103-108，161	21

续表

作者	题目	发表期数	页码	引用次数
张敏生	近三十余年日本、中国内地村上春树研究述评	4	82-88,159	20
胡志龙	中国国家形象建构中的媒体传播策略	1	48-56	19
杨丽梅	意象图式理论指导下的外语教学	3	58-61	16
王莉 郑国珍 刘超	美国中小学课外作业设计及启示	4	61-64	16
郭波	新形势下领导干部密切联系群众问题研究——基于湛江的实证分析	1	77-84	15
燕玉芝	公示语翻译的研究现状及其翻译原则	6	115-117	13
钱愿秋	蒙氏教具与儿童玩具的关系研究	6	47-50	12
王兴才	"难道"的成词及其语法化	2	41-48	11
能健杰	国际视野下的教师素质及其评价	3	50-53,159	11
刁俊强	我国社会保障体系：现状及路径选择	5	86-90,159	11
牟莉	联想关系在对外汉语词汇教学中的运用	1	178-180	10
方华 李辉	对高校岗位设置中"双肩挑"模式的理性思考	1	89-93	10
周超	以技能比赛促进技能教学的模式研究	2	152-155	10
董玉刚	培育非智力因素对提升大学生就业力影响研究	4	143-146	10
何树华 张淑琼	有机化学实验教学方法和教学手段改革初探	6	148-150	10

注：统计时间截至2021年7月25日。
资料来源：作者汇总。

(十五) 2012年引用次数10次及以上的论文(表7-15)

表7-15 2012年引用次数10次及以上的论文

作者	题目	发表期数	页码	引用次数
黄江燕 李家鹏 乔刘伟	课堂观察研究的文献综述	12	130-134	75
孙泽文 左菊	课程目标:概念、功能及其分类研究	6	56-59,139	24
杨雅玲	民族地区高校社会主义核心价值观教育融入实践教学探析——以湖南吉首大学思想政治理论课实践教学为例	12	26-29,141	23
余德山	ST公司重组绩效研究	11	41-45	20
卜路平	试论积极心理学在思想政治教育运用中的价值及其实现	10	45-48,138	19
吴扬廷	学前教育专业音乐课程改革探索——以长江师范学院学前教育专业(艺体方向)为例	2	5-9	18
张艺培 李晓丽	浅析新课程标准下的高中文言文教学策略	6	90-93,139	15
罗佳	高校学生干部思想政治教育探微	2	22-25	13
巴红斌	大学英语听力处理策略与模糊容忍度研究	4	104-109,140	13
董玉刚	公民意识培育视角下的高校志愿服务研究	4	18-21,137	12
陈允龙	基于课堂情境的教案设计	6	67-69	12
余继平	武陵山区少数民族文化旅游发展现状及对策研究	7	15-22	12

续表

作者	题目	发表期数	页码	引用次数
葛君梅 葛君芳	思想政治教育中生命教育实施途径探索——构建富有生机活力的生命教育第二课堂	8	24–26	12
刘伟伟 王磊峰	试论大学思政课中生命教育的实施	12	30–34	12
胡昌荣	高职"订单式校企合作"办学模式实践探索——以重庆工贸职业技术学院为例	12	105–108	12
潘尤迪	美国法律诊所的沿革、发展及现状	1	42–47,138	10
蒋会	科技英语长句翻译中的美学追求	3	123–126	10
严博 张发祥	网页语篇中意义构建的多模态话语分析北	5	109–112	10
王晓晖	宋涪州知州考略	9	10–16,145	10

注：统计时间截至 2021 年 7 月 25 日。
资料来源：作者汇总。

（十六）2013 年引用次数 10 次及以上的论文（表 7-16）

表 7-16　2013 年引用次数 10 次及以上的论文

作者	题目	发表期数	页码	引用次数
林萍	翻译改写理论的贡献与局限评说	1	88–91	26
郑凯旋	中国共产党群众路线的历史发展与现实反思	1	46–49	24
罗文青	亚洲婚姻移民视角下的中越跨国婚姻问题研究	3	1–6	15
岳林琳 程乐森	医学院校通识教育课程设置理念与思路探讨	4	113–118	12

续表

作者	题目	发表期数	页码	引用次数
杨燕滨 田穗	大学生价值观现状调查及成因分析	3	130－132	11
杨双 汪明松	社会管理创新中思想政治教育价值追问	1	61－64，135	10

注：统计时间截至2021年7月25日。
资料来源：作者汇总。

（十七）2014年引用次数10次及以上的论文（表7-17）

表7-17　2014年引用次数10次及以上的论文

作者	题目	发表期数	页码	引用次数
李海龙	论"命运共同体"理念及其中国实践	5	100－105，140	21
葛政委	土司文化遗产的价值凝练与表达	5	8－12，137	13
吴兴德	论中国模式及其世界意义	6	98－102	12
杨晓峰	本科层次全科小学教育专业建设的反思与建议	6	113－119，148	12
李良品 赵毅	土司制度：国家权力在西南土司地区的延伸	5	100－105，140	21

注：统计时间截至2021年7月25日。
资料来源：作者汇总。

（十八）2015年引用次数10次及以上的论文（表7-18）

表7-18　2015年引用次数10次及以上的论文

作者	题目	发表期数	页码	引用次数
王子今	"忠孝"与"孝忠"：中国道德史的考察	2	1－9，141	22

续表

作者	题目	发表期数	页码	引用次数
张淼	浅析"微课"在高校思想政治理论课中的应用设计——以"思想道德修养与法律基础"课为例	4	126-130	17
李良品 廖佳玲	明代西南地区土司朝贡述论	3	9-16，141	16
李世愉	土司制度历史地位新论	3	1-8，141	15
傅显捷	生态旅游综合产业发展与地理标志产品研究——从武陵山片区酉阳县生态旅游与精准扶贫说起	6	21-29	15
王娅	论"以审判为中心"下警察出庭作证的价值与完善	5	110-114	11

注：统计时间截至2021年7月25日。
资料来源：作者汇总。

(十九) 2016年引用次数10次及以上的论文（表7-19）

表7-19 2016年引用次数10次及以上的论文

作者	题目	发表期数	页码	引用次数
熊正贤 吴黎围	进程与展望：武陵山片区旅游发展30年	3	45-55，142	12

注：统计时间截至2021年7月25日。
资料来源：作者汇总。

(二十) 2017年引用次数10次及以上的论文（表7-20）

表7-20 2017年引用次数10次及以上的论文

作者	题目	发表期数	页码	引用次数
熊正贤	文旅融合的特征分析与实践路径研究——以重庆涪陵为例	6	38-45，141	37

续表

作者	题目	发表期数	页码	引用次数
刘舒皓	习近平青年理想信念教育思维论略	4	17-20,145	19
李学嘉 邹伟华 邹芙都	论习近平的文物保护与利用思想	1	57-62	13
金家新 王云兰	自媒体时代网络意见领袖的特征、问题与引导规制	6	115-119,143	11

注：统计时间截至2021年7月25日。

资料来源：作者汇总。

（二十一）2018年引用次数10次及以上的论文（表7-21）

表7-21　2018年引用次数10次及以上的论文

作者	题目	发表期数	页码	引用次数
李晓娟	新时代高校思想政治教育网络育人的现实思考	2	118-123	25
刘志华 刘瑛 张丽娟	田园综合体建设：以重庆的实践为例	4	23-29	17
喻学忠 胡利利	历史学科核心素养对初中历史教学的指导——以新编人教版《中国历史》七年级上册教学为例	1	106-109	10

注：统计时间截至2021年7月25日。

资料来源：作者汇总。

(二十二) 2019 年引用次数 10 次及以上的论文（表 7-22）

表 7-22　2019 年引用次数 10 次及以上的论文

作者	题目	发表期数	页码	引用次数
蒋柯可 熊正贤	文旅类特色小镇同质化问题与差异化策略研究——以四川安仁古镇和洛带古镇为例	2	33-40	19
陈恺	论"套路贷"犯罪的司法规制	1	92-99，123	14
王泉	论大陆新武侠研究的若干问题	2	65-76，127	12
郑芳 屠志芬	乡村文化产业发展：困境、契机与模式探索	2	17-24，125	11

注：统计时间截至 2021 年 7 月 25 日。

资料来源：作者汇总。

(二十三) 2020 年引用次数 10 次及以上的论文（表 7-23）

表 7-23　2020 年引用次数 10 次及以上的论文

作者	题目	发表期数	页码	引用次数
苑素梅 亓萌雪	抗疫精神融入高校思想政治教育教学路径研究	4	107-114，124	10

注：统计时间截至 2021 年 7 月 25 日。

资料来源：作者汇总。

二、分年度总被引用次数

分年度总被引用次数如表 7-24 所示。从表中数据可以看出，总被引用次数最高的是 2003 年，达到 1211 次；其次是 2012 年，有 1091 次；再次是 2010 年，有 982 次。其他引用次数在 900 次以上的年份还有 2008 年（967 次）、2004 年（961 次）、2005 年（938 次）。应该指出，一篇论文的总被引频次是随着时间流逝而增长的，但是其增长又具有生命周期，即期刊统计中的半衰期。所以，要考虑某一年度发表论文的引用情况还要考查平均被引频次和按时间平均的平均被引频次这样 2 个关键指标。

表 7-24　分年度总被引用次数　　　　单位：次

年份	被引用次数	年份	被引用次数
1997	96	2009	886
1998	76	2010	982
1999	193	2011	693
2000	312	2012	1091
2001	324	2013	367
2002	734	2014	327
2003	1211	2015	388
2004	961	2016	257
2005	938	2017	290
2006	875	2018	264
2007	937	2019	243
2008	967	2020	91

注：统计时间截至 2021 年 7 月 25 日。
资料来源：作者汇总。

表 7-25 是分年度篇均被引用次数情况。从表中可以看出，篇均被引用次数最高的是 2003 年，达到 5.41 次；其次是 2008 年，有 4.54 次；再次是 2005 年，有 4.47 次。而年度总被引排在第二的 2012 年篇均被引用次数为 2.73 次，处于中间水平；总被引次数第三的 2010 年篇均被引用次数达到 4.06 次，排在第五位。从区间数据来看，1998—2003 年，篇均被引用次数逐步提高；2003—2007 年，篇均被引用次数有所下降；2008 年大幅回升；2009 年再次回落，至 2010 年再次提升；2010—2014 年，篇均被引用次数不断下滑；2015 年回升；2016 年又下滑至谷底；2016—2019 年，篇均被引用次数不断回升。

表7-25 分年度篇均被引用次数

年份	篇均被引用次数	年份	篇均被引用次数
1997	1.39	2009	3.99
1998	0.95	2010	4.06
1999	1.93	2011	3.27
2000	2.97	2012	2.73
2001	3.31	2013	2.40
2002	3.46	2014	2.08
2003	5.41	2015	2.71
2004	4.29	2016	1.76
2005	4.47	2017	1.87
2006	3.96	2018	2.00
2007	3.94	2019	2.76
2008	4.54	2020	1.02

注：统计时间截至2021年7月25日。

资料来源：作者汇总。

表7-26是分年度按年平均的篇均被引用次数情况。从表中可以看出，按年平均的篇均被引用次数最高的是2019年，达到1.38次；其次是2018年，达到0.67次；再次是2017年，达到0.47次。而篇均被引用次数最高的2003年为0.30次，约占2019年的22%；篇均被引用次数次高的2008年为0.35次，约占2019年的25%；篇均被引用次数第三的2005年为0.28次，约占2019年的20%。从区间数据看，1997—1999年，按年平均的篇均被引用次数均不足0.1次，这表明所发表论文对于引用的贡献率极低；2000—2003年，按年平均的篇均被引用次数逐渐上升；2004—2006年，大体稳定在0.27次左右；2006—2008年，按年平均的篇均被引用次数保持上升势头；2008—2010年，大体稳定在0.35次左右；2010—2014年，按年平均的篇均引用次数逐渐下滑；2015年回升，并达到一个波峰；2016年再次下滑；2016—2019年，按年平均的篇均引用次数逐渐回升，到2019年达到加入中国知网后的最大值。

表 7-26　分年度按年平均的篇均被引用次数

年份	按年平均的篇均被引用次数	年份	按年平均的篇均被引用次数
1997	0.06	2009	0.33
1998	0.04	2010	0.37
1999	0.09	2011	0.33
2000	0.14	2012	0.30
2001	0.17	2013	0.30
2002	0.18	2014	0.30
2003	0.30	2015	0.45
2004	0.25	2016	0.35
2005	0.28	2017	0.47
2006	0.26	2018	0.67
2007	0.28	2019	1.38
2008	0.35	2020	1.02

注：统计时间截至 2021 年 7 月 25 日。

资料来源：作者汇总。

第八章　学报刊文下载情况

下载次数也是期刊影响力的重要指标，反映出期刊发表论文的传播情况。下载次数越多，则说明刊文越受读者欢迎。本章主要梳理了下载1000次及以上的论文（表8-1—表8-23）和下载500~999次的论文（表8-24—表8-47），这些都属于高下载论文。对于这些高下载论文的梳理有助于弄清在不同时期读者的关注点是什么，从而为研究读者倾向和偏好提供参考。

一、下载1000次及以上的论文

（一）1998年下载1000次及以上的论文

表8-1　1998年下载1000次及以上的论文

作者	题目	发表期数	页码	下载次数
廖全明	浅论幼儿自我服务劳动及其教育和训练	1	84–89	1024

注：统计时间截至2021年7月25日。
资料来源：作者汇总。

（二）1999年下载1000次及以上的论文

表8-2　1999年下载1000次及以上的论文

作者	题目	发表期数	页码	下载次数
廖全明	浅论幼儿自我服务劳动及其教育和训练	1	84–89	1024

注：统计时间截至2021年7月25日。
资料来源：作者汇总。

(三) 2000年下载1000次及以上的论文

表8-3　2000年下载1000次及以上的论文

作者	题目	发表期数	页码	下载次数
张小情	运用马斯洛需要层次理论激励学生学习积极性	3	43-45	1871
冉红音	意蕴丰富的命名——评《蒋兴哥重会珍珠衫》	3	69-71	1012

注：统计时间截至2021年7月25日。
资料来源：作者汇总。

(四) 2001年下载1000次及以上的论文

表8-4　2001年下载1000次及以上的论文

作者	题目	发表期数	页码	下载次数
李雪顺	《了不起的盖茨比》和它的色彩象征	4	95-97	1638

注：统计时间截至2021年7月25日。
资料来源：作者汇总。

(五) 2002年下载1000次及以上的论文

表8-5　2002年下载1000次及以上的论文

作者	题目	发表期数	页码	下载次数
何东燕	马克·吐温小说的幽默艺术	3	60-62	2996
邹菡	规训的权力与全景敞视主义——论福柯的《规训与惩罚》	5	7-10	2474
傅正义	论曹植对中国诗歌的三大贡献	1	65-69	1048

注：统计时间截至2021年7月25日。
资料来源：作者汇总。

（六）2003 年下载 1000 次及以上的论文

表 8-6 2003 年下载 1000 次及以上的论文

作者	题目	发表期数	页码	下载次数
孔庆东	中国科幻小说概说	3	37－45	4160
钱理群	以"立人"为中心——鲁迅思想与文学的逻辑起点（上）	1	1－7	2837
邱明淑	为尘沙打磨的灵魂——余华《活着》的生命意识	2	22－25	2470
钱理群	以"立人"为中心——鲁迅思想与文学的逻辑起点（下）	2	1－8	2413
陈进东	孤独者的形象及其文化价值——走进鲁迅小说的孤独者形象世界	1	20－24	1486
饶小飞	汉英人名姓氏的文化心态、来源与命名习俗探微	4	58－61	1341
王静	直译与意译的比较研究——从严复"信、达、雅"的角度说起	3	70－74	1073
方卢秋	生物传感器的原理及其应用	S1	158－160	1013

注：统计时间截至 2021 年 7 月 25 日。
资料来源：作者汇总。

（七）2004 年下载 1000 次及以上的论文

表 8-7 2004 年下载 1000 次及以上的论文

作者	题目	发表期数	页码	下载次数
王圣	浅谈柏拉图"灵感说"	3	57－59	2154
毛燕安	残破的美国梦——《了不起的盖茨比》的文化解读	1	70－74	2059
王敏	哈代与女性主义运动——从女性主义视角分析《德伯家的苔丝》	6	39－41	1811

续表

作者	题目	发表期数	页码	下载次数
张晓兰	英语有效课堂提问研究	4	72-75	1403
廖全明	教师的心理健康问题及其危害——目前国内中小学教师心理问题研究文献综述	2	113-115	1346
秦弓	"五四"时期的安徒生童话翻译	4	1-5	1247
王泉根	20世纪下半叶中外儿童文学交流综论	2	28-37	1222
余培敏 杨永军	淡妆浓抹总相宜——浅析张艺谋电影的色彩艺术	4	57-60	1196
赵红	浅论高适与王昌龄边塞诗的异同	3	36-38	1151
刘霞	寻找自我的历程——论托尼·莫里森《宠儿》中人物的主体性	1	56-59	1013
傅显捷 袁刚	教育社会学断想——教师角色理论探析	1	120-123	1009

注：统计时间截至2021年7月25日。

资料来源：作者汇总。

(八) 2005年下载1000次及以上的论文

表8-8 2005年下载1000次及以上的论文

作者	题目	发表期数	页码	下载次数
纪洁萍	国内近十年哈代小说研究综述	2	54-56	1571
宋剑华	论"张爱玲现象"的现代文学史意义	6	6-18	1162
曾利君	论莫言的感觉与魔幻	3	16-19	1149

注：统计时间截至2021年7月25日。

资料来源：作者汇总。

（九）2006 年下载 1000 次及以上的论文

表 8-9　2006 年下载 1000 次及以上的论文

作者	题目	发表期数	页码	下载次数
温泉	近十年沈从文《边城》研究述评	4	83－88	5777
张涛	家庭教育与学校教育的合作	2	146－150	2791
丁燕	颜色如花命如叶——浅析《源氏物语》中的女性悲剧	1	110－114	2355
胥洪泉	《莺莺传》研究百年回顾	1	50－55	1999
纪光欣 王永敬	论胡适自由主义思想及其当代意义	3	12－15	1578
李燕	中国与希腊神话异同性探析	6	133－136，75	1320
刘方	新时期老舍研究述评	5	134－141	1248
毛远明	汉魏六朝碑刻异体字研究	1	47－51	1218
吴丹	日语拟声词拟态词的形态学特征	3	156－159	1154
马璐璐 高原	女性意识探微——从王安忆《我爱比尔》《小城之恋》说起	2	163－166	1121
张永红 刘文良	和谐社会与大学生生态意识的培养	5	107－111，154	1050

注：统计时间截至 2021 年 7 月 25 日。
资料来源：作者汇总。

（十）2007 年下载 1000 次及以上的论文

表 8-10　2007 年下载 1000 次及以上的论文

作者	题目	发表期数	页码	下载次数
陈冬玲 周洁	孙悟空形象意义解读	6	154－157	2284
张晓梅	传统游戏与儿童心理发展	2	136－140	2132
李艳菊	90 年代以来鲁迅《祝福》研究述评	6	94－98	1966

续表

作者	题目	发表期数	页码	下载次数
吴明永	当前高校学风建设中存在的问题及对策探讨	5	140-144	1872
秦英	理想与现实的冲突——从《复活》析托尔斯泰的宗教思想	2	148-151	1801
杨琳曦	韩国非物质文化遗产保护制度对我国的启示——以端午祭申遗成功为视点	1	99-103	1478
肖玲玲	刘姥姥:《红楼梦》中的独特视角	3	79-83	1344
刘颖	现代社会里的异化人——论舍伍德·安德森的《鸡蛋》	2	145-147	1326
陈颖	潘金莲比较研究述评	6	138-148	1288
李秋菊	同而不同——论鲁迅对《儒林外史》讽刺艺术的借鉴与超越	1	113-116	1180
王泓	大学生志愿者行动存在的问题及应对思路	4	142-145	1176
郭一丹	古镇旅游开发对当地居民的影响——洛带个案调查研究	6	132-134	1143

注：统计时间截至2021年7月25日。
资料来源：作者汇总。

（十一）2008年下载1000次及以上的论文

表8-11　2008年下载1000次及以上的论文

作者	题目	发表期数	页码	下载次数
赖凡	从凡尔赛—华盛顿体系的内在矛盾看二战起源	6	165-168，177	4336
赵自力	思想政治教育价值论研究综述	2	40-45	2640
廖全明	我国中小学心理健康教育体系的研究现状及存在的问题	6	146-150	2021

续表

作者	题目	发表期数	页码	下载次数
邱有华	浅析高校少数民族学生的特点及教育管理	4	152－154，177	1972
张珊明	国外有关青少年问题行为成因的研究概述	3	91－96	1814
成国雄	近十余年南越国历史研究综述	4	20－24	1383
李雪顺	生命似轻尘 死去也徒然——从《人生的枷锁》看毛姆的生命观	4	56－60	1186
陈达	爱情的琥珀：情爱的生灵——《荆棘鸟》中梅吉与拉尔夫的性爱	1	95－99	1158
石萍	姜文电影的叙事结构与艺术创新——以《太阳照常升起》为例	1	61－63	1144

注：统计时间截至2021年7月25日。
资料来源：作者汇总。

（十二）2009年下载1000次及以上的论文

表8-12　2009年下载1000次及以上的论文

作者	题目	发表期数	页码	下载次数
陈静	关于亲子关系及其对青少年心理发展影响的研究	4	144－146，162	2495
张庭辉	家庭环境对幼儿人格发展的影响研究述评	3	152－155	2486
童娣 汤海艳	想象的共同体	3	27－29	2084
胡牧	中国十七年电影英雄人物形象的符号学意义——以电影《红色娘子军》等为例	2	49－53	1874

续表

作者	题目	发表期数	页码	下载次数
彭小玲	论我国非营利组织参与公共危机管理的困境与对策	4	23–28	1388
傅之平 吴明永	新时期高校青年教师师德师风建设机制探析	1	88–91	1278
吴文	浅析《乞力马扎罗的雪》	4	122–125	1250
周述波	文化认同	6	26–31	1006

注：统计时间截至 2021 年 7 月 25 日。
资料来源：作者汇总。

（十三）2010 年下载 1000 次及以上的论文

表 8-13　2010 年下载 1000 次及以上的论文

作者	题目	发表期数	页码	下载次数
张琛	试论汪曾祺小说《受戒》的和谐之美	2	108–112	3412
陈晓君	《妻妾成群》：女性形象背后的历史阴影	5	160–165	3070
许芫颜 杨尚鸿	试论综艺节目主持人多元化的角色定位与转换——以韩国综艺节目《两天一夜》为例	2	66–69	2304
王秦	十年来"唐宋变革"研究述评	4	38–43	2205
黄雅婷	对外汉语语音教学阐微——以韩国学生的辅音声母教学为例	6	43–46	1889
吴兴德 冯颜利	建国 60 年来《德意志意识形态》研究综述	4	126–130	1789
赵杨坤	从实践角度理解马克思关于人的本质学说——以《关于费尔巴哈的提纲》为文本	4	122–125	1681

续表

作者	题目	发表期数	页码	下载次数
宋正富	大学生校园不文明行为原因及对策探析	3	160-163	1364
穆昭阳	大众媒介语境下的非物质文化遗产传播	4	25-28	1331
雷鹏 陈旭 关幼萌	中国留守儿童社会支持系统研究述评	6	148-152	1241
刘磊 符明弘 范志英	流动儿童家庭教养方式和学习适应性的相关研究	5	144-147	1188
赵文芳	新中国成立60年以来青年婚恋观的发展变迁	3	92-95	1164
梁三利 郭明	法院管理模式比较——基于对英国、德国、法国的考察	1	74-79	1098
占才成	芥川龙之介与艺术至上主义——以《戏作三昧》和《地狱变》为中心	6	171-174	1050

注：统计时间截至2021年7月25日。
资料来源：作者汇总。

（十四）2011年下载1000次及以上的论文

表8-14　2011年下载1000次及以上的论文

作者	题目	发表期数	页码	下载次数
南瑛	论《聊斋志异》中的理想女性形象	2	58-61	1887
任阳洋	浅析韦伯官僚制理论及其现实意义	5	82-85	1557
陈丽丽	希腊神话与中国神话伦理精神比较研究	2	85-88	1486
胡志龙	中国国家形象建构中的媒体传播策略	1	48-56	1437

续表

作者	题目	发表期数	页码	下载次数
张敏生	近三十余年日本、中国内地村上春树研究述评	4	82-88,159	1432
张琛	简论《牡丹亭》中的柳梦梅形象	3	119-121	1281
刁俊强	我国社会保障体系：现状及路径选择	5	86-90,159	1137
燕玉芝	公示语翻译的研究现状及其翻译原则	6	115-117	1060

注：统计时间截至2021年7月25日。
资料来源：作者汇总。

（十五）2012年下载1000次及以上的论文

表8-15　2012年下载1000次及以上的论文

作者	题目	发表期数	页码	下载次数
黄江燕	课堂观察研究的文献综述	12	130-134	4749
揭红兰	高校辅导员思想政治教育工作精细化案例分析——大学生就业受挫及心	2	110-112	1371
周芮同	《说文解字》玉部字与传统玉文化研究	5	105-108	1009
郭炳通	浅析西方的爱情观——以西方文学中的爱情母题为例	11	90-95,151	1007

注：统计时间截至2021年7月25日。
资料来源：作者汇总。

（十六）2013年下载1000次及以上的论文

表8-16　2013年下载1000次及以上的论文

作者	题目	发表期数	页码	下载次数
郑凯旋	中国共产党群众路线的历史发展与现实反思	1	46-49	3194

续表

作者	题目	发表期数	页码	下载次数
刘霞云	超越苦难与生死的高尚书写——评余华新作《第七天》	5	77–83，139	1516
林萍	翻译改写理论的贡献与局限评说	1	88–91	1414

注：统计时间截至2021年7月25日。
资料来源：作者汇总。

（十七）2014年下载1000次及以上的论文

表8-17　2014年下载1000次及以上的论文

作者	题目	发表期数	页码	下载次数
易亚云	如梦如幻月，若即若离花——从《胭脂扣》中数字暗号看现代女性意识的觉醒	5	96–99，139	1221
李海龙	论"命运共同体"理念及其中国实践	5	100–105，140	1198

注：统计时间截至2021年7月25日。
资料来源：作者汇总。

（十八）2015年下载1000次及以上的论文

表8-18　2015年下载1000次及以上的论文

作者	题目	发表期数	页码	下载次数
傅显捷	生态旅游综合产业发展与地理标志产品研究——从武陵山片区酉阳县生态旅游与精准扶贫说起	6	21–29	1197

注：统计时间截至2021年7月25日。
资料来源：作者汇总。

（十九）2016年下载1000次及以上的论文

表8-19　2016年下载1000次及以上的论文

作者	题目	发表期数	页码	下载次数
吴小叶	农村留守幼儿家庭教育研究综述	4	116－120，144	1401

注：统计时间截至2021年7月25日。
资料来源：作者汇总。

（二十）2017年下载1000次及以上的论文

表8-20　2017年下载1000次及以上的论文

作者	题目	发表期数	页码	下载次数
熊正贤	文旅融合的特征分析与实践路径研究——以重庆涪陵为例	6	38－45，141	2811
刘舒皓	习近平青年理想信念教育思维论略	4	17－20，145	1071

注：统计时间截至2021年7月25日。
资料来源：作者汇总。

（二十一）2018年下载1000次及以上的论文

表8-21　2018年下载1000次及以上的论文

作者	题目	发表期数	页码	下载次数
魏巍 冉义杰	再解读：论《生死场》国家意识与女性意识	4	49－54	1494

注：统计时间截至2021年7月25日。
资料来源：作者汇总。

(二十二) 2019 年下载 1000 次及以上的论文

表 8-22　2019 年下载 1000 次及以上的论文

作者	题目	发表期数	页码	下载次数
蒋柯可 熊正贤	文旅类特色小镇同质化问题与差异化策略研究——以四川安仁古镇和洛带古镇为例	2	33-40	2456
陈恺	论"套路贷"犯罪的司法规制	1	92-99，123	1062
郑芳 屠志芬	乡村文化产业发展：困境、契机与模式探索	2	17-24，125	1020

注：统计时间截至 2021 年 7 月 25 日。
资料来源：作者汇总。

(二十三) 2020 年下载 1000 次及以上的论文

表 8-23　2020 年下载 1000 次及以上的论文

作者	题目	发表期数	页码	下载次数
李翠芳	新冠肺炎疫情对全球公共卫生治理的影响	3	88-95，123	4023
苑素梅 亓萌雪	抗疫精神融入高校思想政治教育教学路径研究	4	107-114，124	2815
吴恩远	"斯大林模式"与"苏联模式"的界定和评价	1	69-72，123	1451
贺光辉	论自甘风险规则在侵权责任法中的有限适用	2	113-120，124	1211

注：统计时间截至 2021 年 7 月 25 日。
资料来源：作者汇总。

二、下载 500~999 次的论文

（一）1997 年下载 500~999 次的论文

表 8-24　1997 年下载 500~999 次的论文

作者	题目	发表期数	页码	下载次数
向莉	试论区别词与形容词之差异	2	44-46，50	838
Pete Hessler 赵洪尹 曹顺发译	狄更斯小说与社会改革	1	30-39	642

注：统计时间截至 2021 年 7 月 25 日。
资料来源：作者汇总。

（二）1998 年下载 500~999 次的论文

表 8-25　1998 年下载 500~999 次的论文

作者	题目	发表期数	页码	下载次数
王茂英	试析叛逆女性崔莺莺和林黛玉的爱情观	1	48-53	718

注：统计时间截至 2021 年 7 月 25 日。
资料来源：作者汇总。

（三）1999 年下载 500~999 次的论文

表 8-26　1999 年下载 500~999 次的论文

作者	题目	发表期数	页码	下载次数
赵澜波	科学精神研究综述	4	73-76	713
金茂明	高等数学在解中学数学题中的应用	3	61-64	701
旷新年	文学革命：进化文学史观	4	1-16	644
雷勇	非均衡经济理论文献综述	1	81-85	633

续表

作者	题目	发表期数	页码	下载次数
何仟年	古籍中的子路形象及其文化意蕴	1	67-71	625
宋剑华	"五四"新文化运动与中国的文艺复兴	3	1-5	567
肖伟胜	沉沦与绝望——论卡夫卡小说《诉讼》	2	62-65	531
熊宪光	论纵横家的衰落	1	48-56	515

注：统计时间截至2021年7月25日。

资料来源：作者汇总。

(四) 2000年下载500~999次的论文

表8-27　2000年下载500~999次的论文

作者	题目	发表期数	页码	下载次数
陈今朝 向邓云	生物固氮的研究与应用	2	93-96	953
向莉	关于"语气词"和"语气助词"——兼谈"的""了"的类属	1	72-75	872
廖全明	归因理论及其在教育上的应用	2	41-44	752
常彬	从《边城》看沈从文的人生理想	1	9-14	730
龚翰熊	世纪末的思考——谈20世纪西方文学思潮研究	1	49-57	723
傅德岷 何仁海	论何其芳《画梦录》的主体意识	1	24-32	585
李川明	论柳宗元的山水游记散文	4	54-56	576
叶林奇	组氨酸在蛋白质结构功能中的作用	4	74-76	545
孟国荣,等	关于幼儿师资培养现状的调查和分析	2	45-48	517
宋剑华	基督精神与曹禺戏剧的博爱意识	2	1-11	508

注：统计时间截至2021年7月25日。

资料来源：作者汇总。

（五）2001年下载500~999次的论文

表8-28　2001年下载500~999次的论文

作者	题目	发表期数	页码	下载次数
邹菡	绚丽于苍凉之中——《金锁记》艺术价值探微	4	35-40	916
钱理群	文学本体与本性的召唤	4	14-17	811
秦弓	张恨水对章回体小说的继承与创新	3	1-7	693
崔广平	论《消费者权益保护法》的价值和"王海现象"的法律适用	3	63-66	611
向邓云	植物生长调节物质对植物组织培养形态建成的调节控制	3	119-123	576
孔庆东	通俗小说的概念误区	3	44-51	552
杨四平	重读海子	1	17-23	501

注：统计时间截至2021年7月25日。
资料来源：作者汇总。

（六）2002年下载500~999次的论文

表8-29　2002年下载500~999次的论文

作者	题目	发表期数	页码	下载次数
张亚军	坠落的金箭——解读《洛丽塔》的三个关键词	1	70-76	731
旷新年	中国现代文学史分期的政治学与文学	6	6-15	709
卢曾娟	新世纪幼儿家庭教育新观念浅析	6	120-122	682
廖全明	认知研究的回归——从行为主义到认知心理学	5	57-59	675
张世友	大学生网络失范行为及对策思考	2	69-72	615
段学勤 郑继明	英语重音和语调的交际功能	2	49-53	607

续表

作者	题目	发表期数	页码	下载次数
白敏 唐玲	伊丽莎白：简·奥斯丁绝妙的自画像	2	57-59	525
高月	论刘禹锡《竹枝词》的起源和发展	4	50-53	502
曾珠	由"大众"定义谈大众对大众文化的消费心理	1	56-61	500

注：统计时间截至2021年7月25日。
资料来源：作者汇总。

（七）2003年下载500~999次的论文

表8-30　2003年下载500~999次的论文

作者	题目	发表期数	页码	下载次数
廖全明	当代西方道德发展理论研究综述	6	95-98	949
李良品	川江号子的形成、内容与文化精神	2	58-61	855
曹翔	华夏汉族人名文化浅论	1	84-87	834
秦念阳	发展柔韧素质	S1	122-123	782
傅求林	建国后我国社会主要矛盾的四次转变	2	75-77	781
赵洪尹	安提戈涅——拉康悲剧观透视	5	20-22	767
向莉	重庆方言助词"起"浅析	4	52-54	761
庞炜	外国影片名在翻译过程中信息和美感功能的再创造	5	23-25	750
赵倩	上古复辅音研究情况概述	6	56-58	594
朱贤华	浅谈链传动多边形效应	S1	145-146	564
李文琴	公司客户管理系统的设计与实现	5	103-105	561
张红坚	校园体育文化建设与对策探析	5	117-119	558
郝明工	区域文化与区域文学辨析	1	8-12	552
许新成	网络对中学生的影响及教育对策	6	119-120	528
罗静雯	网络文学对传统文学的冲击	2	55-57	524

续表

作者	题目	发表期数	页码	下载次数
柴罗明	论高校网络思想政治教育建设的重大意义	4	103-106	516
陈莉	浅析企业公关与营销的关系	4	74-76	508

注：统计时间截至2021年7月25日。
资料来源：作者汇总。

（八）2004年下载500~999次的论文

表8-31　2004年下载500~999次的论文

作者	题目	发表期数	页码	下载次数
张江元	论张爱玲小说的电影手法	4	54-56	834
韦济木	20世纪末的浪漫骑士——王小波杂文精神论	6	18-20	812
汪成慧	体态语言的功能及其应用	4	65-68	728
曾文武	试论汉语中的外来词	6	45-47	682
唐霞	略谈爱米丽变态性格	5	4-6	671
范玲娜	作为符号的女性——论"样板戏"中革命女性的异化	4	28-31	632
邹菡	文革文学中的知青文学	1	7-9	619
吴刚	中国上市公司信息披露的制度缺陷及治理对策	4	87-90	605
李晓钦	多元智能理论与教学设计	6	112-114	600
梁福江	浅析汉英日常称谓语差异及其社会文化因素	4	69-71	549
彭寿清	论中国教师教育课程体系的缺失及构建	3	109-114	544
蒋玉斌	试论韩愈墓志铭之"别调"	4	42-45	528

续表

作者	题目	发表期数	页码	下载次数
娄臻柯 吴建强	我国商业银行的营销现状透视及对策探讨	1	81–84	500

注：统计时间截至 2021 年 7 月 25 日。
资料来源：作者汇总。

（九）2005 年下载 500~999 次的论文

表 8-32　2005 年下载 500~999 次的论文

作者	题目	发表期数	页码	下载次数
刘远碧	对凯恩斯有效需求理论的再思考	1	91–95	929
周永刚	苦难的超越——史铁生论	5	7–9	921
杨四平	北岛论	6	25–32	849
徐康	《活着》与《人的命运》苦难意识比较	2	40–42	831
郭天奎	活个轰烈　死个安详——朗费罗《人生颂》及《潮起又潮落》评析	4	81–83	775
李献礼 范会联	基于 JSP/Servlet 技术的网上选课系统的设计及实现	5	107–110	773
谭旭东	当代儿童小说发展述论	1	18–23	736
李伟	论土家族丧葬的狂欢精神——以娱神仪式为例	1	57–60	732
张增田	对话教学的内涵和特点	6	149–153	717
方长安 李樵	前期创造社与日本唯美主义文学思潮	6	19–24	693
章红梅	试论"打"字的语音、语义来源	3	62–65	654
熊元义 李国春	中西悲剧的差异——兼评姚一苇与黄克剑的中西悲剧观	1	1–7	607

续表

作者	题目	发表期数	页码	下载次数
张杰 詹培民	农村土地流转与劳动力转移的关联分析——以重庆市为例	3	85-90	589
胡军	重建历史叙事：从复杂到"纯粹"——以《青春之歌》《红岩》为例	4	29-32	584
欧小蓉	试论《战国策》中策士的悲剧	4	77-80	583
程新平	论大学生问题行为及其预防与矫正	1	123-125	573
刘志华	从"参差的对照"看张爱玲小说的俗与雅	1	29-33	569
张磊	隐喻与文化	4	45-49	566
张正江	蔡元培论美育的作用和意义	6	154-158	532
陈志平	基督教话语下的个体言说——史铁生与刘小枫之比较	2	37-39	523
向天渊	中外诗学的多层次对话——王国维比较诗学话语方式之分析	2	43-46	510
段从学	在冬天的旷野唱出自我之歌——论穆旦晚年的诗歌创作	2	14-20	501

注：统计时间截至 2021 年 7 月 25 日。
资料来源：作者汇总。

（十）2006 年下载 500~999 次的论文

表 8-33　2006 年下载 500~999 次的论文

作者	题目	发表期数	页码	下载次数
杨宗红	禁锢与失落——论汉代女性地位变化	4	15-19	942
杨迎平	相知而不相随——张爱玲与胡兰成的情感悲欢	3	98-104	887
叶昌建	重庆市宗教旅游开发模式及发展战略措施	3	41-45	872

续表

作者	题目	发表期数	页码	下载次数
王庆杰	柏拉图"哲学王"思想探究——对于"哲学王"思想批评的回应	3	20–23	837
张荣建 曾文武	性别差异与话语策略：会话中的间接性、打岔、衔接	1	150–154	786
谢翠平	论索绪尔语言符号任意性原则的适用范围	1	163–167	744
张荣伟 张灵聪	试论班杜拉社会学习论的学习自控观	1	126–130	737
张军	六十年代初期《创业史》研究综述	3	105–109	719
陆正林	继汉开唐：魏晋南北朝时期的教育简述	3	105–109	667
谭旭东	论童年的历史建构与价值确立	6	103–106	657
吴绮雯	论毛泽东"人定胜天"的环境思想	6	17–24	650
王富仁	物质世界·精神世界·话语世界——人与世界关系的精神自白	1	1–7	648
王嘉 崔明月	重庆红色旅游资源分析及开发研究	5	69–72	629
江傲霜	佛经词语研究现状综述	4	59–61，109	624
刘婧 张培	怀旧文化与重庆古镇旅游的发展	3	37–40	613
张唯	儒家理想的幻灭——从《桃花扇》结局看孔尚任的缺乏性创作动机	5	98–101	611
马凌云	以接受美学看《古诗十九首》中的意境	1	66–70	606
李雪顺	瑞普·范·温克尔：酗酒的守护天使	4	114–117	598
田苗	试论明清之际传教士对中国妇女生活的影响	5	47–50，72	588

续表

作者	题目	发表期数	页码	下载次数
黄东梅	汉语文化教学在北美高校	6	120-124	553
汪浩	论桃花的双重文化意蕴	1	111-114	551
慈波	《古文辞类纂》系列选本及其文学史意义	5	91-94	540
马济萍	修真求道 否弃凡俗人生——论道教思想对《镜花缘》的影响	1	62-65	536
李霞	五四文学革命精神的疏离者——从老舍三十年代小说的女性形象分析其男权意识	3	110-113	532
邓心强	论人物品评与魏晋六朝文学批评	3	46-50	504

注：统计时间截至2021年7月25日。
资料来源：作者汇总。

（十一）2007年下载500~999次的论文

表8-34 2007年下载500~999次的论文

作者	题目	发表期数	页码	下载次数
朱利娜	《德伯家的苔丝》与《圣经》的明分与暗合	2	152-156	910
崔云伟 刘增人	2005年鲁迅研究综述	4	22-33	857
万志鹏	外国刑法中的没收财产刑	1	129-133	845
严光德	从"身份困顿"到"灵魂回归"——试论虹影小说《饥饿的女儿》	1	64-66	814
杨晓莲 张秀娟	童话之幻·童话之善·童话之美——从《我们的祖先》看卡尔维诺小说的童话追求	5	81-87	772
丁世忠	试论福楼拜的女性意识	5	77-80，87	732

续表

作者	题目	发表期数	页码	下载次数
赵琴玉	张爱玲小说中的服饰与人物	1	151–154，164	715
王本朝	文体与政治：革命样板戏的发生	1	23–25，47	686
卢润司联合	中国英语学习动机研究现状与前瞻	5	74–77	682
张碧邢昭	论19世纪英国浪漫主义诗歌的情感主义	2	141–144	673
史育华	谈"道义论"与"功利主义"的内在统一性	2	112–115	665
徐灿	日汉道歉用语异同浅析	6	125–127	653
曾利君	相同时代语境下的不同文学表达——文革时期的"地上"文学与地下文学	1	32–34	624
林纲	网络语言变异现象及动因考察	4	69–73	608
杨建道	模因论：重新反思英语教学	6	122–124	594
李松	近十年来革命"样板戏"研究述评	1	26–31	577
刘群	实证主义在社会学中的发展脉络	4	62–64，94	576
廖全明	对中国人人格结构模型研究的评价与反思	2	132–135，156	546
刘彦全露	操化：土家族摆手舞的现代变异	5	52–54，63	531
张成恩	转益多师 不主一家——苏轼诗歌的艺术风格及艺术渊源	3	73–78	515
杨丹妮	口传—仪式叙事中的民间历史记忆——以广西和里三王宫庙会为个案	1	91–98	512
张海霞	萨丕尔—沃尔夫假说理论观照下的英语学习	3	109–111	512

续表

作者	题目	发表期数	页码	下载次数
黎亚梅	从"西兰卡普"看土家族人服饰审美观——巴人服饰文化探索	5	47－51	510
熊可嘉	试论新时期现代汉语中的旧词新义	1	169－172	505

注：统计时间截至2021年7月25日。
资料来源：作者汇总。

（十二）2008年下载500～999次的论文

表8-35　2008年下载500～999次的论文

作者	题目	发表期数	页码	下载次数
李鹏军	日本老龄化及其对家庭养老功能的影响	4	139－144	975
秦红增 胡宝华	旅游与民俗文化的再建构——以龙胜大寨红瑶村为例	5	56－64	874
陈燕	寻找失去的女性自我——用精神分析女权主义理论解读《觉醒》	1	104－106	868
康月磊	近年来关于马克思主义中国化基本经验研究综述	2	46－50	866
徐仲佳	《啼笑因缘》的道德叙事	5	47－52	859
张勇	音标教学与英语词汇自主学习能力培养	6	125－128	812
鲍兆飞	赞扬与批判：现代性的选择和失落——重读萧也牧《我们夫妇之间》	3	40－43	782
刘晓燕	中国视觉修辞研究的进路	1	53－56	765
党西民	视觉文化的研究方法概述	1	48－52，56	738
胡建华	论高校法治文化建设存在的主要问题及对策	6	86－91	732
丁世忠	《无名的裘德》的生态伦理意识	4	61－66	689

续表

作者	题目	发表期数	页码	下载次数
许明惠 李昌满	生命伦理难题及对策	4	135-138, 178	670
杨雅丽	从民间文学看关中方言的民俗文化积淀	2	132-137	650
董曼霞	论英语广告文体的词汇特征与修辞风格	6	129-133	625
杨智	直面人生与诗性诉求——曹禺话剧女性观的成因及特点探微	2	25-60	624
龙丹	为女性独立悲叹——评多丽丝·莱辛的小说《青草在歌唱》	4	74-78	614
胡牧	革命样板戏：叙事的符号化	2	87-90	613
秦小锋	从顺应理论角度探析外交语言活动中的语用模糊现象	4	103-106	590
刘继花	大众传媒对青少年思想政治教育的影响及对策思考	3	97-99	588
郑小娜	先在意向与莫言儿童叙事	3	127-132	572
胡昌荣	高职"校企合作"人才培养的教学模式比较研究	4	160-164, 178	554
郭赫男 颜春龙	从《联合早报》办报理念看新加坡传媒与政府的关系	3	18-22	550
冉文佳	关于步升诉百度网络侵权案的几点法律思考	2	100-103	531
王山河	农民工"回流"对输出地区的影响研究——对重庆市黔江区新华乡和太极乡利益相关者的深度访谈	5	65-68	526
何远秀 陈秀南	戏剧对白翻译中的形似与神似——《卖花女》剧本对白翻译述评	4	94-97, 177	520

续表

作者	题目	发表期数	页码	下载次数
刘云艳	民间小戏里的大狂欢——试从民俗学角度解读《檀香刑》	1	134-137	510
杨迎平	左翼小说与新感觉派小说对上海的不同阐释	2	12-16	504
黄晓林	取名习俗与80后女大学生名字特色研究	6	115-120	501

注：统计时间截至2021年7月25日。
资料来源：作者汇总。

（十三）2009年下载500~999次的论文

表8-36　2009年下载500~999次的论文

作者	题目	发表期数	页码	下载次数
刘海涛 冯后礼	关于国内协商民主研究的文献综述	4	129-133	992
王鸥 王扬	中日英语教育比较研究	2	148-151,160	971
朱松方	无政府主义	4	14-16	933
张继红 薛世昌	转型期农民、土地的深层隐喻——以贾平凹小说《秦腔》中夏天义为例	1	97-100,117	837
仇全菊	青岛市旅游景点翻译策略浅析——从变译理论角度	6	124-127	796
刘自然	死亡意识	5	18-21	782
陈娜	中西文化差异对中英文语言表达的影响	6	128-130	755
吴文南	宗教与世俗之间——《天路历程》价值地位初探	2	121-124	737
罗长青	"红色娘子军"创作论争及其反思	1	118-124	726

续表

作者	题目	发表期数	页码	下载次数
刘婧	"母性神话"从何处倒塌——中西古典文学中的"恶母"形象比较	2	125-129	711
邹宏伟	牛郎织女传说三种文本分析	5	33-37	703
杨有庆	空间转向与新马克思主义都市研究	3	13-18	678
李顺军	现代汉语中时间副词"马上"的演变	5	128-132	629
余海霞	二十年代乡土小说中的乡土情结与都市意识	2	22-29	616
马昱娇 陈智尧	试论意识形态对翻译的操控——以中共十七大报告英译稿为例	2	65-67	609
周立	罪责刑相适应原则的应用——由许霆取款案引起的思考	3	129-132	604
陆晓燕	混声合唱曲《忆秦娥·娄山关》解析	5	154-158	592
杨莉	班主任专业化发展的路径选择	2	156-159	578
陈惠艳	学术论文结论的体裁分析——以应用语言学为例	4	108-111,162	559
白杰	穆时英研究述评	5	49-55	548
戴伟	"国学热"的冷思考——基于中西传统文化差异的视角	1	1-6	517
龙四古 李天一	大学生社会保障:游离在城市和农村之外	1	33-40	512
朱米娜	我国政府新闻发言人制度本土化的若干思考	2	87-90	502

注:统计时间截至2021年7月25日。
资料来源:作者汇总。

（十四）2010年下载500～999次的论文

表8-37 2010年下载500～999次的论文

作者	题目	发表期数	页码	下载次数
李蕾	浅谈《棋王》中的游侠精神	1	71-73	988
袁庆丰	1980年代第五代导演的视觉革命与艺术贡献——以1987年的《红高粱》为例	2	51-56	981
廖可佳	从四川方言浅谈文化与语言的关系	2	143-145	965
胡言会 郭梅	《文心雕龙·情采》中的"情""采"关系新解	2	5-8	954
康鑫	新世纪《寒夜》研究十年（2000—2009）述评	4	1-5	917
刘东玲	欲望与人性的双重话语——论余华的《兄弟》	3	48-52	896
黄存金	试论新加坡廉政建设及其对我国的现实启示	5	106-110	822
李国	上世纪末中国新左派思潮的"新"与"左"	6	8-11	771
伯牛	张洁与《方舟》	2	165	752
张静	语文教材功能研究概述	1	149-154	737
曹双萍	《荆棘鸟》和《飘》的相似性研究	4	153-156	720
孙曙 范蔚	论校本课程发展的文化取向	4	131-135	687
陈达 王随红 付明霞	新课标下中学英语课堂互动现状调查与分析	6	36-42	677
武敏	《京华烟云》中的幽默及对林语堂幽默观的再认识	2	95-98	674

续表

作者	题目	发表期数	页码	下载次数
陈幼贞	前瞻记忆的生理机制研究综述	1	95-99	639
伦玉敏 刘勇 王萌	藏传佛教传入蒙古族地区的过程及原因分析	4	44-48	618
张冀	坚守 重构 突围——论姜文导演作品另类叙事图景的文本意义	6	47-53	591
胡江	走私、贩卖、运输、制造毒品罪的既未遂形态认定	2	70-73	571
李建武 孙之卓	中国古代长篇小说的"口、吕、品、器"字型人物板块结构——以《红楼梦》《封神演义》《三国演义》《儒林外史》为例	2	1-4	515
胡守勇	建国六十年群众文化研究综述	5	22-28	506

注：统计时间截至2021年7月25日。
资料来源：作者汇总。

（十五）2011年下载500～999次的论文

表8-38　2011年下载500～999次的论文

作者	题目	发表期数	页码	下载次数
钱愿秋	蒙氏教具与儿童玩具的关系研究	6	47-50	977
丰杰	艺术重塑历史的英雄传奇——关于小说《林海雪原》人物与事件的真实性问题	4	1-7，157	900
江琦	流动儿童班级人际关系与歧视知觉的关系：社会支持的调节作用	6	103-108，161	795
牟莉	联想关系在对外汉语词汇教学中的运用	1	178-180	721

《长江师范学院学报》史料整理与分析（1985—2020）

续表

作者	题目	发表期数	页码	下载次数
杨丽梅	意象图式理论指导下的外语教学	3	58－61	712
陈仁芳	富士康"虎狐"文化管理模式与员工"十二连跳"深层心理冲突之探讨	2	71－76	691
狄燕	论《论语》中的君子	5	59－62	680
文永超	佛经翻译中的文质之争与文质之和	4	76－81	676
宋剑华	罗广斌与《红岩》：宏大叙事背后的难言之隐	1	1－6	635
张真	论《三国演义》中赤壁之战的素材来源	5	53－58	628
陈美志	论我国特殊教育政策的教育公平价值取向	1	162－165	614
栗玉波	情绪创造力研究述评	3	151－153	605
孙桂芝	在欲望的选择中凸显人性——解读《红字》与《荆棘鸟》的人物内涵	2	67－70	588
吕进	论人的本质、异化和全面发展的马克思主义价值观思想及其现代意义	4	41－45，158	588
巫正秀	初探《说文解字》中表示动物类的字——以豸部和马部为例	2	49－52	583
王莉	美国中小学课外作业设计及启示	4	61－64	573
罗益民 吕星	安娜的一帘幽梦——多丽丝·莱辛《金色笔记》梦境别裁	1	115－120	545
龚义龙	清代"湖广填四川"移民浪潮时间考证	6	7－14，158	503

注：统计时间截至2021年7月25日。

资料来源：作者汇总。

(十六) 2012 年下载 500~999 次的论文

表 8-39　2012 年下载 500~999 次的论文

作者	题目	发表期数	页码	下载次数
郭聪修	简论格雷马斯符号矩阵下的《白鹿原》	5	123-125	984
余继平	武陵山区少数民族文化旅游发展现状及对策研究	7	15-22	982
陈小梅	简论《牡丹亭》中春香的存在意义	5	136-138	980
罗程	奢侈品广告翻译的美学体现	1	120-122	908
陈进武	论高行健《灵山》的人性叙事伦理	11	108-112,152	833
孙泽文	课程目标：概念、功能及其分类研究	6	56-59,139	831
杨梦吟	论《京华烟云》中的道家思想	7	130-133	710
范慧娟	电影《小城之春》的叙事艺术探析	11	135-138	702
杨兴坤	上下班途中交通事故伤害工伤认定的探讨——兼评新修订《工伤保险条例》第十四条第（六）项规定	3	39-43,138	695
何沙	大学校园暴力的成因及预防对策	4	92-95	692
杨雅玲	民族地区高校社会主义核心价值观教育融入实践教学探析——以湖南吉首大学思想政治理论课实践教学为例	12	26-29,141	692
尹渝萍	浅谈长征精神对党风建设的启示	1	127-130	684
晏菲	媚俗艺术及其虚假性批判——对马泰·卡林内斯库《现代性的五副面孔》的解读	9	116-119	661
陈兴华	朱熹儿童教育思想研究	4	126-131	653
张艺培	浅析新课程标准下的高中文言文教学策略	6	90-93,139	647

续表

作者	题目	发表期数	页码	下载次数
王文娟	重要的配角——《牡丹亭》中的陈最良刍议	1	96-98	641
孔丹丹	论舒婷诗歌的古典意象	1	88-91	626
亚丽	英式英语与美式英语的差异性引起的歧义现象分析	7	98-101	597
李忠伟	我国非营利组织公信力建设的途径研究	3	109-111	582
李聪聪	普通话词汇和重庆方言词汇中同素逆序现象考察	5	25-29，146	563
胡美术	道公视角：湖北恩施土家族丧葬习俗调查	1	21-27，137	543
卜路平	试论积极心理学在思想政治教育运用中的价值及其实现	10	45-48，138	536
陆丽英	基于法律文化语境的法律英语翻译原则与策略	1	113-115	520
贺芬	重庆农村留守儿童家庭教育误区及其对策	4	1-5	505

注：统计时间截至2021年7月25日。

资料来源：作者汇总。

（十七）2013年下载500～999次的论文

表8-40　2013年下载500～999次的论文

作者	题目	发表期数	页码	下载次数
罗文青	亚洲婚姻移民视角下的中越跨国婚姻问题研究	3	1-6	992
陈国元	"死无葬身之地"是真正的安息地——论余华的《第七天》中理想型生存状态	6	58-61	834

续表

作者	题目	发表期数	页码	下载次数
甘浩	侵入私地:《白鹿原》的身体叙事	3	31-35,134	714
郭金虎	我国教师资格准入制度的法律审视——兼论《教师法》《教师资格条例》的修改	2	98-102,136	630
周兴茂	认识世界与改造世界——谈谈哲学的产生、使命与未来	1	101-106,135	543
李显文	绝世美女丽姬娅的死亡与复活——评爱伦·坡的"精神美学"	6	62-67	542
刘前凤	三峡地区巴、楚文化的考古研究	5	1-14,137	540
周晋	从"得意忘言"到"隐秀"——"言不尽意"与六朝文论的展开	1	115-118,136	514

注：统计时间截至2021年7月25日。
资料来源：作者汇总。

（十八）2014年下载500~999次的论文

表8-41　2014年下载500~999次的论文

作者	题目	发表期数	页码	下载次数
张正江	美德不是知识，美德不可教——苏格拉底道德智慧教育思想初探	6	103-108,148	951
李永洪	浅析大学生同性恋现象及其应对策略	5	120-125	874
杨晓峰	本科层次全科小学教育专业建设的反思与建议	6	113-119,148	793
李米换	社会工作伦理视角下救助管理工作困境探析	4	127-131	625
吴兴德	论中国模式及其世界意义	6	98-102	569
何先龙	中国土司制度源流新探	4	17-29,149	533

注：统计时间截至2021年7月25日。
资料来源：作者汇总。

(十九)2015 年下载 500~999 次的论文

表 8-42　2015 年下载 500~999 次的论文

作者	题目	发表期数	页码	下载次数
王子今	"忠孝"与"孝忠":中国道德史的考察	2	1-9,141	985
王英	大班幼儿同伴交往的社会网络分析	6	125-132,144	798
中国土司制度与土司文化研究创新团队	中国土司制度与土司文化研究 2013 年度科研报告(上)	1	1-17,137	737
中国土司制度与土司文化研究创新团队	中国土司制度与土司文化研究 2014 年度科研报告(下)	2	10-23,141	701
冉诗洋	中西文化差异视域下的文学翻译批评——以《红楼梦》的英译为例	5	83-87	639
李宗露	美国学前教育教师职前专业能力培养的特征及启示——以美国塞勒姆州立大学早期儿童教育专业为例	6	110-113,144	599
张淼	浅析"微课"在高校思想政治理论课中的应用设计——以"思想道德修养与法律基础"课为例	4	126-130	558
李银兵	苏格拉底与柏拉图伦理思想差异探析	2	107-112,144	538

注:统计时间截至 2021 年 7 月 25 日。
资料来源:作者汇总。

（二十）2016 年下载 500~999 次的论文

表 8-43 2016 年下载 500~999 次的论文

作者	题目	发表期数	页码	下载次数
汪贻菡	泡沫？还是先机？——2010 年以来国内"非虚构"文学写作研究综述	2	77-83，139	858
孙景鹏	论李商隐《夜雨寄北》的"朦胧美"	1	84-87，144	789
陈韵	"沉默的女尸"——王安忆《长恨歌》中的"看"与"被看"模式	2	94-99	576
王待遂	对完善我国协议离婚制度的思考	2	104-110	548
孙宇	论《四声猿》中的女性形象	2	81-86	540
中国土司制度与土司文化研究创新团队	中国土司制度与土司文化研究 2015 年度科研报告（上）	3	1-14，141	522

注：统计时间截至 2021 年 7 月 25 日。
资料来源：作者汇总。

（二十一）2017 年下载 500~999 次的论文

表 8-44 2017 年下载 500~999 次的论文

作者	题目	发表期数	页码	下载次数
张婷	工程师伦理责任的逻辑演进	6	127-130	850
金家新 王云兰	自媒体时代网络意见领袖的特征、问题与引导规制	6	115-119，143	706
李学嘉 邹伟华 邹芙都	论习近平的文物保护与利用思想	1	57-62	614

续表

作者	题目	发表期数	页码	下载次数
左娅菲娜 常硕 张绍荣	习近平青年思想及对青年统战工作的启示	4	12-16	592
李东辉	"史德"的践履——以《治史三书》为中心的考察	4	72-76,147	589
崔金巧	《黄金时代》：存在主义的东方式言说	2	98-102,144	582
高书杰 郑南	酒事生活视角下的宋代酒文化	2	63-69	573
吴臻 杨飞	浅议"一带一路"战略下的知识产权保护	2	135-138	535

注：统计时间截至2021年7月25日。
资料来源：作者汇总。

（二十二）2018年下载500~999次的论文

表8-45 2018年下载500~999次的论文

作者	题目	发表期数	页码	下载次数
李晓娟	新时代高校思想政治教育网络育人的现实思考	2	118-123	925
喻学忠 胡利利	历史学科核心素养对初中历史教学的指导——以新编人教版《中国历史》七年级上册教学为例	1	106-109	860
付佳茵 童孝媚 李祚山	儿童社会退缩行为现状及其干预的研究综述	1	101-105,144	769
刘志华 刘瑛 张丽娟	田园综合体建设：以重庆的实践为例	4	23-29	727

续表

作者	题目	发表期数	页码	下载次数
钱兴多 莫国芳	云南省旅游业发展时空格局演变（2008—2016年）	5	35-44	700
李银兵 李元萍	柏拉图《理想国》中的斯巴达"影子"	4	76-82，143	699
陈善志 冯建民	我国高等教育学硕士研究生课程设置比较研究——基于12所高校培养方案的分析	6	103-113，122	630
代小芳	从"素质"到"核心素养"的教育嬗变	5	106-111，124	630
李南锦 陈纪平	重庆城市化进程与产业结构演变的内在关联分析——基于DMSP/OLS夜间灯光数据	6	27-35，120	554
王涛	重庆火锅店名的语言艺术特色	1	129-135，144	529
李章吕 董佳佳	重庆市乡村小学教师生存状况调查研究	5	99-105，124	507

注：统计时间截至2021年7月25日。
资料来源：作者汇总。

（二十三）2019年下载500~999次的论文

表8-46 2019年下载500~999次的论文

作者	题目	发表期数	页码	下载次数
黄颖 毛长义	非物质文化遗产旅游线路设计——以渝东南为例	2	25-32，126	982
刘舒皓	五四精神融入大学生社会主义核心价值观培育的路径探析	5	84-89，123	864
陈闻鹤 常志朋	国内外多维贫困研究进展	5	31-44	712

续表

作者	题目	发表期数	页码	下载次数
黎慧	中国玄幻/奇幻小说研究二十年（2000—2019）	6	57-71	667
张超锋 吴林飞	教育人力资本对经济增长影响的实证研究——以重庆市为例	4	107-113	663
王琴 黄大勇	涪陵旅游业转型升级路径探究——基于全域旅游的视角	2	41-49，126	632
杨柳群	美国大学生学术不端防治与启示——以哈佛大学、普林斯顿大学、康奈尔大学为例	6	96-103，128	632
王洁怡 葛治华	变性人性别变更权及其衍生权利限制与保护	3	106-113	611
李侠 缪秋民 李格菲	孔子学院面临的结构性困境与变革路径	3	90-97，124	602
王亚伟	中国侠文化研究2018年年度报告	3	16-24，121	578
张洁	习近平同志关于治贫脱贫重要观点的历史形成、主要内容与当代价值	5	23-30，122	578
徐巧云 马超	近十年我国思想理论教育研究现状分析——基于《思想理论教育导刊》的文献计量学和科学知识图谱的视角	2	110-116，128	574
周海玲	文化治理实践与城市文化空间塑造——以汕头小公园开埠区文化治理实践为例	5	16-22，121	540
白志如 王喜艳	老字号与城市文化旅游品牌建设的融合路径	5	54-61，122	534
邓天宇 王文余	论"人类命运共同体"对马克思"真正共同体"的延续与发展	1	24-31	525

续表

作者	题目	发表期数	页码	下载次数
刘宇	21世纪以来我国公民教育研究的回顾与反思——基于CiteSpace知识图谱的分析	5	90-98，124	519

注：统计时间截至2021年7月25日。
资料来源：作者汇总。

（二十四）2020年下载500~999次的论文

表8-47　2020年下载500~999次的论文

作者	题目	发表期数	页码	下载次数
廖钰 沈洲伦	70年来我国民族政策对少数民族国家认同的影响	1	79-86	628
陆少秀	政府补助、高管薪酬与企业绩效	1	40-47，122	532

注：统计时间截至2021年7月25日。
资料来源：作者汇总。

第九章 学报历年获奖和荣誉情况

学报获奖和荣誉是期刊管理部门、协会给予学报办刊的认可，也在一定程度上反映了刊文质量。由于学报档案资料保存不够完整，本章仅搜集了部分获奖和荣誉情况。为了方便起见，按获奖年份加以梳理。

一、2002 年获奖和荣誉情况

《涪陵师范学院学报》2021 年度"重庆文学史"栏目在重庆市新闻出版局、重庆市期刊协会联合举办的重庆市第三届好作品评选中荣获好栏目。

二、2004 年获奖和荣誉情况

冉易光编辑的"21 世纪文论"栏目获重庆市新闻出版局、重庆市期刊协会联合举办的第四届重庆市期刊好作品优秀栏目奖。

三、2005 年获奖和荣誉情况

冉易光编辑的《涪陵师范学院学报》"21 世纪文论"栏目获重庆市新闻出版局、重庆市期刊协会联合举办的第五届重庆市期刊好作品优秀栏目奖。

邱明淑编辑的《涪陵师范学院学报》2004 年第 1 期周晓风的《论重庆文学的主体意识》在 2005 年获得第五届重庆市期刊好作品二等奖。

邱明淑编辑的《涪陵师范学院学报》2004 年第 3 期杨四平的《梁小斌论》在 2005 年获得第五届重庆市期刊好作品二等奖。

四、2007 年获奖和荣誉情况

冉易光编辑的"21 世纪文论"栏目获重庆市新闻出版局、重庆市期刊协会联合举办的第六届重庆市期刊好作品优秀栏目奖。

五、2009 年获奖和荣誉情况

2009 年黄江华获重庆市教育委员会评选的 2006—2008 年度重庆市高校期刊"优秀编辑"。

六、2010 年获奖和荣誉情况

《长江师范学院学报》"重庆文学史"栏目在 2010 年 10 月 27 日被全国高等学校文科学报研究会评为特色栏目。

七、2013 年获奖和荣誉情况

曾超编辑的《长江师范学院学报》2012 年第 1 期曾超的《黔江墓志所见移民姓族录考》在 2013 年获得重庆市新闻出版局、重庆市期刊协会联合举办的第十三届重庆市期刊好作品一等奖。

曾超编辑的《长江师范学院学报》2012 年第 5 期李良品、谭杰荣的《论清末团练制度下乡村社会与国家关系——以酉阳直隶州为例》在 2013 年获得重庆市新闻出版局、重庆市期刊协会联合举办的第十三届重庆市期刊好作品二等奖。

曾超编辑的《长江师范学院学报》2012 年第 7 期龚义龙的《在封闭与开放之间：从清代巴县工商业经营权继替惯例对行会特性的理解》在 2013 年获得重庆市新闻出版局、重庆市期刊协会联合举办的第十三届重庆市期刊好作品二等奖。

曾超编辑的《长江师范学院学报》2012 年第 9 期汪春春、黄秀蓉的《化屋苗寨民间信仰体系四维建构论》在 2013 年获得重庆市新闻出版局、重庆市期刊协会联合举办的第十三届重庆市期刊好作品二等奖。

曾超编辑的《长江师范学院学报》2012年第9期罗钰坊、梁正海的《土家族传统妇幼保健知识的类型、文化特征与价值——对鄂西兴安村的人类学考察》在2013年获得重庆市新闻出版局、重庆市期刊协会联合举办的第十三届重庆市期刊好作品二等奖。

曾超编辑的《长江师范学院学报》2012年第11期吴电雷的《论西南地区阳戏之"源"与"流"》在2013年获得重庆市新闻出版局、重庆市期刊协会联合举办的第十三届重庆市期刊好作品一等奖。

曾超编辑的《长江师范学院学报》2012年第11期姚元和的《重庆武陵山区实现区域发展的困局与出路探索》在2013年获得重庆市新闻出版局、重庆市期刊协会联合举办的第十三届重庆市期刊好作品二等奖。

八、2014年获奖和荣誉情况

黄江华撰写的论文《数字出版环境下学术期刊的发展》获"2014年川渝高校编辑出版创新发展暑期学术研讨会"征文三等奖。

曾超编辑的《长江师范学院学报》2013年第4期杨华、粟慧、韩鹏的《重庆地区远古人类与周邻地区民族文化的关系探索》在2014年获得重庆市文化委员会、重庆市期刊协会联合举办的第十四届重庆市期刊好作品一等奖。

曾超编辑的《长江师范学院学报》2013年第5期刘雪梅、刘冰清的《从文化基因理论谈文化遗产保护——以土家族为中心》在2014年获得重庆市文化委员会、重庆市期刊协会联合举办的第十四届重庆市期刊好作品一等奖。

黄江华编辑的《长江师范学院学报》2013年第1期曾超、张正武的《西南地区白鹤梁题刻唐宋涪州牧考述》在2014年获得重庆期刊协会举办的第十四届重庆市期刊好作品二等奖。

黄志洪编辑的《长江师范学院学报》2013年第2期赵牧的《在文本的冲突中——读莫言的〈蛙〉及其他》在2014年获得重庆期刊协会举办的第十四届重庆市期刊好作品二等奖。

曾超编辑的《长江师范学院学报》2013年第2期李禹阶的《试论重庆历史上人口迁徙的阶段性特点》在2014年获得重庆期刊协会举办的第十四届重庆市期刊好作品二等奖。

曾超编辑的《长江师范学院学报》2013年第3期栾成斌的《明清西南民族政策比较研究——以贵州改土归流为中心》在2014年获得重庆期刊协会举办的第十四届重庆市期刊好作品二等奖。

黄江华编辑的《长江师范学院学报》2013年第3期李小燕、任丑的《试论康德人权哲学的建构》在2014年获得重庆期刊协会举办的第十四届重庆市期刊好作品二等奖。

曾超编辑的《长江师范学院学报》2013年第6期吴大旬、刘慧的《从牯脏节看苗族的民族认同——以贵州榕江县高排村为例》在2014年获得重庆期刊协会举办的第十四届重庆市期刊好作品二等奖。

曾超编辑的《长江师范学院学报》2013年第1期何侍昌、田丽的《对国内外城乡统筹发展的思考》在2014年获得重庆市文化委员会、重庆市期刊协会联合举办的第十四届重庆市期刊好作品三等奖。

黄江华编辑的《长江师范学院学报》2013年第1期周小婷的《开展寝室英语活动对提高中学生英语口语交际能力的实证分析》在2014年获得重庆期刊协会举办的第十四届重庆市期刊好作品三等奖。

黄江华编辑的《长江师范学院学报》2013年第2期梁正海的《论单一民族内部族姓的多元竞争关系——基于湘西苏竹村的人类学考察》在2014年获得重庆期刊协会举办的第十四届重庆市期刊好作品三等奖。

黄江华编辑的《长江师范学院学报》2013年第2期杨四平的《现代中国文学海外传播与接受的国别关系研究——以欧美与苏俄为例》在2014年获得重庆期刊协会举办的第十四届重庆市期刊好作品三等奖。

黄江华编辑的《长江师范学院学报》2013年第2期李艳的《近代河西水利管理演变与乡村社会变迁》在2014年获得重庆期刊协会举办的第十四届重庆市期刊好作品三等奖。

曾超编辑的《长江师范学院学报》2013年第2期朱敏、熊正贤的《基于SWOT分析的西部地区文化产业发展方式转变研究》在2014年获得重庆市文化委员会、重庆市期刊协会联合举办的第十四届重庆市期刊好作品三等奖。

曾超编辑的《长江师范学院学报》2013年第4期符静的《抗战时期上海亲日史学研究》在2014年获得重庆市文化委员会、重庆市期刊协会联合举办的第十四届重庆市期刊好作品三等奖。

曾超编辑的《长江师范学院学报》2013年第5期杜雯雯的《应对全球

气候变暖的共同但有区别责任原则探讨》在2014年获得重庆市文化委员会、重庆市期刊协会联合举办的第十四届重庆市期刊好作品三等奖。

丹涪编辑的《长江师范学院学报》2013年第6期龚义龙的《族群记忆、祠墓祭拜与福利渗透：清代巴蜀移民家庭整合途径研究》在2014年获得重庆期刊协会举办的第十四届重庆市期刊好作品三等奖。

黄江华编辑的《长江师范学院学报》2013年第6期秦香丽的《〈秦腔〉：城市化进程的活标本》在2014年获得重庆期刊协会举办的第十四届重庆市期刊好作品三等奖。

九、2015年获奖和荣誉情况

"中国土司文化研究""西南民族文化研究"2个栏目获得重庆市期刊协会举办的第十五届重庆市期刊好作品优秀栏目奖。

"中国土司文化研究"专栏被中华炎黄文化研究会土司文化专业委员会作为其专业委员会指定栏目。

赵庆来编辑的《长江师范学院学报》2014年第2期葛天博的《秩序建构中"着眼于安排"与"着眼于现实"的正义偏差——基于新刑事诉讼法人身权利保护的运行分析》在2015年获得重庆市文化委员会、重庆市期刊协会联合举办的第十五届重庆市期刊好作品三等奖。

赵庆来编辑的《长江师范学院学报》2014年第3期雷琨的《基于多元智能理论的多任务课堂活动设计——以"鱼缸"活动为例》在2015年获得重庆市文化委员会、重庆市期刊协会联合举办的第十五届重庆市期刊好作品三等奖。

十、2016年获奖和荣誉情况

曾超、赵庆来、黄志洪编辑的"中国土司文化研究""西南民族文化研究"2个栏目获得重庆市期刊协会举办的第十六届重庆市期刊好作品优秀栏目奖。

赵庆来编辑的《长江师范学院学报》2015年第1期朱忠华的《〈南部档案〉清代州县诉讼中的"中证"考察》在2016年获得重庆期刊协会举办的第十六届重庆市期刊好作品三等奖。

赵庆来编辑的《长江师范学院学报》2015年第2期赵久湘的《秦汉简牍法律用语中的省称》在2016年获得重庆期刊协会举办的第十六届重庆市期刊好作品三等奖。

十一、2017年获奖和荣誉情况

曾超、赵庆来、黄志洪编辑的"中国土司文化研究""西南民族文化研究"2个栏目获得重庆市期刊协会举办的第十七届重庆市期刊好作品优秀栏目奖。

赵庆来编辑的《长江师范学院学报》2016年第2期谈建成的《教育的理想与理想的教育——〈理想国〉卷七教育理念述评》在2017年获得重庆期刊协会举办的第十七届重庆市期刊好作品优秀标题奖。

曾超编辑的《长江师范学院学报》2016年第1期陈兴贵的《一个汉族宗族的认同符号——重庆永川松溉罗氏宗族个案研究》在2017年获得重庆期刊协会举办的第十七届重庆市期刊好作品一等奖。

曾超编辑的《长江师范学院学报》2016年第1期向轼、莫代山的《论明代土家族"土兵"在抗倭斗争中的军事贡献》在2017年获得重庆期刊协会举办的第十七届重庆市期刊好作品二等奖。

曾超编辑的《长江师范学院学报》2016年第3期柏俊才、赵星的《明清之际容美土司文学及其文化互动》在2017年获得重庆期刊协会举办的第十七届重庆市期刊好作品二等奖。

赵庆来编辑的《长江师范学院学报》2016年第5期李莉娟的《语言作为通往本体的形而上学之路》在2017年获得重庆期刊协会举办的第十七届重庆市期刊好作品三等奖。

十二、2019年获奖和荣誉情况

赵庆来编辑的《长江师范学院学报》2018年第1期何海涛的《黑格尔"共同体理论"视域下的几个问题探讨——与韩立新教授商榷》在2019年获得重庆期刊协会举办的第十九届重庆市期刊优秀论文二等奖。

赵庆来编辑的《长江师范学院学报》2018年第5期王新宇的《"天理"、圣人与学者——朱子"圣人观"的基本建构》在2019年获得重庆期刊协会举办的第十九届重庆市期刊优秀论文二等奖。

王志标编辑的《长江师范学院学报》2018 年第 4 期刘志华、刘瑛、张丽娟的《田园综合体建设：以重庆的实践为例》在 2019 年获得重庆期刊协会举办的第十九届重庆市期刊优秀论文三等奖。

十三、2020 年获奖和荣誉情况

王志标撰写的论文《地方高校学报的学术出版市场空间》获重庆市高校期刊研究会举办的首届"渝出版"学术研讨会暨青年编辑学术沙龙"非晓杯"学术征文三等奖。

王小恒编辑的《长江师范学院学报》2019 年第 3 期韩云波的《中国武侠小说史撰述的类型格局与武侠体验——以创作派林遥的武侠小说史撰述为中心》在 2020 年获得重庆期刊协会举办的第二十届重庆市期刊优秀论文一等奖。

王小恒编辑的《长江师范学院学报》2019 年第 2 期王景的《论大陆新武侠研究的若干问题》2020 年获得重庆期刊协会举办的第二十届重庆市期刊优秀论文三等奖。

王志标编辑的《长江师范学院学报》2019 年第 2 期郑芳、屠志芬的《乡村文化产业发展：困境、契机与模式探索》在 2020 年获得重庆期刊协会举办的第二十届重庆市期刊优秀论文三等奖。

王志标编辑的《长江师范学院学报》2019 年第 2 期蒋柯可、熊正贤的《文旅类特色小镇同质化问题与差异化策略研究——以四川安仁古镇和洛带古镇为例》在 2020 年获得重庆期刊协会举办的第二十届重庆市期刊优秀论文三等奖。

赵庆来编辑的《长江师范学院学报》2019 年第 3 期李侠、缪秋民、李格菲的《孔子学院面临的结构性困境与变革路径》在 2020 年获得重庆期刊协会举办的第二十届重庆市期刊优秀论文三等奖。

赵庆来编辑的《长江师范学院学报》2019 年第 4 期王志标、关赛赛的《文化制造业"工匠精神"的内核与形成机制》在 2020 年获得重庆期刊协会举办的第二十届重庆市期刊优秀论文三等奖。

第三篇
刊物制度篇

第十章　学报投稿要求[①]

为了使来稿尽可能符合《长江师范学院学报》刊发的要求，根据国家有关部门对期刊管理和编辑规范化、标准化的规定，《长江师范学院学报》对作者稿件的结构、格式及有关问题进行了明确规定。这些规定并非可有可无，对于要在《长江师范学院学报》发表论文的作者、编辑和校对者而言，所有的规定都应得到严格遵守，以确保论文能够具备一定的学术质量和编校质量。

一、栏目

《长江师范学院学报》设置有"西南民族研究""文化与旅游产业研究"2个特色栏目，常设"习近平新时代中国特色社会主义思想研究""经济与管理研究""社会学研究""教育研究""法学研究"等栏目，非常设"哲学研究""政治学研究""历史研究""文学研究""新闻传播研究""艺术学研究"等栏目，并根据需要开设专题，作者在投稿时应在稿件左上方以宋体四号字明确所投栏目。如果没有明确的投稿栏目，稿件可能无法得到及时处理。在栏目下方应空1.5倍行距。

二、题名

（一）命题原则

题名应概括文章的要旨，科学、简明、具体、确切。题名的科学性就是要符合各学科研究范式和话语体系，避免口语化、词不达意，避免使用非公

[①] 《长江师范学院学报》投稿要求已经几易其稿，本章所采用的是2021年10月最新修改稿，文件名为《〈长江师范学院学报〉投稿指南》，将于2022年第1期正式实施。

知公用的缩略语、字符、代号及结构式和公式。题名的简明性就是在能够用尽可能少的字进行命题的情况下要使用尽可能少的字，即实现语言经济。题名一般不超过20个汉字，题名的具体性就是避免假、大、空，要有明确的指向，采用某种方法致力于解决某一个领域的某一具体问题。题名的确切性就是命题要准确，能够概括全文，达到"增之一分则太长，减之一分则太短"的效果。中文题名采用宋体三号字、加粗、居中，1.5倍行距。英文题名采用Times New Roman字体、五号字、加粗、居中。题名中的实词首字母要大写，虚词全小写。

（二）副标题

必要时可加副标题，以限定研究的地域、方法和案例。中文副标题采用楷体、小三号字、加粗、居中，1.5倍行距。英文副标题采用Times New Roman字体、五号字、加粗、居中。副标题中的实词首字母要大写，虚词全小写。

三、作者

题名下标作者姓名、工作单位、所在城市和邮政编码。每篇文章在首页脚注里注明所有作者的简介。作者简介包括：姓名（出生年—）、性别、民族（汉族可省略）、籍贯、职称、学术任职、学历学位、研究方向。籍贯应具体到县一级。中文题目下方的作者信息采用仿宋字体、小四号字、居中，单倍行距，在多位作者中间用逗号隔开。英文题目下方的作者信息采用Times New Roman字体、小五号字、居中，姓前名后，姓全大写，复姓连写，"双姓"（包括"夫姓+父姓""父姓+母性"）中间加连字符，名字的首字母大写，名字不缩写，双名中间加英文连字符。

作者单位、所在城市和邮政编码在作者下一行。中文作者所在单位与工作单位之间空一个汉字间距，作者单位与所在城市之间用逗号分开，所在城市与邮政编码之间空一个汉字间距。如所在城市为直辖市，采用直辖市名作为城市名；如所在城市非直辖市，应具体到地级市，如"湖北武汉"，需要注意的是，在省份与地级市之间不空格。在作者单位、所在城市和邮政编码的外面用圆括号封闭。英文单位、所在城市和邮政编码采用Times New Roman字体、小五号字、居中。在英文所在城市、邮政编码之后应添加所属国家。

对于不同工作单位的作者,应在姓名右上角加注不同的阿拉伯数字序号,并在其工作单位名称之前加上与作者姓名序号相同的数字;若一作者属于多个与该文有关的单位,可将其一并列出;各工作单位之间连排时以分号隔开。

在文后附包括地址、邮编、邮箱、手机号在内的作者详细联系方式。在投稿附件中附第一作者的学术简介。

四、摘要

摘要应提供文章研究目的、主要内容和主要发现(结论),应具有独立性和自含性,字数为200~300字。应采用第三人称撰写摘要,摘要应覆盖全文,语言凝练、客观、专业。在摘要中不出现事实、引用、注释、论证、情感、缩略词。中文摘要采用黑体、五号字、加粗、外面加中括号、单倍行距。中文摘要内容为楷体、五号字,与"[摘要]"之间空一个汉字间距,段首空2个汉字间距。英文摘要采用Times New Roman字体、小五号字,左对齐,段首空2个汉字间距,对"Abstract"加粗。英文摘要与中文摘要一一对应。

五、关键词

每篇文章应选3~8个学科领域公认的名词性术语作为关键词。关键词应反映学术论文的主体内容或中心思想,考虑学术论文主体因素、方面因素、限定因素、时间因素和空间因素。术语中的科学技术名词应符合行业标准CY/T 119的规定。关键词应精炼、具有可识别性。把作品名词作为关键词时应加书名号;将有特定含义的词作为关键词时应加双引号。关键词按重要性排序,各个关键词之间用分号隔开,最后一个关键词之后不加标点。中文关键词采用黑体、五号字、加粗、外面加中括号、单倍行距;英文关键词采用Times New Roman字体、小五号字、左对齐,段首空两字。对"Keywords"加粗。英文关键词与中文关键词一一对应,关键词之间用分号隔开,除了按语法规则要求大写的之外,关键词全部小写。

六、中图分类号

《长江师范学院学报》要求作者在投稿时要标明其论文所属的中图分类号。对于中图分类号,可根据《中国图书馆分类法(第4版)》查找,应在其中查找与论文研究内容较为吻合的中图分类号。当所撰写的论文为交叉学科研究论文时,可以同时选取2~3个中图分类号(《长江师范学院学报》限定最多使用3个中图分类号)。当使用多个中图分类号时,在中图分类号之间用分号隔开。常用查询网址为:https://ztflh.xhma.com。中图分类号采用黑体、五号字、加粗、外面加中括号、单倍行距。

七、文献标志码

国家新闻出版署1992年发布并试行了《中国学术期刊(光盘版)检索与评价数据规范》,对于期刊发表的文章或资料规定了文献标志类型。其作用在于对文章按其内容进行归类,以便于统计文献、评价期刊和确定文献的检索范围,从而提高检索结果的适用性。根据《中国学术期刊(光盘版)检索与评价数据规范(2006版)》文献标志码类型具体如下[①]:

A——基础理论与应用研究;

B——应用性技术成果报告(科技)、理论学习与社会实践札记(社科);

C——业务指导与技术管理性文章(包括领导讲话、政策性评论、标准技术规范等);

D——一般动态性信息(通讯、报道、会议活动、专访等);

E——文件、资料(包括历史资料、统计资料,机构、人物、书刊、知识介绍等)。

不属于上述各类的文章及文摘、零讯、补白、广告、启事等不加文献标志码。

文献标志码采用黑体、五号字、加粗、外面加中括号、单倍行距。

---

① 参见《中国学术期刊(光盘版)检索与评价数据规范(2006版)》,https://xbbjb.haust.edu.cn/info/1003/1076.htm。

八、收稿日期与修回日期

收稿日期根据《长江师范学院学报》投稿系统里的作者来稿时间,标注在首页脚注里,标注格式为"收稿日期:YYYY-MM-DD"。修回日期为作者最终修改定稿的时间。标注格式为"修回日期:YYYY-MM-DD"。收稿日期与修回日期均为小五脚注字体、加粗,其后的日期采用 Times New Roman 字体、小五号字,它们均采用单倍行距。

九、基金项目

基金项目是指作者在论文研究和发表过程中所受到的资金支持来源,《长江师范学院学报》的基金项目标注在首页脚注里收稿日期和修回日期的下方。基金项目应包括项目来源、项目名称和项目编号,需要与立项时的文件保持完全一致。项目名称用双引号封闭、项目编号用圆括号封闭。如项目没有编号,则以立项时的顺序作为编号。基金项目采用小五脚注字体、加粗、单倍行距。

十、正文

(一)内容要求

内容一般应包括引言、文献述评、主体部分和结论。引言里应阐明研究背景、研究目的。文献述评要客观评价过去的相关研究成果,并论证论文研究的理论意义。主体部分要确保无政治问题、结构合理、理论或模型正确、逻辑清晰、观点明确、立论新颖、论据可靠、语言顺畅,图表、公式、文本格式和引用符合国家与《长江师范学院学报》规范,未在国内外公开发表过。本刊仅刊发原创论文和综述类论文,封二、封三可发表绘画作品、编委学术简介、国家级课题成果简介、重磅图书简介。不刊发书评、文摘、年鉴、工作报告、文学作品。

（二）字数要求

字数要求在 9600 字符（不含空格）以上，以后按 1600 字符递增，一般不超过 16 000 字符，个别优秀作者的文章可以达到 24 000 字符。

（三）重复率要求

《长江师范学院学报》对来稿进行查重，对于原创论文的要求是重复率 10% 以下，对于综述类论文的要求是重复率 25% 以下。

（四）格式要求

正文一般采用三级标题，如"一、""（一）""1."，不采用更多层次。标题居中。一级标题宋体、小四号字、加粗，段前、段后空 0.3 行。二级标题宋体、五号字、加粗，段前、段后空 0.2 行。三级标题宋体、五号字、加粗，段前段后空 0.1 行。正文文字采用宋体、五号字、单倍行距，段首空 2 个汉字。

十一、致谢

可在文中相应位置通过脚注对于所获得的他人在观点、建议、资料整理、问卷调查等方面所给予的帮助表示感谢。

十二、注释

《长江师范学院学报》不采用尾注进行注释，而是采用当页脚注进行注释。注释项目包括：第一，对于文中理论、术语等知识的解释或补充说明；第二，对于文中错讹的校勘；第三，对于生僻字句的注解；第四，不便于列入参考文献的其他文献类型。不便于列入参考文献的其他文献类型包括未公开发表的私人通信、档案资料、内部资料、未出版的书稿、转引的二手文献、待发表文献、未公开发表的会议发言①。注释的序号用序号①②③等，

---

① 参见《中国学术期刊（光盘版）检索与评价数据规范（2006 版）》，https://xbbjb.haust.edu.cn/info/1003/1076.htm。

按页排序。对于注释的文献类型应注明详细查找途径。

十三、引用

根据《信息与文献 参考文献著录规则》(GB/T 7714—2015)，对于能够列入文后参考文献的，都需要在正文相应位置添加引用。引用序号按[1][2][3]等顺序编排，紧贴引用位置处用上标方式添加引用序号。对于图书类文献，如果仅引用1次，把引用页码放在文后参考文献中；如果引用多次，应以第一次引用的序号为序，在每次引用的序号（含中括号）之后添加所引用的页码。如果连续引用页码，在页码中间加英文连字符。对于其他文献，多次引用时同样以第一次出现的序号为序，但是把引用页码（按国标需要标注页码的）放在文后参考文献里。本刊引用时采用顺序编码制，不采用著者-出版年制。

十四、参考文献

《长江师范学院学报》参考文献不采用尾注。参考文献是整个论文（包括原创论文和综述论文）的有机组成部分，也是衡量作者是否诚信的主要参照。有鉴于此，对于所有的引文（包括直接引文和间接引文）、事实、数据、文件、图、表、公式、模型、理论都需要添加参考文献（对于一些无法列入正式参考文献的，应以注释方式注明）。根据《信息与文献 参考文献著录规则》(GB/T 7714—2015)，不同文献类型的参考文献格式如下①。

（一）专著著录格式

主要责任者. 题名：其他题名信息 [文献类型标识/文献载体标识]. 其他责任者. 版本项. 出版地：出版者，出版年：引文页码 [引用日期]. 获取和访问路径. 数字对象唯一标识符.

[1] 邓小平. 邓小平文选：第2卷 [M]. 2版. 北京：人民出版社，

---

① 信息与文献 参考文献著录规则 [S] //新闻出版总署科技发展司，新闻出版总署图书出版管理司，中国标准出版社. 作者编辑常用标准及规范. 3版. 北京：中国标准出版社，2018：565-583.

1994：143.

[2] 赵元任. 汉语口语语法[M]. 吕叔湘，译. 北京：商务印书馆，1979：292.

[3] 刘宗周. 刘宗周全集：第4册[M]. 戴琏璋,吴光,主编. 蒋秋华,编审. 杭州：浙江古籍出版社，2012.

[4] 芒福德. 城市发展史：起源、演变和前景[M]. 倪文彦，宋俊岭，译. 北京：中国建筑工业出版社，1989：23-24.

[5] WHALLEY G. Aristotle's poetics[M]. London：McGill-Queen University Press，1997.

这里需要注意的是：作者和其他责任者（如译者、校注者）最多列出3人，超出3人时，在第三个人后面加"，等"；外国人仅列姓氏；题名包括了副标题；其他题名信息一般指的是分卷、分册及其题名（如无，可省去）；文献类型标识、文献载体标识见后文；其他责任者类型较多，如译者、脚注者、编纂、主编等；版本项仅列第2版及更多版本的；出版地一般要列出直辖市、地级市，有多个出版地时可选择其中知名的列出1个即可；出版者有多个时列出第1个或知名的即可；获取和访问路径一般是指网址；数字对象唯一标识码通常指DOI码。在作者中还有一种特殊的类型，即机构作者，对此应由上至下分级著录（英文的中间用"."分隔），如中国科学院数学与系统科学研究院、Stanford University. Department of Civil Engineering。中文文献的标点符号为中文的，其中的"."例外，原因在于最新的标点符号标准《标点符号用法》（GB/T 15834—2011）里没有"."。所以，"."是英文的点号，其后要空一个英文字符空格。英文作者采用姓前名后、姓全拼、名字缩写为首字母、姓名均大写的格式；如作者在三位及以下，列出全部作者，否则，在列出前三位作者后，加"，et al"。英文题目仅首字母和按语法需要大写的为大写，其他均为小写。英文出版社首字母为大写。其他题名信息中的卷册数、版次均使用阿拉伯数字。

（二）专著中的析出文献著录格式

析出文献主要责任者. 析出文献题名[文献类型标识/文献载体标识]. 析出文献其他责任者//专著主要责任者. 专著题名：其他题名信息. 版本项. 出版地：出版者，出版年：析出文献的页码[引用日期]. 获取和访问路径. 数字对象唯一标识符.

[1] 马克思. 政治经济学批判 [M] //马克思,恩格斯. 马克思恩格斯全集:第 35 卷. 北京:人民出版社,2013:302.

[2] 沈建中. 赵世炎与上海工人三次武装起义 [G] //中共重庆市委党史研究室,中共中央党史研究室科研管理部. 赵世炎研究论文集. 北京:中共党史出版社,2002.

[3] JAMES H. The art of fiction [G] //YAO N Q. Western classics in literary criticism. Shanghai: Shanghai Foreign Language Education Press, 2003: 492 – 511.

这里需要注意的是:第一,析出文献的分割符用的是"//";第二,文献类型标识和文献载体标识位置在分隔符之前,而非专著题名之后。

(三) 期刊著录格式

主要责任者. 题名:其他题名信息 [文献类型标识/文献载体标识]. 连续出版物题名:其他题名信息,年,卷(期):页码 [引用日期]. 获取和访问路径. 数字对象唯一标识符.

[1] 金显贺,王昌长,王忠东,等. 一种用于在线检测局部放电的数字滤波技术 [J]. 清华大学学报(自然科学版),1993,33(4):62 – 67.

[2] YUAN Y. Framing surprise, suspense, and curiosity: a cognitive approach to the emotional effects of narrative [J]. Neohelicon, 2008, 45 (2): 517 – 531.

[3] OZGOKMEN T M, JOHNS W E, PETERS H, et al. Turbulent mixing in the red sea outflow plume from a high-resolution nonhydrostatic model [J]. Journal of physical oceanography, 2003, 33 (8): 1846 – 1869.

期刊著录需要注意的是:第一,要注明期刊的版,如人文社会科学版、哲学社会科学版、自然科学版、教育科学版、综合版、理论版、下旬刊等;第二,正确区分期刊的期数和卷数;第三,区分期刊名称和栏目名称;第四,合期使用"/",例如对于第 3 期至第 4 期的合期应用(3/4)。

(四) 电子资源著录格式

主要责任者. 题名:其他题目信息 [文献类型标识/文献载体标识]. 出版地:出版者,出版年:引文页码(更新或修改日期)[引用日期]. 获取和访问路径. 数字对象唯一标识符.

[1] 金冬雁.诺贝尔奖得奖之作都发表在什么杂志上［EB/OL］.(2009-10-08)［2021-07-22］.http：//blog. sciencenet. cn/blog-216627-260481. html.

[2] 中共中央宣传部 教育部 科技部印发《关于推动学术期刊繁荣发展的意见》的通知［EB/OL］.(2021-06-23)［2021-07-22］.http：//www. nppa. gov. cn/nppa/contents/279/76206. shtml.

[3] 华罗庚在清华的三次"破格"［M/OL］//王元.华罗庚.修订版.南昌：江西教育出版社,1999［2020-11-21］.https：//www.sohu.com/a/432161043_348129.

这里的注意事项是：第一，文献类型标识可以是普通图书（M）、报纸（N）、报告（R）、电子公告（EB）等多种类型；第二，有些电子资源没有作者，发布网址不等同于作者；第三，存在两个日期，一个是在网上发布的日期，另一个是引用的日期；第四，网址必须是完整的、能够直接指向题名的页面。

（五）学位论文著录格式

主要责任者.题名：其他题目信息［文献类型标识/文献载体标识］.出版地：出版者,出版年：引用页码.

[1] 杨京圆.中国新闻出版业经济影响研究：基于2017年中国投入产出表［D］.开封：河南大学,2020：20.

[2] CALMS R B. Infrared spectroscopic studies on solid oxygen［D］. Berkeley：Univ. of California,1965.

（六）研究报告著录格式

主要责任者.题名：其他题目信息［文献类型标识/文献载体标识］.出版地：出版者,出版年：引用页码.

[1] 中国互联网络信息中心.第29次中国互联网络发展现状统计报告［R/OL］.(2012-01-16)［2013-03-26］.http：//www. cnnic. net. cn/hlwfzyj/hlwxzbg/201201/P020120709345264469680. pdf.

[2] 国家旅游局.2016中国旅游上市企业发展报告［R/OL］.(2017-05-24)［2020-02-14］.https：//www. sohu. com/a/143120710_654573.

(七）论文集及其析出文献著录格式

[1] 邓寿明. 赵世炎早期思想发展研究 [G]//中共重庆市委党史研究室，中共中央党史研究室科研管理部. 赵世炎研究论文集. 北京：中共党史出版社，2002：67-79.

[2] 吕叔湘. 汉语语法论文集 [G]. 增订本. 北京：商务印书馆，1984：374.

（八）会议录析出文献著录格式

王志标. 中原文化产品的生产与传播渠道创新 [C] //中国科学技术协会，河南省人民政府. 第十届中国科学年会文化强省战略与科技支撑论坛文集. 郑州：河南省科技厅，河南省文化厅，河南省教育厅，河南省科技协会，2008.

（九）报纸中析出的文献著录格式

[1] 王志标，王明钦. 激发全社会文化创造活力 [N]. 经济日报，2015-09-17（14）.

[2] 王志标，高保中. 增强文化创造活力的目标定位 [N]. 光明日报，2014-11-23（7）.

这里需要注意的是：第一，日期中月和日小于10时，不能省略前面的"0"；第二，版次小于10时，需要省略前面的"0"；第三，如果报纸有不同的版本，还要在报纸后面注明，如人民日报（海外版）。

（十）常用文献类型和载体的标识代码

普通图书为 [M]，期刊为 [J]，学位论文为 [D]，报纸为 [N]，汇编为 [G]，会议录为 [C]，报告为 [R]，电子公告为 [EB]，联机网络为 [OL]，其他为 [Z]，析出文献用"//"分隔。

十五、图

一般要求是：第一，图要有图题和图序，图题和图序之间空一个汉字间距，图序按图1、图2、图3等顺序编排；第二，图要清晰可辨；第三，图中的文字应完全漏出；第四，图要完整；第五，地图需要经过自然资源主管部门审核；第六，图要有相关注释和资料来源；第七，照片图要有足够高的像素；第七，坐标图的纵横轴为实线，加粗为1.5磅，加坐标轴的标题（计量单位），坐标轴上的每个数字后不出现计量单位，删除坐标图的外边框，对于图的示例要用形状或纹理而非颜色区分；第八，对于图的类型，如趋势图或柱状图，应根据原有数据及分析问题进行选择；第九，在文中要对图有所说明；第十，图题及图序不重复出现在图中，应单独占一行，并方便编辑。

十六、表格

一般要求是：第一，表格由表序、表题、表头、表身、表文、表注、资料来源构成；第二，具体采用图还是表格来表达，应取决于原始数据，对于趋势性数据宜采用趋势图来反映，对于不同区域、不同类别的比较应采用图来反映，但是如果要求数据准确，则只有表格能够满足要求；第三，表序按表1、表2、表3等顺序编排；第四，表题应能够概括表格内容，表题与表序之间空一个汉字间距，表题、表序均居中排，表题比较长并需要转行时应从意义相对完整的停顿处转行；第五，表中项目设计要尽可能合理，采用以横表头为主的表格还是以竖表头为主的表格取决于页边距，表格两侧一般不能超过页边距；第六，通常采用三线表，上下线加粗为1.5磅；第七，当表格表达内容过多，以致表格不够清晰时，应对表格进行拆分；第八，当多个表格内容都比较简单、主题关联、位置靠近时，可以对其进行合并；第九，当用文字就能清晰说明时，一般不使用表格；第十，当表格横表头栏目较多，全表呈左右宽、上下窄的状态，且一行排不下时，应将表格回行转排，回行后上下部分表文之间以双横细线分割；第十一，当表格竖表头项目较多，全表呈上下高、左右窄的状态，且单栏有充足排版空间时，应将表格专栏排，左右专栏处用双竖细线分割；第十二，表中数字如有计量单位，应标在项目名称之后而非每个数字之后，当全表只有1个计量单位时，将其标在表的标题行，右对齐排，写"单位：计量单位名称"；第十三，在表的下方可以加注释，对表中单个或几个数字（资料）的含义和计算方法等加以解释；第十四，在表的下方要有资料来源，当资料来源不唯一时，应分别注明各项的资料来源；第十五，当表中项目、数字、资料相同时，应重复写出，不应写"同上""同下""同左""同右";第十六,对于没有数据的,可以使用一字线"—"或空白表示,如果要区分数据是"不适用"还是"无法获得",可以用空白表示"不适用",用一字线表示"无法获得",并在表下方予以说明;第十七,表中数字为零时应填写"0",表中同一量的数值修约数要保持一致,如果不一致,应在表下方予以说明;第十八,如果一个单元格内包含2个数据,其中一个数据是用括号括起来的,那么要在表头或表注中说明;第十九,在文中应对表格予以说明;第二十,表格不宜截断正文自然段,不宜跨章节编排;第二十一,横表头单元格内容宜居中排,竖表头单元格内容宜左对齐;第二十二,表中行和列的数字、文字、图形宜对齐;第二十三,表中同一列中相同量的数值宜对齐,以个位、范围号、正号"+"、负号"-"、小数点等为准;第二十四,表中文字较多需要转行的,首行宜左对齐;第二十五,单元格文字为多行段落时,段落后不加标点,段落中按逻辑正常添加标点。

十七、公式

一般要求是:第一,公式应符合相关理论,避免自创公式、杜撰公式,非必要可以减少公式的使用;第二,公式中的变量应遵从习惯,应减少对变量中字母使用的随意性;第三,按文中出现顺序对公式编排序号(1)(2)(3)等,序号在公式同一行、右对齐;第四,变量中的字母及字母类上下标均使用斜体,变量中的汉字、阿拉伯数字、人名缩写使用正体;第五,要注意区分变量名及其上下标;第六,函数名,如指数函数 e、自然对数 ln 等,均为正体;第七,非变量的缩写,如 max、min 等,均为正体;第八,矩阵一般用大写字母、加粗、斜体表示,如 $\boldsymbol{A}$、$\boldsymbol{B}$;第九,公式一般居中,需要转行时,首行居中或偏左排,其他行以首行中的主要关系符号(如 =)为基准,在主要关系符号右侧位置编排,转行时运算符不出现在行首;第十,多个公式一起编排时,可以左对齐或右对齐,但要保持全文统一。

十八、数字

一般要求是:第一,对于使用阿拉伯数字还是汉字数字,要尊重语言习惯;第二,使用数字计量时、后面有计量单位时及编号时采用阿拉伯数字,非公历纪年采用汉字数字，概数、已定型的含汉字数字的词语、古籍参考文献的引用应使用汉字；第三，如果表达计量或编号所用数字较小，可以采用任何一种数字形式；第四，如果要突出简洁醒目的表达效果，应使用阿拉伯数字；反之，如果要突出庄重典雅的表达效果，应使用汉字数字；第五，在同一场合出现的数字，应遵循"同类别同形式"原则来选择数字形式；第六，应避免相邻的2个阿拉伯数字造成歧义的情况；第七，有法律效力的文件、公告文件或财务文件中可以同时采用汉字数字和阿拉伯数字；第八，数字应按小数点前后三位数分节，分节处空1/4汉字；第九，书写纯小数时要写出小数点前面的"0"，对于尾数中的"0"不能随意增删；第十，阿拉伯数字可以与数词"万""亿"及作为国际单位制（SI）中的单位词头"千""百"等连用；第十一，表示数值范围时，文中一般用波浪线"～"，但是年份、月份、日之间用一字线"—"，如1997—2007年，2021年8月7—10日；第十二，表示数值范围时，在不引起歧义的情况下，可省略前一个数值的附加符号或计量单位，但如有歧义，则不能省略，如不能省去9亿～10亿中前一个"亿"，也不能省去20万元～50万元中前一个"万元"；第十三，年月日的格式为YYYY-MM-DD，当月和日为个位数时，一般不省略其前面的"0"。

十九、版权转让协议

作者应保证拥有所投稿文章的全部版权（包括重印，翻译，图像制作，微缩，电子制作和一切类似的重新制作），同意将该论文投稿并在《长江师范学院学报》上发表。

上述论文一旦在《长江师范学院学报》上发表，作者同意将该论文的部分版权在法定的期限内自动转让给编辑部，转让的版权包括电子出版、多媒体出版、网络出版及编辑部提供给正规的数据库出版的权利。

作者郑重承诺该论文为原始论文，文中全部或者部分内容从来没有以任何形式在其他任何刊物上发表过，不存在重复投稿问题，不存在任何剽窃、抄袭他人的行为，不包含任何违反法律法规及侵害他人权益的内容，不违反国家保密规定。一旦发现本文涉及以上问题，编辑部为了维护科学道德规范和正常的出版秩序，有权对稿件进行退稿处理，有权在教育科研领域内及兄弟期刊范围内对该论文及相关作者进行实名通告批评，有权通知有关单位对主要作者进行严肃的行政处罚。同时，出于论文撰写规范、表达、影响力等方面的考虑，编辑部有权对论文题目及内容做出必要的更改。

编辑部一次性根据规定的标准向作者支付版权转让稿酬。

该协议自双方签订之日起生效，一旦作者所投论文达不到《长江师范学院学报》的发表要求，不能在《长江师范学院学报》上发表，该协议自动失效。

二十、利益冲突与个人贡献

（一）国家利益或公共利益

全体作者承诺：所受资助不会威胁或危害国家利益及公共利益；所投文章中内容不会侵害或违背国家利益及公共利益。

（二）数据资料正当性

全体作者承诺：撰写论文时所使用的数据资料都系经过正当途径获得，经过了权利人的许可，且未对原始数据资料加以篡改。

（三）研究中立性

全体作者承诺：撰写论文时对研究对象、研究方法持中立原则，无任何歧视、偏见。所使用的数据、事实等论据不具有倾向性。

（四）集体著作中的贡献排序

全体作者承诺：已经对论文贡献达成一致认识，并明确署名顺序对于论文贡献的意义，且未侵犯其他相关责任人的合法署名权。合著者在所投文章最后要明确每位作者在论文研究和写作过程中的实际贡献。自作者投稿之日起，论文作者及其排名便无法更改。

（五）与作者单位间的利益

全体作者承诺：单位署名未侵犯相关单位的利益，且单位署名顺序与各单位在论文撰写中的作用一致。

二十一、投稿方式

《长江师范学院学报》已全面启动投稿系统,仅对在线投稿进行审稿,请根据文章内容在投稿时选择相应的栏目。《长江师范学院学报》官方投稿系统为:http://flsz.cbpt.cnki.net。

二十二、审稿流程

为了确保稿件质量和公平评审,《长江师范学院学报》坚持双向匿名审稿制。请投稿的作者在官网 http://flsz.cbpt.cnki.Net/wkg/WebPublication/index.aspx?mid=flsz 注册和投稿。《长江师范学院学报》无其他投稿方式,仅对官网来稿进行审稿,审稿周期为2个月。审稿阶段分为收稿、初审、外审和终审。收稿后将根据所投栏目进行分稿,请投稿作者在投稿时注明所投栏目,不明确的来稿可能被退稿或延迟审稿。初审由编辑部内部审核,在收稿后一周内完成。外审将交给学科专家审稿,采取匿名方式送审,审稿时间一般为两周。终审由主编决定,通过两月一次的定稿会定稿。

二十三、投稿准备

作者需要检查是否满足以下基本条件:原创论文的重复率低于10%,综述类论文的重复率低于25%;字数9600字符以上,以后按1600字符递增;有中英文题目、作者、作者单位、摘要和关键词,有中图分类号和文献标识码,有作者通讯地址、邮编、邮箱、联系电话;格式与《长江师范学院学报》投稿模板保持一致;题目命名规范,经查重无重复;结构合理,前后呼应;逻辑性强,过渡自然;引用和参考文献规范,无漏引;语言通顺,表达清晰;有原创性和创新性,在文后明确创新点;合著论文应明确各自分工;在所投稿件首页左上方注明所投栏目名称。

二十四、投稿至发表前的联系

投稿中请联系责任编辑进行咨询。经济与管理研究、文化与旅游产业研究栏目，由信老师负责，联系电话：023 – 72793339；社会学研究、民族研究、马克思主义研究、新闻与传播研究栏目，由孟老师负责，联系电话：023 – 72793339；文学、历史、哲学，由王老师负责，联系电话：023 – 72793339；法律研究、教育教学研究由赵老师负责，联系电话：023 – 72793536。

第十一章 学报审稿、组稿、编稿制度[①]

为完善编辑部稿件管理,规范从来稿到排版的流程,使稿件管理有章可循,主编、执行主编、责任编辑各司其职,特制定本管理办法。

一、稿件管理流程

稿件管理流程如图 11-1 所示。无论何种渠道来稿,都须经过图 11-1 中的流程才能最终刊发。

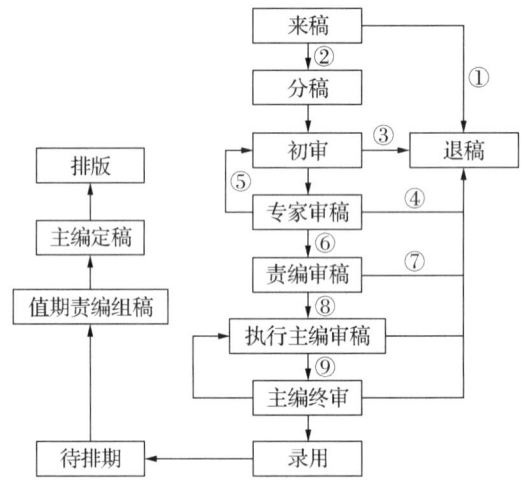

图 11-1　稿件管理流程

---

① 文件名为《〈长江师范学院学报〉审稿、组稿和编稿制度》。该制度经编辑部集体讨论议定后自 2019 年 10 月 8 日正式实施,目前人员虽有变动,但是该制度文件仍在有效运行,只是在该文件基础上对人员分工进行了必要的调整。同时,借鉴不少核心期刊的经验,在收稿后由现任副主编王志标先审阅稿件,然后再分发给责任编辑,因此,黄志洪仅负责收稿。

流程环节解释：

①字符数（不含空格）在 9600 字以下，重复率 10% 以上的，按退稿处理；

②根据编辑栏目分工确定，详见本制度"二、稿件管理中的分工"中对于栏目的职责划分；

③对于有明显问题的，如存在明显政治问题、选题陈旧、结构不完整、论证粗糙、内容无新意等，按退稿处理；

④专家审稿综合意见为"退稿"的直接退稿，对于为"修改后再审"的将作者修改稿发给专家审核后，如专家仍认为应"退稿"或"修改后再审"，则按退稿处理；

⑤将专家审稿综合意见返回给栏目编辑；

⑥对于专家审稿综合意见为"修改后发表"或经作者修改后专家认为可以发表的论文，由责编进行审稿，并确定是否推荐该稿件；

⑦有些稿件，虽然方法科学、论证严密、材料丰富，但是同类选题较多或者与栏目特色结合不够紧密，责编可以考虑退稿；

⑧责编经认真分析后，向执行主编推荐稿件，须有推荐意见；

⑨执行主编结合专家审稿意见、责编推荐意见后进行研判，提出送主编终审的稿件及对责编所有推荐稿件的处理意见。

二、稿件管理中的分工

来稿后首先进行编号，统计来稿字数，在知网查重系统进行查重，将不符合的稿件退稿。然后，将筛选后的稿件根据所投栏目和稿件内容分给栏目编辑进行初审。具体负责人：黄志洪。

栏目编辑对所收稿件进行初审。对一些存在明显政治问题、选题陈旧、结构不完整、论证粗糙、内容无新意的稿件退稿。将符合条件的稿件送相关领域专家审稿。具体负责人：王志标（马克思主义研究、经济学研究、管理学研究、民族研究、艺术学研究、社会学研究）、王小恒（哲学研究、历史学研究、语言学研究、文学研究、宗教学研究、体育学研究）、赵庆来（政治学研究、法学研究、教育教学研究、新闻传播研究、图书情报研究）。

专家审稿意见要具体，应包括研究贡献、创新之处、强制性修改意见、其他修改意见等。专家审稿可以提出对稿件质量的总体判断，内容包括选题、论证、语言、规范、是否可刊用等。刊用意见包括：退稿、修改后再审、修改后发表、直接发表。具体负责人：审稿专家。

在收到专家审稿意见后，责编要认真分析专家审稿意见，并对照作者原稿进行综合判断。在作者修改后，需要返专家审核的，要返专家进行进一步审核；对于有争议的稿件，应另外邀请专家进行审稿。责编要根据所设栏目及国情甄选推荐优质稿件，供执行主编选择。责编签发的意见也应具体，包括稿件价值、创新及推选理由。具体负责人：王志标（马克思主义研究、经济学研究、管理学研究、民族研究、艺术学研究、社会学研究）、王小恒（哲学研究、历史学研究、语言学研究、文学研究、宗教学研究、体育学研究）、赵庆来（政治学研究、法学研究、教育教学研究、新闻传播研究、图书情报研究）。

在责编提交审稿意见后，执行主编应通读论文，结合专家审稿意见和责编推荐意见进行综合研判，确定哪些论文具有较大刊发价值，哪些论文为栏目所需，哪些论文应进一步修改，哪些论文应退稿。具体负责人：于海洪。

由执行主编向主编提交所有审稿意见及拟发表论文，主编进一步审核所有意见和论文原稿，确定是否录用论文，做出最终决定。具体负责人：张明富。

在主编确定录用稿件后，责任编辑应启动编校工作，稿件进入待排期。在正式发稿前应完成三校任务。具体责任人：王志标、王小恒、赵庆来。

责任编辑提交当期已经三校的稿件给值期责编（主编助理），值期责编确定本期组稿后的稿件。责任编辑提交的稿件应在其版面基础上增加1/2版面稿件数量，以便值期责编组版。具体负责人：王小恒（负责单期）、王志标（负责双期）。

值期责编向主编提交本期栏目及拟刊发论文目录，由主编签发，并盖《长江师范学院学报》编辑部印章。签发件要存档，备案，备查。档案负责人：黄志洪。

主编签发后的稿件进入排版流程，在规定的日期内出刊。具体责任方：重庆市涪陵区夏氏印务有限公司。

三、稿件管理中的时间节点

来稿：登记和分稿应在来稿后的3个工作日内完成。

初审：初审应在分稿后的 3 个工作日内完成。

专家审稿：专家审稿应在送专家外审后的两周内完成。

责编审稿：责编审稿应在收到专家审稿意见后的 3 个工作日内完成。

执行主编审稿：每周集中处理完成责编审稿后提交的所有新稿件。

主编审稿：每两周集中处理完成执行主编审稿后提交的所有新稿件。

稿件录用：从来稿到用稿与否总时间控制在 45 天之内。无论任何环节超期，应督促相关责任人。

三校：从稿件录用到完成三校，应控制在三周内。

排期：由栏目编辑与值期责编共同确定。

四、补充说明

本管理办法适用于《长江师范学院学报》的审稿、编稿、组稿的内容和过程管理，不涉及费用管理。将另行制定费用管理办法。

本管理办法自公布之日起生效。

自《办法》公布之日起，所有编辑部同仁应共同遵守该《办法》。

第十二章 学报校稿制度[①]

《长江师范学院学报》由重庆市教育委员会主管、长江师范学院主办，双月刊，刊号 CN 50-1195/Z，ISSN 1674-3652。《长江师范学院学报》严格执行国家对于期刊校对的相关规定，实行三校三审读制度。在进行校对前，由期刊编辑部责任编辑对于作者稿件进行认真审读，并分析其中存在问题，向作者反馈。在作者完成所有修改任务后方可进入校对程序。本刊校对主要参考工具书为《作者编辑常用标准及规范（第三版）》（中国标准出版社，2018）和《现代汉语词典（第7版）》（商务印书馆，2018）。其中，引用和参考文献参考《信息与文献 参考文献著录规则》（GB/T 7714—2015），标点符号参考《标点符号用法》（GB/T 15834—2011），数字用法参考《出版物上数字用法》（GB/T 15835—2011）。重点检查如下方面。

第一，对于不清楚的请查标准、词典、相关专业书进行确认，若查核后仍无法确认的，可标记出来。

第二，不要来回涂改，一次成形。

第三，重点改硬伤，如错别字、漏字、语法错误、常识错误、知识错误、原理错误、标点符号。

第四，对于参考文献，请按2015年最新标准，重点检查标点，题目是否准确（是否遗漏副标题、分卷册），版次是否为第二版以上的（要明确2版、修订版、影印版等不同版本），其他责任者是否完全（如要列出前三位译者、校注者），刊名或出版社是否完整（尤其要区分上海三联书店和生活·读书·新知三联书店）、是否准确（是否遗漏某某版，例如哲学社会科学版），学位论文是否有出版地（应为地级市、直辖市），古籍类是否符合古籍的规范（如年号+公元年的书写方法），文献类型是否正确（应区分编著G和会议C）。

第五，对于引用，本刊采用顺序编码制，第一次在文中引用时要顺序标

[①] 文件名为《〈长江师范学院学报〉校对注意事项》，该制度文件于2020年11月7日正式实施。

注序号，第二次以后按第一次出现的序号，重点检查顺序标注的序号有无跳跃，多次引用的图书类文献每次引用序号后面有无引用页码，单次引用的图书文献在文后参考文献里有无页码。

第六，对于基金项目、作者简介等主要检查其格式是否与《长江师范学院学报》格式一致，可以在百度等下载《长江师范学院学报》已刊发论文。目前《长江师范学院学报》在重庆维普为开放下载模式，可以自行下载已刊发论文，按其格式校对。基金项目要看其要素是否齐备（有项目来源、项目名称、项目编号）、是否准确（项目来源不能使用缩略语），作者简介应包括作者、性别、身份（汉族除外）、学历、职称、职务、研究方向。

第七，对于引文的检查。检查图书文献时可以对照孔夫子旧书网、读秀、某些开放索取的图书馆等检索结果，检查中文期刊文献时可以对照中国知网查验，检查中文学位论文时可以对照中国知网、万方检索结果，检查英文文献时可以在 ScienceDirect、Springer、Wiley、Emerald、SAGE、Ei 等数据库或出版社或期刊官网进行查验，要核对直接引用的引文是否与原文完全一致。

第八，英文文献均为正体，作者姓前名后，姓全拼，名字留首字母，姓名均大写，题目、期刊名的首字母大写、其余小写（语法中需要保持大写的除外），出版社的每个单词首字母均大写。

第九，图表上下线加粗为1.5磅，去掉左右侧线，按三线表格式处理，图表两侧不超过页边距，图表均应有标题、序号（两者中间空两格，标题、序号为正文，不采用插入文本框或图片），图的标题、序号在图的下方、居中，表的标题、序号在表的上方、居中，图表均应有资料来源（在图表下方），必要时通过注释方式对图表中个别项目加以解释（注释在图表下方、资料来源上方）。

第十，对于有坐标轴的图，对纵横轴应加粗为1.5磅、有标题（计量单位），所分析对象为2个及以上时需要有示例，用形状而非颜色区分示例，示例尽量不多占用空间（在图中空白处或右侧上下分布为好），图中方框里的文字应全部显示并保持清晰。

第十一，避免表格跨页，必要时将表格拆分，加续表，表格应可编辑。

第十二，图表的布局应在正中位置，必要时应调整其纵横布局，使图表恰好在中间，而不超出页边距。

第十三，公式的变量名为斜体（人名类变量除外），变量中的数字或汉字为正体，上下标中有字母时字母为正体（字母为人名缩写时除外），注意公式的上下标不应出现错乱，公式应居中、可编辑，公式序号右对齐。

第十四，正文中的作者如为2人及以下，应全部列出，2人时作者中间为顿号，3人及以上时在第一作者后加"等"，作者后不加年份。

第十五，参考文献示例如下

[1] 刘国钧，陈绍业，王凤翥. 图书馆目录［M］. 北京：高等教育出版社，1957：15.

[2] 马克思. 雇佣劳动与资本［M］//马克思，恩格斯. 马克思恩格斯选集：第1卷. 北京：人民出版社，1995：345.

[3] 何继善. 海洋电池法的回顾与展望兼论拖拽式可控源伪随机电池法［C］//王志雄. 海洋高新技术发展研讨会论文集. 北京：海洋出版社，2000：466-470.

[4] 金显贺，王昌常，王忠东，等. 一种用于在线检测局部放电的数字滤波技术［J］. 清华大学学报（自然科学版），1993（4）：62-67.

[5] 谢希德. 创造学习的新思路［N］. 人民日报，1998-12-25（10）.

[6] 李林. 核心素养培养下的课程变革［D］. 重庆：西南大学，2013.

[7] OZGOKMEN T M，JOHNS W E，PETERS H，et al. Turbulent mixing in the red sea outflow plume from a high-resolution nonhydrostatic model［J］. Journal of physical oceanography，2003，33（8）：1846-1869.

[8] 吴云芳. 面向中文信息处理的现代汉语并列结构研究［D/OL］. 北京：北京大学，2003［2013-10-14］. http：//thesis.lib.pku.edu.cn.

[9] 中国互联网络信息中心. 第29次中国互联网络发展状况统计报告［R/OL］.（2012-01-16）［2013-03-26］.//www.cnnic.net.cn/hlwfzyj/hlwxzbg/201201/P020120709345264469680.pdf.

第十三章　学报经费支出管理制度[①]

根据教育部《高等学校学报管理办法》（教备厅〔1998〕3号）文件精神，为了吸引高水平学术论文，扩大学报影响力，提高学报办刊质量，节约办刊经费，规范经费支出，特制定本办法。

一、经费支出原则

第一条　以事定支。学报经费支出要围绕组稿、审稿、编稿、校稿、传播等学报工作的核心环节，以及日常公务活动和办公活动展开。

第二条　以绩定支。学报经费支出要从编校稿件质量和刊发论文影响的角度进行差异化支出，立足于做优做强学报。

第三条　不重复支出。在办刊经费有限的情况下，要避免针对同一事及同一人的重复支出，避免浪费。

第四条　支出必有凭证。每次支出必须附有相关的凭证材料，凭证材料要存档备查。

二、经费支出范围

第五条　根据学报所涉及的各项工作以及财务报销规定，学报经费支出领域包括：组稿费、审稿费、校对费、审读费、排版费、印刷费、发行费、稿酬、复印转载奖励费、引用下载奖励费、会议费、专家咨询费、专家讲课费、理事会会费、管理部门收取的年费、图书资料费、编辑部人员培训费及差旅费、邮寄费、基本办公费等。

[①] 文件名为《〈长江师范学院学报〉经费支出管理办法》，经集体讨论通过后于2019年10月28日实施，在公开出版物中暂不公布保密部分。

三、稿酬

第六条 本办法所指稿酬含作者在《长江师范学院学报》所发表论文印刷版和网络版的全部稿酬。

第七条 凡被本刊录用的稿件将向第一作者支付一定标准的稿酬,稿酬将一次性或分阶段发放,但发放总金额不超过稿酬标准。

第八条 稿酬标准依据第一作者学术水平或论文质量而定。

第九条 对于国家社会科学基金阶段性成果,稿酬按一定标准增加,需附国家社科基金立项证书复印件或扫描件。

第十条 特色栏目主持人劳务报酬,视其组稿水平而定。

第十一条 稿酬仅支付在学报发表长文(9600字符以上)的作者,其他类型的文章没有稿酬。

第十二条 支付的稿酬以 Word 统计的千字符为计算单位,500 字符及以上不足千字符按千字符计算,不足 500 字符的按千字符稿酬标准的一半计算。

四、组稿费

第十三条 为了吸引知名专家推荐和组织优秀稿件,提升来稿学术质量,对组稿和荐稿贡献者发放一定标准的组稿费。

第十四条 组稿费可以在收到稿件之前或之后发放,但无论发放时间在之前或之后,都只能发放一次,且不超过组稿费标准。

五、审稿费

第十五条 审稿费将依据审稿专家学术水平而定。

第十六条 审稿费将每月集中发放,不对单个人发放。

第十七条 发放审稿费时,须提交审稿专家及其评审的稿件题目。

六、编校与审读费

第十八条 编校费包括兼职中文编辑的劳务报酬。

1. 校对费 按每篇四校次，每期不超过 10 000 元计算，校对费发放金额应根据审读专家审读结果判定，具体如下：

（1）对三校稿审读差错率在万分之零点五（含）以内的，按 100 元/页；

（2）对三校稿审读差错率在万分之一（含）以内但在万分之零点五以上的，按 80 元/页；

（3）对三校稿审读差错率在万分之二（含）以内但在百分之一以上的，按 50 元/页；

（4）对三校稿审读差错率在万分之三（含）以内但在万分之二以上的，按 20 元/页；

（5）对三校稿审读差错率在万分之三以上的，没有校对费；

（6）差错率按 2018 年 1 月 10 日原国家新闻出版广电总局《关于对〈报刊质量管理规定〉（征求意见稿）征求意见的通知》中《期刊编校质量差错率计算方法》和《期刊出版形式差错数计算方法》进行计算，参考重庆市期刊审读专家的审读结果进行判定；

（7）差错率将根据每位校对者具体校对页码总数分别计算，根据重庆市期刊审读专家审读结果确定每位校对者校对费标准；

（8）如果所有校对者均达到第 1 档校对费标准，则按 10 000 元/120 页，即 83.33 元/页的校对费标准，再分别计算每位校对者的校对费。

2. 英文编校费 兼职英文编辑及校对费按 1000 元/期计算。

第十九条 审读费包括重庆市期刊审读专家和其他地区审读专家的劳务费。审读费为每人每期 3000 元。

七、其他费用

第二十条 排版费和印刷费根据与印务公司或雇佣排版员的议价确定。一旦确定，在协议期内不做变更。

第二十一条 发行费按照节约原则和最优化传播的原则以实际发生费用为准。

第二十二条　会议费根据学校财务规定和会议主办方的标准确定。

第二十三条　专家咨询费和专家讲课费按学校科技处规定执行。

第二十四条　理事会会费根据学校财务规定和学报加入的理事会要求缴纳。

第二十五条　管理部门收取的年费按管理部门的标准执行。

第二十六条　图书资料费按学校要求执行。

第二十七条　编辑部人员培训费及差旅费按节约原则以实际发生费用为准。

第二十八条　邮寄费按邮局和快递公司收费标准执行。

第二十九条　基本办公费按学校要求执行。

八、报销程序

第三十条　按学校财务处规定执行。

第三十一条　报销时执行主编、项目负责人要对报销项目进行严格审核，报销人须附相关凭证，并对凭证留档备查。

九、附则

第三十二条　本办法执行和解释权归学报编辑部。

第十四章　学报绩效二次分配制度[①]

为了充分发挥绩效工资的导向作用，激发学报编辑部人员干事创业的积极性，根据《中共重庆市委宣传部关于开展期刊出版单位社会效益评价考核工作的通知》、《重庆市人民政府办公厅关于完善事业单位绩效工资政策的通知》（渝府办发〔2017〕168号）、《重庆市事业单位超额绩效分类管理办法》（渝人社发〔2017〕260号）、《重庆市完善事业单位绩效工资政策若干问题的处理意见》（渝人社发〔2017〕297号）、《重庆市教育委员会关于进一步完善市属高校绩效考核及分配的指导意见》（渝教发〔2018〕1号）、《长江师范学院绩效工资实施办法（试行）》等文件和《中国人文社会科学期刊AMI综合评价报告（2018年）》的精神，特制订本办法。

一、基本原则

（一）总量控制

在学校奖励绩效的20%范围内进行二次分配，二次分配后剩余部分仍按校定绩效分配系数比例分配。如计算绩效超出奖励绩效的20%，则以（学校奖励绩效的20% ÷ 计算绩效）为比例同比缩减编辑部人员绩效。

（二）按劳分配

坚持社会主义按劳分配原则，多劳多得，少劳少得，不劳动不得。通过绩效分配激发编辑部人员参与编辑部工作、编辑工作、编务工作和党务工作的积极性、主动性、能效性。

[①] 文件名为《学报编辑部绩效二次分配方案（试用稿）》，该文件自2020年4月27日起实施。

(三) 应收尽收

为了确保编辑部内外所有职责都有人负责，所有工作都有人做，避免人浮于事、推诿塞责，做到人在事在、事在人在、人事统一，要把编辑部所有职责、所有工作都纳入二次绩效分配中。

(四) 职责、质量、数量、时间相统一

为了确保编辑部正常运行和能够向上发展，既要考虑事情有人做，又要考虑如何做事情、事情做得怎么样。因此，在绩效二次分配中应统筹职责、质量、数量和时间。

二、学报编辑部职责及其绩效考核指标

(一) 编辑部职责

(1) 组织《长江师范学院学报》6 期的约稿、收稿、分稿、审稿、组稿、编稿、校稿、印刷出版，《三峡教育论坛》4 期的组稿、编稿、校稿、印刷出版。

(2) 组织制定编辑部年度工作计划和安排、专项工作计划和安排、应急或临时性工作计划和安排。

(3) 组织落实重庆市委宣传部（重庆市新闻出版局）、重庆市教委等上级主管部门，学校及各职能部门部署的各项工作的实施、检查和总结等工作。

(4) 完成编辑部各类报告、阶段性工作总结、年度工作总结。

(5) 完成编辑部各项规章制度的制定，并贯彻落实已制定的编辑部规章制度。

(6) 组织围绕党和国家决策部署、重大热点问题和重大活动的主题策划、组织、实施、创新、出版。

(7) 组织党建、意识形态、重大问题、热点问题、专业知识和技能的学习和培训。

(8) 积极参与、申报或申办宣传部门、出版部门、出版业协会组织的各项活动或项目，并确保完成。

（9）对接重庆市委宣传部出版处、全国高等学校文科学报研究会、重庆市期刊学会、重庆市高校期刊研究会。

（10）对接复印转载机构、CSSCI 期刊编辑部、北大核心期刊（CSSCI 集刊、CSSCI 扩展版期刊）编辑部、普通期刊编辑部。

（11）对接核心期刊主要作者、科研机构、学术重镇。

（12）对接中国知网、重庆维普、万方等主要数据库。

（13）对接南京大学中国社会科学研究评价中心、中国社会科学评价研究院、北京大学图书馆等核心期刊评价机构。

（14）做好编辑部内部行政管理工作。

（15）做好编辑部内部文件和档案管理工作。

（16）做好编辑部的综合统计分析工作。

（17）做好编辑部职工考勤工作。

（18）做好编辑部财务管理工作。

（19）做好编辑部信息化管理工作。

（20）做好编辑部队伍建设工作。

（21）做好编辑部期刊发行工作。

（22）做好编辑部资产管理工作。

（23）做好编辑部工会、妇女、社会保障工作。

（24）做好编辑部会务工作。

（25）做好编辑部接待工作。

（26）做好各项材料的打印、装订和报送工作。

（27）做好编辑部财务报账工作。

（28）做好编辑部调研工作。

（29）做好编辑部宣传工作。

（30）遵守学校和编辑部的各项规章制度。

（31）做好编辑部年终考核工作。

（32）做好编辑部年终绩效核算工作。

（33）做好编辑部其他事务性工作。

（二）绩效考核指标

（1）约稿以刊发相关专家的稿件为标准，未刊发稿件视为组约稿未完成，按受约专家身份计算工作量。

（2）收稿必须登记稿件信息并存档，分稿应遵循基本的分稿要求，审稿以在系统的初审回复信息或在邮箱回复的邮件为准，没有系统初审信息或邮箱回复的邮件视其为未审稿，按回复信息或邮件数量计算工作量。

（3）组稿以内容与栏目名一致为准，按相关度考核，不一致视其为未完成组稿，按篇数计算工作量。

（4）编稿以稿件题目表达完整、内容符合题目、题目涵盖内容、内容逻辑性较强、符合学术规范、版面布局合理为准，剽窃（查重重复率20%以上）一票否决，不出现表达不清、逻辑混乱、引用、文献、排版占半个版以下等问题，排版版面出现问题时应联系作者修改或自己修改，部分指标不一致酌情扣分，按编辑的版面计算工作量。

（5）校稿以无政治性问题、编校差错率在目标差错率以内为准，政治性问题一票否决，达不到目标差错率酌情扣分，高于万分之二视为不合格，按印刷后的版面估算字符数计算工作量。

（6）印刷出版符合印装规定，不符合印装规定视为不合格，按期数计算工作量。

（7）工作计划、报告、总结、制度、文件以上级接受为准，以字数计算工作量，半成品将根据质量按成品的一定比例计算，多人合作将根据各人完成部分的质和量计算工作量。

（8）工作传达以做出的纸质安排（或安排表）为准，按次计算，一般性信息传达不计入二次绩效。

（9）主题出版以获得上级或其委托评价方的表扬或获奖为准，按表扬次数和获奖级别计算工作量。

（10）学习和培训以结业证书、合格证书为准，按个数计算。

（11）在主办宣传部门、出版部门、出版业协会的活动中，以服务的时间计算工作量，虽在场但未做或未做好服务不计算工作量。

（12）在参与宣传部门、出版部门、出版业协会的工作中，以报送的材料被接收为准，按次计算工作量。

（13）在申报宣传部门、出版部门、出版业协会的项目中，以主持的项目级别和项目数量计算工作量，对申报但未获批的项目计算固定工作量。

（14）以复印转载的文章篇幅及机构计算复印转载工作量。

（15）以他引期刊的级别和数量计算引用工作量。

（16）以高下载次数的文章数量计算下载工作量。

（17）年省外作者比例不低于50%。低于50%不计入工作量；高于50%时，按50%~60%、60%~70%、70%~80%、80%以上4个等级分别计算工作量。

（18）年省级以上基金资助文献不低于刊发论文数量的60%。低于50%不计入工作量；高于50%时，按50%~60%、60%~70%、70%~80%、80%以上4个等级分别计算工作量。

（19）博士或副教授以上职称作者发表文章比例不低于50%。低于50%不计入工作量；高于50%时，按50%~60%、60%~70%、70%~80%、80%以上4个等级分别计算工作量。

（20）与管理部门、出版学会、复印转载机构、数据库、评价机构的对接以事务完成为准，按完成事务的次数计算工作量。

（21）内部文件和档案以管理的件数为准。

（22）统计分析、预算、核算等以估算的工作时间为准，采用自查与事后统计法，按时间和质量计算工作量。

（23）信息化管理以管理的事务得到解决为准，按解决的次数计算工作量。

（24）期刊发行采取集中发行方式，每期集中发行一次，按次数计算工作量。

（25）资产管理以填报表格为准，按表格个数计算。

（26）工会、妇女、社会保障工作以活动项数为准，按项数计算工作量，每人每年不超过3项。

（27）会务工作包括会务服务和会务材料，会务服务以服务的时间计算工作量，虽在场但未做或未做好服务不计算工作量，会务材料以会务记录及会后的新闻稿为准，按字数计算工作量。

（28）一般性材料报送以对方收到材料为准，按收到材料的件数计算工作量。

（29）财务报账采取编辑部集中报账方式，按集中报账的次数计算工作量。

（30）编辑部调研按调研的单位数量计算工作量。

（31）编辑部宣传工作以在学校官网、编辑部官网和微信公众号编发的宣传文章为准，按篇或条计算工作量。

（32）其他未尽事务另行规定。

《长江师范学院学报》史料整理与分析（1985—2020）

三、学报编辑部工作质量及其绩效核算

（一）出版内容质量

1. 约稿

约到院士（学部委员）署名为独立作者的长文，计绩效20分；约到长江学者特聘教授、讲座教授署名为独立作者的长文，计绩效10分；约到"四青"人才署名为独立作者的长文，计绩效6分；约到教授署名为独立作者的论文，计绩效4分。长文应在5000字以上，长文和论文均不含述评、会议综述。

2. 复印转载

《中国社会科学文摘》《新华文摘》长文或全文转载，计绩效20分；《高等学校文科学术文摘》长文或全文转载，计绩效10分；人大复印资料长文或全文转载，计绩效5分；《中国社会科学文摘》《新华文摘》摘要，《高等学校文科学术文摘》卡片或栏目介绍，计绩效4分；人大复印资料摘要，计绩效2分。

3. 他刊引用

被CSSCI引用1次，计绩效5分；被CSSCI集刊、CSSCI扩展、北大核心引用1次，计绩效3分；被CN引用1次，计绩效0.2分。

4. 博士学位论文引用

被博士学位论文引用1次，计绩效3分。

5. 下载次数

单篇下载500次，计绩效2分；以后每增加500次，增加绩效1分。

6. 学术不端

编辑论文重复率20%以上为本刊学术不端，或被期刊评价时发现为学术不端的，扣罚全年全部奖励绩效，对已经领取的，将从绩效考评结束后的下个月从工资中逐月扣除。

7. 主题出版

获得中宣部一等奖的，计绩效40分；二等奖的，计绩效30分；三等奖的，计绩效20分。获得重庆市委宣传部一等奖的，计绩效20分；二等奖的，计绩效10分；三等奖的，计绩效5分。获得重庆市期刊学会或重庆市高校期刊研究会一等奖的，计绩效 3 分；二等奖的，计绩效 2 分；三等奖的，计绩效 1 分。获得中宣部表扬的，计绩效 15 分；获得重庆市委宣传部表扬的，计绩效 3 分。集体获奖或被表扬时，每人计相应的绩效分。

8. 意识形态事故

出现严重政治导向错误，社会影响恶劣的，扣罚全年全部奖励绩效，对已经领取的，将从绩效考评结束后的下个月从工资中逐月扣除。

9. 重大题材备案

在质检中，如发现有重大出版题材未经备案，扣罚绩效 5 分/篇。

（二）出版编校质量

如编校质量达到万分之一，计绩效 10 分；如达到万分之一点二，计绩效 5 分；如达到万分之一点五，计绩效 2 分；如高于万分之一点五不到万分之二，不计绩效；如高于万分之二，扣罚绩效 50 分。

（三）印刷质量

在质检中，如未发现印刷质量问题，按 2 分/期计绩效；如发现印刷质量问题，扣罚绩效 2 分/期。

（四）文案质量

对于工作计划、报告、总结、制度、文件，如被上级接受，系数为 1.0；如低于 1/4（含 1/4）的部分被修改，系数 0.75；如高于 1/4 但低于 1/3（含 1/3）的部分被修改，系数 0.67；如高于 1/3 但低于 1/2（含 1/2）的部分被修改，系数 0.5；如高于 1/2 但低于 3/4（含 3/4）的部分被修改，系数 0.25；如高于 3/4 的部分被修改，系数 0.1；如全部被修改，系数为 0。

（五）新闻出版项目级别

主持中宣部、国家新闻出版署、中国科协等国家部门新闻出版项目的，计绩效 40 分；主持重庆市委宣传部新闻出版项目的，计绩效 20 分；主持重庆市期刊协会、重庆市高校期刊研究会项目的，计绩效 10 分。经过认真论证申报以上项目但未立项的，计绩效 3 分。

（六）作者队伍

1. 省外作者比例

年省外作者比例低于 50%（含）不计入绩效；50%~60%（含）时，计绩效 1 分；60%~70%（含）时，计绩效 2 分；70%~80%（含）时，计绩效 5 分；80% 以上时，计绩效 10 分。

2. 省部级以上基金资助比例

年省级以上基金资助文献低于 50%（含）时，不计绩效；50%~60%（含）时，计绩效 1 分；60%~70%（含）时，计绩效 2 分；70%~80%（含）时，计绩效 5 分；80% 以上时，计绩效 10 分。国家级基金资助文献为 20%（含）时，计绩效 1 分；20%~30%（含）时，计绩效 2 分；30%~40%（含）时，计绩效 3 分；40%~50%（含）时，计绩效 4 分；50%~60%（含）时，计绩效 5 分；60% 以上时，计绩效 10 分。省部级以上基金比例与国家级基金比例的绩效合并计算。

3. 博士或副教授以上职称作者比例

博士或副教授以上职称作者比例低于 50%（含）时，不计绩效；50%~60%（含）时，计绩效 1 分；60%~70%（含）时，计绩效 2 分；70%~80%（含）时，计绩效 5 分；80% 以上时，计绩效 10 分。

（七）计算类文档质量

统计或计算精确，无任何差错，系数为 1.0；差错占全部计算量的 1/10（含）以内，系数为 0.9；差错占全部计算量的 1/10~1/8（含），系数为 0.8；差错占全部计算量的 1/8~1/6（含），系数为 0.7；差错占全部计算量的 1/6~1/4（含），系数为 0.5；差错占全部计算量的 1/4~1/2（含），系数为 0.3；差错占全部计算量的 1/2~2/3（含），系数为 0.1；差错占全部计算量的 2/3 以上，系数为 0。

（八）简单劳务项目质量

服务准时，无差错，系数 1.0。如无差错，但不准时，则根据延误时间计算系数：如延误 1 天，系数 -0.2；如延误 2 天，系数 -0.3；如延误 3 天，系数 -0.5；如延误 3 天以上但在可挽救的时间内，系数 -1；如延误 3 天以上不可挽救，系数 -10。如准时，有差错，则根据差错造成的结果计算系数：如不影响事情进展，系数-0.2；如造成矛盾或投诉，系数-1；如无法补救，系数-10。如同时存在延误和有差错的情形，以延误天数和差错程度分别对应的系数之和作为简单劳务项目质量。

四、学报编辑部工作数量及其绩效核算

（一）审稿

1. 收稿分稿

无收稿登记信息不计绩效。每分稿1篇，计绩效0.01分。

2. 退稿回复

无回复或回复无内容不计绩效。每回复1篇，计绩效0.05分。

3. 审稿回复

无回复或回复无内容不计绩效。每回复1篇，计绩效0.2分。

4. 答复作者咨询

每答复1次，计绩效0.1分。

（二）组稿

对于合规的组稿，《长江师范学院学报》0.1分/篇，《三峡教育论坛》0.05分/篇。

（三）编稿

如无所列举的问题，《长江师范学院学报》按0.05分/版面核算绩效，《三峡教育论坛》按0.02分/版面核算绩效；如存在其中一个列举的问题，《长江师范学院学报》按0.03分/版面核算绩效，《三峡教育论坛》按0.01分/版面核算绩效；如存在2个列举的问题，《长江师范学院学报》按0.01分/版面核算绩效，《三峡教育论坛》按0.005分/版面核算绩效；如存在3个以上的问题，不计绩效。

（四）校稿

对于《长江师范学院学报》，如差错率达到万分之一点五，按0.3分/版计绩效；如差错率达到万分之一点二，按0.5分/版计绩效；如差错率达到

万分之一，按0.8分/版计绩效。对于《三峡教育论坛》，如获重庆市优秀连续性内部刊物，按0.1分/版计绩效，否则按0.05分/版计绩效。

（五）工作计划、报告、总结、制度、文件类文案

按Word不含空格的字符数计算。如字符数在1000（含）以下，计绩效2分；以后每增加1000字，增加绩效1分。

（六）工作安排

定稿后，每个安排表计绩效0.1分。

（七）学习和培训

每个培训证明计绩效1分。

（八）材料报送

在参与市级及以上宣传部门、出版部门、出版业协会的工作中，完成报送的按1分/次计绩效。一般性材料报送，完成报送的按0.05分/次计绩效。

（九）对接管理部门、出版学会、复印转载机构、数据库、评价机构

每成功完成1次事务，计绩效0.1分。

（十）内部文件和档案管理

完成对当年新增内部文件和档案的有序整理、编号、存档，每完成1份文件或档案的存档，计绩效0.05分。不对同一档案重复计算。

（十一）信息化管理

每解决一个问题，计绩效0.1分。

（十二）期刊发行

每期集中发行，按1分/期计绩效。

（十三）资产管理

每填报一个表格，计绩效0.05分。

（十四）工会、妇女、社会保障工作

按参加每项活动 0.5 分计绩效。每人每年不超过 3 项（含）。

（十五）财务报账

采取集中报账方式，按 0.1 分/次计绩效。

（十六）调研

每完成对一个单位的调研，计绩效 0.5 分。

（十七）编辑部宣传

在媒体发表后，按每篇或每条 1 分计绩效。

（十八）会务记录

按每千字 0.1 分计绩效。

五、学报编辑部工作时间及其绩效核算

（一）活动服务

合乎要求的活动服务按 0.5 分/半天计绩效，不足半天按半天计算。

（二）计算类文档

根据计算难度初步估计计算时间，并与实际完成时间相互印证。按 2 分/半天计算工作量。

（三）会务服务

合乎要求的会务服务按 0.5 分/半天计绩效，不足半天按半天计算。

六、其他条款

（1）每绩效分原则上按人民币伍拾元计算，但总量不超过奖励绩效的 20%。

（2）编辑部成员应首先根据自己的岗位完成所承担的职责范围内的工作。拒不履职的，将严肃追责和问责。在完成职责范围内工作的前提下，可以根据自身能力和时间选择相应的工作，并享受与该工作对应的绩效分配。

（3）多人合作的，应商定工作任务及绩效分配比例。

（4）所有绩效项目都必须提供必要的图片、实物、电子文档等佐证材料。提供时应自己按绩效项目归类排列，并提供目录，以便核实。

（5）对审读专家提出的修改意见，没有修改的又无上级文件或权威文献证明不修改理由是正确的，要加倍扣罚。

（6）自本方案公布之日起实施。

第四篇
办刊对话篇

第十五章　向其他编辑部"问道"

在学报发展史上，历来重视与同行交流，向优秀编辑部学习。编辑是杂学，编辑工作更是复杂，有诸多因素影响编辑和期刊发展。因此，有必要向其他编辑部"问道"，汲取其他编辑部有益的经验、知识、诀窍，化为己用，从而实现《长江师范学院学报》的跨越式发展。

一、主动"求诊"

（一）主动拜访《新华文摘》和《高等学校文科学术文摘》编辑部，人大书报资料中心等复印转载机构

2012年10月，张明富副校长带队到北京，先后拜会了人大书报资料中心、中国社会科学院杂志社、《新华文摘》编辑部等，寻求提升学报影响因子的路径。

2018年11月，王志标教授拜访了人大书报资料中心、《新华文摘》编辑部。在人大书报资料中心，向副主任、副总编辑李军林教授汇报了学报基本情况，并恳请对学报予以支持。李军林教授表示会做好学术扶贫，支持西部期刊的发展。同时，与相关复印期刊的执行主编、编辑进行了交流。在《新华文摘》编辑部，分别向喻阳主编、刘仲翔副主编汇报了学报基本情况及提升办刊质量的构想，得到了喻阳主编、刘仲翔副主编的认同，他们客观地指出了《长江师范学院学报》在发展中面临的困境，并提出了提升《长江师范学院学报》办刊质量的有益建议。2019年5月、2020年11月，王志标教授率队再度拜访人大书报资料中心，加强与相关复印期刊的沟通和联系。

2020年11月11—12日，《长江师范学院学报》编辑部副主编王志标教授来到上海师范大学《高等学校文科学术文摘》编辑部进行学习交流，《高等学校文科学术文摘》编辑部主任何云峰等同志热情接待了王志标（图15-1）。王志标向何云峰主任汇报了《长江师范学院学报》创刊以来起起落落的情

图15-1 王志标副主编与何云峰主任在《高等学校文科学报文摘》资料室合影

况,对近期学报办刊方向、栏目设置、用稿情况、稿件影响等做了如实详尽的介绍,并请何主任对学报办刊进行指导。何主任仔细聆听了汇报,并对办刊中的细节进行询问,会谈气氛融洽。在听取汇报之后,何主任就办刊中的作者队伍、栏目设置、选稿标准、后期影响力建设等提出了中肯独到的建议,这些建议无疑会对《长江师范学院学报》的顺利成长发挥良好的作用。在学习交流之外,何主任及《高等学校文科学术文摘》编辑部其他同志带领王志标参观了刚刚搬迁后的《高等学校文科学术文摘》编辑部的资料室和办公室,介绍了《高等学校文科学术文摘》编辑的工作流程和日常生活。对于《高等学校文科学术文摘》的实地走访,使得我们近距离认识了《高等学校文科学术文摘》编辑部,了解了编辑流程,从而对《长江师范学院学报》的办刊工作起到了指导作用。在今后的工作中,《长江师范学院学报》将把论文发表后的影响力作为用稿的一个主要参照和依据,切实减少"零被引""零关注"论文,实现论文影响力的不断提升。

(二)主动拜访其他编辑部

2015年6月18日,时任执行主编曾超教授参观考察了《商丘师范学院学报》编辑部，受到《商丘师范学院学报》编辑部全体同志的热烈欢迎。曾超教授和高建立主任分别介绍了两家学报的发展情况。《长江师范学院学报》和《商丘师范学院学报》都属于同时公开出版的学报，两家学报有诸多相似之处。长江师范学院地处巴蜀文化的中心，而商丘师范学院则处于中原文化腹地，两种文化背景具有一定程度的差异，这决定了两家学报各自的办刊特色。曾超教授的到访使得两家学报有机会进行有益的交流，特别是就特色栏目建设方面取得了许多共识，这对于两家学报的相互借鉴、互相促进都具有积极的意义。

2015年9月25日，学报编辑部曾超、赵庆来、黄志洪一行3人到西南大学期刊学习交流。《西南大学学报（社会科学版）》编辑部全体人员与《长江师范学院学报》编辑部人员就如何提高学报办刊质量与编辑部全体编辑进行座谈，并提出了指导性的意见和建议。韩云波教授认为，《长江师范学院学报》是一个很好的品牌，大有潜力可挖。要提升学报办刊质量，必须做好3个方面的工作，即抓好编校质量、注重学术品位、打造特色栏目。《长江师范学院学报》编辑部就学报定位、栏目设置、编辑规范、质量考核等问题与《西南大学学报（社会科学版）》编辑部进行悉心交流。《西南大学学报（社会科学版）》同仁鼓励《长江师范学院学报》编辑部要志存高远，争取把《长江师范学院学报》办成核心期刊。

2018年12月27日，学报编辑部赵庆来、王小恒利用在厦门参加编辑业务培训的间隙走访了《集美大学学报》编辑部，同《集美大学学报（自然科学版）》《集美大学学报（哲学社会科学版）》《集美大学学报（教育科学版）》的编辑同仁进行了交流。《集美大学学报（教育科学版）》秉承陈嘉庚先生"办好教师教育"的理念，依托集美大学现有8个师范类本科专业的学科优势，突出学术性、地方性和师范性，创设了"教师发展研究""教育心理研究""高等教育研究""陈嘉庚教育思想研究""学科教学研究"等栏目，在"教师发展研究""教育心理研究"等方面形成了自己的特色栏目。2个大学的编辑部就办特色栏目、组约高质量的学术文章、提高刊文的传播力等方面进行深入了交流与探讨。

2019年9月24日，学报编辑部王志标、赵庆来、黄志洪一行三人到重庆理工大学期刊社交流学习，学报编辑部与《重庆理工大学学报（社会科学版）》编辑部的同仁就各自办刊过程中的成功经验进行了分享，同时围绕"如何扩大稿源""如何提升编校质量""如何用好资金""如何扩大影响力""如何提高影响因子"等问题进行了讨论。重庆理工大学期刊社凭借先进的办刊理念、创新的运营模式使得期刊取得了较快发展,双方希望今后能够加强联系合作、增进沟通,共同建设一流特色期刊。

2020年11月18日,《长江师范学院学报》编辑部王志标副主编一行3人到重庆三峡学院,与《重庆三峡学院学报》编辑部同仁就学报的发展现状、发展目标、质量提升等方面的情况进行了交流(图15-2)。重庆三峡学院与长江师范学院属于同生态院校,学报也有着相似的发展背景与历程。《重庆三峡学院学报》主编滕新才首先介绍了学报的编辑队伍结构、人员分工、栏目设置、特色栏目打造等情况。王志标副主编介绍了《长江师范学院学报》近3年来的发展状况,着重说明了《长江师范学院学报》在稿件与编校质量提升、学术传播力增强、期刊社会效益发挥、影响因子提高等方面采取的有力举措,并提出了未来发展的目标与定位。座谈会上大家就栏目设置、特色栏目打造、制度建设、质量提升等问题相互交流,对期刊的发展提出了有益的见解。

图15-2 《长江师范学院学报》编辑部与《重庆三峡学院学报》编辑部进行交流

2020年11月26日,学报编辑部副主编王志标等一行3人到重庆文理学院期刊社考察交流。同为重庆市的兄弟院校,重庆文理学院给予了学报编辑部人员热情的接待和周密的安排。重庆文理学院党委书记孙泽平、党委副书记兰刚陪同编辑部人员一同观看了反映重庆文理学院发展历程、转型发展、学科布局及所取得的成就的学校宣传片，并希望继续与长江师范学院互相帮助、共同发展。座谈会上，《长江师范学院学报》编辑部与重庆文理学院期刊社同仁各自介绍了办刊经验，就提升文稿质量、提高影响因子、扩大学术影响力和编辑队伍建设等问题相互交流（图15-3）。会后，在党委副书记兰刚的陪同下，《长江师范学院学报》编辑部参观了重庆文理学院的国家国际合作基地、重点实验室、工程技术研究中心、靶向药物研发中心等科研机构和校史馆，感受正在蓬勃发展的学校新貌。

图15-3　重庆文理学院党委书记孙泽平、党委副书记兰刚及重庆文理学院期刊社向《长江师范学院学报》编辑部介绍学校及学报情况

二、接受上门"传道"

2017年4月，《民族学刊》主编王珏在长江师范学院参加中国西南民族研究会组织的学术研讨会，期间执行主编曾超教授与其在学校党委书记彭寿清教授办公室就《长江师范学院学报》的发展与建设问题进行了深度交流。

2018年9月25号，重庆期刊审读专家韩云波教授来到学报编辑部调研，在致远楼301会议室，韩云波教授与《长江师范学院学报》编辑部人员就《长江师范学学院学报》的状况与未来发展等相关问题进行了深入交流。韩云波教授从期刊的选稿、编校质量提升、栏目设置、版面优化等具体事项进行指导，期望《长江师范学学院学报》有更好的发展。

2019年5月22日，重庆科技学院刘德绍副校长带领期刊编辑部一行5人到《长江师范学院学报》编辑部和《三峡生态环境监测》编辑部考察交流（图15-4）。长江师范学院副校长、学报主编张明富，《长江师范学院学报》和《三峡生态环境监测》执行主编于海洪及编辑部全体人员参加了交流会。首先，重庆科技学院编辑部主任石幸利介绍了重庆科技学院期刊编辑部的期刊种类、队伍结构、发展困境、努力方向，《长江师范学院学报》和《三峡生态环境监测》执行主编于海洪对长江师范学院期刊及编辑部的总体情况作了介绍。会上双方就编辑部队伍建设、编辑流程优化、期刊组约稿、期刊质量与影响力提升等影响期刊发展的关键问题进行了经验交流，同时还就地方院校学报发展面临的问题与困难交换了意见，最后张明富副校长和刘德绍副校长对期刊发展提出了殷切希望。

图15-4　重庆科技学院刘德绍副校长一行到长江师范学院编辑部考察交流

2020年11月25日，《华南师范大学学报》主编王建平教授莅临长江师范学院编辑部指导工作，《长江师范学院学报》编辑部和《三峡生态环境监测》编辑部全体人员参加了座谈会（图15-5）。《长江师范学院学报》编辑部副主编王志标代表两个编辑部对王建平教授的到来表示诚挚的欢迎，并介绍了《长江师范学院学报》和《三峡生态环境监测》编辑部的编辑队伍及刊物的运行状况、发展目标、存在的问题、面临的困境等。王建平教授根据《华南师范大学学报（社会科学版）》的成功办刊经验，着重对正确认识与对待期刊评价、做好选题策划、及时跟踪社会热点、科学设置栏目、提高政治敏锐性等事关期刊发展的重要问题进行了坦诚细致的讲解，对《长江师范学院学报》和《三峡生态环境监测》的发展提出了具体的指导性建议，拓宽了我们的办刊思路。

图15-5 《华南师范大学学报》主编王建平教授莅临编辑部指导期刊工作

三、在会议中交流

2020年12月9日下午，《长江师范学院学报》质量提升研讨会在致远楼525举行。重庆高校期刊研究会副理事长、西南政法大学期刊评价中心主任林士平，《重庆高教研究》执行副主编蔡宗模教授，涪陵区社科联党组书记、主席何侍昌，长江师范学院党委宣传部、文科学院、文科科研机构的负责人共20余位同志与会，为《长江师范学院学报》质量提升献言献策，编辑部党支部书记于海洪教授主持会议（图15-6）。

《长江师范学院学报》史料整理与分析(1985—2020)

学报编辑部副主编王志标教授用权威的来源、翔实的数字从影响因子的"沉浮"、多元化期刊评价指标、学报的转型探索、三年来的工作成效、刊发的高引用和高下载论文、问题与不足、努力方向等方面介绍了2018—2020年度《长江师范学院学报》的发展状况,回顾了近三年学报逐步走出低谷、稳中求进、转型发展的历程,展现了学报在影响因子、论文转载引用、编校质量等方面取得的成绩。2020年学报复合影响因子0.333,综合影响因子0.186,出现恢复性的增长,超过了2018年的水平;近3年刊文在2020年被CSSCI引用15次,超出历史水平,在重庆市同生态学报位居前列;2020年刊文被《高等学校文科学术文摘》、人大复印资料以全文、文摘、长摘要、卡片等方式复印转载8篇,在重庆市同生态学报位居前列;学报在2020年度重庆期刊编校质量考核中差错率首次进入万分之一以内,提升到0.94/10 000,达到了重庆市一级期刊编校水平。

图15-6 《长江师范学院学报》编辑部召开"《长江师范学院学报》质量提升研讨会"

林士平代表重庆高校期刊研究会对"《长江师范学院学报》质量提升研讨会"的召开表示祝贺,并从多个维度对《长江师范学院学报》的发展状况进行总结,提出了改进的方向与路径。蔡宗模介绍了《重庆高教研究》的办刊经验,在"特色栏目打造""发挥编委会作用"等方面为学报发展献言。何侍昌重点强调期刊建设应与地方发展接轨。

学校宣传部、文科学院、文科科研机构的负责人在学校政策与经费支持、栏目设置、组约稿、选题、编辑工作量、《长江师范学院学报》刊文绩效、学科与学报互动等方面展开热烈讨论,为学报质量提升提出了很多切实可行的建议。

通过编辑部的互动交流及专家的指导,学报在版式设计、栏目设置、制度建设、组稿约稿、编辑质量、传播推广等方面吸取了良好的经验。在结合自身实际的基础上,学报围绕"提质量、强管理、重传播"的思路开始进行大刀阔斧的改革。

第十六章　向学科专家求教

一、向校外专家求教

　　为了高质量地办好刊物，为了使《涪陵师范学院学报》在新世纪里获得更好的发展。2002 年 4 月 19 日，涪陵师范学院院长詹培民和学报执行主编冉易光专程从重庆涪陵赶赴北京，约请一批在京学术界专家、教授和青年学者，在北京师范大学中文系举行了"《涪陵师范学院学报》发展战略研讨会"，来自北京大学、北京师范大学、清华大学、中国社会科学院文学研究所、中国现代文学馆等单位的多位著名专家学者应邀出席，王富仁、吴福辉、秦弓、刘勇、王泉根、旷新年、孔庆东、李怡、钱振纲、杨联芬、梁鸿等在研讨会上作了热情洋溢的发言，提出了诸多建议。孔庆东认为，《学报》现在的优势在文学方面，应该坚持走下去，可用其他办法做到统筹兼顾。就刊物栏目设置方面，他认为应该把"重庆文学史"作为保留节目，但从长远考虑不必每期都有该栏目。另外，应该寻找一些大的主题开一些专栏，如"文化政策研究"，这样一来，容量会大一些，更具涵盖力，也解决了学科调和的难题。王富仁指出，目前《学报》以文学为前导，应保持自己的优势，通过这一"尖"向外扩大自己的影响，但是，在以文学为核心向外发展的同时，应照顾到其他社会科学类，如可以做一些边缘学科的研究。杨联芬提出，《学报》不一定要局限于文学，应定位在文化的界面上，如进行一些社会学调查、田野作业等。秦弓则从另一角度提出了自己的看法。他认为，《学报》要实现发展目标，对学术经典的关注很重要，但是，也应对没有人关注但却非常重要的问题进行关注，如讨论农民读者在看什么刊物等问题，这可能形成一个新的研究方向。他特别指出，一般学术刊物往往都进行学术文本研究，《涪陵师范学院学报》可另辟蹊径，进行一些实地调查报告式的研究，开展一组一组的问题讨论，这可能产生一定影响。就一份学报的发展战略进行学术研讨，并把研讨会开到北京来，又邀请到这么一批有影响的专家学者,在国内还不多见。①

2005年11月8日,《涪陵师范学院学报》创刊20周年庆祝大会在重庆涪陵金三峡宏声度假村隆重举行。会议邀请了国内知名学者刘纳、凌宇、蔡震、陈方竞、宋剑华等出席,重庆市有关领导周波、缪超群、李斌、王喜录、赖邦凡、周晓风、廖承文、李彤等同志与会,重庆著名学者李敬敏、李怡、王本朝等,重庆市高校学报界同仁汤兴华、朱丕智、朱丹等,涪陵区领导李忠树、李世权、冉光海等及《涪陵师范学院学报》编委会全体成员、涪陵师范学院相关部门和教学系(院)负责人、《涪陵师范学院学报》历届领导及编辑人员参加了本次大会。重庆市新闻出版局副局长缪超群先生在分析了当下重庆期刊出版业的发展现状后指出,《涪陵师范学院学报》要做大做强,必须坚持既定的办刊宗旨,牢固树立精品意识,努力挖掘地域性学术资源,力邀各方作者,向核心期刊奋斗。华南师范大学教授、博士生导师刘纳先生,湖南师范大学文学院院长、教授、博士生导师凌宇先生,重庆市教委宣教处副处长王喜录同志,《西南师范大学学报》编辑部主任、《西南师范大学学报(自然科学版)》常务副主编、重庆市高校学报研究会常务副理事长汤兴华先生,重庆师范大学教授李敬敏先生,重庆师范大学党委副书记周晓风教授等也先后向学报20周岁生日表示祝贺。中共重庆市委宣传部副部长周波同志在讲话中指出,《涪陵师范学院学报》创刊20年来所取得的成绩,不仅大大提升了涪陵师范学院的形象,对整个重庆学术界的繁荣也有积极的推动作用。②

2018年以来,先后邀请《上海经济研究》常务副主编李正图、《云南民族大学学报(哲学社会科学版)》副主编王东昕、原《广西民族大学学报(哲学社会科学版)》主编徐杰舜、《文化产业研究》主编顾江、《中国文化产业评论》主编胡惠林等CSSCI期刊或集刊编辑部负责人,人大复印资料中心党委书记兼主任武宝瑞、副主任李军林、经济部主任张皓等知名专家到校交流办刊经验。武宝瑞书记提出了许多发人深思的观点:被引率指标有缺陷,如引用是负面的,那么引用越多,实际上文章越差;期刊只是研究成果的一个载体,论文、专著、会议论文才应是评价对象,不应将期刊作为评价

---

① 梁鸿.实施品牌战略 繁荣学术事业:《涪陵师范学院学报》发展战略研讨会述评[J].涪陵师范学院学报,2002,18(3):4-6.

② 阿力.《涪陵师范学院学报》20周年庆典隆重举行[J].涪陵师范学院学报,2006,22(1):154.

对象；不应以刊评文，而应以文评刊；学术评价是复合型评价，要以数据为支撑，以学术成果为聚焦点，以价值判断为引领，以同行评价为指导；具有学术话语权的编辑首先是一个编辑专家，要能与专家对话。王东昕提出：期刊对作者来稿的评价，要看选的文章是否可能被转载，是否可能被引用；沾到一点点创新的会被转载；不能以学科为栏目名称。徐杰舜提出：可以启用封面学者，在封面放学者的照片，介绍其个人、家庭、田野情况；可以做访谈，给每位受访者一个大照片，对于重要作者都有一张照片、补白；要做到校外校内平衡，可以把校内作者放封二；要实现三个结合，即刊会结合、刊书结合、刊科结合；视野要大，口子要小；要提高引用率，重点抓标题、作者；选文不看文章长短，关键看有无质量。

二、向校内专家求教

2019年11月1—8日，根据长江师范学院主题教育工作部署，长江师范学院编辑部党支部对学校部分科研机构和学院进行了不记名问卷调查。针对文科单位调研60份，回收48份；理科单位调研30份，回收24份。问卷回收率为80%，回收问卷均为有效问卷。

（一）受调研人员基本情况

在72份有效问卷的受访人中，二级学院院长5人、主管科研的副院长1人、科研机构主任5人、核心期刊论文主要作者[①]61人。因此，核心期刊论文主要作者为本次受访主体。

在有效受访人中，男性57位，占有效受访人比例为79.17%；女性15位，占20.83%。因此，受访对象以男性为主。

（二）受调研人员对长江师范学院期刊的认知度

根据期刊影响力的表现，在调研问卷中设置了6个相关问题，具体包括：第一，"请问您是否浏览过长江师范学院两刊[②]中的某一刊"；第二，

---

① 指发表在长江师范学院科研处规定的C1及以上期刊3篇论文以上的作者。
② 两刊指长江师范学院主办的《长江师范学院学报》和《三峡生态环境监测》。这两个期刊共一个党支部，即编辑部党支部。由编辑部党支部向全校各学院进行调研。

"请问您是否了解长江师范学院两刊中的某一刊";第三,"请问您是否下载过长江师范学院两刊中某一刊的论文";第四,"请问您是否引用过长江师范学院两刊中某一刊的论文";第五,"请问您是否会向他人推荐长江师范学院两刊中某一刊的论文";第六,"您觉得与同一层次的期刊相比,长江师范学院的期刊影响力"。这6个问题在认知度方面依次加深。

有72.22%的受访人曾经浏览过长江师范学院的期刊;有27.78%的受访人未浏览过长江师范学院的期刊。这说明全校教师关注长江师范学院期刊的人数占比较高,但仍有相当一部分教师并不关注长江师范学院的期刊。

有73.61%的受访人了解长江师范学院的期刊,这个比例超过了曾经浏览过长江师范学院期刊的人数比例,说明极少数受访人是通过间接方式了解长江师范学院期刊的;有26.39%的人不仅没有看过长江师范学院的期刊,也未曾向他人打听过长江师范学院期刊的情况。

有58.33%的受访人曾经下载过长江师范学院期刊论文,这个比例低于曾经浏览过长江师范学院期刊的人数比例;有41.67%的人未曾下载过长江师范学院期刊论文。仅采用人文社科受访者计算时,下载比例为60.42%,略高于总体下载比例。这说明两刊状况差别不大;同时说明,长江师范学院期刊论文与本校教师的研究有一定关联,但覆盖面只是过半数,所以下载者比例要低于浏览者的比例。

有30.56%的受访人曾经引用过长江师范学院期刊论文,这个比例较之下载的人数比例更低。从另一个角度看,这也说明,从校内挖掘引用的潜力较大,编辑部应投入一定的精力发动校内作者。

有69.44%的受访人愿意向他人推荐长江师范学院期刊论文,这说明长江师范学院大多数教师对于本校的两个期刊还是爱护的。

有53.57%的受访人认为长江师范学院期刊影响力较弱,有16.07%的受访人认为很弱,这两者比例合计为69.64%。有16.07%的受访人认为长江师范学院期刊影响力较强。总体来看,长江师范学院教师对于长江师范学院期刊影响力的判断是比较客观的,认为影响力弱的接近70%。

(三)受调研人员对长江师范学院期刊及其刊载论文选稿的态度

1. 对刊载论文选稿的态度

在刊载论文作者层次方面,44.05%的受访人认为应以刊载青年作者论文为主;21.43%的受访人认为应以知名作者为主,15.48%的受访人认为应以博士生为主；14.29%的受访人认为应以硕士生为主；只有4.76%的受访人认为应以权威作者为主。应该讲，这种判断对于长江师范学院两刊目前所处的境况而言是比较客观的。

在刊载论文内容方面，44.59%的受访人倾向于平衡不同类型的论文；27.03%的受访人认为要以热点论文为主；12.16%的受访人认为要以约稿为主；10.81%的受访人认为要以长效论文为主；而认为要以时事论文为主的仅占5.41%。

在刊载本校作者论文比例方面，41.67%的人认为应控制在20%以下；30.56%的人认为应控制在30%以下；25%的人认为应控制在10%以下；仅有2.78%的人认为应控制在5%以下。这说明，学校目前所定的20%标准是符合相对多数原则的。

在对待匿名审稿的态度方面，赞成者占比为76.39%，无所谓的占13.89%，不赞成的仅占9.72%。这说明多数受访人赞成匿名审稿制。认为匿名审稿有助于提升长江师范学院刊载论文水平的占90.28%，处于绝对多数的水平。

2. 对期刊的态度

愿意向长江师范学院期刊推荐匿名审稿专家的受访人所占比例为54.17%，稍过半数。这说明，虽然本校教师对期刊关爱的比例较高，但是能够实际贡献人力资本的比例还不够高。

在期刊发展方向方面，赞成特色化发展的为43.69%，综合性和专业性发展的均为27.18%。而长江师范学院期刊目前转型方向定位于综合性期刊，这与受访者的期望并不完全一致，是否要调整发展方向有待未来进一步深入论证。

在期刊发表长文方面，赞成者为68.06%，不赞成者为31.94%。从期刊评价来看，发表长文对于期刊更为有利，但是仍有不少作者希望能够兼顾短文。总体而论，赞成的仍占多数，所以期刊目前的调整符合大多数受访者的要求。

（四）受调研人员对长江师范学院期刊论文后期影响力奖励的态度

1. 对引用奖励的态度

在访谈问卷中，将期刊引用划分为 Ei 引用，CSSCI、CSCD 引用（简称C刊引用），北核、C扩、C集刊（简称核心引用），普通期刊引用4个层次。

对于普通期刊引用,43.06%的人认为应奖励200元,19.44%的人认为应奖励100元,认为应奖励50元或150元的各占13.89%,仅有9.72%的人认为应奖励20元。主观平均奖励为135.28元。相对多数者所认可的水平高于平均水平,无论相对多数者的态度还是平均水平都远高于目前所执行的20元。

对于核心期刊引用,42.67%的人认为应奖励300元,28.00%的人认为应奖励200元,16.00%的人认为应奖励100元,8.00%的人认为应奖励250元,5.33%的人认为应奖励150元。主观平均奖励为228.00元。相对多数者所认可的水平高于平均水平。无论相对多数者的态度还是平均水平都远高于目前所执行的100元。

对于C刊引用,33.80%的人认为应奖励500元,认为应奖励300元与800元的都占19.72%,14.08%的人认为应奖励400元,12.68%的人认为应奖励600元。主观平均奖励为518.31元。相对多数者的态度与平均水平较为接近,大致在500元,高于目前所执行的400元的奖励标准。

对于Ei引用,23.61%的人认为应奖励400元,22.22%的人认为应奖励1000元,19.44%的人认为应奖励600元,18.06%的人认为应奖励500元,16.67%的人认为应奖励800元。可以说,关于Ei奖励标准是众说纷纭的,没有一方是明显占优势。主观平均奖励为656.94元,高于目前执行的标准500元。

2. 对下载奖励的态度

下载是期刊影响的一个重要方面,但是不如引用那么容易提升。所以,重点考虑对高下载论文进行适当的奖励。分为三个层次:下载1000次以上不足2000次的论文(简称"千次论文")、下载2000次以上不足3000次的论文(简称"两千次论文")、下载3000次以上的论文(简称"三千次论文")。

对于千次论文,43.66%的人认为应奖励200元,22.54%的人认为应奖励100元,16.90%的人认为应奖励150元,14.08%的人认为应奖励50元,仅有2.82%的人认为应奖励20元。主观平均奖励为142.82元。

对于两千次论文,43.66%的人认为应奖励250元,22.54%的人认为应奖励100元,19.72%的人认为应奖励200元,11.27%的人认为应奖励150元,只有2.82%的人认为应奖励50元。主观平均奖励为189.44元。

对于三千次论文，57.14%的人认为应奖励300元，21.43%的人认为应奖励200元，8.57%的人认为应奖励150元，7.14%的人认为应奖励100元，5.71%的人认为应奖励250元。认为奖励300元的超过半数，绝对占优。主观平均奖励为248.57元。

（五）受调研人员对于期刊影响力决定因素的考虑

1. 引用的决定因素

在引用次数方面，65.28%的人认为选题重要，16.67%的人认为发文作者的名气重要，13.89%的人认为激励重要，12.50%的人认为发文作者的地位重要（多选）。因此，可以认为，选题是决定期刊刊载论文被引用次数的一个最为重要的因素，其他3个因素重要性差异不明显。

在作者引用论文时，48.61%的人主要看选题是否相关，45.83%的人主要看论文对研究有无参考价值，33.33%的人看论文有无创新性，31.94%的人看论文发表的期刊是否权威，15.28%的人看论文的时效性如何，只有8.33%的人才会看作者是否权威（多选）。这再次印证了选题是最为重要的一个因素，但是论文本身对作者的参考意义同样重要。创新性和期刊的权威性则扮演着次等重要的角色。

2. 下载的决定因素

在下载次数方面，68.06%的人认为选题重要，认为发文作者的地位或名气重要的均占16.67%，而认为激励重要的只有9.72%（多选）。因此，选题对于已发表论文的下载次数同样是最为重要的，远远超出了作者身份的重要性。

在作者下载论文时，54.17%的人主要看选题是否相关，50%的人主要看对研究有无参考价值，而看期刊是否权威或者有无创新性的人均占33.33%，看文章时效性的人占26.39%，看作者是否权威的人只有15.28%（多选）。因此，选题和参考意义对于下载的作用与引用类似。创新性和期刊的权威性则扮演着次等重要的角色。

（六）编辑部在提升期刊影响力方面面临的主要问题

根据对受访人观点的整理，两刊编辑部在提升期刊影响力方面面临的主要问题是：

第一，刊载论文的学术质量还不够高。有受访人提出，选题的科学性、时效性、焦点性不强；有的提出，选题不够大气，格局较小；有的认为，选题不接地气，距离较远；有的认为，选题没有人气，关注较少。

第二，期刊影响力较弱。学报依托的平台档次低；非核心期刊，知名度较低；与知名期刊差距较大，发展前景堪忧；因知名度小，很多作者不愿意投稿；高质量稿源缺乏。

第三，期刊缺乏清晰的定位。认为期刊刊载论文的地域特色不够鲜明，缺乏地域品牌意识；认为期刊急功近利，急于求成，求全责备，彰显特色不足。

第四，对作者的激励不够。认为要使有价值的论文投到长江师范学院期刊，最好的办法就是奖励，足够的奖励会吸引高质量文章；缺乏对校内作者投稿的激励。

第五，期刊推广宣传不够。长江师范学院很多新引进的博士对期刊不了解，要多和博士接触，邀请博士发表文章；多向权威人士、知名作者约热点问题的深度文章。

（七）对编辑部提升期刊影响力的建议

根据对受访人观点的整理，受访人对长江师范学院两刊编辑部提升期刊影响力提出的建议如下：

第一，提高对编辑部的内部激励。先从内部抓起，提高内部激励，把引用频次做上去。

第二，做特色稿件、专题稿件。组织有影响的专题论文；向专业化、特色化方向发展；立足西南，放眼世界。

第三，提高期刊论文的水平。提升传统特色和优势栏目质量；做好选题培育与前期调研。

第四，多推广宣传，特别是对校内教师进行宣传。充分利用各种媒介进行宣传报道；对于作者群体既要不断挖掘新资源，又不能喜新厌旧、用完就扔，应该长期保持合作关系，不断吸引新作者，稳定老作者，使其能够为期刊长久发展贡献论文和智慧，死而后已；加大微网宣传力度和重点文章的推介。

第五，提高刊载论文学术质量。向知名专家约稿；向各学科征集文章，严格对质量把关，发表水平较高的文章；多发创新性文章；不能一味强调长文；挖掘新的重大长期选题。

第六，内容以热点论文为主。注意热点问题选题及专栏策划。

第七，加强与专家、作者队伍的联系。每年可以分区组织1~2次组稿、审稿研讨会；多召开一些与核心作者联系的会议；多展开一些相关机构联系的会议；多发动本校老师参与引用；多参加一些学术会议，并推荐长江师范学院刊物；指导青年学者论文写作技巧。

第八，加强奖励力度。通过各种奖励手段提高文章引用率；加大对投稿者的奖励。

第九，加强对期刊定位的认识。

（八）对编辑部的期望

根据对受访人观点的整理，受访人对长江师范学院两刊编辑部的期望如下：

第一，加快稿件处理速度。

第二，提高编审质量。

第三，希望期刊能办大办强，成为核心期刊。

第四，希望编辑部认真负责，提高时效，增强长江师范学院两刊的影响力。

第五，希望编辑部不仅要提升期刊内容质量，还要增强期刊的美感，提高视觉效应。

第六，深入了解科研部门成果转化需求。

第十七章 与作者和读者交流交心

一、与作者交流交心

作者所撰写的论文是期刊"锅"里的"饭","饭"的好坏从根本上讲完全取决于作者。因此,学报编辑部历来重视与作者的交流交心。作者队伍来源多样,结构也在不断演化。从第五章的分析可以看出,作者层次正向正高职称和副高职称集中,中级职称作者是学报作者队伍的补充力量。而高级职称作者多为专家学者,在第十六章里已经总结了学报向学科专家求教的一些具体工作。但是,无论高级职称作者还是中级职称作者,大都不是期刊专家,所以不了解国家对于学术不端的要求,不了解期刊编校规范,对社会的热点、焦点话题缺乏准确捕捉力,在语言表达方面也都存在程度不同的问题。学报编辑部恰恰在规范性、话题、语言表达方面能够给予作者以帮助和建议。因此,两者的交流交心多围绕这些方面展开。

2019年第2期刊发了郑芳、屠志芬的《乡村文化产业发展:困境、契机与模式探索》,目前被引用11次,下载1063次。这篇文章初次投稿的题目是《产业化:乡村文化振兴的时代性路径》,虽然关注到了一个热点问题——"乡村振兴"中的文化振兴,但是这个题目是比较平庸的,主标题与副标题的重要性有些倒置了且欠缺联系的紧密性。从内容看,篇幅稍单薄,各个部分之间缺乏有机联系。所以,笔者在第一次回复时,建议:把题目改为"乡村文化产业发展困境与应对措施"将篇幅扩展为1万字,加强结构的逻辑性,多运用案例说明,并增强文献述评。

在作者修改后,将文章送外审,笔者结合外审意见提出了第二次修改意见:根据所写内容,把题目改为"乡村文化产业发展:困境、契机与模式探索"。如果在第一部分写产业,那就要从产业的术语角度分析乡村文化产业发展的现状、产业内容、产业链条、产业发展的效益、产业结构等。要写乡村文化产业,起码要知道乡村文化产业都包括什么,只有在把握基本内容的基础上，才能写出来后面到底有什么发展的契机。对于第二部分内容的分析要深入，写清楚到底给了什么产业内容以动力、给了什么产业内容以契机等。对于第三部分，即模式探索这部分内容要压缩。每个模式下面不用列出来1和2，直接写这个模式的背景、内容和特色，概括地分析即可。然后，指出其对于发展乡村文化产业的可借鉴之处。否则，整个第三部分内容太多，导致整篇文章结构不合理。建议增加一部分内容：介绍完三种模式后，分析乡村文化产业发展的可能模式是什么？这是重要的，但是文章没有说，即便自己没有探索，只是介绍别人的模式，那也应总结成功经验或者可以借鉴的地方。

在作者返回修改稿后，笔者再次通读全文，提出如下修改意见：第一，把背景和文献述评拆分为两段，文献述评应为研究型述评，将现有文献总结为若干观点；第二，每个部分按总分结构展开，前面要有一段过渡性的话；第三，图下面要加资料来源；第四，避免大段大段的写法，要层次分明，如写模式，可以从模式由来、模式特点、模式影响等3个段落来写，对于其他地方照此处理；第五，结论有些虎头蛇尾，应按照总结全文（尤其结论或发现）、论证创新或价值、展望等3个方面来写；第六，所有文献都要有页码，书的页码随文注释。

在作者第三次修改后，笔者经过审阅，认为已达到刊发的学术要求，但提出了规范性修改意见：第一，按《长江师范学院学报》模板修改格式；第二，自行检查参考文献的完整性、准确性及标点符号是否与中英文相匹配；第三，修改后的重复率应维持在10%以下，文辞较为通顺，无错别字、漏字、多字现象。

这篇文章在经过4轮修改后，最终刊发。在发表后，这篇论文在当年就被引用8次，在《长江师范学院学报》年度发表论文被引用次数中排行靠前，下载次数当年就已达到800多次。事实证明，对于一些有一定新意的选题，经过与作者的反复沟通，最终打造出具有一定的学术质量的论文。好的论文是编辑部与作者共同打造的结果，期刊在提升论文质量方面发挥着积极的作用。发表一篇有一定质量水准的论文，对于作者而言也是一次重要的能力提升试验，虽然中间打磨的过程对于作者而言比较痛苦，甚至于想要放弃，但是最终坚持下来仍然赢得了理想的效果。作者后来专门打电话表示感谢，认为在这篇论文发表过程中学习到了很多写作经验，而且这篇论文在其发表的论文中也是质量最高的一篇。类似案例较多，不一一细述。

除了在作者投稿中的交流交心之外，作者日常邮件或电话中关心的问题还包括：第一，咨询投稿要求、审稿周期、是否收取版面费、是否对作者单位和职称有限制。对于此类问题，一般都会给予及时、充分的答复，以帮助作者更好地理解期刊运行。第二，对已录用稿件申请撤稿，撤稿原因多样。有一位作者因一稿多发要求撤稿，其先在《长江师范学院学报》发表了一篇论文，后以同样题目和内容在另一个学报发表，因担心评职称时被举报要求撤稿；有的作者同时投稿几个期刊，一旦有其他期刊录用，就申请撤稿；有的作者先投了核心期刊，但是核心期刊审稿周期较长，作者又改投了《长江师范学院学报》，后来核心期刊用稿，作者就申请撤稿；有的作者以论文论证有问题为由撤稿；有的作者因为署名不当、合作者不知情、合作者不同意投稿等署名纠纷而撤稿；有的作者因为着急发表而撤稿。对于撤稿，通常会考虑其合理性。由于在审稿过程中投入了较多时间和精力，并且还有审稿费支出，对于期刊而言，是不希望作者中途撤稿的。第三，催促发表。一些作者因为评职称、项目结项、评奖学金、毕业等原因联系编辑部，催促发表，通常对于催促发表的作者，编辑部都会给予必要的考虑，尽可能满足其合理要求。

二、与读者交流交心

学报的读者与作者之间存在转换的可能性，所以对于读者也要给予足够的关注。在这个方面所做工作包括对于期刊可读性的考虑、宣传和面对面交流。

第一个方面所做的工作包括期刊封面设计、选题考虑等。目前期刊所使用的封面是涪陵地方名胜——白鹤梁。这是在修建三峡大坝之前，枯水季节白鹤梁露出水面时的照片。白鹤梁原为长江天然巨型石梁，在丰水时沉入江底，在枯水时露出水面，因此历代将其作为水文观测的一个依据，以预测粮食的丰歉。白鹤梁除了具有科学价值外，还具有人文价值。历代文人（含地方官员）在石梁上不断题刻，形成了规模宏大的题刻信息，对于这些信息的挖掘和整理有助于理解历史，理解涪陵变迁。尤其白鹤梁上题刻的石鱼栩栩如生，增添了白鹤梁作为文物的价值。在修建三峡大坝后，白鹤梁沉入江底，为了再现和保护文物，由葛修润院士牵头设计了一个水下博物馆，对白鹤梁进行保护和展示。因此，白鹤梁是涪陵作为一座历史老城的象征，这也是《长江师范学院学报》选用白鹤梁作为封面的根本原因。

在选题方面兼顾原创性、话题性和地方性。原创性是一个期刊生命力之所在。跟风性研究只能捡漏，在期刊引用和关注度方面天然具有不足。所以期刊应将原创性放在首位，要有一些原创性的策划，这样才能引导原创性成果的出现。话题性则是期刊必须考虑的另一个重要性质。在当前，期刊影响力竞争日益激烈，能否抓住话题，能否在第一时间形成话题，对于期刊的影响力产生和扩大具有莫大意义。话题，尤其热点话题、焦点话题、争议话题，能够在最大程度上吸引读者，产生"流量"，所以学报一直重视话题类选题。最后一个性质也是学报长久以来所坚持的方向。学报立足于涪陵，立足于长江、乌江，立足于三峡，立足于武陵山区，立足于巴渝大地，由此形成了诸多与地方性密切相关的栏目，如"巴渝文化研究""三峡文化研究""武陵论坛"等，由此赢得了巴渝大地、武陵山区读者的关注。

第二个方面是宣传。在过去宣传的主要途径有2个。一是在《长江师范学院学报》上介绍自身举办或参与的学术活动，使读者知晓。二是积极参加各种学术会议，在会议上对期刊进行宣传。例如，2015年4月，参加西南民族大学举办的第八届中国民族研究西南论坛；2015年6月，参加重庆师范大学举办的环三峡地区历史时期文明演进及其历史地位学术研讨会；2015年7月，参加遵义师范学院举办的武陵山片区精准扶贫学术研讨会；2015年8月，参加西南民族大学举办的儒学与土司文化国际学术研讨会。学报编辑部几乎每年都会参加不下5场学科类研讨会，积极在会场对学报进行推广宣传。近年来采取的宣传渠道增多。一是利用中国知网平台建设学报投稿网站，不断丰富网站内容，利用网站实现学报受众传播。二是对学报举办的重要活动进行全媒体报道。2020年12月9日，学报召开了质量提升研讨会，之后在《巴渝都市报》及其手机报、巴渝传媒网进行了全媒体报道，产生了较好的社会影响力。三是开设学报的微信公众号，利用微信平台进行传播。

第三个方面是面对面交流。近年来学报编辑部多次受邀做论文写作、规范与发表方面的专题讲座。2019年11月11日，王志标教授在长江师范学院马克思主义学院至静楼南楼204开展了关于"论文写作与发表"的专题讲座[1]。结合自身的研究经历和研究方法，王志标教授理论联系实际地向老

---

① 安红霞，鄢丕峰. 我院开展学术论文写作与发表交流讲座［EB/OL］. (2019-11-11)[2021-10-21]. https://mksxy.yznu.edu.cn/2019/1205/c6426a165630/page.htm.

师们分享了关于论文写作与发表的一系列感受和经验。特别提到选题的重要性，强调需从大处着眼、从人所未知处着眼、从使用价值着眼、从热点焦点话题着眼。研究主题要力求新颖，做到理论创新与现实创新的统一；概念框架要清晰缜密、合乎逻辑；研究数据要翔实有效。王志标教授提出，在论文发表前要明确相关期刊要求，阅读相关期刊，根据目标期刊要求修改主体部分的风格与项目。同时，要根据目标期刊要求，调整论文各个部分的格式。讲座中，王志标教授还特别提到要注意每次只能投一个期刊，避免造成学术不端；在投稿时要附上投稿信与学术自传。另外，后续追踪稿件也十分重要。王志标教授谈到，从一个想法到形成论文，再到期刊论文的发表是一个历程，研究者要一步一个脚印踏踏实实去做。随后，王志标教授进行了现场答疑，会场气氛热烈。与会老师纷纷表示受益匪浅，希望今后能够多举办这种高水平的科研辅导类讲座。2020年11月20日，王志标教授在长江师范学院政治与历史学院钩深楼附楼414开展了关于"论文写作、规范与发表"的专题讲座[1]。王志标教授就论文撰写方式、论文框架、论文格式、用词严谨、规范性等内容进行了详细说明。他谈到，论文的撰写不仅体现了学术素养，还是将理论知识内化的过程。他强调到，论文写作要注重内容质量、开篇布局及结论展望等内容。大家要合规合理地引用已有成果，细致深入的挖掘问题本质，认真对待审稿人的意见，学会发现行文中的问题，做到仔细推敲、认真修改。此外，还面向高中受训教师、大学生做过多场类似讲座。

---

[1] 张雁雪. 学报编辑部王志标教授亲临学院做学术交流 [EB/OL]. (2020 - 11 - 24) [2021 - 10 - 21]. http://zsxy.yznu.cn/2020/1124/c3695a179296/page.htm.

后 记

写作一本关于《长江师范学院学报》的书，是我进入学报编辑部工作以后逐渐产生的一个想法。但是究竟写一本怎样的书？在2020年10月之前尚未有明确的思路。随着长江师范学院90周年校庆的临近，关于书稿题目和内容的考虑逐渐成熟起来。于是，在2020年10月，初步拟定了一个提纲，后于2020年11月进行了修改和细化，决定以《〈长江师范学院学报〉史料整理与分析（1985—2020）》为题总结自创刊以来至2020年学报36年的发展历程和经验，以此为建校90周年献礼，同时希望这部著作对于学报档案和未来办刊工作也能提供有价值的思考。

但是，由于事务性工作和科研工作的繁忙，无暇正儿八经地开展写作工作。直到2021年3月，新学期开始后，开始考虑写作。首要的任务是搜集资料。资料搜集工作的进展比较缓慢，一直到6月才最终搜集到大部分资料。从6月开始，着手整理这些纷乱的资料，但是由于资料过多，加之精力和时间有限，所以进展不够理想。后来，先后找了朱鸿燕、周新月、熊欣等同学帮忙整理。在整理资料的同时，我也在梳理写作思路，进入暑假后，正式开始写作。在写作过程中发现初始整理的资料存在一些问题，又核定了统一的标准，继而联系周新月、熊欣两位同学重新整理。她们协助我整理了本书第五章、第七章和第八章的基础资料。从7月下旬至10月下旬，我一直在努力追赶进度。

写作过程备尝艰辛，原因在于我所设定的目标是对学报的史

后 记

料进行整理和分析，这里不仅包括整理还包括分析，分析的重要性要甚于整理。要从历史数据中得出对今后办刊有所启示的东西，没有分析是不行的，我坚信这一点。为了使分析建立在可靠的数据和资料基础之上，我设定了写作的3个原则：一是事实性原则。所谓事实性原则，就是坚持从学报的真实办刊情况出发，所有数据和资料都来自学报及其档案、官方媒体报道，极个别信息求证于当事人。二是准确性原则。对于数据和资料的整理务求准确，使之与原始数据和资料严丝合缝，除了编辑校对的需要之外，不对其做任何改动。三是重要性原则。所有历史分析都是删繁就简，从大事、要事出发，只有这样，才能拨开历史迷雾，透出历史中本质性的一面。本身对于学报的整理和分析就是为了探索和找到对于学报办刊最有价值的规律。因此，在全书取材方面坚持重要性原则，而非面面俱到。但是，即便如此，从第一章直到第十四章，仍然能够折射出《长江师范学院学报》的全镜头，只是无法顾及其"皮肤"和"纹理"罢了。基于以上原则，我在写作中采取了极其严谨的态度，对于其中的数据和资料都做了仔细核对，甚至第五章曾经推倒重来，这些工作对我的时间和精力都是一种极大的考验。

本书结构的设计逻辑是由核心工作到辅助工作，即先围绕期刊本身展开，然后探讨编辑部辅助办刊的各项关键工作。就期刊本身而言，涉及两个方面：首先是期刊发展的历史沿革；其次是由期刊所形成的各种数据指标。期刊发展的历史沿革反映为本书第一篇内容，由第一章至第四章构成。第一章主要对学报的诞生进行回顾，分析了创刊和成为正式出版物这段时期的刊号、刊名及出刊情况。第二章介绍了学报历任主编、副主编，总结了历任主编、副主编对于学报发展的贡献。客观而论,无论在哪个阶段,由谁负责学报编辑部的工作,都有其成绩和不足。但是,本着发展的眼光,在这一章仅总结不同时期主编、副主编对于学报发展的贡献,较少涉及不足的讨论。第三章讨论了不同时期学报的发展思路。主要包括4个时期:一是成为正式出版物之前文理兼收的探索阶段;二是1999—2011年以"文学"为主体内容的发展阶段;三是2012—2018年突出地域性、以"民族学"和"历史学"见长的发展阶段;四是2018年以后优化栏目设置、使内容更加契合社会发展现实的新发展阶段。第四章总结了不同时期学报的栏目设置及其刊文。主要划分为4个时期:一是自创刊至1996年仅偶尔设置栏目的时期;二是1997—2011年以文学栏目为主的时期;三是2012—2018年以民族、历史栏目为特色的时期;四是2018年以来平衡发展和动态调整的时期。由期刊所形成的数据指标构成本书第二篇内容,由第五章至第九章构成。第五章对学报刊文作者进行了分析。由于1998年以前的作者信息较为欠缺,多数年份仅有署名而无其他信息,所以自创刊至1998年仅能够统计刊文量,而无法进行更深入分析。对于1999—2020年的数据,则从作者机构分布、作者地域分布、作者职称分布展开分析。由于作者机构一般会体现其所在地域,所以将作者机构分布和地域分布的分析整合为一节。第六章总结了历年来学报刊文被人大复印资料、《新华文摘》、《高等学校文科学术文摘》复印转载的情况。由于对《高等学校文科学术文摘》和《中国社会科学文摘》网络数据库的检索不便,所以可能存在遗漏的情况。第七章对学报刊文的引用情况进行了总结。有鉴于学报实际情况,总结包括两个方面的内容:一是引用次数10次及以上的论文;二是分年度总被

后 记

引用次数。尤其是对后者的分析，对于办刊选题具有较大的启示意义。第八章对学报刊文下载情况进行了总结。考虑到受众的热度，仅统计下载次数达到一定规模的论文，并将其分为两个层级，即下载1000次及以上的论文和下载500～999次的论文。第九章总结了学报历年获奖和荣誉情况。由于早期档案的缺失，其中的信息仍是不完整的，能够从一个侧面反映出历届学报编辑部同仁的大致精神风貌。围绕辅助办刊工作，最为重要的是刊物的建章制度，这是确保编辑部正常运行的基础，反映在本书第三篇——刊物制度篇中。第三篇共包括五章。第十章从学报"栏目"到"投稿至发表前的联系"等24个维度总结了学报的投稿要求。第十一章为学报审稿、组稿、编稿制度，申明了学报稿件管理流程、管理分工、时间节点等。第十二章为学报校稿制度，对于校对参考资料等常见问题进行了总结。第十三章为学报经费支出管理制度，从经费支出原则、经费支出范围、稿酬、组稿费、审稿费、编校与审读费、其他费用等方面对学报经费支出进行了规范。第十四章为学报绩效二次分配制度，着眼于通过考核编辑部人员，促进二次分配的有效性，提升编辑部人员工作的积极性。该项制度阐明了编辑部绩效二次分配的基本原则，学报编辑部职责及其绩效考核指标，工作质量、工作数量和工作时间及其绩效核算标准等。最后一个问题，涉及刊物推广、交流、学习等有助于期刊成长的辅助工作，即本书第四篇——办刊对话篇。这一篇包括三章，即向其他编辑部"问道"、向学科专家求教、与作者和读者交流交心。第十五章重点阐明如何向其他编辑部"问道"，主要包括主动"求诊"、接受上门"传道"和在会议中交流。第十六章总结如何向学科专家求教，具体又分为向校外专家求教和向校内专家求教。第十七章总结如何与作者和读者交流交心,具体包括与作者交流交心和与读者交流交心。按照本书的逻辑框架,舍去了一些不相关和无法被纳入的素材。

本书没有设计结论部分,在每一章后面也没有进行总结,原因在于:笔者认为期刊的发展一直在路上。发展是期刊的主旋律和主线,在一时一地所做出的结论从长远来看可能是不适宜的。所以,埋头实干应该是期刊人的主要精神写照,至于评价和得失仍应在一个更长的时间范围内留待后人评说。

作为一个非重点高校的非核心期刊,《长江师范学院学报》一路走来异常艰辛,面临着种种挑战、种种风险,编辑队伍、经费、作者队伍等对于编辑部的发展和期刊的稳定性始终是制约性因素。如何破解制约性因素,如何营造一个良好的期刊发展环境,不仅是学报编辑部,也应是学校关注的一件大事、要事。站在长江师范学院建校90周年的十字路口,我们不得不去思考《长江师范学院学报》未来的发展方向和前进道路,对于历史的总结、提炼和吸收是解决这一问题的前提。

在本书接近尾声之际,我终于松了一口气,过去几个月里绷紧的神经在瞬间得到了缓解。在本书的写作过程中,得到了许多人的支持、帮助和鼓励,在此向他们一并致谢。感谢学校党委书记黄大勇教授对于本书写作的关注;感谢主管副校长米永生教授、《长江师范学院学报》主编张明富教授、《三峡生态环境监测》执行主编于海洪教授、国家社会科学基金重大项目主持人李良品教授、《长江师范学院学报》原执行主编曾超教授在本书撰写过程中的鼓励;感谢学报编辑部赵庆来、黄志洪在资料搜集方面的贡献,赵庆来同时撰写了第三章初稿,笔者在初稿基础上进行了修改和补充；感谢周新月、熊欣、朱鸿燕等同学在本书第五章、第七章、第八章资料整理中所做的辛苦工作；感谢长江师范学院原副校长傅显捷教授，学报编辑部原执行主编于海洪教授、曾超教授审阅了本书成稿，并提出了宝贵意见；感谢《高等学校文科学术文摘》主编何云峰，《华南师范大学学报》编辑部主任、总编辑王建平教授慨然答应为本书作序；感谢科学技术文献出版社责任编辑张丹、邱晓春女士对于本书撰写工作的督促和认真编辑，从而提升了本书的质量。最后，要感谢家人和朋友对我的深切关怀和精神慰藉，使我能够持之以恒地专注于工作。

子在川上曰："逝者如斯夫，不舍昼夜。"过去的终将过去，大道在前，在时间的流逝中和生命的运转中，要始终把握前行的方向。无论对于学报发展，还是对于个人，都是如此。90周年校庆为新的开始，长江师范学院期刊人应树立新的奋斗目标，脚踏坚实大地，阔步迈向新征途。

尽管在本书撰写过程中付出了较多努力，但是由于个别档案缺失，所以书中疏漏在所难免，敬请读者谅解。